Nis Paulsen · Sönke Nissen-Koog

*Frau Ida Sönksen, geb. Nissen,
zur Erinnerung an ein Stück
Heimatgeschichte.*

NS Paulsen

S. N.-Koog, im Juli 1976

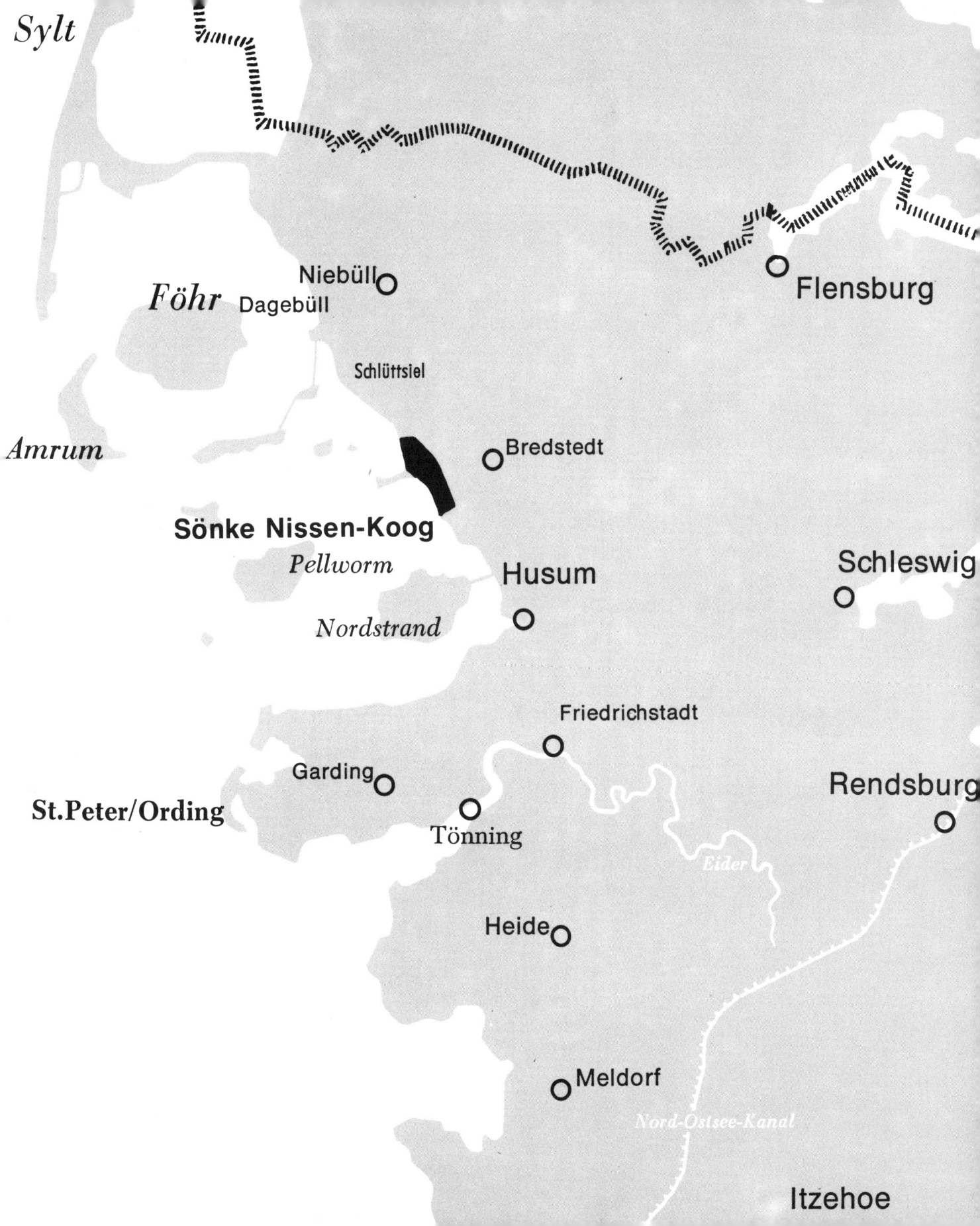

Nis Paulsen

Sönke Nissen-Koog
1924–1974

Herausgegeben vom Sielverband Sönke Nissen-Koog

BREKLUMER VERLAG

© 1974 Breklumer Verlag Manfred Siegel in Verbindung mit dem Sielverband Sönke Nissen-Koog. Alle Rechte, auch die des auszugsweisen Nachdrucks, der fotografischen und akustomechanischen Wiedergabe und der Übersetzung vorbehalten.
Die Ausstattung erfolgte unter Mitwirkung von Hinrich Struve und der Breklumer Drukkerei Manfred Siegel, die auch die Gesamtherstellung übernahm.
ISBN 3-7793-1113-5

Inhalt

7 Vorwort des Vorstandes

9 Vorwort des Verfassers

13 Vorgeschichte

28 I. Kapitel
Vorbereitende Verhandlungen – Blick in die Geschichte
Fortsetzung und Abschluß der Vorverhandlungen

71 II. Kapitel
Gründung der Deichbaugenossenschaft
Aufstellung des Bauprojektes
Ausschreibung der Arbeiten – Zuschlagerteilung

97 III. Kapitel
Das erste Deichbaujahr (1924)

133 IV. Kapitel
Das zweite Deichbaujahr (1925)

173 V. Kapitel
Das dritte Deichbaujahr (1926)

207 VI. Kapitel
Die Erschließung des Kooges und die schlimmen Jahre

256 VII. Kapitel
Der politische Umschwung – Kriegs- und erste Nachkriegszeit

281 VIII. Kapitel
Die neue Zeit

311 Anhang

Vorwort des Vorstandes

Unsere Generalversammlung beschloß am 28. Februar 1972, den 50. Jahrestag der Gründung der »Deichbaugenossenschaft Sönke Nissen-Koog«, den 24. Oktober 1973 mit allen Einwohnern des Kooges und geladenen Gästen festlich zu begehen.
Die einzigartige Leistung der alten Deichgenossen und ihrer Frauen sowie die der Pachtsiedler-Ehepaare schien uns hierzu allein hinreichender Grund. Aber auch die folgenden Generationen sollen hierbei gewürdigt werden.
Um allen Festteilnehmern einen Gesamtüberblick über den Gang der Ereignisse zu verschaffen, erhielt und übernahm Nis Paulsen den Auftrag, eine Festschrift mit dieser Zielsetzung zu verfassen. Er schien uns für eine solche Aufgabe besonders geeignet:
Sein Vater, Christian Paulsen, war, es ist im Buch zu lesen, die Schlüsselfigur des gesamten Bedeichungs- und Besiedlungsunternehmens und später als Deichvogt bis zu seinem Tode (1946) der führende Mann im Koog. Über den Ablauf der Geschehnisse in dieser Zeit hat er mit größter Genauigkeit Akten geführt und deren Inhalt abschließend in persönlichen Aufzeichnungen festgehalten. Diese versteht sein Sohn gut zu lesen. Die restliche Zeit, so meinten wir, konnte und sollte Nis Paulsen aus eigenem Erleben beschreiben.
Im Zuge der ersten Festvorbereitungen mußten wir feststellen, daß in unserer näheren Umgebung bei der zu erwartenden Teilnehmerzahl kein Lokal mit geeigneten Räumlichkeiten zu finden war. Weiter nach auswärts wollten wir aus verschiedenen Gründen nicht gehen.
Da kam uns der Gedanke, unser Jubiläumsfest sozusagen »im eigenen Hause« als zünftiges Scheunenfest zu feiern. Diese Art hat sich bei unserem neuerdings kombinierten Feuerwehr-, Koogs- und Kinderfest seit Jahr und Tag bestens bewährt. Da aber ein Scheunenfest aus klimatischen Gründen nur in der warmen Jahreszeit ausgestaltet werden kann, haben

wir eine kleine historische Ungenauigkeit in Kauf genommen und uns den heutigen Tag als Festtag ausgewählt.

Dadurch erhielt Nis Paulsen einen erheblich größeren Zeitvorlauf. Er hat ihn gut genutzt. Aus der »Festschrift« ist ein Buch nordfriesischer Heimatgeschichte geworden.

Möge er in seinem eigenen Vorwort selbst sagen, was er sich dabei gedacht hat.

Allen öffentlichen Institutionen, die uns bei der Vorbereitung dieses Festes unterstützt und für seine Abwicklung Hilfe zugesagt haben, danken wir im Namen des gesamten Kooges herzlichst. Das gleiche gilt für die Helfer aus den eigenen Reihen.

Sönke Nissen-Koog, den 1. Juni 1974

Der Vorstand

Ketel Breckling   *Hinrich Struve*

Vorwort des Verfassers

Mein Auftrag mit seiner zunächst geplanten Art und Zielsetzung hätte mir nicht sonderlich viel Mühe und Arbeit gemacht.
Nachdem ich aber weiteren, beachtlichen Zeitvorlauf bekam, verspürte ich Lust, genau, ja möglichst mit wissenschaftlicher Exaktheit zu arbeiten. Alles, was ich schrieb, sollte belegt werden können.
Zu diesem Zweck ging ich »ad fontes« (an die Quellen), nämlich die Originalakten der »Deichbaugenossenschaft Sönke Nissen Koog«. Vorhandene persönliche Aufzeichnungen meines Vaters, aus denen ich ursprünglich nur ein wenig »abschreiben« wollte, wurden jetzt Wegweiser durch ca. 160 Aktenbände.
Warum diese Akribie?
Es herrschen noch heute irrige Vorstellungen über unseren Koog und seine Entstehungsgeschichte.
Das Auswerten der Akten hat den größten Teil meiner Zeit erfordert. Ich bedaure die besondere Anstrengung keineswegs. Denn jetzt kann ich einem noch so kritischen, ja mißtrauischen Frager mit authentischen Beweisen Rede und Antwort stehen. Natürlich nicht in Sachen, die auf mündlicher Überlieferung beruhen. Hier handelt es sich aber um Dinge von untergeordneter Bedeutung wie z. B. die kleinen Anekdoten, die zur Auflockerung des etwas trockenen Stoffes eingeflochten wurden.
Weiteres wertvolles Aktenmaterial durfte ich auf dem Kulturamt in Flensburg einsehen. Dort hatte der Vorsteher, Herr Oberamtsrat Willy Thomsen, extra die Akten seines Amtes in dieser Sache aus dem Landeskulturarchiv in Kiel kommen lassen. Herr Amtsgerichtsrat Enskat, Bredstedt, gestattete mir sogar, die Registerakten und ein Originalexemplar des Rentengutsrezesses mit in meine Wohnung zu nehmen. Beiden Herren habe ich zu danken.
Um den ganzen Inhalt von Akten, Protokollen usw. einigermaßen lesbar zu gestalten, war ich bemüht, dieses ganze »trockene Zeug« in die Form einer lebendigen Erzählung zu bringen.

Mit Zustimmung des Vorstandes wurde der Zeit von 1922 bis 1942 ein größerer Raum gegeben als der restlichen. Denn in der ersten Zeitspanne treten die charakteristischen Merkmale der Einzigartigkeit und Einmaligkeit unserer Geschichte dominierend hervor. Danach durchlaufen wir fast die gleiche Entwicklung wie die übrige deutsche Landwirtschaft. Dennoch glaube ich, auch denjenigen, die unseren Alten in der Bewirtschaftung der Betriebe gefolgt sind, gerecht geworden zu sein.

Auf eine Hof- und Familienchronik wurde verzichtet, da dieses Buch nun nicht mehr ausschließlich für unseren Koog, sondern für einen größeren Leserkreis bestimmt ist. Ihm sagen unsere Namen nicht viel. Es ist im Anhang lediglich eine schematische Übersicht beigefügt.

Die Namen aller Einzelpersonen wurden nur bei den alten Deichgenossen genannt sowie bei den später Zugezogenen, die einen eigenen Haushalt eingerichtet haben. Danach erfolgen Namensnennungen nur bei führenden Männern (Deichvogt, Bürgermeister, soweit vom Koog gestellt, usw.). Persönliche Einzelleistungen auf dem Gebiet der Landwirtschaft wurden bewußt nicht hervorgehoben. Ereignisse auf dem Wege des Fortschritts, z. B. erster Mähdrescher, wurden ebenfalls ohne Namensnennung berichtet.

Für Unterstützung habe ich besonders dem Landwirtschaftsminister Herrn Ernst Engelbrecht-Greve sowie Herrn Ministerialrat i. R. Thomas Claus Schwede zu danken.

Vom Marschenbauamt Husum, neuerdings ein Teil des Amtes für Land- und Wasserwirtschaft, halfen Regierungsbaumeister Fink und Baumeister Detlef Nissen mit Literatur, Karten und Plänen. Bauingenieur Johannes Dethlefsen stand mir mit seiner reichen praktischen Erfahrung zur Seite.

Weiterhin unterstützten mich die Herren Pastoren:
Paul, Lindholm (Kirchenbuch Familie Nissen), Albrecht, Bredstedt (kirchliche Angelegenheiten des Kooges) und Spanuth, Bordelum (Heimat- und Vorgeschichte).

Sönke Nissens Neffe, Herr Magnus Johannsen und der Lehrer i. R. Herr Kruse, beide Lindholm, vermittelten mir ihre Kenntnisse über Sönke Nissens Jugend und seine späteren Gastaufenthalte in Lindholm und Klockries. Vom »Nordfrijsk Instituut«, Bredstedt war Herr Holander stets hilfsbereit.

Allen diesen Herren bin ich zu Dank verpflichtet.

Nicht für mich allein, sondern im Namen des ganzen Kooges habe ich aber einem Mann besonderen Dank auszusprechen. Er ist der Sohn unseres erfolgreichen Landsmannes, nach dem der Koog benannt ist: Sönke Georg Nissen.

Über seinen Werdegang ist im Buch zu lesen. Er hat die Kosten der Drucklegung dieses Buches übernommen. Ohne diesen Beitrag wäre es dem Koog schwer gefallen, das Buch in diesem Umfang und dieser hübschen Aufmachung herauszubringen.

Als Autor möchte ich jedoch auch ein persönliches Wort sagen:

Nur der große Rahmen gab mir die Möglichkeit, so ausführlich zu berichten, Ursachen aufzudecken und Zusammenhänge zu klären, also pragmatisch zu schreiben. Nicht zuletzt hatte ich hierbei die Möglichkeit, das Wirken meines Vaters auch vor der Öffentlichkeit endlich einmal richtig darzustellen.

Das danke ich meinem einstigen Spielgefährten vom Nissen'schen Gut Glinde bei Hamburg, wo wir unsere früheste Kindheit zusammen verbrachten.

Nis Paulsen

Sönke Nissen

Christian Paulsen

Marx Wulf

Theodor Sörensen-Petersen

Vorgeschichte

Es ist Anfang des Jahres 1919. Der Erste Weltkrieg ist zu Ende, der Waffenstillstand abgeschlossen. Er bedingt die Demobilisierung des deutschen Heeres, u. a. auch die Auflösung seiner Materialbestände.
Die Heeresverwaltung, damals Intendantur genannt, wird schon seit dem Frühjahr 1918 nicht mehr ausschließlich von hierfür speziell ausgebildeten Beamten wahrgenommen, sondern von dem vorgenannten Zeitpunkt an werden kinderreiche Väter von der kämpfenden Truppe zurückgezogen, um weitere Verwendung in der Heeresverwaltung zu finden.
Hier beginnt unsere Geschichte:
Ein hochgewachsener Mann in den besten Jahren, von stattlicher, wohlproportionierter Figur, gut, aber nicht auffällig gekleidet, schließt beim Verlassen eines der vielen Dienstzimmer auf der Intendantur in Hamburg die Tür hinter sich. Er schüttelt mit dem Kopf und denkt: Ja, wenn man nach den Buchstaben der Vorschrift geht. Ich möchte gern aus Heeresbeständen Wohnbaracken, die hier zu Hunderten herumstehen, kaufen, diese mit Gold bezahlen, nur damit meine bewährten alten polnischen Schnitter, die nun schon seit 1912 bei mir kommen und gehen (die sogenannten »Saisonarbeiter«), ordentliche Arbeitsbedingungen haben; denn die alten Unterkünfte kann ich ihnen einfach nicht mehr anbieten. Und da findet dieser brave Heeresverwaltungs-Beamte ein Haar in der Suppe; irgendein Paragraph macht es ihm unmöglich, mir die Baracken zu überlassen. Was ist denn nun wichtiger: die Bergung der ca. 200 ha Roggen, die ich dieses Jahr auf meinem Gut Glinde habe anbauen lassen, oder der Sieg der Paragraphen, wobei die fraglichen Baracken in Kürze verwittert sein werden?
Mit diesen und ähnlichen Gedanken im Kopf geht der stattliche Mann gemessenen Schrittes über den langen Flur des Verwaltungsgebäudes. Aus seinen Augen spricht Güte, Wohlwollen und Hilfsbereitschaft. Aber sein

Blick ist auf der anderen Seite auch wiederum so klar, ja, so durchdringend, als wolle er sagen: »Bei mir geht nichts durch, was nicht einwandfrei in Ordnung ist; alles, was unter meiner Verantwortung oder auch nur Mitverantwortung geschieht, muß vornehm und solide fundiert und sachlich vernünftig durchdacht sein; sonst mache ich nicht mit. Ich weiß, daß ich wohlhabend bin, sehr wohlhabend in einer Zeit, wo es den meisten Menschen in Deutschland gar nicht gut geht. Deswegen habe ich schon vielen geholfen, ohne Nutzen für mich, und bin weiterhin zu solchen uneigennützigen Hilfeleistungen bereit. Aber die Leute, denen ich helfe, sehe ich mir an. Denn wer da meint, mir sei alles nur so zugefallen, auch wenn Glück mit im Spiel gewesen ist, erliegt einem gefährlichen Irrtum.«

Der Mann, dem diese Gedanken durch den Kopf gehen, heißt Sönke Nissen; er ist Besitzer des vorerwähnten Gutes Glinde vor den Toren Hamburgs, der Abstammung nach ist er Nordfriese. Sein Blick streift unwillkürlich die Namensschilder an den vielen Türen der verschiedenen Ressortbearbeiter. Er nimmt kaum Notiz davon; aber plötzlich stutzt er, bleibt unwillkürlich stehen: er liest an einer Tür den Namen Paulsen. Den Familien-Namen mit der Endsilbe ...sen gibt es in der Millionenstadt Hamburg und überhaupt im ganzen norddeutschen Raum unzählige Male; das weiß auch der Glinder Gutsbesitzer. Aber es könnte ja doch sein; und so nimmt er aus seiner durch das Nachdenken etwas schlendernd gewordenen Gangart wieder die feste, straffe Haltung an, die der Autorität seiner Persönlichkeit und seinem Charakter von jeher Ausdruck verliehen hat.

Wer etwas von Psychologie versteht, weiß, was es ausmacht, wie man zur Tür hereinkommt. Ebenso höflich wie bestimmt klopft er an die Tür, deren Namensschild ihn so angezogen hat. Es dauert eine Weile, dann klingt es von drinnen ein wenig lakonisch-dienstlich: »Ja, bitte, herein!« und Sönke Nissen tritt ein, bleibt aber im Türrahmen, den er der Höhe nach fast voll ausfüllt, stehen, als er bemerkt, daß der Mann, der ihm soeben Einlaß geboten hat, am Schreibtisch sitzend, offenbar Zahlen addiert. Der Glinder Gutsbesitzer denkt: Männer die mit Zahlen umgehen und das können, soll man nicht stören, und er verharrt in seiner Stellung, obgleich ihm Platz angeboten wird. Der Mann am Schreibtisch rechnet noch einen Augenblick, ohne von seinem Gast Notiz zu nehmen. Dann schiebt er in gewohnter Weise seine Brille auf die Stirn und will diesen einen von vielen Besuchern fragen: »Was kann ich für Sie tun?« Aber als er aufblickt, merkt er: Der Mann hat ja nicht einmal Platz genommen! Wie ein Denk-

mal steht er im Türrahmen, wenn er auch die Tür leise hinter sich geschlossen hat. »Ich wollte nicht stören«, meint der Besucher, »nur das Namensschild an Ihrer Tür mutet so heimatlich an. Haben Sie vielleicht Angehörige in Nordfriesland, oder stammen Sie gar selbst dorther?« Der Mann hinter dem Schreibtisch hat sich inzwischen allein unter dem äußeren Eindruck der Persönlichkeit seines Gegenübers erhoben und antwortet: »Sie haben es erraten, ich bin Christian Paulsen von Efkebüll.« Spontan antwortet der Besucher: »Sie werden lachen, ich bin Sönke Nissen von Klockries!« Probe auf's Exempel: Man plaudert in waschechtem Festland-Friesisch über Heimat, Kindheit und Jugend.
Die beiden Prototypen nordfriesischer Männergestalten stehen einander gegenüber: der eine hochgewachsen, schlank, mit langen Gliedmaßen und schmalem Gesicht; der andere gerade mittelgroß, breitschultrig, etwas untersetzt wirkend, mit starken Backenknochen, die das Gesicht ein wenig oval erscheinen lassen. Beiden gemeinsam aber ist eine hohe, Klugheit anzeigende Stirn, hinter der das Reich der Zahlen zu Hause ist. Was äußerlich nicht erkennbar, aber dennoch beiden Männern gemeinsam, erst in ihrer späteren Verhaltens- und Handlungsweise sichtbar wird, ist neben dem klaren, mathematischen Kalkül das warme, ja heiße Herz der Liebe zur nordfriesischen Heimat.
Nun, die beiden nordfriesischen Landsleute haben sich durch diesen Zufall kennengelernt. Aber deswegen fällt man sich nicht gleich um den Hals. Paulsen hat inzwischen erneut zum Sitzen eingeladen und endlich sein Sprüchlein angebracht: »Was kann ich für Sie tun?« – »Nach dem, was ich eben von Ihrer Bürokratie erlebt habe, fürchte ich, lieber Landsmann, können Sie gar nichts für mich tun«, und Nissen erzählt seinem Gegenüber das kleine Mißgeschick mit dem Baracken-Verwalter. Aber Paulsen, kein Heeresverwaltungs-Beamter, sondern einer von den zurückgezogenen Frontsoldaten, meint: »Ach, Herr Nissen, diesen Mann kenne ich doch. Er kann zweierlei Dinge nicht begreifen: erstens, daß unsere Vorschriften nicht alle Möglichkeiten abdecken, die einmal gegeben sein können, und zweitens, daß die Anwendung unserer Vorschriften zu einem guten Teil eine Frage der Auslegung ist. Ich werde mit ihm sprechen und notfalls unseren Dienststellenleiter einbeziehen. Natürlich kann ich Ihnen keine verbindliche Zusage machen, aber ich hoffe doch sehr, zu einer in Ihrem Interesse liegenden Lösung zu kommen.« Nissen dankt und übergibt seine Visitenkarte mit der Bitte um Mitteilung, falls etwas erreicht werden sollte.
Als die beiden Männer sich verabschieden, ahnen sie nicht, welche unge-

heure Bedeutung diese rein zufällige Begegnung für ihre nordfriesische Heimat noch bekommen soll.

Tatsächlich gelingt es Paulsen sehr bald, die Bedenken seines Verwaltungskollegen hinsichtlich der Baracken zu zerstreuen, und so kann er seinem Landsmann die erfreuliche Mitteilung machen, daß die Sache in Ordnung geht. Nissen bedankt sich auf einer Postkarte mit einer Einladung auf sein Herrenhaus in Glinde. Hier kommen die beiden Männer sich schon etwas näher: Paulsen erfährt von seinem Gastgeber, daß dieser es von der Volksschule her mit einem durch Fleiß und Energie erworbenen, überdurchschnittlichen fachlichen Können und dazu noch mit ein wenig Glück zu diesem Wohlstand gebracht hat, den allein der Besitz des rd. 500 ha großen Gutes ausweist. Der Gutsbesitzer seinerseits erfährt von seinem Gast, daß dieser aus einer alteingesessenen Bauernfamilie stammt. Ebenfalls auf der Basis der Volksschulbildung ist er über die sogenannte »Präparanden- (heute Lehrerbildungs) anstalt« zum Volksschullehrer avanciert. Als Autodidakt hat er seine Prüfung zum Mittelschullehrer abgelegt. Paulsen ist z. Z. Lehrer für Mathematik und Naturwissenschaften an einem Hamburger Oberlyzeum und bereitet sich gerade vor, seine Prüfung zum Studienrat abzulegen.

Als die Zeit eines offiziellen Höflichkeitsbesuches abgelaufen ist und Paulsen sich anschickt zu gehen, meint der Gutsherr: »Nun bitte nicht so förmlich! Setzen Sie sich erstmal wieder hin. Sie haben mir einen großen Gefallen getan. Kann ich meinerseits für Sie etwas tun?« Dabei steht für beide fest, daß auf keinen Fall Geld oder sonstige materielle Zuwendungen in Frage kommen, soweit kennt bereits einer die Denkart des anderen. Das wäre ja aktive und passive Bestechung zugleich! Der Lehrer überlegt einen Augenblick. Dann sagt er, zu Sönke Nissen: »Sie werden sich vielleicht wundern, aber ich habe nicht mehr recht Lust, Lehrer zu sein. Wenn Sie einmal eine andere Tätigkeit für mich wüßten, wäre ich Ihnen sehr dankbar.«

»Wieso, liegen Ihnen Ihre Fächer nicht?«

»Im Gegenteil, Mathematik ist mein Lieblingsfach, ich denke überhaupt am liebsten in Zahlen; aber die politischen Wirren dieser Zeit wirken sich auch auf den Dienstbetrieb an den Schulen aus, und das ist nichts für mich. Aber ich muß ja, ich habe Frau und sechs Kinder.«

Sönke Nissen versteht das gut und sagt: »Bei sich bietender Gelegenheit werde ich an Sie denken. Aber wenn Sie gern mit Zahlen umgehen, dann kommen Sie doch mal wieder. Sie könnten mir einige Rechenarbeiten abnehmen, die ich bisher immer selbst erledigt habe; es handelt sich um meine persönlichen Angelegenheiten und die meiner nächsten Verwandten und Freunde. Das geht nicht unbedingt jeden etwas an; und dann kann ich Ihnen ja auch gleich sagen, wenn ich etwas für Sie habe.« Der Lehrer willigt ein, und der Gutsherr geleitet seinen Gast und Landsmann an den Wagen, der vor dem Herrenhausportal bereitsteht. Noch eine beiderseits freundlich winkende Handbewegung, und der Wagen fährt an. Sönke Nissen blickt ihm, auf den Stufen des Portals stehend, nach und sinnt vor sich hin: Denkt am liebsten in Zahlen, hat offenbar einen klaren Kopf mit sauberer Gesinnung, arbeiten mag er wohl auch. Den schaust du dir doch mal genauer an. . . . .

Sehen wir aber jetzt, warum der Glinder Gutsbesitzer so viel für Leute übrig hat, die gern mit Zahlen umgehen. Die Großtat allein, mit der er sein Lebenswerk krönt, aber auch seine bis dahin vollbrachte Leistung verdienen, daß sein Lebensweg hier kurz skizziert wird.

Sönke Nissen wurde am 27. Dezember 1870 in dem kleinen Dorf Klockries bei Lindholm geboren. Da es Standesämter erst seit 1874 gibt, ist seine Geburt ausschließlich im Familienbuch der Kirchengemeinde Lindholm festgehalten. Seine Mutter Gönke Katharina, eine geborene Hansen, und sein Vater Niß Nissen taufen diesen, ihren vierten Sohn am 5. Februar 1871 allem Aberglauben zum Trotz wieder auf den oben erwähnten Vornamen. Das Kirchenbuch sagt uns nämlich, daß fünf Jahre zuvor nach den Söhnen Nahne und Johann Christian der dritte Sohn geboren und auf den Namen Sönke getauft wurde, aber auf Grund der damals allgemein herrschenden hohen Säuglingssterblichkeit bereits im zarten Alter von kaum zwei Monaten wieder gestorben ist.

Niß Nissen ist von Beruf Zimmermann, im Volksmund auch »Husmoker« (hochdeutsch »Hausmacher«) genannt, der wegen seiner soliden Arbeitsausführung in der engeren nordfriesischen Heimat als tüchtiger Handwerker angesehen ist und demzufolge auch gut zu tun hat. Ob er den Meistertitel führte, kann nicht mehr festgestellt werden, da nach Auskunft der Handwerkskammer in Flensburg hierüber erst seit dem Jahre 1900 urkundlicher Nachweis geführt wird. Es ist aber, nach Auffassung des vorgenannten Instituts, mit Sicherheit anzunehmen, da die Innungen, wie früher auch schon die Zünfte, es nicht zulassen, daß sich ein Handwerker selbständig macht, ohne seinen »Meister« in der Tasche zu haben. Niß Nissen hatte nach Aussagen eines noch lebenden Enkels neben seiner Zimmerei eine kleine Landstelle von 7 bis 7,5 ha, vermutlich Weide, und hielt einen dementsprechenden Viehbestand.

So wächst der junge Sönke in bescheidenen, aber keineswegs primitiven

Verhältnissen unter den Augen eines strebsamen Elternpaares heran. Wer sich einmal mit deutscher Kulturgeschichte befaßt hat, weiß, daß das alte deutsche Handwerk damals jedenfalls noch zum kulturtragenden Mittelstand gehörte, den es heute kaum noch gibt.

Sönke kommt auf die Dorfschule und zeigt sich als überdurchschnittlich begabter, geistig reger und fleißiger Schüler; sein ausgeprägter Sinn für das Rechnen und den Umgang mit Zahlen fällt schon in den ersten Schuljahren auf. Laut Schulchronik Lindholm kommt man dort nach dem 6. Schuljahr von der Schule Klockries nach Lindholm-»Nord« oder »Süd« (nicht einwandfrei zu klären, da nur zahlenmäßig und nicht namentlich festgehalten). Als hier im Rechenunterricht die Dreiecks- und Kreisberechnungen beginnen, tritt seine mathematische Begabung noch eklatanter hervor; seinen Lehrern ist klar: Das wird ein Mathematiker.

Ebensowenig wie seine Aufnahme ist auch seine Entlassung aus der Lindholmer Schule belegt. Aber hier hilft uns wieder das Kirchenbuch von Lindholm, in welchem Sönkes Konfirmation unter dem 18. April 1886 festgehalten ist. Dem Alter des Konfirmanden und den damaligen Gepflogenheiten entsprechend, dürfte dieses auch das Jahr der Schulentlassung sein.

Niß Nissen steht vor einer Entscheidung: »Was soll der Junge lernen?« Nahne ist Lehrer in Hamburg geworden; das war schon nicht leicht. Johann Christian hat zwar bei mir Zimmermann gelernt, ist aber »von der Fahne gegangen« (ebenfalls nach Hamburg in den Schuldienst). Wer übernimmt nun meine schöne Zimmerei mit der kleinen Landstelle, die ich mir mit meiner Frau so mühsam aufgebaut habe? (nach Sönke sind nur noch Mädchen geboren). Mathematik hin und her; wenn er gut rechnen kann, dann wird er auch gute Häuser bauen: »Handwerk hat einen goldenen Boden.« So wird der Vater gedacht haben.

Diese Denkart und die daraus folgende Handlungsweise kann nur aus der damaligen Zeit heraus begriffen werden. Ohne seinen Jungen viel zu fragen, »verheuert« ihn der Vater zunächst auf ein Jahr an den Bauern Christian Johannsen in Lindholm. Zähneknirschend fügt sich der gerade 15jährige dem Willen des Vaters.

Der Junge hält durch, wenn es ihm auch sauer wird; aber – typisch für seinen Charakter – davonlaufen tut er nicht. Als jedoch das Jahr vorüber ist, erklärt er seinem Vater klipp und klar: »Dazu habe ich keine Lust, das liegt mir nicht, ich möchte lieber einen technischen Beruf erlernen, in dem ich meine Fähigkeiten im Rechnen anwenden kann.« Da schaltet sich sein Bruder Nahne, der Lehrer in Hamburg, mit einer Art Kompro-

mißvorschlag ein: »In Hamburg gibt es seit 1865 eine staatliche Bauschule am Steintorplatz; dort können sich neuerdings alle Handwerker, die mit dem Baugewerbe zu tun haben, weiterbilden. Der Vorteil bei der Sache ist, daß nur im Winterhalbjahr, von November bis März, unterrichtet wird. Wenn er jetzt gleich anfängt, Zimmermann zu lernen, dann kann er schon im kommenden Herbst auf die Bauschule gehen. Wohnen kann er bei mir und dann im Wechsel im Sommer hier zu Hause sein Schulgeld verdienen und im Winter weiter studieren. Nach fünf Semestern und bestandener Prüfung darf er sich ›Techniker-Aspirant‹ nennen.«
Der Vater willigt ein; Sönke ist heilfroh und greift sofort zu Axt und Hobel. Im November beginnt er sein erstes Semester in Hamburg. An der Schule gewinnt er auf Grund seines festen, aufrechten Charakters schnell Freunde unter seinen Studienkollegen; auch bei seinen Lehrern findet er Achtung und Anerkennung, nicht zuletzt wegen seiner guten Leistungen. In einem der Sommerhalbjahre macht er »so nebenbei« seine Gesellenprüfung als Zimmermann. Urkundlich nachgewiesen ist die Prüfung ebensowenig wie der »Meister« seines Vaters. Ein noch lebender Neffe aber weiß zu berichten: »Ich kann mich gut daran erinnern, daß meine Mutter (Sönkes Schwester) einmal sagte, Onkel Sönke habe Ende der achtziger Jahre eine Prüfung bestanden, obgleich er die übliche Lehrzeit noch gar nicht hinter sich gehabt hätte, besonders gut sei er im Hobeln gewesen.« Das kann also nur die Zimmermannsgesellenprüfung gewesen sein.
An der Bauschule macht er weiterhin Fortschritte und eignet sich ein gutes Fachwissen an. Darüberhinaus wird ihm sein Bruder als Lehrer ein über die Volksschule weit hinausgehendes Fundament an Allgemeinbildung vermittelt haben. Im letzten Semester, 1891/92, besteht er seine Abschlußprüfung mit der Note »gut«.
Im Anschluß an sein Studium genügt er seiner Wehrpflicht. Wo und bei welcher Waffe er gedient hat, ist nicht bekannt; vermutlich ist er auf Grund seines Berufes Pionier gewesen. Danach kehrt er zu seinem Bruder zurück, bildet sich weiter und sieht sich nach einer Anstellung um. Hierbei bewirbt er sich in dem damaligen Kreis Tondern um die Stellung eines Deichinspektors, kommt aber nicht in die engere Wahl.
Ende 1894 wird er als Techniker bei der Altonaer Bauabteilung der Berliner Firma Lenz & Co. eingestellt. Dieses Unternehmen führt hauptsächlich Kleinbahnbauten im Auftrag des Deutschen Reiches aus. Die zuständigen Beamten sahen sich natürlich die Firmen an, welche sie mit Aufträgen versahen, und die Unternehmen ihrerseits nahmen die Leute, welche

sie einstellten, sehr genau unter die Lupe. So ist allein schon Nissens Aufnahme in die Firma als ein Erfolg zu werten. Der Vater kann dieses ein Jahr vor seinem Tode noch erleben; er hat längst eingesehen, daß man diesen hoffnungsvollen jungen Mann nicht mehr an die Hobelbank binden kann, im Gegenteil: Er ist stolz auf seinen Jungen. Für die Zimmereiwerkstatt mit der kleinen Landstelle findet sich dann auch noch ein Schwiegersohn. Wie in der Schule, so bewährt sich Nissen auch in der Praxis hervorragend. Technisches Können, organisatorisches Talent und vor allem die Kunst der Menschenführung zeichnen ihn aus. Er steht weit über dem Durchschnitt seiner Kollegen, mit denen er in Pommern im Kleinbahnbau arbeitet. Natürlich entgeht dies nicht der Firmenleitung, und so sehen wir ihn seit 1898, vom Seniorchef der Firma, Geheimrat Lenz, mit dem Titel eines Eisenbahn-Bau-Ingenieurs versehen, in selbständiger, leitender Stellung.

Im Jahre 1903 erhält die Firma vom Deutschen Kolonialamt den Auftrag, in Deutsch-Ostafrika den Bau der sogenannten »Usambara-Bahn« zu vollenden (ca. 130 km). Wählte sich die Firma ihre Leute ohnehin schon sorgfältig aus, so wurde erst recht gründlich überlegt, wen man zu solchen Spezialaufgaben in die Kolonien schicken konnte. Und da Geheimrat Lenz persönlich Sönke Nissen dazu auserwählt, so kann das als eine Auszeichnung gewertet werden. Der junge Ingenieur bewährt sich auch hier; schnell und wendig stellt er sich auf die völlig anderen Gegebenheiten um, weiß auch die Eingeborenen richtig zu behandeln und bringt es fertig, daß die Bahnlinie fünf Monate (!) vor dem gesetzten Termin in Betrieb genommen werden kann. Seine erste Kolonialpioniertat ist vollbracht. Nissen erhält dafür ein ansehnliches Sonderhonorar und den Titel eines Oberingenieurs.

Im Sommer 1905 kehrt Nissen nach Deutschland zurück, wo er zunächst einen wohlverdienten Urlaub nimmt, um sich von dem harten Einsatz zu erholen. Danach leitet der Oberingenieur verschiedene kleine Bahnbauprojekte in Deutschland. Ende 1905 erhält die im Kolonial-Bahnbau bewährte Firma den Auftrag, in Deutsch-Südwest-Afrika eine Bahnstrecke von Lüderitzbucht in das Landesinnere nach Keetmannshoop zu bauen, insgesamt 366 km. Man ist sich klar, daß dieses Projekt wesentlich schwieriger wird als das vorige. Wer soll es ausführen? Lenz sen. holt sein bestes Pferd aus dem Stall: Gleich nach Weihnachten 1905 reist Oberingenieur Nissen nach Lüderitzbucht, um dort unverzüglich seine neue Aufgabe mit der ihm eigenen Energie und Tatkraft anzupacken. Hierbei meistert er schier unüberwindliche technische Schwierigkeiten, auch dies-

Ober-Ing. Nissen beim Bahnbau in Südwestafrika

mal wieder vor dem gesetzten Termin, sogar über ein Jahr früher (Juli 1908). Damit zählt Nissen zu den erfolgreichsten deutschen Kolonialpionieren und ist, gerade Ende dreißig, ein hochverdienter, angesehener Mann, der vom Deutschen Reich mit Orden dekoriert wird. Darüberhinaus lacht ihm jetzt auch noch das Glück.

Beim Bahnbau stößt man Anfang 1908 auf Diamanten. Nach dem Motto: »Der Sieg hat viele Väter«, gibt es mehrere Versionen über das Wann, Wie und Wo im einzelnen (der Verfasser kennt allein vier verschiedene). Tatsache ist jedenfalls, daß es gelingt, die Entdeckung zunächst geheimzuhalten. Das geht um so leichter, als deutsche Wissenschaftler schon vor Jahren derartige Vorkommen in diesem Areal für völlig ausgeschlossen erklärt haben. Ein deutscher Bahnmeister, ein Regierungs-Baumeister, Sönke Nissen und ein Eingeborener sind die einzigen, die um dieses kostbare Geheimnis wissen, und die »halten dicht«.

So hat man Zeit und Ruhe, sich in Amsterdam ein offizielles Gutachten über die Echtheit der Steine zu holen, natürlich ohne zu sagen, woher man kommt, bei der Berliner Handelsgesellschaft einen Ankaufskredit zu erlangen und damit die ergiebigsten Felder mitsamt den dazugehörenden sogenannten Schürfrechten zu erwerben. Zwar hat Sönke Nissen, dank seiner soliden Lebensführung, zu dieser Zeit schon Ersparnisse von 40000 GM. Aber diese reichen bei einem derartigen Objekt natürlich nicht. Die »Diamant-Schürfgesellschaft Kolmannskuppe« wird gegründet, und man beginnt mit der Ausbeute. Nun ist es natürlich vorbei mit der Geheimhaltung. Wie ein Lauffeuer geht die Kunde über das ganze Land in alle Welt. Es kommen seriöse Unternehmer, die Felder zu erwerben suchen; aber auch die »Glücksritter« fehlen nicht, sie kommen in hellen Scharen; und ein wüstes Treiben droht einzusetzen, dem das Deutsche Reich aber zu begegnen weiß, indem es den gesamten Diamantenhandel unter die Kontrolle des Kolonialamtes stellt. Während andere sich noch um Areale streiten, bringen die drei Bahnbau-Männer in aller Ruhe und mit einem gewaltigen Zeitvorsprung ihr Schäfchen ins Trockene; und der brave Eingeborene braucht sein treues Schweigen sicher nicht zu bereuen. Die anderen suchen noch nach Diamanten, aber unsere drei Kolonialpioniere sind längst »auf einem anderen Dampfer«. Nissen und seine Gefährten sehen weit voraus: Südwestafrika, bisher das Stief- und Sorgenkind des Kolonialamtes, wird, und zwar in kürzester Zeit, aufblühen und mit Sicherheit die ertragreichste Kolonie des Deutschen Reiches. Das bedeutet: Keine weitere Jagd mehr nach Diamantenfeldern. »Kolmannskuppe« mag weiter arbeiten, aber die Erträgnisse werden investiert in die wirtschaftliche Erschließung dieser aufblühenden Kolonie, und zwar so schnell wie möglich und auf allen Gebieten, um auch hier wieder den anderen »um eine Nasenlänge« voraus zu sein. Da gibt es ein »retardierendes Moment«: Aus der benachbarten englischen Kap-Kolonie wird ein Mr. Hill vorstellig und präsentiert alte Dokumente aus der Zeit vor Adolf Lüderitz (1883), die anscheinend besagen, daß er und eine Gruppe seiner Landsleute alte, bzw. ältere Rechte an den Diamantenfeldern haben. Was tun? Die Rechtsverhältnisse sind kaum zu klären. Sönke Nissen trifft schnell eine klare Entscheidung: Nicht lange herumstreiten, wir können es uns leisten, einen Vergleich zu machen. Seine Gefährten willigen ein, Mr. Hill wird Teilhaber der »Kolmannskuppe« und ist heilfroh. Die Deutschen ahnen dabei nicht im Entferntesten, welch klugen Schachzug sie getan haben! Was aber die Abkehr von weiterer Suche nach Diamantenfeldern angeht, so gibt ihnen der Erfolg recht: In allen Unternehmungen werden sie mit Aktienmajorität beteiligt, die Gewinne sind beachtlich. Auf Sönke Nissen trifft der lapidare Satz zu, den sein Landsmann Christian Paulsen später in einer Ausgabe des Jahrbuches des Nordfriesischen Vereins für Heimatkunde und Heimatliebe veröffentlicht: »Die bei diesem Bahnbau gemachten Diamantenfunde wurden die *Grundlage* für das von ihm in der Vorkriegszeit (1. Weltkrieg) erworbene bedeutende Vermögen.«

Die Prognosen haben gestimmt: Südwestafrika wird die ertragreichste Kolonie des Deutschen Reiches. Die Kolonialpioniere marschieren auf der Straße des wohlverdienten Erfolges. Aber: Glück und Glas, wie leicht bricht das, so sagt sich der kluge, abwägende und maßhaltende Nordfriese am Ende des Jahres 1909: »Die Natur hat mich mit guten Gaben gesegnet, ich habe sie genutzt, indem ich hart gearbeitet habe. In meinem Beruf war mir Erfolg beschieden; darüberhinaus hat mir das Glück gelacht. Dafür bin ich dankbar, nun will ich zufrieden sein; auch Glück will gut verwaltet werden.«

So mag er gedacht haben, aber auch seine harten körperlichen Strapazen und nicht zuletzt seine Sehnsucht nach der Heimat werden ihn bestimmt haben, selbstverständlich nach gründlicher Regelung seiner inzwischen wohlfundierten privatwirtschaftlichen Verhältnisse, in die Heimat zurückzukehren. Andere wollen immer noch mehr, ja, sie gewinnen fast dreimal soviel wie Sönke Nissen; aber am Ende steht der harte Spruch: Wie gewonnen, so zerronnen. Sönke Nissen ist klüger!

Er kehrt Ende 1909 nach Deutschland zurück und läßt sich zunächst in Berlin nieder. Von hier aus bemüht er sich, einen Teil seines in Südwest-

afrika erworbenen Vermögens im deutschen Inland wertbeständig anzulegen. Er sucht sich Berlin als Wohnsitz aus; es ist wohl darauf zurückzuführen, daß sich in dieser Stadt der Stammsitz der Firma Lenz & Co. befindet. Darüberhinaus wird er auch mit der Berliner Handelsgesellschaft guten Kontakt gehalten haben. Denn beide Unternehmen sind aus begreiflichen Gründen an der Ausbeute der Diamantenfelder beteiligt. Auch hier liegt die Vermutung nahe, daß er sich mit der Berliner Handelsgesellschaft über die vorerwähnte Vermögenslage beraten hat. Nissen beteiligt sich zunächst an soliden Industrie-Unternehmen, wobei Eisenbahngesellschaften nicht vergessen werden; auch erwirbt er Häuser und Grundstücke, aber dann ist sein Blick besonders auf Grund und Boden gerichtet. Sönke Nissens ausgeprägter Familiensinn und seine Heimatliebe führen ihn immer wieder nach Nordfriesland, wo er in den Gemeinden Klockries – Risum – Lindholm eine große Wohltätigkeit entfaltet, ganz besonders später in den Kriegs- und Nachkriegsjahren. Seine Nordfriesen danken ihm dies, wie ein alter Schulmeister i. R. zu berichten weiß, indem sie ihre alljährliche Treibjagd auf den 27. Dezember, dem Geburtstag ihres erfolgreichen Landsmannes, legen. Und dieser versäumt es nicht, regelmäßig daran teilzunehmen, wenn er es nur irgendwie einrichten kann. »Es war jedesmal ein Volksfest«, meint der Berichterstatter.
Für seine Geschwister kauft Sönke Nissen Land im Marienkoog; als ihm aber bekannt wird, Gut Glinde bei Hamburg sei zu erwerben, horcht er auf. Das wäre eine wunderbare Abrundung seiner vielschichtigen und weitgefächerten Vermögensanlagen in Deutschland. Als dann 1912 der Kauf zustande kommt, ist Sönke Nissen allein schon in Deutschland ein wohlhabender Mann. Die Masse seines Vermögens aber arbeitet in der aufstrebenden Kolonie Südwestafrika.
Nach einigen baulichen Veränderungen an dem Herrenhaus in Glinde hält der Sohn Nordfrieslands als Gutsherr Einzug.
Die Bewirtschaftung des Gutsbetriebes führt er fort in dem Stil seiner Vorgänger, nämlich mit Schwerpunkt auf Milchviehhaltung (120 Kühe) bei gutseigener Meierei, unter Absatz der erzeugten Milch in Hamburg. Diese Wirtschaftsweise drängt sich bei der Gesamtstruktur und örtlichen Lage dieses Betriebes förmlich auf. Allerdings geht Nissen in einem Punkte noch weiter als seine Vorgänger: Für die Nachzucht seines Milchviehbestandes sind ihm die Weiden auf Glinde nicht gut genug. Müssen Milchkühe, welche hier den Ertrag bringen sollen, schon mit Kraftfutter gestützt werden, so ist es unumgänglich notwendig, sie in ihrem Heranwachsen mit der Zielsetzung auf Leistung so zu fördern, daß sie später, auf

Ertrag gestellt, solches Kraftfutter zu verwerten in der Lage sind und mit entsprechender Milchleistung lohnen, wenn auch nur für kurze Zeit. Dazu sind dem denkenden und rechnenden Nordfriesen die fetten Weiden seiner engeren Heimat gerade gut genug.

Wie bekannt, hat Sönke Nissen nach seiner Rückkehr aus Südwestafrika u. a. Häuser und Grundstücke erworben, so auch »Reimers Gasthof« in Bredstedt. Er verpachtet dieses Haus; aber keiner kommt da so ordentlich zurecht. Das gefällt ihm nicht; und als sich ein anderer Interessent, der Goldschmied Friedrich Thomsen aus Bredstedt, findet, ist Sönke Nissen gern bereit, diesem das Gasthaus zu günstigen Zahlungsbedingungen zu überlassen. Wir lesen in einer Kontenkladde, von Nissens eigener Hand geführt: »Reimers Gasthof, Bredstedt, Verkauf an Fr. Thomsen, Markt 13; 1914, 17. Juni, Kaufvertrag getätigt.« Und der bisherige Goldschmied bewährt sich als Gastwirt, nicht zuletzt, weil er eine tüchtige Frau zur Seite hat. Er wird aber auch in anderer Hinsicht Geschäftspartner von Sönke Nissen; und nur deswegen ist dies verhältnismäßig kleine Kaufgeschäft hier eingefügt: Fr. Thomsen besorgt Sönke Nissen die wertvollen Pachtweiden im Sophien-Magdalenen-Koog, auf denen dieser Nachwuchs für den Glinder Milchviehstall heranzieht.

Auf seinem neuen und endgültigen Wohnsitz in Glinde entfaltet er die gleiche Wohltätigkeit wie in seiner nordfriesischen Heimat. Gut Glinde wird ein Musterbetrieb mit für damalige Verhältnisse vorbildlich-fortschrittlichen sozialen Einrichtungen. So sehen wir z. B., daß Nissen seinen Deputanten im Krankheitsfalle den Lohn fortzahlt, die Arztkosten übernimmt und darüberhinaus noch Beihilfen gewährt.

Ansonsten lebt er still und zurückgezogen auf seinem Herrenhaus, pflegt den Kontakt mit seinen Gutsnachbarn von Hinschendorf, Karolinenhof und Schönau, meidet aber im übrigen die sogenannte große Gesellschaft. Bei Ausbruch des Ersten Weltkrieges wird er aus Altersgründen nicht mehr eingezogen. Um so mehr gilt seine Fürsorge den Hinterbliebenen Gefallener.

Nach dem unglücklichen Ausgang des Krieges ist Sönke Nissen einer der wenigen Deutschen, die vom »Glück im Unglück« sagen können. Südwestafrika wird Völkerbundsmandat, verwaltet durch die »Südafrikanische Union«. In den Jahren bis 1923 sind die Vermögenswerte aller Deutschen beschlagnahmt und deren Bankkonten eingefroren. Währenddessen spielt sich in Deutschland die größte Wirtschaftskatastrophe ab: die Inflation. Als dann 1923 die deutsche Währung sich zu stabilisieren beginnt, revanchiert sich die Gruppe um Mr. Hill für das Entgegenkommen der deutschen Kolonialpioniere im Jahre 1908 bei den Diamantenfunden (s. S. 23 oben) dadurch, daß man folgende Lösung der wirtschaftlichen Verhältnisse herbeiführt: Es wird anerkannt, daß die Deutschen aus ihrer ehemaligen Kolonie Südwestafrika etwas gemacht haben. Die Führung auf wirtschaftlichem Gebiet übernimmt jetzt Südafrika. Die s. Z. erworbenen und weiter geschaffenen Werte überläßt man ungeschmälert den Deutschen. So fair ist man damals noch! Auf diese Weise lacht Sönke Nissen und seinen Gefährten zum zweiten Male das Glück: Sie behalten ihre Werte und sind unbewußt und ungewollt der Inflation in Deutschland entgangen. Der Glinder Gutsherr dankt seinem bis hierher gnädigen Schicksal mit Hilfsbereitschaft und Wohltätigkeit in seinem Lebenskreis. Auch hier weiß er maßzuhalten. Er sieht sich seine Leute an und wirft nicht mit Geld um sich. Seine Fürsorge in diesen schlimmen Jahren gilt insbesondere seinen Verwandten und Landsleuten in Nordfriesland, seiner Wohnsitzgemeinde Glinde und nicht zuletzt bewährten Mitarbeitern der Firma Lenz & Co. sowie Angehörigen der ehemaligen deutschen Schutztruppe in Südwestafrika, die im wahrsten Sinne des Wortes unverschuldet mittellos auf der Straße stehen.

In diese Zeit fällt die hier im Text als »Vorspann« gewählte, zufällige Begegnung mit seinem Landsmann Christian Paulsen, den er sich nun ganz genau ansieht. Schon bald nach dem ersten Besuch, am 31. März 1919, finden wir zum erstenmal Paulsens Handschrift in der bis dahin von Nissen persönlich geführten Kontenkladde. Von da an ist sie immer häufiger zu sehen. Inzwischen erkundigt sich Sönke Nissen bei dem Bredstedter Fr. Thomsen, der für ihn mit den Jahren eine Art Gewährsmann geworden ist, eingehend nach der Efkebüller Paulsen-Familie und erhält gute Auskunft. Paulsen erwirbt sich nach und nach eine regelrechte Vertrauensstellung bei dem Gutsherrn von Glinde. Er hat den »Studienrat« längst aufgegeben und befaßt sich stattdessen in seiner Freizeit mit den Gebieten Buchführung, Geldwirtschaft, Industrie, Handel und Landwirtschaft; er scheint etwas zu ahnen. Nachdem Sönke Nissen seinen Landsmann zwei Jahre lang regelrecht getestet hat, ist es im Frühjahr 1921 soweit; er bietet ihm die erwünschte »andere Tätigkeit« an: »Treten Sie in meine Dienste, ich garantiere Ihnen Ihre Beamtenpension.« Paulsen überlegt eine Nacht hindurch, willigt ein, und am 24. Mai 1921 wird der Anstellungsvertrag mit Wirkung vom 1. Juni geschlossen, der dann später, im März 1922, durch eine notarielle Generalvollmacht erweitert wird.

Jetzt ist Christian Paulsen so recht in seinem Element, im Reich der Zahlen; schnell gewinnt er den Gesamtüberblick über das im In- und Ausland

ebenso klug wie kompliziert angelegte Vermögen. Sönke Nissen fühlt sich bestätigt in der Wahl seines Privatsekretärs und läßt diesem für seine achtköpfige Familie am Mühlenweg in Glinde ein Wohnhaus errichten. Er denkt: Jetzt hast du den richtigen Mann und gönnt sich einen Erholungs- und Kuraufenthalt im hessischen Bad Wildungen.
Hier lernt er Fräulein Elisabeth Rabe kennen. Sie stammt vom Gut Schönkamp bei Lübeck und hat, wie so viele deutsche Frauen und Mädchen im vergangenen Krieg, freiwillig Dienst beim Roten Kreuz getan und dabei den Beruf einer Krankenschwester erlernt. Mit diesen erworbenen beruflichen Fähigkeiten steht sie nunmehr in den Diensten des Wildunger Kurarztes. Aus dem Kennenlernen wird eine beiderseits tiefe, aufrichtige Zuneigung, und man beschließt zu heiraten. Am 9. Dezember 21 wird in Lübeck die Ehe geschlossen. Als Sönke Nissen seine bildhübsche junge Frau als Gutsherrin nach Glinde heimführt, es ist an einem Abend, steht die gesamte Belegschaft mit Fackeln Spalier. Er hat es weder angeordnet noch gewünscht; es ist vielmehr der spontane Ausdruck von Verehrung und Anteilnahme an dem Glück. Irgendeiner wird diesen festlichen Empfang organisiert haben; wer es gewesen ist, läßt sich heute nicht mehr feststellen.
Nach seiner Heirat lebt Sönke Nissen weiterhin bescheiden und zurückgezogen auf seinem Glinder Herrenhaus. Lediglich die Treffen der »Afrikaner« in Berlin läßt er sich nicht entgehen. Auch sind seine alten Gefährten regelmäßig Gäste in Glinde; und Paulsen wächst in diesen Personenkreis hinein.
Paulsen hält genau wie Nissen engen Kontakt zu seinen Verwandten in der nordfriesischen Heimat. Ende 1922 erhält er von seinem Schwager Bernhard Jensen, Louisenkoog, den Hinweis, daß der Gemeindevorsteher Marx Wulff, Cecilienkoog, seit Jahren bemüht ist, die Bedeichung rd. 1000 ha deichreifen Vorlandes vor den »Reußenkögen« westlich Bredstedts zustandezubringen. Aber in der Zeit tiefster Inflation fehlt es an Geld. »Wäre das nicht etwas für Deinen Brotherrn?« meint Jensen zu seinem Schwager. Bei seinem routinemäßigen Vortrag gibt Christian Paulsen dem Gutsherrn einen Hinweis auf das ihm bekanntgewordene Projekt.
Sönke Nissen überlegt einen Augenblick; dann meint er zu seinem Privatsekretär: »Stellen Sie doch einmal die Verbindung her; die Sache wollen wir uns ansehen und in aller Ruhe durchrechnen.« –
Und es geschieht.

I. Kapitel

Vorbereitende Verhandlungen
Blick in die Geschichte
Fortsetzung und Abschluß der Vorverhandlungen

Weisungsgemäß begibt sich Paulsen Ende November 1922 nach Bredstedt, wo Bernhard Jensen für ihn ein Treffen mit Marx Wulff arrangiert hat. Es versteht sich von selbst, daß dies an einem Freitag, dem sogenannten »Bauernsonntag«, geschieht. Schon im 18. Jahrhundert, also noch in dänischer Zeit, hatte der damalige Landflecken Bredstedt durch königliche Resolution das Recht erhalten, einmal in der Woche einen Markt abzuhalten. Die Bredstedter entschieden sich für den Freitag, und so ist es bis auf den heutigen Tag geblieben. Die Bauern der umliegenden Geestdörfer und die der westlich vorgelagerten Köge der Marsch nahmen dies zum Anlaß, auch ihrerseits an diesem Tage den Ort, der sozusagen ihr Versorgungsstützpunkt war und ist, mit ihren Frauen aufzusuchen. Die Männer tätigten ihre Bank- und sonstigen Handelsgeschäfte, während die Frauen ihre Einkäufe und andere Besorgungen für die Hauswirtschaft erledigten. Anschließend traf man sich in der Gastwirtschaft, wo man ausgespannt hatte und wo ein Hausknecht die Pferde besorgte. Hier saß man dann eine Weile in gemütlicher Runde im Freundes- und Bekanntenkreis beim heimatlichen friesischen Teepunsch. Hin und wieder, bei besonderen Anlässen, konnte es vorkommen, daß diese Runden sehr ausgedehnt wurden und der Punsch reichlich floß; es wird sogar behauptet, daß man einmal dem Hausknecht, der bereits zur Heimfahrt angespannt hatte, sagen ließ: »Spann man wieder aus, wir nehmen noch ein paar.« Aber das war die Ausnahme; man nannte das dann einen »großen Freitag«.
Marx Wulff, aus der Wilstermarsch gebürtig, damals ein Mann von Anfang vierzig, Bauernsohn und in praktischer Landwirtschaft aufgewachsen, hat sich 1911 nach seiner Eheschließung in dem 1903 bis 1905 eingedeichten Cecilienkoog angesiedelt. Er hat den ersten Weltkrieg von Anfang bis Ende mitgemacht und wird 1919 nach seiner Rückkehr Vorsteher der Gemeinde »Reußenköge«. Es sind dies: der Sophien-Magdalenen-Koog, der Reußenkoog, der Louisenkoog, der Desmercièreskoog und der

schon erwähnte Cecilienkoog. Diese Köge sind im Laufe von etwa zwei Jahrhunderten nach und nach entstanden, nachdem König Christian IV. von Dänemark im Jahre 1619 und noch einmal später zwei vergebliche Versuche gemacht hatte, in einem Zuge einen Deich von der Hattstedter Marsch nach Ockholm zu schlagen, der mit seiner Linienführung damals schon das Gebiet unseres heutigen Sönke Nissen-Kooges einschließen sollte. Es ist das vielbesprochene und -beschriebene sogenannte »Bredstedter Werk«; und unser Koog ist der letzte Baustein dazu.

Wulff und Paulsen, einander vorgestellt, ziehen sich in einer der anfangs beschriebenen Gastwirtschaften in ein Nebenzimmer zurück, und die Unterhaltung kann beginnen. Dabei ergibt sich folgende Lage:

Vor den »Reußenkögen« liegt in der Bucht, die begrenzt wird im Norden vom Ockholmer Koog, im Osten vom Louisen-Reußen- und vom Reußenkoog, im Süden vom Cecilienkoog, ein deichreifes Vorland von reichlich tausend Hektar, bereits von einer festen Grasnarbe (Vorlandgras) bewachsen. Untersuchungen haben ergeben, daß es, wenn eine Bedeichung gelingt, mit Sicherheit erstklassiges Ackerland, Pflugland, wird. Schon vor dem Ersten Weltkrieg war von seiten des Staates eine Bedeichung ins Auge gefaßt, der Plan aber wegen des Krieges wieder fallengelassen worden. In einer Gemeinderatssitzung im Jahre 1921 wirft Wulff die Frage auf, ob man sich nicht privat zusammenschließen soll, da vom Staat z. Z. nichts zu erwarten sei; und der Gedanke findet Anklang. Um Marx Wulff, Typ einer führenden Persönlichkeit, bildet sich eine Gruppe von Interessenten, die sich seiner Führung anvertraut. Es sind vorwiegend »Reußenköger«. Wulff bemüht sich um Zwischenkredite zur Finanzierung des Deichbaues; aber weder bei der damaligen Schleswig-Holsteinischen Bank noch bei der Reichsbank hat er Glück. Seinen Gedanken, den Deichbau mit Naturalien zu finanzieren, muß er nach eigener Einsicht wieder aufgeben.

Mit einer Denkschrift vom 7. September 1922 versucht es der Husumer Landrat Dr. Clasen noch einmal bei der preußischen Regierung in Schleswig mit besonderem Hinweis auf die ungeheure volkswirtschaftliche Bedeutung eines so großen Kulturwerkes, aber auch ohne Erfolg.

Das ist die erste Lageschilderung, die Paulsen von Wulff bekommt. Als die beiden Gesprächspartner sich verabschieden, meint Wulff: »Wenn es gelingen sollte, Herrn Nissen für diese Sache zu gewinnen, dann muß schnell gehandelt werden; denn es gibt hier eine Gruppe, die es uns neidet, daß wir das Deichen für uns in Anspruch nehmen.«

Um diese Rivalität zu verstehen, tun wir einen Blick in die Geschichte der schleswigschen Westküste, der Landgewinnung und des Deich- und Sielwesens. Es ist dies auch wichtig zum leichteren Verständnis des gesamten Stoffes dieser Abhandlung, und zwar besonders für diejenigen Leser, denen unsere speziellen örtlichen Verhältnisse nicht so vertraut sind. Deswegen auch die breite Ausführlichkeit.

Ein Blick auf die Landkarte unserer schleswigschen Westküste mit ihren vorgelagerten Inseln und Halligen und dem dazwischen liegenden Wattenmeer läßt auch den geologisch Ungeschulten vermuten, daß dieses ganze Gebiet in früherer Zeit einmal Festland gewesen ist. Mehrere bedeutende Wissenschaftler, Forscher und Geschichtsschreiber haben sich mit diesem Problem befaßt. Einen exakten Nachweis kann keiner bringen; es bleibt bei Theorien und Hypothesen, die verschieden sind. Für uns ist es auch gleichgültig, ob das ehemalige Festland durch ein Absinken der Küste infolge Zusammenpressens von darunter liegenden Moorschichten oder durch ein Ansteigen des Wasserspiegels infolge Zufließens von Schmelzwasser der Eisgrenze verlorenging. Einig sind sich alle Gelehrten darüber, daß dieses Land in vorgeschichtlicher Zeit durch eine riesige Naturkatastrophe fortgerissen worden ist. Diese Auffassung vertritt auch unser Atlantisforscher, Pastor Jürgen Spanuth, Bordelum. Hier ist nur von Bedeutung, daß Teile dieser Landmassen, die also offenbar nicht in die offene See abgeflossen sind, von der Nordsee seit Jahrhunderten hin und her bewegt werden. Flut und Ebbe, verursacht durch die Anziehungskraft des Mondes, z. T. auch der Sonne und der Rotation der Erde, in einem Rhythmus von 12-13 Stunden, bewerkstelligen diesen Vorgang.

Die in die Nordsee mündenden Flüsse befördern gewaltige Sandmengen in die See, deren von den Flußmündungen bis zu uns führende Strömungen Teile davon auch vor unsere Küste bringen. Schließlich bedingt die Mischung von Salz- und Süßwasser ein Massenabsterben von Kleinstlebewesen, die jeweils nur in einer der beiden Wasserarten leben können. Die so entstehenden organischen Verwesungsprodukte mischen sich ebenfalls unter die vorbezeichneten Stoffe. Sie alle zusammen machen, auf dem Watt abgelagert, das aus, was wir »Schlick« nennen. Deswegen heißen die Arbeitsmänner, die im Vorland zur Pflege der Anlandung in hohen Gummistiefeln schwerste körperliche Arbeit leisten, im Volksmund die »Schlicker«. Ihre Kulturarbeit verdient hier besondere Würdigung. Damit haben wir allerdings schon einen Vorgriff auf die »künstliche Anlandung« getan.

In früheren Jahrhunderten verließ man sich zunächst auf die natürliche Anlandung, die zur Hauptsache durch den Pflanzenwuchs auf dem Watt verursacht wird. Watt ist der Meeresboden, der bei Ebbe nicht vom Wasser überspült wird. Die Vorlandpflanzen, vorweg Queller und Andelgras, später aber ganze Pflanzengesellschaften, bewirken durch ihr Wurzel- und Blattwerk ein Festhalten der von der Flut abgelagerten Sinkstoffe. Es richtet sich je nach Verlauf der Küste und den Strömungsverhältnissen, ob ein Vorland sich zügig oder nur zögernd aufbaut. So können besondere örtliche Verhältnisse bedingen, z. B. mangelnder Pflanzenwuchs, daß ein Vorland »abbaut«, das heißt, daß der Ebbstrom mehr wegzieht als die Flut gebracht hat. Wenn ein aufgebautes Vorland durch die stetigen Ablagerungen eine Höhe von 30 – 40 cm über »gewöhnlich Hochwasser« erreicht hat, die Schlickschicht ebenfalls eine solche Stärke aufweist und mit einer zwischenzeitlich angewachsenen Grasnarbe (Vorlandgras) versehen ist, nennen wir das Vorland »deichreif«. Eine Bedeichung gilt als rentabel, wenn mit 1 km Deich ca. 100 ha Land gewonnen werden können. Hierbei ist es möglich, daß zur Gewinnung einer günstigen Deichlinie Wattflächen mit eingedeicht werden. Auch zur Überwindung von Außentiefs, »Priele« genannt, kann dies vorkommen. Den so gewonnenen Boden nennen wir »Klei« und das entstandene Areal einen »Koog«. Der Ursprung dieses Wortes ist nicht einwandfrei zu klären. Das durch eine Bedeichung gewonnene Land ist in seiner physikalischen Struktur keineswegs einheitlich. Die gröberen und daher schwereren Teile, nämlich mit stärkerer Sandbeimengung, lagern sich früher, also weiter westlich ab als die feinen, die bis an die Küste gelangen. Wir unterscheiden daher zwischen »Westerland« und »Osterland«. Letzteres ist wesentlich schwieriger zu bearbeiten als das andere, das durch seine höhere Sandbeimengung gefälliger ist. Es ist nahezu eine Kunst, Osterland zum rechten Zeitpunkt zu bearbeiten. Wir sprechen deswegen auch von »Minutenböden«. Ist solches Land auch noch wasserundurchlässig, eignet es sich nur als Weide. Ist es aber durchlässig, so daß es sich »drainieren«, d. h. mit einem unterirdischen Entwässerungssystem versehen läßt, so wird es bei richtiger Bearbeitung Kulturland von allerhöchstem Wert. Das gilt auch für das Westerland. Die gesamtphysikalische Struktur kennen wir bereits; chemisch-qualitativ und -quantitativ analysiert, lautet das Ergebnis der Wissenschaftler u. a.: »Kalk und Kali in genügendem Maße vorhanden«, bezogen auf die Bedürfnisse von Kulturpflanzen. Wichtig ist aber auch die Präsenz der sogenannten Spurenelemente, wie Jod, Fluor, Silicium, um nur einige zu nennen, »Mikronährstoffe«, die nur in ganz geringen Mengen (»Spuren«), aber für den Wuchs, die Gesundheit und Widerstandsfähigkeit der Kulturpflanzen unbedingt benötigt werden.

Das ist also unser »Marschland«; das Wort ist vermutlich durch Volksetymologie (ungelehrte Wortdeutung) von lat. mare, das Meer, hergeleitet, also: Meeresland, oder auch dem Meer abgewonnenes Land. Es ist eine weitverbreitete aber abwegige Auffassung, daß dieses Land an Nährstoffen so unerschöpflich reich sei, daß es zum Gedeihen der Kulturpflanzen einer Zuführung von künstlichem Dünger nicht bedürfe. Nahezu das Gegenteil ist der Fall: Zwar ist es richtig, daß in den ersten zwei bis drei Jahren Kunstdüngergaben nicht erforderlich sind. Dann aber verlangt auch dieser Boden die Beigaben von Phosphorsäure und vor allem Stickstoff. Die Theorie des Pflanzen- und Ernährungschemikers Justus von Liebig findet hier eine geradezu klassische Bestätigung, daß nämlich das Gedeihen einer Kulturpflanze von demjenigen Grundnährstoff abhängt, der am wenigsten im Boden vorhanden ist. Phosphorsäure und besonders Stickstoff werden auf unserem Boden am schnellsten verbraucht; alle anderen Nährstoffe sind reichlich vorhanden. Führt man das Verbrauchte auf künstlichem Wege wieder zu, dankt unser Boden das entsprechend der Liebigschen Theorie mit guten, ja besten Ernten. Und so liegt das Geheimnis unseres Bodens darin, daß er hohe und höchste Gaben besonders an Stickstoff mit entsprechenden Erträgen lohnt. Auf anderen Böden würden so hohe Gaben nicht den entsprechenden Erfolg bringen, d. h. die obere Grenze einer rentablen Stickstoffgabe liegt dort wesentlich niedriger. Dieser kleine Vorgriff soll uns den Blick in die Geschichte nicht verschleiern:

Die an unserer Westküste ansässig gewordenen Nordfriesen erkennen im Mittelalter, daß die Nordsee gibt und nimmt. Auch der außerordentliche Wert des natürlich angelandeten Bodens bleibt ihnen nicht verborgen. Er ist mit seinem feinen Vorland-, d. h. Salzwassergras, besonders geeignet für Nutzung durch Schafgräsung. Aber immer wieder stören die zweimal täglich kommenden Fluten. Diese, so hat die Erfahrung gelehrt, laufen von Ende März bis Mitte August nicht so hoch auf wie in den übrigen Monaten. So kommen die Friesen auf den Gedanken, das angewachsene Land vor der Küste, das »Vorland«, wenigstens in der Sommerzeit durch Dämme, später »Deiche« genannt, vor der Überspülung durch die Nordsee zu schützen. Hierbei ging es zunächst noch sehr primitiv zu; so wurde z. B. die Erde mit Tragen, Körben, ja, sogar in Schürzen in den Deich gebracht, der sich erst wieder ablagern mußte, damit er die nötige Festigkeit bekam, um dann besodet zu werden. Man denke an unsere modernen Spülbagger, die einen Sandkern aufspülen, der von vornherein fest und einfach nicht mehr umzustoßen ist. Für die Friesen gibt es aber noch ein weiteres Problem: Wenn die Winterfluten den »Sommerdeich« und damit das durch ihn geschützte Vorland überspült hatten, wie sollte man das Wasser im nächsten Frühjahr wieder loswerden? Es mußten »Siele« (Schleusen) gebaut werden. Die beiden Kardinalfragen des nordfriesischen Deich- und Sielwesens zeichnen sich hier schon ab: erstens der Hochwasserschutz mit Deichbau, Deichunterhaltung und Vorlandpflege, zweitens die Wasserlösung mit Anlage von Entwässerungsgräben, später auch Drainage, »Sielzügen«, die das Wasser dieser Gräben aufnehmen und letztlich durch die Schleuse in den Vorfluter, außendeichs führen.

Wir wissen von den Geschichtsschreibern, daß schon im 11. nachchristlichen Jahrhundert an unserer Küste die ersten Deiche gebaut werden; und zwar mit der vorerwähnten Primitivität; aber die Friesen lernen im Laufe der Jahrhunderte dazu, sowohl im Deich- als auch im Schleusenbau. Hier formen Klima und Landschaft den Menschentyp. Die Friesen werden Rechner, ja, Mathematiker, deren Blick nach Westen gerichtet ist. Sie lassen sich auch durch Rückschläge nicht entmutigen, wenn Sturmfluten ihnen alles nehmen, was sie sich mühsam aufgebaut haben. Im Gegenteil, sie entwickeln immer günstigere Deichprofile und bessere Schleusen mit ihren sich infolge des Innen- bzw. Außenwasserdruckes selbsttätig öffnenden und schließenden Stemmtoren. (s. Seite 34) Bald sind sie auch soweit, daß sie Deiche bauen können, die sogar Herbst- und Winterfluten standhalten. Damit tun sich ganz neue Möglichkeiten auf: Der Bodenbewuchs stellt sich, wie die Erfahrung lehrt, verhältnismäßig schnell von Salz- auf Süßwasserflora um. Das ergibt hervorragende Fettviehweiden und erstklassiges Pflugland zum Getreide- und Hackfruchtanbau. Schließlich wagen es die Friesen auch, im Schutze ihrer Winterdeiche Wohnungen, Stallungen und Scheunen zu bauen, die sie allerdings sicherheitshalber auf eigens hierfür aufgeworfenen Erdhügeln, sogenannten »Warften« errichten, um im Falle eines Deichbruches mit Mensch und Tier vor der Flut geschützt zu sein. Der Marschhof ist entstanden, der in der nunmehrigen Bewirtschaftungsweise, Ackerbau und Fettgräsern, aus dem Boden ein Vielfaches von *dem* an Ertrag bringt, was früher durch die Gräsung mit Schafen erzielt wurde; auch das haben die Friesen sich ausgerechnet.

Mit dieser Entwicklung einer geht ein wachsendes Interesse der Landesherrschaft an solchen Angelegenheiten. Erstens bedarf die Eigentumsfrage an dem angewachsenen Land einer rechtlichen Regelung, zweitens sind die entstehenden Köge mit ihren Marschhöfen keine uninteressanten Steuerquellen für den Staatssäckel.

Schleuse mit Stemmtoren geschlossen

Schleuse mit Stemmtoren geöffnet

Zunächst sind die Rechtsverhältnisse der Vorlandanlieger und Marschbewohner nur durch mündliche Weisungen der Landesherrschaft bzw. Absprachen zwischen dieser und den Betroffenen geregelt, so zu einem ungeschriebenen Gesetz und, von Generation zu Generation überliefert, zu Gewohnheitsrecht geworden. Dieses gewährt ihnen ein nahezu völlig eigenständiges Leben. Grob umrissen haben sie folgende Rechte und Pflichten: Das angewachsene Vorland gehört ihnen, sie dürfen es durch Schafgräsung nutzen. Ist es aber deichreif, so sind sie verpflichtet, es für eigene Rechnung und eigenes Risiko einzudeichen: Kein Land ohne Deich! Wollen oder können sie das nicht, so sind ihre Rechte verwirkt, und andere, die sich dazu in der Lage fühlen, treten an ihre Stelle: »Wer nicht will deichen, der muß weichen!« Schlägt die Bedeichung fehl, leistet die Landesherrschaft keinerlei Schadenersatz. Gelingt sie aber und kommt ein Koog zustande, so sind sie wahrhaft freie Herren. Sie erhalten einen sogenannten »Octroi«, von lat. auctoritas, d. h. von der Landesherrschaft einseitig verliehene besondere Vergünstigungen. Diese lauten im Laufe der Geschichte verschieden, enthalten aber allgemein folgende Vorteile:

1. Die »octroierten Köge« haben ihren eigenen Inspektor (Verwaltung auf allen Gebieten) und ihre eigene Gerichtsbarkeit in bürgerlichen und auch in strafrechtlichen Sachen;

2. Steuer- und Lastenfreiheit für achtzehn Jahre, erst danach Abgabe eines Reichstalers je Hektar und Jahr. Für die gleiche Zeit Zollfreiheit für alles was benötigt wird;

3. bei Deichbruch Verlängerung der Freijahre bis zur Wiederherstellung des Deiches;

4. Befreiung von allen Auflagen in Kriegs- und Friedenszeiten, wie z. B. Einquartierung, Lieferung von Naturalien;

5. der Landanwuchs vor dem neuen Deich gehört den Anliegern;

6. Kirche und Schule können nach eigenem Ermessen gebaut werden; das Patronatsrecht an der Kirche sowie die Dienstaufsicht an der Schule steht den »Octroierten« zu;

7. Wirtschaften, Brauereien und Windmühlen dürfen für den Koog betrieben werden;

8. Fischerei und Jagd sind frei.

Zur Wahrnehmung dieser Rechte und Regelung aller gemeinsamen Angelegenheiten wählen die Marschbewohner ihre Koogsvertretung, an deren Spitze der Deichgraf, später Deichvogt steht. Im Hinblick auf das, was alles in seinen Händen liegt, suchen sie sich dazu natürlich die profilierteste Persönlichkeit aus. Aber er ist keineswegs alleiniger Herrscher; Friesland ist damals eine echte Bauerndemokratie. Er ist »primus inter pares« (Erster unter Gleichen), und gleichberechtigt zur Seite stehen ihm die Deichrichter oder Deichgevollmächtigten. Es gibt außerdem Fälle, wie wir noch sehen werden, wo nicht ein Deichvogt allein, sondern zwei Koogsmänner zusammen einem solchen Gemeinwesen vorstehen. Sie sind alle ehrenamtlich tätig. Bei Abstimmung ist die Größe ihres Landbesitzes ausschlaggebend für das Gewicht ihrer Stimme; das deswegen, weil sie auch entsprechend dieser Maßgabe an der Erfüllung der nach vorstehendem Gewohnheitsrecht auferlegten Pflichten des Kooges beteiligt sind. Hierunter fallen neben den erwähnten Abgaben als Wichtigstes die Pflege und Wehrhafterhaltung des Deiches und die Unterhaltung des sogenannten 18-Rutenstreifens (ca. 90 m breit); denn man weiß damals schon, daß Vorlandpflege der sicherste Deichschutz ist. Wir wollen uns hier besonders merken, daß den Unterhaltspflichtigen im Unterschied zu Dithmarschen aber auch die Nutzungen zustehen, auch wenn sie keinen Preis dafür entrichtet haben. Die Menschen hinter dem Deich sind eine auf Gedeih und Verderb angewiesene Schicksalsgemeinschaft, das begreift man damals schon; deswegen nennt man den »ersten Mann« auch Deichvogt und nicht etwa Bürgermeister oder Administrator. Mit Deich und Siel, d. h. mit Hochwasserschutz und Binnenentwässerung, stehen und fallen Wohlstand und Existenz der Koogsbewohner. Das ist heute noch so.

Dieses oben besprochene Gewohnheitsrecht und noch einiges mehr findet seinen ersten konkreten Niederschlag in dem 1517 von Herzog Adolf bestätigten Spade-Landesrecht, allerdings ohne den Octroi (dieser ist anderen Ursprungs und nur aus Gründen der Einfachheit und Übersichtlichkeit hier mit eingearbeitet).

Das Spade-Landesrecht regelt allerdings ausschließlich das Deich- und Sielwesen; man sieht also, daß auch die Landesherrschaft die außerordentliche Wichtigkeit dieser Dinge erkennt. Schlimme Strafen werden angedroht für Verletzungen der auferlegten Pflichten. Andere Berichte sagen, daß der Strafvollzug wahrhaft mittelalterlich war (Stockschläge, Halseisen usw.). Das Schlimmste was einem Säumigen passieren kann aber ist, daß man ihm »den Spaden auf den Teich setzet«. Das bedeutet: Seine Anrechte auf Deich und Vorland sind dahin. Wer den Spaten herauszieht, bekundet damit, daß er bereit und in der Lage ist, die Pflichten zu übernehmen, woraus sich dann auch selbstverständlich die vorerwähnten Rechte herleiten, daher »Spade-Landesrecht«.

Aber noch mehr wird 1517 festgelegt: Die Köge werden für besondere Fälle auf gegenseitige Hilfeleistung angewiesen; das Deich- und Sielverbandswesen zeichnet sich ab, das damit klar von den übrigen kommunalpolitischen Angelegenheiten der Marschbewohner getrennt wird. Hierfür bildet sich dann im Laufe der Jahre auch ein Gemeinderat mit einem ehrenamtlichen Vorsteher, später Bürgermeister, der alle übrigen öffentlichrechtlichen Angelegenheiten unter der Aufsicht des Amtmannes, später Landrats regelt. Die ursprüngliche völlige Eigenständigkeit geht mit der Zeit ganz verloren. Diese klare Trennung bedingt auch, daß mehrere Köge, wie in unserem Falle, zu einer politischen Gemeinde zusammengefaßt werden, die hinsichtlich Deich und Siel nichts miteinander zu tun haben. Auch wird es nach dem demokratischen Grundsatz der Gewaltenteilung tunlichst vermieden, daß ein Deichvogt gleichzeitig Bürgermeister ist und umgekehrt. Es sind eben »zwei Paar Stiefel«.

Die Anweisung zur gegenseitigen Hilfeleistung führt zu Meinungsverschiedenheiten, Streitigkeiten, ja zu regelrechten Fehden unter den Betroffenen. Die Landesherren erkennen, daß es hier einer festen führenden Hand bedarf, die mit der nötigen Autorität ausgerüstet ist. Einer schiebt die Verantwortung auf den anderen; darüber werden Deichunterhaltung und Vorlandpflege vernachlässigt. Was aber, wenn eine außergewöhnliche Sturmflut die immer noch nicht auf sehr sicheren Füßen stehenden Deiche wegreißt und das wertvolle Marschland überspült? Dann stehen die Koogsleute mit leeren Händen, Hilfe heischend, vor ihren Landesherren; und diese müssen, anstatt Steuern einzuziehen, erhebliche Aufwendungen machen, um die Existenz der Betroffenen zu erhalten, so daß es über das Spade-Landesrecht hinaus zusätzlicher Maßnahmen bedarf, um den Bestand der Deiche und Siele zu sichern. Mit Willkürbrief der Nordergoes-, Böcking- und Karrharde vom 1. August 1551 werden daher jährlich zwei Deichschauen angeordnet, eine im Frühjahr und eine im Herbst. Was nützt es aber, einen Patienten zweimal im Jahr untersuchen zu lassen, wenn seine gefährliche Krankheit dabei nicht erkannt wird?

Nach Meinung der Wissenschaftler übersehen die Marschbewohner damals, daß sich ihre Küste durch das bereits erwähnte Zusammenpressen der darunter liegenden Moorschichten senkt, wobei die Deiche durch ihr konzentriertes Gewicht noch schneller absinken als das übrige Marschland. Darüberhinaus, so die Wissenschaftler, steigt der Wasserspiegel. Ohne daß dagegen etwas geschehen ist, bricht am 11. Oktober 1634 die fürchterliche Katastrophe los: Eine verheerende Sturmflut tobt gegen Inseln, Halligen und Deiche der Küste. Die Insel Nordstrand, damals noch mit dem heutigen Pellworm ein Ganzes bildend, erhält ihren zweiten schweren Schlag (der erste erfolgte 1362). Sie wird in zwei Teile zerrissen.

Sturmflut 1936

Höchste Gefahr! Der Deich wird von der Innenseite her angenagt und ausgehöhlt

Auch an der Küste sind die Schäden erheblich. Tausende von Menschen und viele Tausende Stück Vieh finden in den Wellen der Nordsee den Tod. Man muß es gesehen haben, wenn am Tage nach einer solchen Sturmflut die See still und friedlich daliegt, spiegelblank, kaum eine Bewegung im Wasser, als wenn nichts gewesen wäre. Daher der »blanke Hans«.
Sturmfluten entstehen dadurch, daß der Wind, wenn er tagelang im Südwesten gestanden hat (aus dieser Richtung kommt unser Flutstrom), außergewöhnlich große Wassermengen an unsere Küste bringt. Springt er dann eines Tages kurz vor Hochwasser nach Nordwesten um und steigert er sich zum Orkan, Windstärke 12 bis 13, preßt er die von ihm mit großer Vehemenz in heftige Bewegung gebrachten Wassermassen mit ihrer Megatonnen-Wucht gegen und auch über unsere Deiche, die nur von Menschenhand gebaut sind. Trift eine solche Sturmflut mit einer Springflut zusammen, ist allerhöchste Gefahr!
Von einer Springflut sprechen wir dann, wenn Sonne, Mond und Erde in der eben genannten Reihenfolge in einer Linie stehen. Die Anziehungskraft von Mond und Sonne wirken dann gemeinsam in einer Richtung und erzeugen auf der Erde einen größeren Wasserberg. Der Gezeitenrhythmus wird dadurch nicht beeinflußt. Der Ursprung des Wortes »Springflut« ist unklar bzw. umstritten.
Man wird fragen: Was interessieren uns Nordstrand und die Sturmfluten, die es zerschlagen haben? Wir wollen etwas vom Sönke Nissen-Koog erfahren. Aber gerade eben diese Insel ist von Wichtigkeit für den Anwuchs des Vorlandes vor den Reußenkögen, aus dem unser Koog entstanden ist. Das Vorland an der Nordostspitze des alten Nordstrand vor 1634 umfaßt nämlich damals schon das Gebiet unserer heutigen »Hamburger Hallig.« Es heißt das Volgesbüller Vorland und wird am 16. Januar 1624, nachdem Hensebeck und Tickmaker dem Herzog eine »ansehnliche Rekognition und ein fürstliches Präsent überreicht haben, zu Erb und Eigen und zur bestmöglichen Bedeichung geschenkt, wegen deren hohen Kosten ihnen besondere Privilegien zugestanden werden«. (Octroi). Die vorgenannten Erwerber veräußern ihre Rechte am 23. März des gleichen Jahres an die beiden Brüder Rudolf und Arnold Amsinck, kapitalkräftige »gewesene Rats- und Richtherren zu Hamburg«. Das ruft die Nordstrander auf den Plan. Mit einer Eingabe wenden sie sich an den Herzog, berufen sich auf das Spade-Landesrecht und melden ihre Ansprüche auf das Volgesbüller Vorland und das Recht an, dieses zu bedeichen. Auch die Erben eines gewissen Hans Tadsen werden vorstellig und wollen beweisen, daß einer ihrer Vorfahren bereits 1545 das in Rede stehende Vorland käuflich erwor-

Abbildung 29.

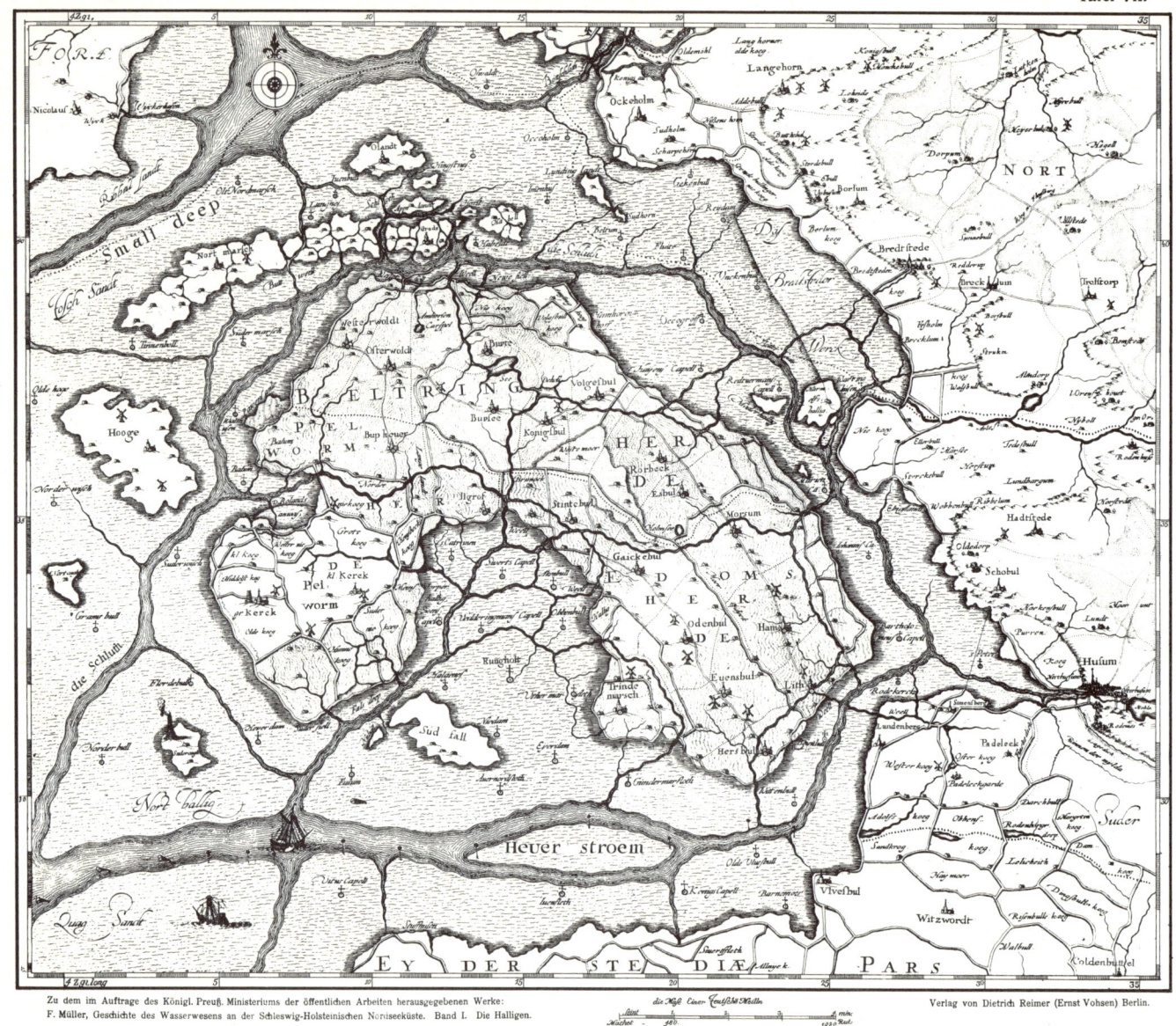

Ausschnitt aus J. Mejer's „Landtcarte von Nordgoesherde Ambt Husum Lundenberg undt dem Nortstrande." 1649.

Tafel VII.

Zu dem im Auftrage des Königl. Preuß. Ministeriums der öffentlichen Arbeiten herausgegebenen Werke:
F. Müller, Geschichte des Wasserwesens an der Schleswig-Holsteinischen Nordseeküste. Band I. Die Halligen.

Verlag von Dietrich Reimer (Ernst Vohsen) Berlin.

Das alte Nordstrand (s. S. 37 unten). An der NO-Ecke der »Amsing-Koog«, unsere heutige »Hamburger Hallig« (s. S. 42/43). Gegenüber am Festland, fast auf gleicher Höhe: Bredstedt

Die nebenstehende Karte zeigt die Küste vor unserer Eindeichung. Die gestrichelte Linie stellt den geplanten Deichverlauf dar. Die Jahreszahlen geben dem Leser Aufschluß über die Bedeichung der nordfriesischen Küste

Fahretoft
Lüngenhorner Neuer Koog
Lüngenhorner Alter Koog
Ockholm
Oland
Hochell - Sand
Appelland
Habel
Gröde
Sandhörn
Beenshallig
Hamburger Hallig
H a l l i g e n
Louisen Reussen Koog
Bordelumer Koog
Reussen Koog
Bredstedt
Sophien Magdalenen Koog
Bredstedter Koog
Desmer cieren Koog
Hattstedter Neuer Koog
Hattstedter Marsch
Wallsbüller Koog
Drelsdorf
Nordstrandischmoor
Norder-Plate
Holmer Fähre
Rungholt-Sand
Grosser Norder Koog
Waldhusen
Pellworm
Elisabeth Sophien Koog
Morsum
Norder Oster Koog
Friedrichs Koog
Odenbüll
Nordstrand
Neuer Koog
Norder Hever
Südfall
Hever Steert
Korbbaken-Sand
Nordstrander Watt
Mittel Plate
Lorenzens Plate
Westerhever Sand
Rochel-Sand
Husum
Mildstedt
Schwesing
Simonsberger Koog
Simonsberg
Adolphs Koog
Obbens Koog
Dammkoog
Witzwort
Riesbüller Koog
Friedrichstadt
Osterhever
Poppenbüll
Tetenbüll
Adenbüller Koog
Oldenswort
Garding
Katharinenheerd
Kotzenbüll
Tönning
Tating
Utholm
Ording
Welt
Vollerwiek
Katingsiel
Lunden
Schlichting
Hitz-Sand
Koller-Sand
1640
1547
1538
1560
1688
1800
1689
1489
1788
1742
1489
1906
1767
1612
1687
1672
1693
1654
1657
1739
1866
1663
1691
1484
1862
1544
1511
Ca 1200
1576-1589
1489
1400
1371
1515
1500
1570
1610
1553
1611
1275
1285
1540
1436
1610
1613
1114
1800

ben hat. Aber der Herzog setzt sich über beide Gruppen hinweg; offenbar hält er mehr von den finanzstarken Hamburgern. Er bleibt bei seinem mit Brief und Siegel gegebenen Wort und wird seine Gründe dafür gehabt haben. Rudolf und Arnold Amsinck bedeichen in den Jahren 1624 bis 28 auf dem Volgesbüller Vorland ihren »Amsinck-Koog«. Sie lassen eine Warft errichten und bauen sich darauf ein Haus, das »Hamburger Haus«. Hier fällt uns etwas Besonderes auf: Die Chronisten berichten, daß der Amsinck-Koog die Sturmflutkatastrophe von 1634 fast ohne nennenswerte Schäden überstanden hat. Offenbar haben die Amsincks ihren Deich auf sichrem Baugrund in der erforderlichen Höhe errichtet; die Theorie der Wissenschaftler scheint zu stimmen, daß die anderen Marschbewohner nicht merken, daß ihr Land, insbesondere ihre Deiche absinken und sie es versäumen, diese zu erhöhen. Wenn auch der Mensch bis auf den heutigen Tag vor den Naturgewalten weitgehend machtlos ist, so findet man doch in allen Berichten aus damaliger Zeit die übereinstimmende Auffassung, daß das verheerende Ausmaß der Katastrophe von 1634 hätte vermindert werden können, wäre man nur rechtzeitig an die Verstärkung und Erhöhung der Deiche und die bessere Pflege des Vorlandes gegangen.

Die Landesherren kümmern sich nun vermehrt um das Deichwesen; vor allem holen sie die Holländer, die damals bereits anerkannten Könner auf diesem Gebiet, heran. Sie sind schon früher hier beim Deichbau tätig gewesen. Als einer von ihnen, Johann Claußen, um 1610 die Schiebkarre einführt, bringt ihm diese technische Sensation den Beinamen »Rollwagen« ein. Arnold Amsinck, dessen Bruder zwischenzeitlich gestorben ist, bietet dem Herzog 1637 Weiter- und Neubedeichung für eigene Rechnung und eigenes Risiko an, allerdings mit der Bitte um Gewährung weiterer Freijahre für sein bereits gewonnenes Land. Sie werden zugestanden; man sieht, der Herzog hat ein Interesse daran, daß gedeicht wird. Amsinck fährt darin fort, allerdings mit wechselndem Glück. Aber 1655 ist auch bei diesem reichen Mann das Geld zu Ende. Es mag uns trösten, wenn er dem Chronisten Heimreich erzählt, daß er bei einem seiner Projekte das Zwanzigfache von dem benötigt hat, was vorveranschlagt worden ist; wir brauchen wenigstens »nur« das Dreifache. Im Winter 1658 stirbt Arnold Amsinck als armer Mann in seinem »Hamburger Haus«. Von 1661 bis 1711 hören wir nichts über das Schicksal des Amsinck-Kooges. Erst dann erfahren wir, daß er nicht mehr ist. Sein Deich ist vermutlich in der 50jährigen geschichtlichen Latenzzeit von mehreren Sturmfluten zerstört und das Land fortgerissen worden. Was übrig bleibt, ist das kleine Eiland mit seiner Warft, dem Haus, dem Schafstall und dem Brunnen, die heutige

»Hamburger Hallig«, der Mitte unseres jetzigen Kooges 3 km vorgelagert. In der Zeit bis ca. 1850 wird an unserer Küste weiter gedeicht, aber immer noch auf der Basis der natürlichen Anlandung. Dabei bekommt die Landesherrschaft die Bildung von Deichverbänden und Deichbänden, mehrere neben- und auch hintereinander liegende Köge gebietsweise zusammengefaßt, mehr und mehr in den Griff. Vor allem wird die Aufgaben- und Lastenverteilung immer stärker beeinflußt und schließlich durch das »Allgemeine Deichreglement von 1803« in klare Gesetzesform gefaßt. Dieses Gesetz übernimmt noch viel Gedankengut vom Spade-Landesrecht; aber die Staatsautorität kommt hier schon klarer zum Ausdruck. Es läßt aber auch altem Gewohnheitsrecht gewissen Spielraum und zwar da, wo die neuerlichen Hauptforderungen der Landesherrschaft gewährleistet sind, nämlich: absolute Sicherstellung der Pflege und Unterhaltung von Außendeich und 18 Ruten in Absprache zwischen den Kögen, die sich auf freiwilliger Basis zusammengeschlossen haben und sich über Ausgaben und Lastenverteilung einig sind. Anderenfalls regelt das Gesetz in klarer Definition die Begriffe »ordentliche« sowie »außerordentliche Deichlast« und »Prägravation«, eine von jedem Außenkoog, also mit einem Seedeich, vorab selbst zu tragende Deichlast, von deren oberer Grenze an er erst die anderen Köge des Deichbandes in Anspruch nehmen kann. An der Spitze eines Deichbandes steht der Oberdeichgraf, oder auch Deichhauptmann; er ist ehrenamtlich tätig. Wichtig ist es noch, zu wissen, daß durch das Gesetz von 1803 Deichinspektoren bestimmt und eingesetzt werden, im Tiefbau ausgebildete, besoldete Beamte mit Spezialkenntnissen besonders im Deich- und Schleusenbau sowie der Anlage von Uferbefestigungen. Darüberhinaus sollen sie etwas von Vorlandpflege verstehen und später auch noch von der künstlichen Anlandung. Mit diesen Fähigkeiten werden sie den ehrenamtlich organisierten Deichkorporationen zunächst als Ratgeber, später als Lenker zugeordnet. Man spürt, wie die Landesherrschaft zunehmend Einfluß nimmt. Mit gutem Grund und Recht, denn sie hat erkannt, daß man die Marschbewohner nicht einfach mit ihrem »Octroi« in völliger Eigenständigkeit sich selbst überlassen kann. Das haben wir gesehen. Ein Deich ist damals schon keine Privatangelegenheit mehr, er ist eine »öffentliche Sicherheitsanstalt«. Wird er nicht auf dem besten Stand gehalten, fallen die in seinem Schutze lebenden Bewohner der Allgemeinheit zur Last.
In der Frage der Binnenentwässerung sind wir bei der etwas vorweggenommenen Betrachtung der Entwicklung noch nicht soweit wie beim Hochwasserschutz. Die auf Gewohnheitsrecht aufgebauten Entwässe-

rungsverbände behalten noch über hundert Jahre ihre in Absprache mit der Landesherrschaft selbstgewählte Eigenständigkeit. Diejenigen Köge, die durch eine gemeinsame Schleuse entwässern, werden zu »Wasserlösungen« zusammengefaßt. An ihrer Spitze stehen zunächst Sielrichter. Es kommt aber dann in die Gewohnheit, daß der jeweilige Außenkoog, der die Schleuse hat, durch seinen Deichvogt dieses Ehrenamt mit übernehmen läßt. Die Friesen halten aber dennoch an der klaren Trennung von »Deich« und »Siel« fest. Dieses traditionsgebundene Denken hat sich nun einmal durch die Jahrhunderte in ihren Köpfen festgesetzt. Auch das »Preußische Wassergesetz« von 1913 ändert daran zunächst nichts. Es stellt nur die Sielverbände ebenfalls unter staatliche Aufsicht.

Kehren wir zurück zu unserer Hamburger Hallig. Sie ist zu wichtig für die Entstehung unseres Kooges. Bis 1760 ist sie noch Eigentum der Amsinck-Erben; dann wechselt sie mehrmals den Besitzer, bis schließlich 1878 der preußische Staatsfiskus die Hallig übernimmt und von da ab an verschiedene aufeinander folgende Interessenten zur Schäferei verpachtet.

Das Jahr 1847 bringt für unsere Anlandung ein entscheidendes Ereignis: Durch Resolution des dänischen Königs wird angeordnet, daß die Anlandung zwischen den Reußenkögen und der Hamburger Hallig durch Menschenhand aus öffentlichen Mitteln zu fördern ist. Die künstliche Anlandung beginnt. Hierbei werden nach einem von Fachleuten entwickelten System senkrecht und auch parallel zur Küste Lahnungen vorangetrieben und Grüppen ausgehoben. Die Lahnungen sollen den Küstenstrom aufheben und den Wellenschlag mindern. Wir kennen Erd-, Busch- und Pfahl-Lahnungen, die je nach örtlicher Gegebenheit Anwendung finden. Die Grüppen sind flache Gräben (30 bis 40 cm tief), zunächst breit, dann immer enger werdend. Der Aushub wird auf die zwischen ihnen entstandenen Äcker geworfen, die dadurch an Höhe gewinnen. Dieses rechtwinklig angelegte System bewirkt, daß die beruhigte See ihren mitgeführten Schlick in den Grüppen ablagert, der dann immer wieder durch Aushub unter gleichzeitiger, stetiger Verengung der Grüppen (auf 40 bis 50 cm) auf die Äcker gebracht wird. So wächst unser Vorland. (s. Seite 30 unten). Diese Arbeiten bringen von 1847 bis 58 unter dem Deichinspektor von Carstensen so gute Erfolge, daß man den Gedanken der »Landfestmachung« der Hallig ins Auge faßt.

Deichinspektor von Carstensen legt den Entwurf zu einem Dammbau vom Festland zur Hamburger Hallig vor. Er bedeutet einen Wendepunkt in der Geschichte der Landgewinnung an unserer Küste. Auf der Durchführung dieses Gedankens und den dabei gemachten Erfahrungen baut

sich die ganze weitere Entwicklung der Landgewinnung auf und findet schließlich ihren Höhepunkt im Bau des Hindenburgdammes (Klanxbüll-Sylt) und des Nordstrander Dammes 36 (Schobüll-Nordstrand). Das Wort: »mit der Nordsee gegen die Nordsee« gewinnt hier Gestalt.
Der Dammbau zur Hallig wird 1859/60 in Angriff genommen, gelingt aber nicht in einem Wurf. Drei Anläufe sind erforderlich, um das Werk zu vollenden. In diese Zeit fällt ein bedeutendes staatspolitisches Ereignis: 1867 kommen die Herzogtümer Schweswig und Holstein nach der Auseinandersetzung zwischen Preußen und Österreich als »Provinz Schleswig-Holstein« endgültig zu Preußen. Man mag über diesen Staat denken, wie man will; Tatsache ist, daß die preußische Regierung die verdienstvollen Vorarbeiten der dänischen Könige und schleswigschen Herzöge aufgreift und mit großer Intensität fortsetzt. 1875 steht der Damm endgültig. Der Erfolg ist geradezu verblüffend; und schon bevor dieses Bauwerk, seit fast fünfzehn Jahren in Arbeit, seine festgelegte Höhe erreicht hat, berichtet Professor Friedrich Müller, Königlich-Preußischer Baurat, in seinem zweibändigen Werk »Die Halligen« so eindrucksvoll, daß der Text hier im Wortlaut wiedergegeben werden soll. Im Band II, Seite 252 heißt es: »Nirgendwo sonst im Bereich der langgedehnten Westküste der Provinz Schleswig-Holstein fand auch nur annähernd eine so mächtige Anschlickkung statt und nirgendwo sonst hatten die zur Förderung des Anwuchses hergestellten geringen Werke so günstige Erfolge erzielt, als eben hier.«
Deich- und Vorland stehen jetzt in der Regie des Domänen-Rentamtes, während die Binnenentwässerung in die Zuständigkeit des Wasserbauamtes fällt.
Die Anlandung macht weiter gute Fortschritte, jedenfalls bis zum Tode des verdienstvollen Baurates Matthießen. Dann erlahmt das Interesse ein wenig. Das berichtet der spätere Domänenrent- und Bauoberinspektor Wilhelm Hinrichs in seinem beachtlichen Buch: »Nordsee, Deiche, Küstenschutz und Landgewinnung« und fährt fort, daß er 1898, bei seinem Amtsantritt, unser Vorland bereits im Abbruch begriffen sieht. Er aber nimmt die Zügel wieder energisch in die Hand, und so stehen wir am Ende dieses Ausfluges in die Geschichte vor *der* Lage, die Marx Wulff dem Privatsekretär Christian Paulsen schildert und welche dieser dem Glinder Gutsbesitzer Sönke Nissen zunächst mündlich vorträgt.
Nach diesem ersten mündlichen Vortrag meint Sönke Nissen: »Das ist ein großes Projekt, das will gut überlegt und von allen Seiten betrachtet sein. Darüber muß ich erstmal schlafen und mir die Sache dann ein paar Tage durch den Kopf gehen lassen. Immerhin müssen es beachtliche Män-

ner sein, die in dieser unsicheren Zeit den Mut aufbringen, ein so risikoreiches Unternehmen anzupacken. Eines ist mir allerdings jetzt schon klar: Wenn wir dort einsteigen, müssen wir bestimmt einen Teil unserer guten ausländischen Werte nach hier hereinnehmen. Deswegen können Sie sich schon einmal Gedanken machen, was wir da nehmen, und wie wir es machen. Bitte, bedenken Sie dabei, daß wir die wagemutigen Bauern mit Sicherheit werden vorfinanzieren müssen; es ist also weiterhin zu überlegen, wie wir uns und auch die Interessenten bei der Hereinnahme unserer ausländischen Goldwährung vor Entwertung schützen können. Das wäre Ihr vorläufiger Auftrag.« Paulsen bestätigt diesen und fügt hinzu: »Ich habe von Wulff einen guten Eindruck, ein gestandener Mann, mit beiden Beinen auf der Erde, allerdings geradezu besessen von der Idee des Deichens, jedoch ohne sich irgendwelchen Illusionen hinzugeben. Dumm ist er auch nicht, im Gegenteil, er scheint mir ausgesprochen schlau. Die Interessenten um ihn herum sind durchweg Leute in den besten Mannesjahren mit eigenem, unbelasteten Grund und Boden.«

»Um so besser«, meint Sönke Nissen, »und lassen Sie uns jetzt sehen, zu welchem Ergebnis wir beide, jeder auf seine Art, kommen.«

Hierüber verstreicht eine geraume Zeit, bis schließlich in der zweiten Dezemberwoche der Mann aus Klockries dem Efkebüller buchstäblich aufs Kontor rückt und ihn fragt: »Haben Sie sich eigentlich schon einmal Gedanken gemacht über die technische Durchführung unserer Finanztransaktionen im Falle einer Inangriffnahme der Bedeichung da oben in unserer Heimat?«

»Sehr wohl«, antwortet der Gefragte und entwickelt in der ihm eigenen klaren Vortragsweise den Plan, welchen er sich hierfür ausgedacht hat und kommt nach Erwägen des Für und Wider einiger Möglichkeiten zu dem Schluß: »Bei den derzeitigen wirtschaftlichen Verhältnissen kann die ganze Angelegenheit nach meiner Auffassung nur auf reiner Goldbasis abgewickelt werden; das ist sowohl für die Darlehnshergabe als auch bei der Rückgabe für alle Beteiligten das Gerechteste und Risikoloseste. Über Zinsen kann ich noch nichts sagen, dazu brauche ich von Wulff noch konkrete Zahlen. Neben vielen anderen Fragen muß er mir die folgenden drei vorab beantworten, damit ich einen Anhalt habe, nämlich erstens: was kostet ein km Deich?, zweitens: wie lang wird der in Aussicht genommene Deich? und drittens: wie hoch stellt sich der Wert von einem ha bedeichten Landes? Das alles natürlich auf Goldmarkbasis von 1913, wobei der Cecilienkoog Modell stehen könnte. Es ist dies aber erst der Anfang; darüberhinaus bedarf noch eine ganze Reihe von Fragen einer genauen

Klärung, bevor ich Ihnen eine exakte Wirtschaftlichkeits- und Rentabilitätsberechnung vorlegen kann.« Sönke Nissen hat seinem Landsmann schweigend zugehört, ohne ihn zu unterbrechen. Denn er weiß: Dieser Mann von Mitte vierzig redet und schreibt kein Wort zuviel, auch nicht eines zuwenig und bringt dennoch alles Erforderliche. Die beiden Männer kennen sich fast vier Jahre, und es macht dem Privatsekretär nichts aus, seinerseits schweigend zu warten, bis Sönke Nissen etwas sagt. Jedenfalls ist zunächst einmal Pause.
Dann nimmt Sönke Nissen das Wort: »Das haben Sie richtig erkannt und beurteilt; ich bin zu dem gleichen Ergebnis gekommen. Nun hören Sie mal gut zu«, und Sönke Nissen prägt das herrliche Wort: »Ich will mir die Heimat und mich der Heimat näher bringen und bin bereit, die Durchführung eines großen Kulturwerkes auf sicherer finanzieller Basis zu fördern. Mögen andere Finanzmänner darüber lachen. Ich tue es eben. Mein bisheriger Lebensweg ist gezeichnet von harter, entsagungsvoller Arbeit, welche zunächst mit Erfolg im Beruf und dann sogar mit Glück belohnt wurde. Jetzt liegt mir daran, das Ganze zu krönen, indem ich mir in unserer nordfriesischen Heimat ein Denkmal setze. – Natürlich wollen wir dabei nicht den Boden unter den Füßen verlieren; es ist von mir ein durchaus reales Interesse mit einkalkuliert. Ich selbst möchte auch gern ein so erstklassiges Marschland erwerben, als Ergänzung für den etwas mageren Glinder Boden. Das sollte man mir doch concedieren, wenn ich bereit bin, anderen bei dem Erwerb von wertvollem Land oder gar bei der Begründung neuer Existenzen zu beiderseits annehmbaren Bedingungen behilflich zu sein. Hierzu übrigens vorläufig abschließend noch Folgendes: Ich glaube, es mir und meinen Erben schuldig zu sein, vorsichtig ans Werk zu gehen, d. h. ich brauche gute Sicherheiten und zuverlässige Leute. Insofern ist mir der von Ihnen geschilderte Personenkreis sehr angenehm. Es wäre doch schade, wenn ich z. B. von den mir gegebenen Sicherheiten Gebrauch machen müßte. Das würde einen Schatten auf das ganze Unternehmen werfen, welches wir doch vornehm und solide aufbauen wollen.«
Nun schlägt Paulsen vor, daß er selbst sich mit Wulff und einem kleinen, von diesem zu bestimmenden Personenkreis trifft, um die vorgenannten ersten drei Fragen zu klären und sich überhaupt erst einmal ganz allgemein und unverbindlich zu informieren. Irgendwelche Abmachungen will er noch nicht treffen, auch keine Zusagen, sondern lediglich die Mitteilung machen, daß unter gewissen, noch auszuhandelnden Bedingungen die Möglichkeit zur Vorfinanzierung in guter ausländischer Währung besteht. Dabei leuchten seine Augen.

»Einverstanden, aber Sie machen ja ein Gesicht, als wäre morgen schon Weihnachten.«

Paulsen gibt einen Hinweis auf seine Abstammung und Nissen erinnert sich: Fast zwei Jahrhunderte hindurch hat die Efkebüller Paulsen-Familie von Generation zu Generation die Deichvögte für die Langenhorner Köge gestellt. »Da habe ich also das richtige Pferd vor meinem Wagen«, fährt er fort, »außerdem gibt es für Sie jetzt eine Menge zu rechnen, zu rechnen, ohne Schulmeister spielen zu müssen. Was wünschen Sie sich eigentlich noch?« –

»Daß das große Werk gelingt und« ..., etwas leiser, »daß Ihre Frau Ihnen bald einen Erben schenkt.«

Kurze Pause – dann flüstert der Klockrieser seinem Landsmann mit zum Scherz vorgehaltener Hand lächelnd ins Ohr: »Kann sein.« Damit nimmt er seinen großen Schlapphut und verläßt, von Paulsen zur Tür geleitet, das Büro.

Kaum hat er die Tür geschlossen, da nimmt Paulsen auch schon den Telefonhörer in die Hand und meldet ein dringendes Gespräch mit Marx Wulff an. Damals sind die Fernmeldeverbindungen noch nicht so schnell, und an sich wäre Zeit genug, die auf dem Schreibtisch liegende Routinearbeit fortzusetzen. Aber das geht in diesem Augenblick nicht. Wie immer, bei außergewöhnlichen Ereignissen oder schweren Entscheidungen, geht Christian Paulsen mit auf dem Rücken verschränkten Armen in seinem Arbeitszimmer auf und ab. Dabei führt er ein geistiges Selbstgespräch: »Zweimal hat Sönke Nissen in seinem bisherigen Leben Glück gehabt; und zum zweitenmal erwischt mich heute der Zufall; zunächst ist es in Hamburg auf der Intendantur, als dieser Mann plötzlich in meiner Tür steht und anfängt, mit mir friesisch zu sprechen; und eben kommt er, um mir zu sagen, daß wir in Nordfriesland deichen wollen. Jetzt möchte ich mich am liebsten nur noch um den Deichbau kümmern und die übrige Vermögensverwaltung einem anderen überlassen. Aber nein, das geht nicht; das wäre erstens ein Treuebruch gegenüber diesem großartigen Mann, dem ich soviel verdanke, und zweitens: Ohne Sönke Nissen und sein Geld gibt es keinen Deich, keinen Koog. Eines schließt das andere ein. Die Finanzierung des Deichbaues steuern kann nur, wer sich in den komplizierten Vermögensverhältnissen auskennt. Das Vermögen verwalten und dabei gleichzeitig dem Deichbau Rechnung tragen kann nur, wer sich auf Koogangelegenheiten mit allem Drum und Dran versteht, diese Fähigkeiten von Haus aus mitbringt. Ein gesonderter Vermögensverwalter und ein selbständiger ›Deicherbauer‹, beide im Dienste Sönke

Nissens, würden ständige Kompetenzstreitigkeiten haben. Also: Im Zustand des Entstehens des Kooges gehören beide Dinge in eine, in meine Hand. Später, nach gelungenem Werk, mag das anders sein. Im Augenblick erweitert sich mein Aufgabenkreis um dieses kühne Projekt, ein ebenso herrlicher wie verantwortungsvoller Auftrag: Deichen für einen erfolgreichen Sohn Nordfrieslands.«

Ja, das Deichen lag ihm wohl im Blut. Trotz seiner kühlen, nüchternen Denkart mag ihn diese Veranlagung später unbewußt mitbestimmt haben, das großartige Werk, einmal begonnen, im wahrsten Sinne des Wortes »um jeden Preis« zu Ende zu führen.

Aus seinem peripathetischen Philosophieren wird Paulsen aufgeschreckt durch das Schrillen des Telefons. Zügigen Schrittes geht er an den Apparat und vernimmt nach wenigen Augenblicken die hohe Fistelstimme von Marx Wulff: »Gibt es etwas Neues?« fragt dieser.

»Ja, aber setzen Sie sich erstmal hin oder halten Sie sich gut fest.« –

»Ist es so schlimm?« meint der andere.

»Hören Sie gut zu«, kommt es zurück; und in wenigen lapidaren Sätzen macht der Glinder Generalbevollmächtigte dem Reußenköger Gemeindevorsteher Mitteilung von der großen Entscheidung, die soeben gefallen ist, und hört eine Weile erstmal gar nichts. Dann klingt es vom anderen Ende: »Sagen Sie das noch einmal, das kann doch nicht wahr sein.« Paulsen wiederholt wunschgemäß und hört: »Wie haben Sie das nur fertigbekommen? Das ist ja ganz großartig.« –

»Ich habe überhaupt nichts daran getan, Herr Nissen pflegt seine Entscheidungen selbst zu treffen, ich mache höchstens Vorschläge. Diesen Entschluß hat Herr Nissen ganz alleine, ohne meine Einflußnahme gefaßt. – Und nun zur Sache: Ich habe vor allem drei Fragen«, und damit zählt Paulsen auf, was er wissen will. Beide tun einen Blick auf ihren Terminkalender und einigen sich auf den 15. Dezember 1922, 14.00 Uhr in Carl Bordersens Gasthof zu Bredstedt. Zum Schluß des Gespräches fragt Paulsen etwas schelmisch: »Wollen Sie das auch gleich in die Zeitung setzen?« –

»Ich werde mich hüten, Sie Spaßmacher, das kommt bei mir unter ›Streng Geheim‹!«

Als das Gespräch beendet ist, so berichtet Wulff selbst, hüpft er erstmal eine Minute lang wie ein Tanzbär von einem Bein auf das andere und singt dazu irgendeine Melodie »aus eigenen Werken«. Man muß seine Gestalt gekannt haben: mittelgroß, etwas vierschrötig, mit einem runden vollen Gesicht und dem sprichwörtlichen kleinen Bürgermeisterbauch. Es muß

ein köstliches Bild gewesen sein. Seine Frau kommt: »Was ist denn in Dich gefahren?« Da hält er inne, steht da und klopft sich mehrmals mit beiden Händen auf die Knie:
»Stell Dir das vor!«
»Was soll ich mir denn vorstellen?«
»Ach, das kannst Du gar nicht!« –
»Was ist denn los, wer hat da eben angerufen?«
Und indem Marx Wulff nach diesem kurzen, nur allzu verständlichen Freudenausbruch seine Ruhe und Besonnenheit zurückgewonnen hat, kommt er heraus mit der Sprache: »Wir können deichen, diesmal geht es wirklich los!« Dann setzt er seine Frau ins Bild, und sie freut sich mit ihrem Mann. Sie weiß es am besten: Jahrelang hat er immer wieder enttäuscht resignieren müssen; zuletzt ist er gar nicht mehr an den Außendeich gegangen. Er hat den Anblick des Vorlandes, welches geradezu nach einem Deich schreit, einfach nicht mehr ertragen können. Aber jetzt sieht die Sache anders aus. Marx Wulff denkt jedoch viel zu realistisch, um sich etwas vorzumachen. Gewiß, das Ziel hat konkrete Formen angenommen, aber der Weg dorthin ist sicher noch weit. Doch kann man jetzt einen Anfang machen in der berechtigten Hoffnung, zum guten Ende zu kommen. Seiner Frau aber schärft er ein: »Daß Du mir das nicht gleich beim nächsten Kaffeeklatsch erzählst!« Und sie verspricht zu schweigen, wenn's auch schwerfällt.

Obgleich Marx Wulff sich für die erste Besprechung auf einen kleinen Personenkreis beschränkt, gelingt es ihm nicht, diese wenigen Männer zur gleichen Zeit und am selben Ort zusammenzubringen. Er und Christian Paulsen müssen hin und her fahren, um die wichtigsten Männer zu hören. Auf diese Weise finden am 15./16. Dezember 1922 insgesamt fünf Besprechungen statt, eine jagt die andere. Marx Wulff hat es eilig. Zunächst berichtet Christian Paulsen über Sönke Nissens Bereitwilligkeit, das in Aussicht genommene Bedeichungsprojekt in guter ausländischer Währung vorzufinanzieren unter noch mit ihm selbst abzusprechenden Bedingungen. Hiervon wird natürlich allerseits mit großer Freude Kenntnis genommen, und es ist für alle Anwesenden eine Selbstverständlichkeit, daß Sönke Nissen hierbei auch zu Landerwerb kommt. Sodann berichtet Marx Wulff über den derzeitigen Stand der Dinge: Man hat einleitend eine »Genossenschaft in der Gemeinde Reußenköge« gebildet. Mitglied kann jeder Einwohner dieser Gemeinde werden und weiterhin jeder, der »in irgendeinem Verhältnis zur Gemeinde oder deren Mitgliedern steht«. Wir erkennen deutlich, daß das Spade-Landesrecht, in dieser Hinsicht nicht eingeengt durch das zu jener Zeit geltende Deichreglement von 1803, im Denken der Koogsleute immer noch vorherrscht. Man will unter sich sein.

Die Fläche von rd. 1000 ha deichreifen Vorlandes wird in vierzig Anteile aufgegliedert. Bisher gibt es sechsunddreißig Mitglieder, von denen aber noch einige aus verschiedenen Gründen abspringen werden, so daß genug Anteile für Sönke Nissen frei bleiben. Die endgültige Landverteilung soll durch das Los entschieden werden. Jeder hat für sich selbst die Bankgarantie beizubringen, die im entscheidenden Stadium gefordert werden wird, d. h. praktisch: Er muß eigenen schuldenfreien Grund und Boden vorweisen können. Daraus wiederum ergibt sich die Zusammensetzung des Personenkreises. Auf einen Anteil entfallen also 25 ha Land; diese Fläche erachtet man damals als die Mindestgröße für einen rentablen Marschhof. Allerdings denkt man zunächst noch nicht an Gebäudeerrichtung; die Beteiligten sind sich vielmehr darüber im klaren, daß die Aufbringung der Geldmittel für den Deichbau ihre Leistungsfähigkeit bis auf das Äußerste beanspruchen wird. Mit dem Bauen will man erst einige Jahre nach Fertigstellung des Deiches schrittweise beginnen, wobei das Tempo sich nach den wirtschaftlichen Kräften der Altbesitze und den Überschüssen aus der Bewirtschaftung des Neulandes richten soll, welches man also zunächst von den Stammhöfen aus bearbeiten will.

Weiterhin weiß Marx Wulff zu berichten, daß sich in Neufeld an der Elbe, zwischen Brunsbüttel und dem Kaiser-Wilhelm-Koog, ein ähnliches Konsortium wie hier gebildet hat, welches zur Durchführung einer Bedeichung bereits mit der Regierung in Schleswig verhandelt und kurz vor dem Abschluß steht. Die Neufelder haben sich offenbar Ärger und vor allem Zeitverlust dadurch eingehandelt, daß sie über Schleswig hinweg direkt mit dem Landwirtschaftsministerium in Berlin Verbindung aufgenommen haben. »Das wollen wir uns merken!« meint Christian Paulsen. Marx Wulff will außerdem wissen, daß die Neufelder für das Vorland einen Kaufpreis in der Form zu zahlen haben, daß sie eine 31jährige Rente von sechs Zentnern Roggen je Hektar und Jahr aufbringen. Das Eigentum und die Nutzung an dem zu bauenden Deich beansprucht der Staat für sich, während er die Deichunterhaltungskosten dem neuen Koog auferlegt. Da nimmt Nahne Brodersen von Langenhorn-Mönkebüll das Wort. Er ist Mitglied des Vorstandes der vorläufigen Genossenschaft und Deichhauptmann des II. Schleswigschen Deichbandes. In dieser Eigenschaft hat er bereits im März 1920, also noch vor Landrat Dr. Clasen, eine Denkschrift über die eventuelle Bedeichung vor den Reußenkögen verfaßt, die später Christian Paulsen und auch Sönke Nissen selbst mit großer Aufmerksamkeit studieren. Er geht dabei allerdings als Oberhaupt des Deichbandes mehr von der bautechnischen Seite aus. Für ihn sind die Linienführung des neuen Deiches, sein Profil und die Beschaffenheit des 18-Ruten-Streifens wichtiger als die Erschließung des neuen Kooges, der einmal in den II. Deichband aufzunehmen sein wird. Zu den letzten Äußerungen von Marx Wulff bezüglich Vorland-Kaufpreis und Deichunterhaltungspflicht verweist er mit Nachdruck auf das althergebrachte Gewohnheitsrecht in unserem Landesteil: Wer für eigene Rechnung und Risiko deicht, bekommt das Vorland ohne Kaufpreis, wer einen Deich zu unterhalten hat, dem stehen auch die Nutzungen, Pachteinnahmen, zu. Auch Christian Paulsen pflichtet dem bei. Er meint: Wenn schon Kaufpreisrente, dann darf aus der Deichunterhaltungspflicht die jährliche Hektarbelastung nicht noch größer werden, ein Standpunkt, den Sönke Nissen später aus der gleichen Überlegung heraus mit äußerster Härte vertritt. Diese Frage wird, wie wir noch sehen werden, von so entscheidender Bedeutung, daß das ganze Unternehmen daran zu scheitern droht. Wir müssen uns deswegen noch einmal den bereits mehrfach erwähnten Gedanken vor Augen halten: Nach althergebrachtem hiesigen Gewohnheitsrecht stehen die Nutzungen, Pachteinnahmen, an einem Außendeich und den vorgelagerten 18-Ruten derjenigen Körperschaft zu, welche den Deich als öffentliche Sicherheitsanstalt zu unterhalten hat, auch wenn sie nicht als »Eigentümerin« im Grundbuch eingetragen ist. Ein Gedanke, der Außenstehenden und hohen Regierungsbeamten, klugen Fachjuristen, immer wieder merkwürdig erscheint und Anlaß zu Meinungsverschiedenheiten und Reibereien gibt, die bis in die jüngste Vergangenheit reichen und erst jetzt, um es vorwegzunehmen, in beiderseitiger Einsicht zum guten Ende geführt werden.

Aber zurück zu unserer Besprechung: Da meint Paulsen außerdem, ein Vorland-Kaufpreis sei deswegen ungerechtfertigt, weil der Staat in seiner derzeitigen finanziellen Misere nicht einmal in der Lage ist, das bereits wieder im Abbruch befindliche Vorland zu halten; man solle doch froh sein, wenn ein privates Konsortium es auf sich nimmt, dem weiteren Verfall durch einen Deichbau für eigene Rechnung und eigenes Risiko Einhalt zu gebieten.

Jetzt greift der Domänenrent- und Bauinspektor, später Oberinspektor, Wilhelm Hinrichs von der Staatsdomänenverwaltung Husum ein. Marx Wulff hat ihn wohlweislich zu dieser Besprechung gebeten. Wir nennen ihn im Nachfolgenden der Einfachheit halber »Rentmeister«. Er kann da-

mals schon auf eine fast nahezu 25jährige Praxis in Fragen der Landgewinnung und des Deichbaues verweisen. Natürlich kennt er das traditionsgebundene Denken der versammelten Männer und weiß es auch zu würdigen, macht ihnen aber folgendes klar: Im Unterschied zu früheren Zeiten hat der preußische Staat erhebliche Mittel für die Landgewinnung aufgewandt und kann deswegen auf einen Kaufpreis nicht verzichten, ganz besonders in seiner derzeitigen finanziellen Lage nicht. Früher verließ man sich bekanntlich auf die natürliche Anlandung; da war es nicht schwer, das Vorland kostenlos zur Verfügung zu stellen. Die Männer um Marx Wulff sind einsichtig genug, das zu begreifen. Der Kaufpreis also wird »geschluckt«. Man will ja viel zu gerne deichen.
Weiter führt der Rentmeister aus, daß der vorgesehene Deich etwa 8,6 km lang wird. Das ist bei Gewinnung von rd. 1000 ha bestem Ackerland sehr günstig. Im Jahre 1913 hat Hinrichs in einer Denkschrift zwölf bis vierzehn laufende Meter Deich zur Gewinnung von einem Hektar Land für noch rentabel erklärt. Die Deichbaukosten schätzt er auf 100000 Mark (Gold) pro Kilometer. Für den Rohausbau der Wege veranschlagt er 100 Mark (Gold) je Hektar. Es kann hier nur mit Vorkriegswerten, also von vor 1914, gerechnet werden, da die derzeitigen (1922) wirren Währungs- und Wirtschaftsverhältnisse einen anderen Maßstab gar nicht zulassen. Marx Wulff bestätigt, daß der bedeichte Hektar Land mit Wegen, ohne Wasserläufe und Drainage, nach den Erfahrungen im Cecilienkoog einen Verkehrswert von 2800 Mark (Gold) haben wird. Damit hat Christian Paulsen zunächst einmal die wichtigsten Zahlen, die er braucht, um eine vorläufige Wirtschaftlichkeits- und Rentabilitätsberechnung aufzustellen.
Während des Vortrages von Rentmeister Hinrichs hat er anhand der Zinseszins- und Rentenformel ermittelt, daß sich der Gegenwartswert der in Neufeld geforderten Kaufpreisrente bei Zugrundelegung eines Vorkriegsroggenpreises von neun Mark (Gold) pro Zentner auf 1075 Mark (Gold) je Hektar stellt. Das ist ihm zu viel; der Kaufpreis, wenn er schon hingenommen werden muß, sollte nach seiner Meinung so niedrig wie möglich gehalten werden, denn er ist grundlegend für die gesamte Berechnung. Deswegen macht Christian Paulsen den Vorschlag, mit der Neufelder Gruppe Verbindung aufzunehmen, um Einfluß auf sie zu gewinnen, damit sie nicht leichtfertig auf die Forderungen der Regierung eingeht. Abschließend meint er: »Die sollen uns den Preis nicht verderben!«
Der Rentmeister äußert in seinem weiteren Vortrag, daß die Regierung sicher gewillt sein werde, das zur Diskussion stehende Vorland zu verkau-

fen, dazu aber die Genehmigung des preußischen Landtages brauche. Marx Wulff dagegen vertritt den Standpunkt, daß die Regierung in Schleswig dieses allein entscheiden könne. Da meint Bernhard Jensen, Koogsmann (vgl. S. 36 oben) aus dem Louisen-Koog: »Nehmen wir doch die ganze Neufelder Angelegenheit als Präzedenzfall, dann können wir nichts verkehrt machen, sparen uns Ärger, und Zeit haben wir ohnehin. Denn es muß ja noch mit Herrn Nissen selbst über die Darlehnsbedingungen verhandelt werden.« Das leuchtet allen Beteiligten ein. Darüberhinaus ist man sich einig, daß ohne einen wohlgesinnten, finanzkräftigen Mann die ganze Sache überhaupt nicht durchführbar ist.

Bernhard Jensen äußert noch Bedenken gegen die Landverteilung durch das Los. »Darüber können wir später sprechen«, drängt Marx Wulf, »ich fahre gleich die nächsten Tage nach Neufeld und Paulsen fährt nach Glinde, um uns den finanzkräftigen Mann wohlgesinnt zu machen.«

Damit sind die ersten fünf Vorbesprechungen beendet. Aber Christian Paulsens schwierige Doppelrolle zwischen den Bauern und Sönke Nissen, bzw. später dessen Erben, zeichnet sich hier schon ab.

Nach seiner Rückkehr aus den Reußenkögen erstattet Christian Paulsen dem Glinder Gutsherrn zunächst kurzen mündlichen Bericht. Dann aber findet er auf seinem Schreibtisch so viel Unerledigtes aus der übrigen Vermögensverwaltung, daß die Deichbausache ein paar Tage zurückgestellt werden muß.

Es ist gerade eine Woche vor Weihnachten, darauf folgt die berühmte Zeit »zwischen den Tagen«, in der erfahrungsgemäß nicht viel passiert. Das heißt: Es eilt! Deswegen sitzt Paulsen in diesen letzten Tagen vor dem Fest oft bis in die Nacht hinein am Schreibtisch und schafft es auch, seinen ersten ausführlichen Bericht mit Wirtschaftlichkeits- und Rentabilitätsberechnung im Entwurf abzuschließen. Gleich nach Weihnachten, am 27. Dezember 1922, dem Geburtstag Sönke Nissens also, legt er diesem seine erste Arbeit in Sachen Deichbau in Reinschrift vor. Sie umfaßt achtzehn Schreibmaschinenseiten, von denen allein drei mit mathematischen Formeln angefüllt sind. Was überhaupt in Zahlen auszudrücken geht, hat er hier erfaßt. Seine »Konstanten« in dieser Rechnung sind der Vorlands-Kaufpreis, die Kosten für einen lfd. km Deich sowie der Wert von einem Hektar neu gewonnenem Land. Alle übrigen Größen sind für ihn »Varianten«, die er mit Hilfe der Wahrscheinlichkeitsrechnung und unter Einsetzung von Risiko- und Rentabilitätsfaktoren sowie eines Sicherheitszuschlages von 25 % so genau wie möglich zu fixieren sucht. Im übrigen versäumt er nicht, darauf hinzuweisen, daß noch eine Fülle von

Fragen offensteht. Vorläufig kommt Paulsen zu dem Ergebnis, daß bei Chancengleichheit für Darlehnsgeber und Darlehnsnehmer ein Zinsfuß von 8 % pro Jahr angemessen und zumutbar ist.

Nach eingehendem Studium dieses Berichtes wird auch Sönke Nissen selbst tätig. Noch am gleichen Tage schreibt er persönlich an Marx Wulff und Nahne Brodersen und bestätigt in diesen Briefen sein Interesse an dem Vorhaben, verbunden mit dem Wunsch, daß die angesprochenen Männer seinem Privatsekretär zu weiteren Besprechungen zur Verfügung stehen. Christian Paulsen schreibt gleichzeitig an Marx Wulff und an Bernhard Jensen mit gezielten Fragen, die den Deichbau und seine Wirtschaftlichkeit betreffen. Die Sache scheint in vollem Gange.

Aber schon zwei Tage später legt sich der erste düstere Schatten über das kühne Unternehmen. Aus einer Aktennotiz Christian Paulsens vom 29. Dezember 1922 entnehmen wir auszugsweise folgendes: »Herr Nissen ist gestern leider erkrankt. Der Arzt hat Nierensteinkoliken festgestellt. Zunächst ist Herrn Nissen auf etwa drei Tage Bettruhe und strenge Diät verordnet. Der Arzt meint zwar, daß Herr Nissen die vorgesehene Geschäftsreise wird antreten können, doch kann man nicht wissen, ob die Krankheit solchen Verlauf nimmt.«

Sönke Nissen erholt sich zunächst. Die verordneten drei Tage Bettruhe genügen, um ihn wieder aufstehen zu lassen. Gleich nach Neujahr schickt er seinen Privatsekretär Paulsen wieder nach Bredstedt mit dem Auftrag, die Verhandlungen weiter voranzutreiben. – So finden vom 3. bis 5. Januar insgesamt sieben Besprechungen statt, drei davon im Raume Bredstedt – Husum, Landrat Dr. Clasen tritt hinzu. Diesen Verhandlungen liegen zur Hauptsache Paulsens Ausarbeitungen zu Grunde, von denen schon die Rede war. Außerdem erhält Paulsen klare Antworten auf seine gezielten schriftlichen Fragen. Jetzt ist er ein ganzes Stück weiter und hält den Zeitpunkt für nicht mehr fern, wo man sich mit Sönke Nissen zum Aushandeln der Darlehnsbedingungen zusammensetzen kann. Landrat Dr. Clasen empfiehlt darüberhinaus die Aufnahme eines Berufsjuristen in die vorläufige Genossenschaft. Die Wahl fällt später auf den Bredstedter Rechtsanwalt und Notar Dr. Carl Hennings, der freudig einschlägt.

Im Anschluß an diese Besprechungen fahren Wulff und Paulsen nach Marne, Süderdithmarschen, um mit der Neufelder Gruppe Verbindung aufzunehmen. Hier erfahren sie, daß man tatsächlich schon kurz vor dem Abschluß steht. Entwürfe für die Satzungen einer noch zu bildenden Genossenschaft und für den Vertrag über den Vorlandkauf haben bereits Schleswig passiert und liegen z. Z. im Landwirtschafts- und auch im Finanzministerium in Berlin vor. Ihre Genehmigung gilt als sicher; und so nehmen die beiden Reußenköger je eine Abschrift von beiden Exemplaren als Muster in eigener Angelegenheit mit nach Hause.

Nachdem Paulsen über diese Dinge wiederum ausführlich schriftlich berichtet hat, gibt Sönke Nissen das Signal: Am 24. Januar 1923 trifft sich der Vorstand der vorläufigen Genossenschaft mit Sönke Nissen und Christian Paulsen in Husum, Thomas Hotel; als Gast ist wiederum Landrat Dr. Clasen zugegen. Wichtigster Verhandlungsgegenstand ist die Finanzierung des Deichbauprojektes. Hierzu nimmt Sönke Nissen selbst das Wort und erläutert seinen Plan anhand der von Paulsen ausgearbeiteten Unterlagen. Demnach hat er den Wunsch, acht von vierzig Anteilen selbst zu erwerben. Dies wird, so meint der Vorstand, ohne weiteres möglich sein, da von den z. Z. noch gehaltenen 32 ½ Anteilen mehr Rückgaben zu erwarten sind. Man nimmt mit Sicherheit an, daß weitere Interessenten das hohe Risiko bei der wirtschaftlichen Unsicherheit scheuen werden. Sönke Nissen gibt auch zu erkennen, daß er wohl gewillt ist, mehr als acht Anteile zu übernehmen, falls zurückgegebene nicht unterzubringen sind. Auf die Frage, wie lange das Darlehen für die Genossen unkündbar gestellt werden müsse, wird der Wunsch geäußert, mit der Abtragung am Ende des ersten Wirtschaftsjahres nach Ablauf der Bauperiode zu beginnen. Die gesamte Abtragung möge mit Auslauf des 6. Wirtschaftsjahres, vom gleichen Zeitpunkt an gerechnet, beendet sein. Dieser Vorschlag wird von Sönke Nissen angenommen. Er schlägt dann als Zinsfuß statt der von Paulsen errechneten acht Prozent zehn Prozent mit dem Hinweis vor, daß die Banken, sofern sie überhaupt in der Lage sind, Kredite zu geben, zu jener Zeit 12 bis 14 % nehmen.

Nahne Brodersen bringt hierauf zum Ausdruck, daß ein solches Angebot bei den derzeitigen Verhältnissen als günstig zu bezeichnen sei und spricht Sönke Nissen seinen Dank aus. Widerspruch erhebt sich nicht, und Paulsen folgert daraus, daß dieser Vorschlag einstimmig angenommen ist.

Einmütigkeit besteht auch darüber, daß die Abgeltung der Zinsen für die Dauer der Bauperiode durch Abgabe von Land aus den 25-ha-Anteilen der Genossen an Sönke Nissen erfolgen kann. Wieviel das sein muß, soll Paulsen errechnen. Dieser kommt dabei, um dies vorwegzunehmen, zu dem Ergebnis, daß es bei Zugrundelegung einer Bauzeit von 3 ⅓ Jahren 3,5 ha pro Anteil sein müssen. Daraus folgt für ihn, daß zur Aufrechterhaltung der Rentabilität der Betriebe ein Anteil von 25 auf 28 ha erhöht werden muß.

Im weiteren Verlauf der Verhandlung kann allerdings in einem Punkte noch nicht gleich Übereinstimmung erzielt werden: Sönke Nissen will das Darlehen in englischer Währung hereingeben und hat natürlich aus begreiflichen Gründen auch den Wunsch, es in englischer Währung wieder zurückzubekommen. Die Vorstandsmitglieder hingegen vertreten in aller Form, aber unmißverständlich den Standpunkt, daß der Darlehnsnehmer den Weizen als Produkt des neugewonnenen Landes in der Hand hält und daß er für eine notwendig werdende Devisenbeschaffung durchweg wenig und zumeist schlecht beraten ist. Gewiß, es wird zugegeben, das hereinkommende Geld muß zum Schutze vor Währungsverfall in Weizen umgerechnet werden. Aber wenn nach der Deichbauzeit die Zinsen in Land abgegolten sein werden, dann müßte es doch möglich sein, die anschließend fälligen Zinsen und Tilgungsraten, selbstverständlich bei Zugrundelegung der bei Hergabe des Darlehns errechneten Weizenmengen, in einer dann geltenden deutschen Währung zu zahlen. Das will Sönke Nissen nicht recht gefallen. Er verweist darauf, daß die englische Pfundwährung stabiler ist als die deutsche Weizenwährung und daß sie insbesondere im Hinblick auf die politischen und wirtschaftlichen Verhältnisse ein erhebliches Risiko, ganz besonders für die Darlehnsnehmer, einschließt. Diesem einleuchtenden Argument können sich die Anwesenden nicht verschließen. Damit steht die Partie in dem vorerwähnten Besprechungspunkt also »remis«. Aber Sönke Nissen lenkt ein: »Meine Herren, daran soll es doch nicht liegen; da soll mein guter Paulsen sich einmal etwas einfallen lassen: Er kann ja so schön rechnen.« Damit stellt er ein schriftlich formuliertes Darlehnsangebot in Aussicht. Landrat Dr. Clasen erbietet sich, die später zu führenden Verhandlungen mit der Regierung in Schleswig vorzubereiten. Er, Marx Wulff und Christian Paulsen werden daraufhin zu Delegierten der Genossenschaft gewählt. Außerdem werden Sönke Nissen und Christian Paulsen in den Vorstand aufgenommen.

In guter Atmosphäre bespricht man noch verschiedene Einzelfragen und kommt abschließend auf den Deichbau zu sprechen. Hierbei ergibt sich der allgemeine Wunsch, dem Rentmeister Hinrichs die oberste Bauleitung zu übertragen. Auch soll er nach Möglichkeit bei der Ausschreibung des Deichbaues, der Prüfung der Angebote und der Zuschlagerteilung mitwirken. Ihm soll für diese nebenamtliche Tätigkeit, die ihm allerdings noch von der Regierung genehmigt werden muß, eine Dotation in Form einer Landzuweisung angeboten werden.

Damit ist eine der wichtigsten Vorbesprechungen beendet. Es ist die erste

und letzte, an der Sönke Nissen persönlich mitwirken kann.
Marx Wulff aber denkt: Schmiede das Eisen, solange es warm ist! Bereits drei Tage später erscheint er auf Glinde, um mit Nissen über die Darlehnsabwicklung weiter zu verhandeln und schafft es tatsächlich, zu einem Ausgleich zu kommen. Ja, Marx Wulff kann verhandeln; und als er wieder weg ist, meint der Gutsherr etwas amüsiert zu seinem Privatsekretär: »Sie haben schon recht, der ist nicht dumm, der ist schlau.«
Natürlich ist es bei aller Verschwiegenheit der Beteiligten vor der Öffentlichkeit nicht verborgen geblieben, daß der berühmte Mann aus Klockries höchstpersönlich eine lange Besprechung geführt mit Männern hat, von denen man seit Jahr und Tag weiß, daß sie vor den Reußenkögen deichen wollen. Die ersten Vermutungen werden angestellt, Gerüchte gehen um. Noch während der schriftlichen Festlegung der ausgehandelten Darlehnsbedingungen kommen Christian Paulsen bei Durchsicht der vorläufigen Interessentenliste erhebliche Bedenken, weil bereits sieben nur halbe Anteile gezeichnet sind, zu denen nach seiner Meinung mehr hinzukommen werden. Er fürchtet, in den Verhandlungen mit der Regierung wird sich dann der Grundsatz nicht aufrecht erhalten lassen, daß 25 ha für einen selbständigen Marschhof die Mindestgröße darstellen. Daher bittet er Marx Wulff um einen Anruf. Dieser, nie verlegen um einen Ausweg, meint am Telefon: »Wir brauchen uns ja nicht zur Errichtung von Gebäuden zu verpflichten, davon sprachen wir doch bereits (vgl. S. 51 1. Absatz); aber wer es will und kann, dem soll man auch 25 ha concedieren. Darin sehe ich den Sinn unseres Grundsatzes. Wer weniger Land nimmt, kann es ja von seinem Altbesitz aus bewirtschaften oder meinetwegen auch verpachten. Das steht jedem frei.« Offenbar einigen die beiden Männer sich in diesem Gespräch dahingehend, daß sie einen Anteil von 28 ha auf 14 ha herabsetzen. Schriftliches finden wir im Aktenwerk nicht darüber. Aber schon im ersten Satzungsentwurf ist von vornherein die Rede davon, daß ein Anteil den Anspruch auf Zuweisung von 14 ha sichert, später 12,5 bis 14 ha, je nach Bodenwertzahl.
In der zweiten Februar-Woche hat Marx Wulff die Darlehnsbedingungen in schriftlicher Form auf seinem Schreibtisch liegen, dazu ausführliche Erläuterungen von Sönke Nissen persönlich. Die bisher noch offen gebliebene Frage ist dahingehend geregelt, daß sowohl bei Hingabe als auch bei Rückzahlung des Darlehns auf Weizenbasis gerechnet, der Wert des Weizens aber am englischen Pfund gemessen wird. In einem späteren Brief umreißt der Glinder Gutsbesitzer seinen diesbezüglichen Standpunkt noch einmal ganz klar, »um Meinungsverschiedenheiten aus dem Wege

zu gehen«: Zwei Zentner Weizen gleich zwanzig »Goldmark«, diese entsprechen dem Wert von einem englischen Pfund, das seinerseits im Verhältnis zum Dollar bzw. Gulden seinen Wert behalten muß. Im übrigen bleibt es bei zehn Prozent Zinsen.

Damit zieht nun Marx Wulff durch die Lande und rührt die Werbetrommel. Aber statt Zuspruch erntet er zunächst einmal zu seiner größten Enttäuschung heftige Kritik. Die Interessenten aus den eigenen Reihen, darunter fast alle Cecilienkoogs-Leute, legen ihrem Vorstand zur Last, die Erhöhung des Zinsfußes von acht auf zehn Prozent schweigend hingenommen zu haben und auf die Rückzahlung in ausländischer Währung eingegangen zu sein. Zum größten Prügelknaben aber wird natürlich Nahne Brodersen, der ja auch noch sein »Dankeschön« dazu gesagt hat. Marx Wulff wendet sich hilfesuchend telefonisch an Christian Paulsen. Doch ein Unglück kommt selten allein: Dieser kann ihm nur mitteilen, daß sich Sönke Nissens Gesundheitszustand bedenklich verschlechtert hat. Abermals verfinstert sich der Horizont.

Die beiden Reinbeker Ärzte raten dringend zu einem für damalige Verhältnisse äußerst schweren chirurgischem Eingriff, der Entfernung einer Niere. Der Patient willigt ein. – »Was soll ich tun?« fragt Wulff. – »Die Nerven behalten«, meint Paulsen und fährt fort: »Machen Sie den Ernst der Situation ruhig bekannt; dann scheidet sich die Spreu vom Weizen. Darüberhinaus möchte ich bei Ihrer Menschenkenntnis dafür plädieren, daß Sie versuchen sollten, die für unsere Begriffe geeigneten Männer bei der Stange zu halten; dann haben wir für alle Fälle eine gute Mannschaft, die auch durchsteht, wenn Rückschläge kommen.

Obgleich Sönke Nissen von seinen Ärzten schon auf die Operation vorbereitet wird, sind seine Gedanken stets bei dem Bedeichungsprojekt. Immer wieder fragt er: »Wie steht die Sache, wie weit sind wir?« Paulsen scheut selbst in dieser Situation die Notlüge, auch auf die Gefahr hin, daß die Wahrheit, nämlich die Nachricht von Marx Wulff, den Patienten in Aufregung versetzen würde. Dieser aber reagiert zur großen Erleichterung des Privatsekretärs ganz kühl und gelassen: »Nun, dann lassen wir die Sache eben noch in der Schwebe, bis die Leute da oben sich besonnen haben. Wir wollen ja nichts von ihnen.«

Am Morgen des 24. Februar 1923, unmittelbar vor seinem Abtransport zur Operation, diktiert Sönke Nissen seinem Generalbevollmächtigten einen Nachtrag zu seinem Testament. Wesentlicher Inhalt ist die Erhöhung der Vermächtnisse an seine Verwandten, sein Haus- und Gutspersonal auf das Dreifache.

Bei der Operation tritt klar hervor, was die Ärzte schon befürchtet haben: Sönke Nissen hat Krebs. Wenn auch dieser Eingriff gelingt, so kann im Augenblick nicht gesagt werden, ob er noch Abhilfe schafft.
In der Deichbausache indessen überschlagen sich förmlich die Ereignisse: Marx Wulff gelingt es, nach Paulsens Rezept eine Gruppe von zwölf bis fünfzehn in jeder Hinsicht zuverlässige Männer zu überzeugen und zusammenzuhalten. Ein großer Teil aber von den ursprünglich sechsunddreißig Interessenten ist abgesprungen. Die einen ziehen sich ganz zurück, die anderen wechseln in das Lager der gegnerischen Gruppe hinüber, von der wir wissen, daß sie den Landanliegern das Gewohnheitsrecht von der ersten Hand beim Deichen absprechen.
Die internen Meinungsverschiedenheiten über die Darlehnsbedingungen werden damit offenkundig und geben dieser Gruppe weiteren Nährboden. Auf der anderen Seite melden sich auch neue Interessenten, die gerne auf Sönke Nissens Wagen mitfahren möchten. Einige können in den Kreis aufgenommen werden. Andere muß man zurückweisen, weil sie die bekannten Voraussetzungen nicht erfüllen. Das gibt erneut »Mißvergnügte«, wie Paulsen sie nennt. Diese Phase der Entwicklung findet ihren Höhepunkt darin, daß am 28. Februar ein Mann aus der Wiedingharde (nördlicher Teil des Kreises Tondern) auf dem Herrenhaus in Glinde bei Frau Nissen vorstellig wird und um Überlassung von zwei Anteilen bittet. Nun hat Frau Nissen in diesen Tagen alles andere im Kopf als solche Dinge, ist aber klug genug, Paulsen anzurufen, der ihr den Rat gibt, diesen Herrn zuständigkeitshalber an Marx Wulff zu verweisen. Der Fall gibt Paulsen aber doch zu denken; und so schreibt er noch am selben Tage an Wulff darüber: »Wir müssen versuchen, von der Regierung die bindende Zusage zu erhalten, daß sie nur mit *uns* verhandelt. Nach Vorstehendem haben wir doch damit zu rechnen, daß andere versuchen werden, uns darein zu reden.« Am Schluß dieses Briefes macht Paulsen noch die Mitteilung, daß Sönke Nissen die Operation gut überstanden hat, sich den Umständen nach wohlbefindet und vor allem fieberfrei ist. »Ich weiß, daß Sie sich mit mir über diese Nachricht außerordentlich freuen«, meint er.
Ganz gewiß: Die Getreuen, die bei der Stange geblieben sind, atmen erleichtert auf. Man faßt wieder mehr Mut. Marx Wulff erkennt die günstige Situation, und es gelingt ihm, seine Männer unter einen Hut zu bringen, sie zur Annahme der Darlehnsbedingungen zu bewegen. Eiligst macht er davon Mitteilung nach Glinde. Sönke Nissen, der sich zunächst gut zu erholen scheint, äußert die Ansicht, daß es nun an der Zeit sei, sich Gedanken über die Form des Zusammenschlusses zu machen. Dr. Hennings be-

kommt diese Aufgabe.

Gerade schickt Paulsen sich an, in den Norden zu fahren, um mit Marx Wulff den Landrat aufzusuchen, da kommt eine neue Hiobsbotschaft. »Was ist denn nun schon wieder los?« fragt Paulsen ungeduldig.

Im März 1923 werden die ersten sog. Roggenrentenbriefe angekündigt, die Deutsche Roggenrentenbank in Berlin wird gegründet. Sie schafft eine Behelfswährung auf Roggenbasis. Schon Mitte bis Ende April soll es auf diese Weise Kredite zu 5 % geben können. Da frohlocken die Rivalen: »Jetzt sind *wir* dran!«

Bei den Genossen aber verbreitet sich Zögern, Unsicherheit, ja, Uneinigkeit. Da geht Paulsen kurzentschlossen in die Höhle des Löwen; er trifft sich mit dem führenden Mann der gegnerischen Gruppe. Der schenkt ihm klaren Wein ein: »Zehn Prozent Zinsen sind viel zuviel, Großgrundbesitz ist hier nicht erwünscht; ich verstehe nicht, wie Einheimische so etwas mitmachen können. Außerdem habe ich dem Landrat die Augen darüber geöffnet, welch gefährlichem Unternehmen er seine Hand bietet. Im übrigen: Wenn Ihr Brotherr sich hier schon einen Namen machen will, dann soll er für eigene Rechnung und eigenes Risiko den Deich bauen, den Koog erschließen, vierzig Gehöfte errichten und diese, ohne Nutzen für sich, zu einer tragbaren Rente anbieten, wie bei staatlichen Bedeichungen.«

»Sind Sie denn bereit und vor allen Dingen auch in der Lage, dafür zu sorgen, daß von diesen Höfen sämtliche Steuern und Abgaben, die normalerweise in die Staatskasse fließen, für alle Zeiten Herrn Nissen und seinen Erben zufallen?«

Ein entgeistertes Gesicht und keine Antwort sind die einzige Reaktion. »Ihr habt einen anderen Geist als wir«, meint Paulsen und geht, um sich gleich anschließend mit Wulff und dessen Männern zu treffen. Hierbei kann er zu seiner Genugtuung feststellen, daß es trotz der eingetretenen Beunruhigung noch genügend Interessenten gibt, die gewillt sind, zu den ausgehandelten Bedingungen mitzumachen. Auch die sich abzeichnende leichte Besserung der Mark bei gleichzeitigem Anziehen der Löhne schreckt sie nicht ab. Im Gegenteil: Man möchte gern anfangen, je eher desto lieber. Wenn auch die Männer aus dem anderen Lager beim Landrat offenbar kein Glück haben und es mit den Rentenbriefen noch nicht so flott geht, hält man zügiges Handeln doch für geboten. Im Augenblick gibt man sich noch der Hoffnung hin, im Frühjahr, auch wenn es Ende Mai-Anfang Juni wird, mit dem Deichbau beginnen zu können.

Anfang April nehmen Wulff und Paulsen Verbindung mit dem Landrat Dr. Clasen auf. Wenige Tage später, am 6. April, findet noch eine Besprechung statt, in welcher über die taktische Einstellung bei den zu erwartenden Verhandlungen in Schleswig und evtl. auch schon in Berlin beraten wird. Selbstverständlich sind Landrat und Rentmeister wieder dabei; neuer Gast ist aber diesmal Geheimrat Thomsen, Struckum bei Bredstedt, Vortragender Rat im preußischen Landwirtschaftsministerium, Berlin, und Reichstagsabgeordneter. Er sagt Unterstützung zu, indem er sich erbietet, in Berlin das Feld vorzubereiten. Darüberhinaus teilt er den Standpunkt, daß 25 ha die Mindestgröße für einen rentablen Marschhof darstellen.

Am 11. April ist Christian Paulsen mit dem Husumer Landrat zur ersten Vorbesprechung auf der Regierung in Schleswig. Der dort amtierende Regierungsrat von Hedemann zeigt sich ausgesprochen hilfsbereit, entgegenkommend und aufgeschlossen. Er bittet, ihm die nötigen Unterlagen zuzuleiten, und sichert Befürwortung in Berlin zu. Jetzt hat Christian Paulsen, was er will: Von Bredstedt über Husum, Schleswig bis nach Berlin sind die Weichen gestellt; und überall hat er gute Verbündete. »Uns fährt keiner mehr an den Wagen«, denkt er zufrieden, als er im D-Zug von Schleswig nach Hamburg sitzt und, wie immer, gleich alles schriftlich festhält, was ausgehandelt worden ist.

In Glinde macht Paulsen sich sogleich daran, anhand der Neufelder Muster die Satzungen einer Genossenschaft und den Vorland-Kaufvertrag mit der Regierung zu entwerfen. Desgleichen fertigt er ein Muster für die Darlehnsverträge mit Sönke Nissen an. Die Rechtsform als Genossenschaft hat ihm Dr. Hennings empfohlen. Allerdings schon bei der Überschrift hat er Schwierigkeiten: Der zukünftige Koog hat noch keinen Namen. Zwar steht für Paulsen fest, daß es der Name des Mannes sein muß, der einzig und allein den Bau ermöglicht. Aber er ist sich noch nicht im klaren, wer alles darüber zu befinden hat, und vor allen Dingen, wie eine solche Namensgebung bei den z. Z. starken Gegenströmungen in der Öffentlichkeit aufgenommen wird. Deswegen setzt er noch nichts ein. Bei den anderweitigen umfangreichen Arbeiten, die er zu bewältigen hat, wird es aber doch Ende April, bis alle Entwürfe fertig sind. Die Hoffnung, noch im Jahre 1923 mit dem Deichbau beginnen zu können, schwindet langsam dahin.

Die Entwürfe gehen an den Landrat zur Weiterleitung nach Schleswig. Aber von dort hört man zunächst nichts. Schließlich gelingt es Paulsen in der zweiten Mai-Woche, den Regierungsrat von Hedemann, der sich auf einer Dienstreise befindet, abends auf dem Bahnhof Rendsburg kurz zu sprechen mit dem Ergebnis, daß von Hedemann infolge Arbeitsüberlastung z. Z. nicht in der Lage ist, sich der Sache anzunehmen. Bisher hat er die Entwürfe nur flüchtig durchgesehen, ist zwar der Meinung, daß sie annehmbar sind, möchte aber die ganze Angelegenheit in Ruhe gründlich durcharbeiten, um sie dann, hieb- und stichfest begründet nach Berlin weiterzuleiten. Damit sind für 1923 die Hoffnungen auf einen Beginn des Deichbaues endgültig begraben. Zwar erwägt man, sich direkt an Berlin zu wenden, entschließt sich letzten Endes aber doch, lieber den Zeitverlust in Kauf zu nehmen, als Schleswig zu verärgern.

Die Zeit des Abwartens benutzt Sönke Nissen, die ernsthaft interessierten Genossen kennenzulernen. Mündlicher Überlieferung zufolge sind sie nach und nach mit ihren Frauen Gäste auf dem Glinder Herrenhaus. Auch Rentmeister Hinrichs fehlt nicht. Mit ihm wird natürlich die tiefbautechnische Seite der Angelegenheit eingehend durchgesprochen.

Unter einem Brief an Marx Wulff vom 6. Juni 1923 finden wir zum letztenmal die Unterschrift Sönke Nissens. Er behandelt hierin noch einmal einige Fragen der Darlehnsabwicklung und macht zusätzlich das Angebot, im Falle einer Überteuerung, etwa bis zu 25%, zu den alten Bedingungen weitere Darlehen zu gewähren, also $^3/_5$ der anfallenden Mehrkosten aufzufangen.

Schon im Mai ist er nach anfänglicher scheinbarer Genesung wieder bettlägerig geworden und kann sich nur noch für kurze Augenblicke vom Krankenlager erheben, das ihn dann später ganz und gar fesselt. Nur vom Bett aus kann er noch Entscheidungen treffen und Anweisungen geben, sofern seine geistige Frische es erlaubt.

Die tückische Krankheit hat bekanntlich zwei Erscheinungsformen. Hier greift sie auf den ganzen menschlichen Organismus über und richtet ihn zunächst langsam, dann aber rapide zugrunde. Immer häufiger verfällt der Patient infolge der verabreichten starken Betäubungsmittel in einen schlafähnlichen Trancezustand. Oft sitzt Christian Paulsen zwanzig Minuten und länger am Bett des todkranken Mannes und wartet auf einen Augenblick geistiger Klarheit. Dann kommt immer wieder als erstes die Frage: »Wie weit sind wir in der Deichbausache, geht es gut voran?« Paulsen ist froh, daß er vorerst gute Nachricht bringen kann.

In der zweiten Juniwoche bittet von Hedemann die drei gewählten Delegierten nach Schleswig. Jetzt hat er Zeit für sie. Sein Justitiar, Reg.-Assessor Dr. Berensmann, der auch das Neufelder Projekt bearbeitet hat, wird hinzugezogen. Er ist darauf bedacht, Dinge zu vermeiden, die nach den jüngsten Erfahrungen in Berlin zu Beanstandungen geführt haben. Fürwahr, Schleswig arbeitet schnell; und schon nach fünf Tagen gehen sämt-

liche Unterlagen mit wärmster Befürwortung nach Berlin.
Dort hat Geheimrat Thomsen schon vorgearbeitet. Nun kann wohl nichts mehr schiefgehen, so hofft man jedenfalls. Aber: weit gefehlt!
Die »Roggenrentenbriefe« nehmen ein Vierteljahr nach ihrer Ankündigung doch greifbare Formen an. Darüberhinaus ist die deutsche Wirtschaft bestrebt, eine stabile Zwischenwährung zu schaffen, die sich nicht nur auf Werte und Erzeugnisse aus der Landwirtschaft, sondern auch auf solche aus Industrie, Handel und Gewerbe abstützt. Die Deutsche Rentenmark soll kommen, die Gründung der Deutschen Rentenbank ist vorgesehen; sie erfolgt später tatsächlich am 15. Oktober 1923. Diese Aspekte bleiben nicht ohne Auswirkung auf den Kapitalmarkt und das Kreditwesen, bei dem sich nun wieder reale Sachwerte als Grundlage abzeichnen. Zwar klingt das alles noch wie Zukunftsmusik, aber es tut sich etwas, sehr zum Leidwesen von Marx Wulff. Denn sein Gegenspieler, der Anführer der Rivalengruppe, holt sich den Vorsteher des Kulturamtes in Flensburg, den Regierungsrat, späteren Oberregierungs- und Kultur-Rat Theodor Söhrnsen-Petersen, und läßt von ihm vor seiner Interessentengruppe Vortrag halten über die Möglichkeiten der Finanzierung eines Bedeichungs- und Besiedlungsprojektes mit Hilfe von Roggenrentenbriefen. Erneut gibt es Unruhe und Aufregung unter den Männern um Marx Wulff. Im Bank- und Kreditwesen ist eine allmähliche Konsolidierung zu beobachten. Der Zinsfuß wird langsam herabgesetzt. Wir dürfen hierbei nicht übersehen, daß die ursprünglichen Verhandlungen fast ein halbes Jahr zurückliegen, in welchem die eben geschilderte Entwicklung ihren Lauf genommen hat. Zwar hält Marx Wulff, genau wie Sönke Nissen und Christian Paulsen, wegen der schwankenden Kornpreise nicht viel von der Getreidewährung. Aber der größere Teil der Männer um ihn herum sieht nur: hier zehn Prozent – da fünf Prozent. Diese Optik ist offenbar für sie maßgebend. Wulff ist am Verzweifeln, er kann seine Männer nicht überzeugen. In seiner Not wendet er sich wiederum an Christian Paulsen, mit dem ihn inzwischen das vertrauliche Du verbindet. Die Kritik an dem Zinssatz wird immer heftiger, noch einmal muß Nahne Brodersen herhalten. Dieser zieht die Konsequenzen und gibt sein Vorstandsmandat ab, bleibt aber Mitglied der vorläufigen Genossenschaft. Christian Paulsen sieht die einzige Möglichkeit in der Entsendung einer Delegation zu Sönke Nissen persönlich, mit der Bitte um Herabsetzung des Zinsfußes; er selbst will in seiner Doppelrolle mit dieser Sache nichts zu tun haben. Hier spielt sich so etwas wie die Duplizität der Ereignisse ab. Entgegen allen Erwartungen kommen die eingereichten Unterlagen aus Berlin mit ei-

ner ganzen Reihe von Beanstandungen zurück. Form und Inhalt des Satzungs- und Vertragswerkes wollen dem Justitiar im Landwirtschaftsministerium nicht gefallen. Wenn auch ein großer Teil der Bedenken auf Irrtum und Mißverständnis beruht, so bleiben doch zwei wesentliche Punkte übrig, die von entscheidender Bedeutung sind. Erstens: Dem geschulten Juristen in Berlin will es einfach nicht in den Kopf, daß die zu bildende Genossenschaft die Pachteinnahmen aus den 18 Ruten für sich beansprucht, ohne Eigentümerin des Grundstückes zu sein. Zweitens: Zehn Prozent Zinsen sind einfach zu viel; er verlangt ein wirtschaftliches Gutachten darüber, daß diese Darlehnsbedingungen tragbar sind. Dr. Berensmann »kontert« in einem elegant geschliffenen Schriftsatz. Zum ersten Punkt verweist er auf das althergebrachte Gewohnheitsrecht im Unterschied zum Landesteil Holstein. Im zweiten Falle kommt er zu dem gleichen Ergebnis wie Christian Paulsen: Man muß im Hinblick auf die veränderten Verhältnisse mit dem Darlehnsgeber sprechen. Aber wer tut das? Keiner traut sich. Bei passender Gelegenheit tritt Paulsen an das Krankenbett des Glinder Gutsherrn und trägt ihm kurz und klar die veränderte Lage vor. Dieser meint: »Sie haben ja damals schon ausgerechnet, daß acht Prozent genügen, dann lassen wir es eben dabei. Wenn darüber hinaus die Entwicklung weiterhin den Weg nimmt, wie Sie ihn schildern, dann wollen wir uns auch künftig mit dem ganzen Finanzgebaren den Dingen anpassen. Letzten Endes sind wir ja keine Halsabschneider, sondern wollen nur helfen, unter Wahrung unserer eigenen Interessen.« Christian Paulsen versteht es, sich noch ein wenig plaudernd mit dem Kranken zu unterhalten; dann entfernt er sich unauffällig, als er den Zeitpunkt für gegeben hält.

Es ist wohl die letzte klare Willensentscheidung, die Sönke Nissen hier Mitte Juli 1923 trifft. Der Ernst seiner Krankheit ist kein Geheimnis mehr. Lähmende Bedrücktheit lastet auf der gesamten Gutsbelegschaft. – Am 25. Juli 1923 schenkt seine Frau ihm einen Sohn, Sönke Georg. In einem geeigneten Augenblick wird der neue kleine Erdenbürger dem Vater am Krankenbett gezeigt. Dieser richtet sich auf, streichelt ihn zärtlich und sagt dazu: »Da bist du ja endlich, du kleiner Langersehnter.«

Aber zurück zu unserer Sache: Paulsen eilt vom Herrenhaus zum Verwaltungsbüro an das Telefon; er will Marx Wulff sprechen. Als dieser sich meldet, macht er ihm Mitteilung von der großen Entscheidung, die gefallen ist. Die Situation ist vergleichbar derjenigen, wie wir sie hatten, als Paulsen durchgibt, daß Sönke Nissen bereit ist, die Sache finanziell auf sichere Füße zu stellen.

»Christian«, ruft Marx Wulff durchs Telefon, »Du hast für uns eine Schlacht gewonnen!«

»Halb so schlimm«, meint der Angesprochene, »ich mußte unseren Freund und Gönner nur in der richtigen Verfassung antreffen. Denn er ist im wahrsten Sinne des Wortes wirklich das, was er Dir in bezug auf die Durchführung unseres Vorhabens selbst geschrieben hat: vornehm und solide!«

Jetzt ist Marx Wulff obenauf. Er trommelt seine Getreuen zusammen und macht sie mit der erfreulichen neuen Situation bekannt. Und dennoch: Eine nicht zu unterschätzende Gruppe aus dem eigenen Lager meint: »Acht Prozent ist mehr als fünf Prozent.« Da holt Wulff seinen Freund Paulsen zur Verstärkung. Beide gemeinsam schaffen es, die Abtrünnigen mit sanfter Gewalt in das eigene Lager zurückzuholen.

Auch in Berlin kommt man weiter; Irrtümer, Mißverständnisse und Meinungsverschiedenheiten sind ausgeräumt. Am 7. August 1923 gibt es in Berlin »grünes Licht«. Eine Woche später, am 14. August, versammelt sich der Vorstand der vorläufigen Genossenschaft im Landschaftlichen Haus zu Bredstedt. Gäste sind selbstverständlich Dr. Berensmann (Regierung Schleswig), Söhrnsen-Petersen (Kulturamt Flensburg), Nahne Brodersen (II. Schleswigscher Deichband) und Rentmeister Hinrichs (Staatsdomänenverwaltung Husum).

In dieser Versammlung wird noch einmal klargestellt, daß nunmehr alle Schwierigkeiten ausgeräumt sind und man zur Gründung der Genossenschaft schreiten kann. Nachdem der Vorsteher des Flensburger Kulturamtes, Theodor Söhrnsen-Petersen, im Lager der Reußenköger erscheint und sich zu diesem mit dem Hinweis bekennt, daß er im vorigen Monat wohl in eine Gruppe »Mißvergnügter« geraten sei, haben wir alle Akteure auf der Bühne, die in diesem Präludium eine Rolle spielen: Da ist als Zentralfigur Sönke Nissen, dessen Wünsche und Ziele wir kennen. Dann kommt die Gruppe um Marx Wulff, den Urheber. Diese Männer wollen gerne Sönke Nissens gutes Geld zum Zwecke des Neulanderwerbs leihen, aber möglichst wenig dafür zahlen. Dazwischen steht Christian Paulsen. Dann sind die Regierungsvertreter aus Husum, Schleswig und Berlin da. Sie sind an der Durchführung des Bedeichungsprojektes deswegen interessiert, weil es die Wirtschaft ankurbelt: Arbeitslose kommen in Lohn und Brot, der Einsatz großer Baumaschinen belebt das Zubringergewerbe. Dem Deichbau folgen Wege- und Straßenbau und dann die Errichtung von Wohn- und Wirtschaftsgebäuden, auch wenn sie vorerst nur Zug um Zug vorgesehen sind. Das alles bringt Handel und Wandel in Fluß. Als vierte

Komponente in diesem geistigen Parallelogramm der Kräfte wirkt der Vorsteher des Kulturamtes; er will siedeln, siedeln um jeden Preis. Die Gebietsverluste auch im Norden des alten Deutschen Reiches verlangen, so meint er, eine neue Stärkung des Deutschtums im Grenzgebiet.
Man muß sich in die damalige Zeit zurückversetzen: Regierung und Siedlungsbehörde gestehen unter den gegebenen Umständen zu, daß $2/5$ des Landes Privatbesitz eines kapitalkräftigen Mannes werden, auch wenn sie hierbei mit Kritik von außen zu rechnen haben. Die Frage, warum außerdem nur solche Leute zu neuem Landerwerb kommen, die schon Besitz haben, ist zum Teil schon beantwortet und wird im folgenden noch weiter beantwortet werden. Zunächst zieht jeder an seinem Strang; aber letzten Endes ergibt sich doch eine Resultante aus den eben geschilderten Komponenten.
Man handelt zügig: Gleich am Tage nach der Versammlung schickt Marx Wulff einen Umdruck mit dem gesamten Satzungs- und Vertragswerk an potentielle Interessenten mit der Aufforderung, sich bis zum 10. September schriftlich zu äußern.
Die Sache scheint im Fluß. Da gibt es wieder einmal ein retardierendes Moment: Ist es dem Justitiar der Regierung in Schleswig auch gelungen, die Bedenken seines Fachvorgesetzten im Berliner Landwirtschaftsministerium hinsichtlich der Nutzungen des 18-Ruten-Streifens zu zerstreuen, so will das Finanzministerium, vertreten durch den Geheimen Oberfinanzrat Leiter, hier gar nicht mitspielen. Dr. Berensmann bringt es bei allem Geschick nicht fertig, diesen hohen Herrn zu überzeugen. »Versuchen Sie es selbst«, meint er zu Paulsen. Dieser fährt zusammen mit Wulff am 20. September nach Berlin und verhandelt im Finanzministerium. Aber man kann sich einfach nicht einigen. Alle Darstellungen vom althergebrachten Gewohnheitsrecht helfen nichts. »Wer die Erträgnisse eines Grundstückes für sich in Anspruch nimmt, dem muß es auch gehören, d. h. er muß es käuflich erworben haben. All' diese komischen Extrawürste da oben an der dänischen Grenze interessieren hier nicht.«
»Nun gut«, sagt Paulsen, »dann ist meine Mission beendet. Herr Nissen macht nicht mit, wenn den Bauern aus der Deichunterhaltungspflicht noch eine zusätzliche Hektarbelastung erwächst«, und verabschiedet sich ebenso höflich wie bestimmt.
Marx Wulff ist fassungslos. »Hätten wir nicht doch versuchen sollen, einen Ausgleich zu finden?« fragt er, als sie beide über den Flur gehen.
»Warte ab, ich habe mir etwas dabei gedacht«, lautet die lakonische Antwort.

Die beiden Männer haben sich im Vestibül ihres Hotels gerade eine Erfrischung reichen lassen, da wird schon ausgerufen: »Herr Wulff oder Herr Paulsen, bitte an das Telefon!«

»Geh' Du man hin Marx, ich kann mir schon denken, was da los ist«, sagt Paulsen.

Es ist kurz vor Dienstschluß. Die Herren vom Finanzministerium bitten Wulff und Paulsen, noch einmal zu kommen. Aber Paulsen schickt Wulff alleine.

»Ich spiele nicht mehr mit, das kannst du den Herren ruhig sagen.«

Kopfschüttelnd zieht Wulff alleine in das Finanzministerium. Es dauert gar nicht lange, da klingelt im Hotel wieder das Telefon. Paulsen wird verlangt.

»Christian«, sagt Wulff am anderen Ende, »sie bieten uns die 18 Ruten für ein Drittel des normalen Vorlandkaufpreises.«

»Dann unterschreib mal schnell, ich komme morgen.«

Paulsens Rechnung ist aufgegangen: Alle Beteiligten haben ein gemeinsames Ziel: Die Bedeichung muß zustande kommen; nur verfolgt jeder das Ziel auf seine Art.

Als Wulff in das Hotel zurückkommt, wischt er sich den Schweiß von der Stirn: »Eine Welt drohte mir zusammenzubrechen, und das so kurz vor dem Ziel. Aber es war schon richtig, wie du es gemacht hast. Die Regierungsleute wollen ja selbst zu gern, daß der Deichbau beginnt, das habe ich deutlich gemerkt.«

Nun »pflegen« sich die beiden Männer wohlverdient bei Speise und Trank und genießen eine angenehme Nachtruhe. Als sie sich am anderen Tage in Hamburg trennen, meinen beide zuversichtlich: »Jetzt ist wohl alles klar.« Die Darlehnsbedingungen sind zwischenzeitlich dahingehend ergänzt und erleichtert, daß mit der Rückzahlung erst nach vier Jahren begonnen werden soll. Die Zinsen für diese Zeit werden mit zwei Hektar Land von den vierzehn ha je Anteil abgegolten. Wer dazu in der Lage ist, kann nach vier Jahren das gesamte Darlehen zurückzahlen. Christian Paulsen hält sich hierbei, nach dem Hinzutreten des Flensburger Kulturamtsvorstehers, die Möglichkeit offen, das neugewonnene Land mit Siedlungskrediten zu beleihen, um das Geld Sönke Nissens nicht unnötig lange »einfrieren« zu lassen. Natürlich weiß man nicht, wie es in vier Jahren aussehen wird; aber Paulsen sichert sich in seiner Doppelrolle für alle Fälle diese Chance. Mit diesem Ziele arbeitet er auch vorausschauend jetzt schon darauf hin, daß die Staatsdomänenverwaltung im künftigen Grundbuch der noch zu bildenden Deichbaugenossenschaft hinsichtlich ihrer abzusichernden Vorland-Kaufpreisforderung entsprechenden Vorrang einräumt.

Alles ist also gut vorbereitet, jetzt muß es klappen. Da kommt am 4. Oktober 1923 die niederschmetternde Nachricht: Sönke Nissen hat nach seinem schweren Leiden die Augen für immer geschlossen. Ein in Bescheidenheit begonnenes Leben, mit Fleiß und Zielstrebigkeit weitergeführt, dann durch Erfolg und Glück gekrönt, hat mit dieser tückischen Krankheit viel zu früh, so meinen wir, sein jähes Ende gefunden. Aber das Schicksal läßt nicht mit sich handeln.

In der großen Halle des Herrenhauses wird der Tote aufgebahrt. Die gesamte Gutsbelegschaft nimmt noch einmal Abschied von ihrem gütigen Herrn. Nicht nur Frauen weinen, auch ausgewachsene Männer zerdrücken Tränen.

Zur Beisetzung bewegt sich ein riesiger Trauerzug von Glinde zum Friedhof nach Reinbek. Das gesamte Gutspersonal ist dabei; und wer auf den gutseigenen Fuhrwerken keinen Patz hat, geht eben zu Fuß den schmalen Trampelpfad, den sogenannten Kirchenweg, der diagonal durch die Glinder Felder fast direkt zum Friedhof führt. Dort erweist man dem Toten die letzte Ehre. Viele prominente Trauergäste sind zugegen. Natürlich fehlen auch die alten »Afrikaner« nicht. So wird hier nicht nur dieser eine großartige Mann, sondern eine ganze Epoche zu Grabe getragen.

Nach dem letzten Willen des Verstorbenen sind Christian Paulsen und der Hamburger Bankdirektor Eugen Gonser zu Testamentsvollstreckern bestimmt. Sie sind hierfür mit allen Vollmachten ausgerüstet und von allen Beschränkungen entbunden, die das deutsche Recht sonst in solchen Fällen kennt. Dennoch stehen sie jetzt gleich zu Beginn ihrer Tätigkeit vor einer schwerwiegenden Entscheidung: Soll die Bedeichung in Angriff genommen werden oder nicht?

Die beiden Männer sind sich darüber im klaren: Wird das Werk begonnen, dann muß es auch zu Ende geführt werden. Auf halbem Wege liegenbleiben, würde heißen, daß von den zu stellenden Sicherheiten Gebrauch gemacht werden muß; und das, so wissen wir, wollte der Verstorbene unbedingt vermeiden. Auch andere wirtschaftliche Gesichtspunkte sind in Betracht zu ziehen. Aber nach gründlicher Beratung kommen die beiden Testamentsvollstrecker übereinstimmend zu der Auffassung, daß die Durchführung des Werkes unbedingt im Sinne des Verstorbenen liegt. Seine persönliche Aktivität, solange er noch gesund war, und sein fieberndes Interesse an dieser Sache, auch noch auf dem Krankenlager bis zu seinem Tode, sind ihnen hinreichender Beweis dafür. Damit ist die Entscheidung gefallen: Der Deich wird gebaut! Hiervon wird Marx Wulff, der schon ungeduldig-ängstlich wartet, in Kenntnis gesetzt. Wieder einmal atmet er erleichtert auf. Aber da kommt eine weitere traurige Nachricht: Am 12. Oktober ist Nahne Brodersen, eine der einflußreichsten und markantesten Persönlichkeiten unter diesen Männern, gestorben. »Auch das noch«, stöhnt Marx Wulff entmutigt. Aber er ist einfach nicht umzuwerfen. Förmlich wie ein Stehaufmännchen ist er wieder auf beiden Beinen, hat sich ganz schnell gefangen und sagt: »Jetzt wird es aber allerhöchste Zeit!« – Mit diesen Worten ergreift Marx Wulff in entscheidender Stunde die Initiative.

II. Kapitel

Gründung der Deichbaugenossenschaft
Aufstellung des Bauprojektes
Ausschreibung der Arbeiten
Zuschlagerteilung

Der im August 1923 ausgesandte Umdruck von Marx Wulff ist nicht ohne Widerhall geblieben. Die Beteiligung Sönke Nissens mit der verbindlichen Zusage, auch bei Überteuerung hinter der Sache zu stehen, ermutigt eine ganze Reihe von Männern, ihre Interessen schriftlich anzumelden. Marx Wulff sichtet diese Anträge nach den festgelegten Grundsätzen und behält am Ende, einschließlich Söne Nissen-Nachlaß, neunzehn Interessenten übrig. Die Zahl wird zwar nicht genügen, alle Anteile, etwa siebzig, unterzubringen, aber der Tod Sönke Nissens hat erneut Zweifel und Wankelmütigkeit aufkommen lassen. Es besteht die Gefahr, daß wiederum Leute abspringen. Deswegen ist es für Marx Wulff allerhöchste Zeit. Er fordert zum 24. Oktober 1923 zur Gründungsversammlung auf, wobei er größten Wert darauf legt, daß *beide* Testamentsvollstrecker zugegen sind, um den übrigen Teilnehmern einen sichtbaren Beweis dafür zu liefern, daß auch die Nachlaßverwaltung zum Wort Sönke Nissens steht. Ort der Versammlung soll Hans Petersens Gasthof im Sophien-Magdalenen-Koog sein. Christian Paulsen regt eine Vorbesprechung an. Es geht ihm um die Namensgebung. Für ihn steht sie zwar längst fest. Aber er rechnet damit, daß einige, die man seinerzeit mit sanfter Gewalt ins eigene Lager zurückgeholt hat, nicht ohne weiteres damit einverstanden sein werden. Es wäre doch schön, so denkt er, wenn gerade dieser Beschluß einstimmig gefaßt würde. Marx Wulff hält eine Vorbesprechung für nicht erforderlich: »Das werde ich schon regeln«, sagt er.
»Wie willst du das denn schaffen?« fragt Christian Paulsen.
»Warte ab, ich habe mir etwas dabei gedacht, ebenso wie du vor vier Wochen in Berlin.« Damit gibt er seinem Freund genau dieselben Worte zurück, die er von ihm auf dem Flur im Finanzministerium nach Abbruch der Verhandlung zu hören bekommen hat.
Sozusagen ohne Vorspiel eröffnet Marx Wulff also am 24. Oktober 1923, die Uhrzeit ist nicht festgehalten, als Vorsitzender die Gründungsversammlung. Er begrüßt die Anwesenden, insbesondere Landrat Dr. Clasen,

Kreisverwaltung Husum, und Regierungsrat Söhrnsen-Petersen, Kulturamt Flensburg, unter gleichzeitigem Dank für die Unterstützung mit Rat und Tat bei der Vorbereitung zu dieser Versammlung. Aber auch diejenigen Männer, die außer den beiden Vorerwähnten hier erschienen sind, verdienen namentliche Erwähnung. Immerhin ist es ihrer Initiative zu verdanken, daß dieses große Werk in so unsicherer Zeit mutig angepackt wird, auch wenn aus verschiedenen Gründen nicht alle bis zum Abschluß dabei bleiben.
Es sind zugegen:

Marx Wulff	Moritz Sattler	Nis Boy Ingwersen
Johann Albers	Bernhard Jensen	Emil Breckling
Carl Ehlers	Ludwig Lorenzen	Christian Paulsen
Otto Ehlers	Willy Volquardsen	Eugen Gonser
Otto Struve	Ingwer Paulsen	Dr. Carl Hennings
Richard Peters	Sönke Paulsen	

Weil wir gerade bei der historischen Bedeutung dieses Augenblickes sind, wollen wir das handgeschriebene Protokoll, angefertigt von Dr. Carl Hennings, wörtlich zitieren:
»Sodann gedachte Herr Wulff des Hinscheidens des Gutsbesitzers Sönke Nissen, Glinde, des gebürtigen Lindholmer, Klokrieser Friesen, der aus Liebe zu seiner Heimat eine Ecksäule des heute zu beschließenden Unternehmens gewesen sei und des Hinscheidens des Deichhauptmanns Nahne Brodersen, Mönkebüll, der mit gewichtigem und wertvollem Rat die Vorarbeiten des Unternehmens begünstigt habe. Die Versammelten erhoben sich von ihren Sitzen.«
Nach einer Minute schweigenden Gedenkens nimmt man wieder Platz, und Marx Wulff kommt zur Sache.
Zunächst berichtet Wulff über den nunmehr endgültig ausgehandelten Vorland-Kaufvertrag mit dem preußischen Staatsfiskus unter Hinweis auf den bereits bekannten dramatischen Höhepunkt am 20. September in Berlin. Seit Herausgabe von Wulffs Umdruck sind fast zwei Monate vergangen. Wulff hält es daher für richtig, allen Anwesenden die wichtigsten Merkmale dieses Vertragswerkes, dessen Abschluß für den 26. Oktober, also zwei Tage nach dieser Versammlung, vorgesehen ist, noch einmal mit Erläuterung vorzutragen. Er bemerkt dazu, daß die regierungsseitige Genehmigung bereits zugesagt ist. Im Ganzen ergibt sich folgender Vertragswille:
1. Er, Wulff, als vorläufig Vertragschließender, hat eine Genossenschaft zu bilden mit dem Ziel des Deichbaues und ihre Satzungen durch die Re-

gierung genehmigen zu lassen. Diese Genossenschaft soll dann in den von Wulff geschlossenen Vertrag eintreten.

Da die Gründung bereits in diesem Augenblick erfolgt, ergibt sich das Kuriosum, daß zwei Tage später bei Vertragsabschluß eine Forderung gestellt wird, die bereits erfüllt ist. Die Verzögerung des Vertragsabschlusses ist bekanntlich hervorgerufen durch die regierungsseitig erhobenen Beanstandungen gegen Form und Inhalt des Entwurfs. Jetzt noch eine Änderung des Wortlautes vorzunehmen, die am Inhalt nichts ändert, würde weiteren Zeitverlust bedeuten. Die neue Fassung müßte nämlich den ganzen Instanzenweg: Husum – Schleswig – Berlin und zurück, zur Genehmigung noch einmal durchlaufen, und die Gründung der Genossenschaft müßte aufgeschoben werden. Da Marx Wulff es aber eilig hat, verzichtet man auf die Beseitigung dieses kleinen Schönheitsfehlers.

2. Der Fiskus verkauft das Vorland zwischen Cecilienkoog und Ockholm, dessen genaue Flächengröße durch das Katasteramt noch zu ermitteln ist, an die Genossenschaft. Diese verpflichtet sich, das Vorland nach dem Projekt von Rentmeister Hinrichs für eigene Rechnung und eigenes Risiko einzudeichen. Änderungen an dem genehmigten Projekt bedürfen der Genehmigung durch die Regierung.

3. Der Deichbau muß in drei Jahren beendet sein. Nur bei höherer Gewalt, ohne jegliches Verschulden der Genossenschaft, kann diese Frist durch ein Schiedsgericht verlängert werden.

4. Stellt sich heraus, daß die Genossenschaft, aus welchen Gründen auch immer, nicht in der Lage ist, den Deichbau zu Ende zu führen, so leistet der Fiskus keinerlei Ersatz für bis dahin getätigte Aufwendungen, auch nicht für evtl. schon gezahlte Vorland-Kaufpreisraten(!). Der Fiskus tritt dann in seine alten Rechte und Pflichten wieder ein.

5. Deich und 18-Ruten werden gegen entsprechenden Kaufpreis Eigentum der Genossenschaft. Dieses Eigentum ist auf den später zu bildenden »Koog«, als öffentlich-rechtliche Körperschaft, zu übertragen, mit dem regierungseitigen Ziel, diese öffentliche Sicherheitsanstalt dem privaten Rechtsverkehr zu entziehen. Ein Weiterverkauf von Deich und 18-Ruten, auch wenn der Kaufpreis bezahlt ist, soll damit verhindert werden.

Die Nutzung an Deich und 18-Ruten bleibt dessen ungeachtet als privates Recht bei der Genossenschaft. Vom Übergang der Nutzungen auf den neuen »Koog« ist deswegen im Vertrag auch keine Rede, im Gegenteil: In einem gesonderten, die Eigentumsfrage regelnden getrennten Paragraphen ist eindeutig festgelegt, daß die Nutzungen der Genossenschaft zustehen. Auf dieses private Recht legt man Wert, ganz besonders nach den Er-

eignissen vom 20. September 1923, die bereits bekannt sind.
6. Die Domänenverwaltung behält am neuen Deich fünf von ihr örtlich bezeichnete kleine Parzellen von insgesamt 3,5 ha als Stützpunkte für ihre weiteren Anlandungsarbeiten. Diese Parzellen hat die Genossenschaft unentgeltlich mit einzudeichen.
7. Der fertiggestellte Koog wird der politischen Gemeinde »Reußenköge« angegliedert.
8. Um eine spekulative Verwendung der Ländereien zu verhindern, bedarf jede Weiterveräußerung eines Grundstückes bis zur Ablösung des Kaufpreises der Genehmigung durch die Regierung.
Wir erkennen hier deutlich den Unterschied zur Regelung bei Deich und 18-Ruten (s. unter 5.).
9. Der Kaufpreis für das aufzulassende Gebiet ist in den Vorverhandlungen wegen der noch herrschenden Inflation zunächst in Mengen Weizen je Hektar ausgedrückt, und zwar:
a) für deichreifes Vorland, sofern es nicht für die Deichgrundfläche und die Anlage der 18-Ruten in Anspruch genommen wird,

120 Zentner Weizen

b) für Wege und Wasserläufe außer den Hauptentwässerungsgräben (diese Flächen gehen unentgeltlich über)

60 Zentner Weizen

c) für nicht deichreifes Land (Watt, welches zur Erreichung einer besseren Linienführung mit einbezogen wird) sowie für Deich- und 18-Ruten-Grundstück

40 Zentner Weizen

Die Grenze zwischen deichreifem und übrigem Gelände wird an Ort und Stelle durch Vertreter beider vertragschließenden Parteien unter Hinzuziehung von Rentmeister Hinrichs festgelegt.
Dieser Kaufpreis soll dadurch beglichen werden, daß er mit einer 31jährigen, fünfprozentigen Rentenzahlung verzinst und amortisiert wird. Die Rente ist jährlich nachträglich, erstmalig am 1. April 1925, zu zahlen. Für die Berechnung des jeweiligen Geldbetrages, wir haben inzwischen die Rentenmark, der anstelle der Naturalrente zu zahlen ist, soll der jeweils in Kiel amtlich notierte Marktpreis für Weizen maßgebend sein.
10. Die Rentenforderung der Regierung wird im Grundbuch der im Entstehen begriffenen Genossenschaft, sie wird ja kraft dieses Vertrages Eigentümerin des Vorlandes, als Reallast an erster Stelle eingetragen.
11. Um eine Gewähr dafür zu haben, daß die Genossenschaft das Projekt

auch tatsächlich durchführt, wird die Genehmigung zum Baubeginn erst dann erteilt, wenn nachgewiesen ist, daß $^7/_{10}$ der auf 100000 Goldmark je Kilometer Deich veranschlagten Baukosten zur Verfügung stehen.
12. Beim Deichbau sind von der ausführenden Firma soweit wie möglich Erwerbslose im Akkord zu beschäftigen.
13. Es ist darauf hinzuwirken, daß bei der Errichtung von Gebäuden einer bodenständigen Bauweise entsprochen wird, nach Möglichkeit unter Hinzuziehung des Landesvereins für Heimatschutz. Die Verpflichtung, Gebäude zu errichten, ist damit allerdings im Augenblick noch nicht auferlegt.
14. Streitigkeiten aus diesem Vertrag sind durch ein Schiedsgericht zu regeln.
Es mag verwundern, daß der Fiskus die Linienführung und die gesamte Bauweise bindend vorschreibt, das Risiko aber den privaten Unternehmern überläßt. Verwundern mag ebenfalls, daß der Fiskus die Genehmigung zum Baubeginn erst dann erteilen will, wenn $^7/_{10}$ der veranschlagten Baukosten nachweislich vorhanden sind, wo er doch im Falle eines Scheiterns keinerlei Schadenersatz zu leisten braucht und der status quo wieder hergestellt wird. Aber unser Blick in die Geschichte hat gelehrt, wie wichtig es ist, daß die Landesherrschaft ein wachsames Auge darauf hat, daß vernünftige, wehrhafte Deiche gebaut werden, die sich ordnungsgemäß unterhalten lassen, gute weitere Anlandungsmöglichkeiten schaffen und darüberhinaus der See keine unnötigen Angriffsflächen bieten. Was nützt es zum zweiten einer Schar noch so wagemutiger und tüchtiger privater Unternehmer, wenn sie sich in eine Sache stürzt, die von der finanziellen Seite her von vornherein zum Scheitern verurteilt ist und darüberhinaus deren Existenz gefährdet oder gar vernichtet? Dann stehen diese Leute mit leeren Händen da und rufen: »Hilf uns, Vater Staat, wir haben alles verloren!« Auch das hat uns der Blick in die Geschichte gezeigt (s. S. 37, Abs. 2). So sind im vorliegenden Falle diese Bedingungen nicht nur das gute Recht, sondern sogar die Pflicht der Männer von Verwaltungs- und Siedlungsbehörden, und zwar im Interesse der Unternehmer.
Als eine gewisse Härte mag empfunden werden, daß der Staat im Falle eines Scheiterns evtl. geleistete Vorland-Kaufpreiszahlungen nicht zurückerstattet. Das kann als eine Art Abschreckung gedeutet werden.
Nach dem Vorstehenden werden keine Einwendungen gegen den vorgetragenen Vertragsentwurf erhoben.
Nunmehr richtet Marx Wulff ganz bewußt an die beiden Testamentsvollstrecker die Frage, ob sie das Wort Sönke Nissens und die darin enthalte-

nen Absprachen aufrecht erhalten. Beide erklären unmißverständlich, daß sie in vollem Umfange dafür eintreten und auch rein rechtlich dazu befugt sind. Weitere Frage: »Erfüllen die anwesenden Männer die Voraussetzungen zur Darlehnshergaben?« Hierauf antworten die Vermögensverwalter, daß die angebahnten Verhandlungen bei allen die Erwartung begründen, daß Weiterverhandlungen zum erfolgreichen Abschluß führen werden und fragen ihrerseits zurück, ob die in Rede stehenden Darlehnsbedingungen genehm sind. Dazu bemerkt Söhrnsen-Petersen, daß er persönlich die Bedingungen nach den derzeitigen Verhältnissen für außerordentlich fair und günstig hält. Landrat Dr. Clasen bestätigt das und weist dabei auf die Besprechung vom 14. August im Landschaftlichen Haus zu Bredstedt hin (vgl. S. 66 Abs. 2), in der alle Beteiligten, u. a. auch Dr. Berensmann und der verstorbene Nahne Brodersen, den Standpunkt vertreten haben, daß die Unternehmer bei Sönke Nissen, jetzt beim Nachlaß, in besten Händen sind. Auch in diesem Punkte werden keine Bedenken laut. Danach meldet sich Söhrnsen-Petersen vom Kulturamt in Flensburg zum Wort. Er ist erfreut, hierher eingeladen worden zu sein und hält Vortrag über die Möglichkeit, das ganze Unternehmen im Siedlungs- und Rentengutsverfahren abzuwickeln. Er tut dieses sehr ausführlich und weist dabei auf die unbestreitbaren materiellen Vorteile hin, die ein solches Verfahren für die Beteiligten mit sich bringt: keine Grunderwerbsteuer, Kostenfreiheit bei Grundbuch- und Registereintragungen, nahezu kostenlose Vermessung der einzelnen Kolonate, Gebührenfreiheit bei Abschluß und Beurkundung von Verträgen, im vorliegenden Fall z. B. der Darlehnsverträge mit dem Nachlaß.

Der Vortrag wird zur Diskussion gestellt, dabei wird es hochdramatisch: Die einen sind entschieden gegen ein Siedlungsverfahren. Sie wollen »freie Friesen« bleiben und sich nicht von Behörden und Beamten in ihre ureigensten Angelegenheiten dreinreden lassen. Sie wollen über ihren Grund und Boden frei verfügen können. Die Begriffe »Höfeordnung« und »Anerbengut« sind ihnen ausgesprochen lästig. Geistiger Anführer dieser Gruppe ist Dr. Carl Hennings. Die anderen wissen aus eigener Erfahrung das Rentengutsverfahren zu schätzen. Ihnen ist bekannt, so argumentieren sie, daß die Siedlungsbehörde schnell arbeitet und weites Entgegenkommen erweist. Veräußerungen von Grundstücken werden sehr liberal gehandhabt. Der »spiritus rector« dieser Gruppe ist Ludwig Lorenzen, genannt »Luke Bur« oder auch »der Baron von Bordelum«. Hier springt Söhrnsen-Petersen in die Bresche und kann authentisch berichten, daß auf Grund des Reichssiedlungsgesetzes von 1919 in der Provinz Schleswig-Holstein bereits 2000 Rentengüter, u. a. auch im freiheitsliebenden Dithmarschen (man höre und staune!) errichtet worden sind, sehr zur Zufriedenheit der Beteiligten. Denn die beamteten Siedlungsfachleute bevormunden nicht, sie stehen nur mit Rat und Tat zur Seite.

Die Diskussion hat sich schon lange hingezogen, die ersten Ermüdungserscheinungen bei den Versammelten sind bereits erkennbar. Marx Wulff bemerkt dies mit Genugtuung. Für ihn gilt es, quasi eine Wette gegen Christian Paulsen zu gewinnen. Es geht um die Namensgebung des Kooges in einstimmigem Beschluß, Revanche für Berlin! Er bittet Landrat Dr. Clasen um Stellungnahme zu der Frage: »Siedlungsverfahren ja oder nein?« Der Landrat, selbst ein Verfechter der vorgesehenen Namensgebung, begreift auf ein Augenzwinkern. Weit ausholend hält er als Jurist und geschulter Rhetoriker möglichst umständlich langen Vortrag über das Für und Wider eines Siedlungsverfahrens und kommt letztendlich zu dem völlig indifferenten Ergebnis, daß er persönlich »kein Gegner« eines Siedlungsverfahrens sei. Jetzt weiß bald keiner mehr, was los ist. Da steht Söhrnsen-Petersen auf, der passionierte Siedlungsfachmann; dieses großartige, wohlfundierte Projekt soll ihm nicht entgehen. Er kennt seine Bauern, ganz besonders, wenn es um das liebe Geld geht. Darum spielt er jetzt den großen Trumpf aus, den er sich wohlweislich aufgespart hat und mit dem er auch tatsächlich das Ruder herumwirft. Denn er rechnet ihnen unwiderlegbar vor, das sofern ein Siedlungsverfahren gewählt wird, an Gebühren aller Art rd. 300000 Mark eingespart werden können. Das kommt an, und so wird gegen die einzige Stimme von Dr. Hennings der Kulturamts-Vorsteher, Regierungsrat Söhrnsen-Petersen, gebeten, bei dem Landeskulturamts-Präsidenten Engelkamp die Einleitung eines Siedlungs- und Rentengutsverfahrens zu erwirken.

Nach Abhandlung dieses Themas kommt Marx Wulff auf den eigentlichen Kernpunkt dieser Gründungsversammlung: In welchem Umfang will sich jeder einzelne der Anwesenden an dem Unternehmen beteiligen, d. h. wieviele Anteile zeichnet er? Die Satzungen dieses Gremiums, welches hinsichtlich seiner Rechtsform und seines Namens noch nicht festgelegt ist, sind ja durch den verteilten Umdruck bekannt. Marx Wulff fordert somit zur Zeichnung von Anteilen auf. Zunächst üben alle Anwesenden eine etwas zögernde Zurückhaltung. Ein Blick von Wulff zu Paulsen und Gonser. Diese erfassen sofort die Situation, gehen an den Tisch des Schriftführers und zeichnen jeder für sich und gemeinsam für den Nachlaß zusammen neunzehn Anteile. Und siehe da, das verfehlt seine Wirkung nicht. Das macht Mut, und so werden nach und nach insgesamt

achtundfünfzig Anteile gezeichnet. Das reicht zwar noch nicht, wie erwartet; aber Marx Wulff ist zufrieden. Alle Anwesenden haben Anteile gezeichnet, und das sind Männer, deren Namen in der hiesigen Gegend einen guten Klang haben, Leute in den besten Mannesjahren, die gewiß noch weitere Teilnehmer anziehen werden. Wir wollen an dieser Stelle noch nicht aufzählen, in welchem Umfang jeder einzelne sich beteiligt. Mit den Anteilen und auch der Mitgliedschaft gibt es noch ein jahrelanges Hin und Her bis in die Deichbauzeit hinein. Bei Zuweisung der Kolonate zur Nutzung durch die einzelnen Beteiligten haben wir ein vorläufiges Bild, und das ist am 1. Januar 1926. Die endgültige Zusammensetzung finden wir weiter hinten unter dem 1. Januar 1928.
Im Anschluß an die Anteilszeichnung werden die Satzungen zur Diskussion gestellt. Ihr Inhalt ist fast ausschließlich redaktioneller Art und braucht deswegen nicht besonders besprochen zu werden. Sie finden einmütige Zustimmung. Den Kaufvertrag mußten wir dagegen ausführlich besprechen, weil sein Inhalt zum Verständnis des weiteren Ablaufes unseres Unternehmens von großer Bedeutung ist.
Nunmehr geht es um die Rechtsform des Zusammenschlusses. Es ist die Frage zu beantworten, wie man sich nennen will: Verein, Gesellschaft, Interessenschaft, Genossenschaft oder was sonst? Hierzu erteilt der Vorsitzende nacheinander dem Regierungsrat Söhrnsen-Petersen und dem Rechtsanwalt Dr. Carl Hennings das Wort. Die beiden studierten Rechtskundigen behandeln das Thema in epischer Breite, beleuchten es förmlich von allen Seiten und kommen übereinstimmend zu dem Schluß, daß die Rechtsform der Genossenschaft die günstigste ist. Landrat Dr. Clasen bestätigt das. Die Anwesenden, soweit sie überhaupt noch zuhören, denken: Wenn drei Berufsjuristen es so für richtig halten, wird es wohl gut sein. Aber damit nicht genug. Jetzt muß Eugen Gonser her und die Frage aus der Sicht des Bankfachmannes untersuchen. Er tut dieses bereitwillig und in der gleichen Ausführlichkeit wie seine Vorredner und kommt zu demselben Ergebnis. Nun will der Vorsitzende, daß auch Christian Paulsen als ehemaliger Schulmeister seine Redekunst an diesem Thema probt. Schmunzelnd folgt er der Aufforderung und schließt seine Betrachtung mit dem Hinweis auf den Vertragsentwurf, in dem ja ohnehin schon von der Bildung einer Genossenschaft die Rede ist. Daraus folgert er, daß auch der Regierung diese Rechtsform des Zusammenschlusses genehm ist. »Ich glaube, wir rennen hier offene Türen ein«, meint er und setzt sich. Nun ist doch wohl endlich genug geredet worden, denkt Carl Ehlers und reibt sich müde die Augen. Der Versammlungsleiter indessen läßt nicht

locker und bittet um weitere Wortmeldungen. Aber keiner verspürt auch nur die geringste Lust, sich jetzt noch rhetorisch zu entfalten. Da steht Marx Wulff auf und spricht mit gewichtiger Miene: »In Ermangelung weiterer Wortmeldungen stelle ich hiermit den Antrag: Wir nennen uns Deichbaugenossenschaft Sönke Nissen-Koog«, diese letzten drei Worte kommen etwas leiser und schneller; dann geht es laut weiter: »Eingetragene Genossenschaft mit beschränkter Haftung mit Sitz in Bredstedt. Hat jemand hierzu etwas zu sagen?« – Es tut sich nichts, lediglich diejenigen, die noch wach sind, nicken beifällig mit dem Kopf. Wulff ist gleich stehen geblieben und fährt fort: »Dann stelle ich hiermit fest, daß mein Antrag einstimmig angenommen ist. Wir müssen nunmehr Vorstand und Aufsichtsrat wählen. Ich bitte um Vorschläge.« Spricht's und setzt sich. – Paulsen beißt sich auf die Lippen, um nicht schallend zu lachen. Er blickt zu Wulff hinüber; dieser kann sich ein breites Grinsen nicht verkneifen. Das ganze Pallaver um den Begriff »Genossenschaft« ist Marx Wulff nur Mittel zum Zweck gewesen. Ihm ist es nur darum gegangen, daß der Name »Sönke Nissen-Koog« einstimmig beschlossen wird; und das hat er geschafft. Die frischgebackenen, wackeren Deichbaugenossen merken das erst hinterher. Hierzu sei ausdrücklich bemerkt, daß es sich in diesem Falle um einen harmlosen Scherz handelt. Arglistige Täuschung oder Betrug aus niedrigen Motiven liegen hier nicht vor. Der Name »Sönke Nissen-Koog« hätte immer die Mehrheit bekommen.

Die angeregten Wahlen gehen dann auch schnell über die Bühne. Nach einstimmigem Beschluß bilden den Vorstand:

1) Marx Wulff (als Vorsitzender)   4) Bernhard Jensen
2) Christian Paulsen   5) Johann Albers
3) Carl Ehlers

In den Aufsichtsrat werden ebenso einstimmig berufen:

1) Ludwig Lorenzen (als Vorsitzender)   4) Otto Ehlers
2) Eugen Gonser   5) Moritz Sattler
3) Dr. Carl Hennings

Die Gewählten nehmen die Wahl an. Damit schließt Marx Wulff den offiziellen Teil der Versammlung. Die Deichbaugenossenschaft Sönke Nissen-Koog ist gegründet; ein Kind, das noch gar nicht geboren ist, hat auf diese Weise bereits seinen Namen: der »Sönke Nissen-Koog«. Deswegen haben wir diesen Augenblick zum Geburtstag unseres Kooges gewählt und nicht, was nahe gelegen hätte, den Tag der Schließung des Deiches. Es ist schon spät in der Nacht; aber die Fuhrwerke, Pferd und Wagen selbstverständlich, sind in weiser Voraussicht erst auf fünf Uhr morgens

bestellt. So hat man Zeit und Muße, zum gemütlichen Teil überzugehen. Keiner schließt sich aus, keiner verschmäht den heimatlichen friesischen Teepunsch. Christian Paulsen setzt sich zu Marx Wulff. »Du Schlingel!« sagt er in Anspielung auf die Taufe des Kooges. –
»Und was hast du alter Fuchs in Berlin gemacht? – Ich glaube, unsere Partie steht eins zu eins!«
Da trinken die beiden Männer einen, und vermutlich nicht nur einen Teepunsch, jeder auf seinen gelungenen ersten Streich.
Aber auch die anderen Genossen sind fröhlich und voller Zuversicht. Die Müdigkeit ist wie weggewischt. Es werden Reden gehalten auf hochdeutsch, plattdeutsch und friesisch; es wird gescherzt, gelacht und gesungen und vor allem Punsch getrunken, bis die Gespanne vorfahren, um die Versammelten zur Bettruhe zu bringen, die sie dann auch sicher gebrauchen können.
In den folgenden Versammlungen werden zunächst Fragen der Prozedur beraten und darüber Beschluß gefaßt. Marx Wulff wird offizieller erster Vorsitzender der Deichbaugenossenschaft, nicht nur des Vorstandes. Weiterhin ist man sich darüber klar, daß eine Fülle von Schriftverkehr, Bankangelegenheiten und Rechnungswesen auf die Genossenschaft zukommt. Das, so ist die Meinung, kann man den ehrenamtlich tätigen Vorstands- und Aufsichtsratsmitgliedern nicht anlasten. So kommen die Genossen überein, Marx Wulffs Bruder Heinrich als besoldeten Geschäftsführer anzustellen. Christian Paulsen erklärt hierzu, daß der Nachlaß bei nicht genügend Beschäftigung für Heinrich Wulff diesem Nebenaufgaben gibt und dafür die Kosten übernimmt. Die ganze finanztechnische Seite soll Christian Paulsen regeln, da ohnehin alle Nachlaßkredite, andere kennen wir bisher nicht, durch seine Hände fließen. Daraus folgt, daß der Sitz der Geschäftsführung bei der Nachlaßverwaltung in Glinde sein muß. Praktisch ergibt sich später, daß Heinrich Wulff effektiv ein Mitarbeiter der Nachlaßverwaltung und die Geschäftsführung der Genossenschaft ein Teil von ihr wird. Natürlich wird Wulffs Besoldung dabei strikt auseinandergehalten.
Jetzt steht noch die bereits angeregte Frage der Anstellung eines Oberbauleiters offen. Wir wissen aus dem Vorstehenden, daß die technische Durchführung des Projektes der damals im Entstehen begriffenen Deichbaugenossenschaft durch die Regierung zwingend vorgeschrieben ist, und zwar nach dem Plan des Rentmeisters Hinrichs von der Staatsdomänenverwaltung. Was liegt da näher, als diesem Mann die Oberbauleitung, d. h. die Aufsicht über die Methoden und Maßnahmen der noch nicht aus-

gewählten Tiefbaufirma hinsichtlich der technischen Durchführung des Projektes zu übertragen? Sollte etwas schieflaufen, so hat dann er, Hinrichs, das zu vertreten. Der Vertrag vom 26. Oktober 1923 läßt sich bei solcher Konstellation immer dahingehend interpretieren. Deswegen also tragen die Deichbaugenossen, sozusagen gezwungen durch die Bedingungen des Vertrages, dieses Amt zu ihrer eigenen Rückendeckung dem Rentmeister an. Ja, man geht sogar so weit, ihm als Honorar eine Dotation von sechs Hektar bedeichten Landes anzubieten. Da zögert Hinrichs nicht, nach Einholung der erforderlichen regierungsseitigen Genehmigung einzuschlagen. Es ist später oft und gern auch aus den eigenen Reihen Kritik an diesem Angebot und seiner Verwirklichung geübt worden, die bessere Einsicht von der gegebenen Vertragsbestimmung und der Wahl des geringeren Übels übertönend. Wie richtig, ja, geradezu klug und weise die Genossen mit dieser Maßnahme handeln, werden wir in zwei wahrhaft schicksalhaften Fällen, wo es um Sein oder Nichtsein geht, noch erleben. Schließlich, um die Fragen der Prozedur zum Abschluß zu bringen, sagen uns die Protokolle, daß sich eine Anzahl neuer Mitglieder gemeldet hat. Die Rechnung von Marx Wulff geht also auf. »Die Versammlung empfiehlt jedoch,« so heißt es im Protokoll vom 8. November 1923 wörtlich, »mit der Aufnahme derselben nicht zu eilen. Es sollen Bewerber aus Nordfriesland bevorzugt werden.« Wir wollen uns an dieser Stelle an die Mahnung Sönke Nissens erinnern, mit der Auswahl der Mitglieder in deren eigenem Interesse vorsichtig zu sein. Für Christian Paulsen, der später als alleiniger Testamentsvollstrecker wegen der Kredithergabe ohnehin das letzte Wort spricht, bekommt diese Mahnung eine noch schwerer wiegende Bedeutung. Der Vorsteher des Kulturamtes, Regierungsrat Theodor Söhrnsen-Petersen, schildert diese Situation in einer später vom preußischen Landwirtschaftsministerium eingeforderten »Geschichtlichen Darstellung der Entwicklung des Sönke Nissen-Kooges usw.« so treffend, daß wir sie hier in Erwähnung unserer bereits gemachten Ankündigung (s. Seite 47) im Auszug wörtlich wiedergeben wollen:

»Für Christian Paulsen entstand damit, nämlich durch den Tod Sönke Nissens, eine außerordentliche Verantwortung: Er konnte, wenn er sich nicht begründeten Angriffen der Erbengemeinschaft und des Ober-Vormundschaftsgerichtes aussetzen wollte, womit der Sache keineswegs gedient worden wäre, seinerseits nur solchen Landleuten Kredite geben und deren Aufnahme in die Genossenschaft befürworten, die auch in finanzieller Hinsicht volle Gewähr boten. Mit »Normal«-Siedlern war das große überaus riskante Unternehmen undurchführbar: Wenn es schon in wirtschaftlich ruhigen Zeitläuften schwierig ist, geeignete Siedler mit genügenden Barmitteln zu finden, bestand diese Schwierigkeit zur Zeit der höchsten Inflation in verstärktem Maße. Die Auswahl der Siedler mußte mit großer Sorgfalt geschehen; in dieser Schicksalsgemeinschaft kam es darauf an, daß jeder Genosse tüchtig war, erfahren, finanziell leistungsfähig und auch als Charakter zuverlässig war, nur bewährte gereifte Männer konnten diesen Forderungen genügen: Nur solche konnten damit rechnen, aufgenommen zu werden. Junge Leute im gewöhnlichen Alter der Siedler hätten weder Vermögen, Erfahrung noch Kredit besessen. Auch mit alten Leuten, welche vielleicht als Siedler geeignete Söhne gehabt hätten, war die Eindeichung nicht durchzuführen, weil ältere Leute in der Regel das Risiko gescheut hätten. Es ist daher kein Zufall gewesen, daß in die Genossenschaft durchweg im besten Mannesalter stehende Bewerber aufgenommen wurden; nur diese boten in ernsten Stunden Gewähr, auszuharren!«

Hieraus geht erneut eindeutig hervor, warum und wieso es dazu kommt, daß Leute, die schon Grundbesitz haben, weiteren Landerwerb tätigen können. Sie denken dabei an ihre zweiten Söhne bzw. an eine Tochter, die gewillt ist, einen tüchtigen Landwirt zu heiraten. Diese Tatsache und darüber hinaus der Umstand, daß ein ohnehin schon finanzstarker Großgrundbesitzer zu noch mehr Land kommt, und zwar in einem für hiesige Verhältnisse beträchtlichem Umfang, gibt Anlaß zu Kritik in der Öffentlichkeit. Daß Sönke Nissen, bzw. jetzt der Nachlaß, bei der bekannten Unmöglichkeit einer andersartigen Durchführung des Unternehmens nur das Gute mit dem Nützlichen verbinden will, wird hierbei geflissentlich übersehen. Ebenso verkennt man, daß alle Beteiligten ein ganz erhebliches Risiko eingehen. Christian Paulsen, als Geschäftsführender Vorstand der Genossenschaft und Nachlaßverwalter zugleich, geht also bei der Auswahl weiterer Bewerber mit der gebotenen Sorgfalt vor. Die Akte »Aufnahme neuer Mitglieder« sagt hierüber hinreichend aus. Wieder gibt es »Mißvergnügte«.

Dessen ungeachtet beginnt man mit der Aufstellung des Bauprojektes. Rentmeister Wilhelm Hinrichs entwickelt seinen Plan: Er will den neuen Deich im Norden dort anschließen, wo der Ockholmer Deich an seinem Südende (bei »Osterstopp«) nach Osten abbiegt. Dann soll der neue Deich in allgemeiner Richtung von Nordwesten nach Südosten, s-förmig verlaufend, am Nordende des Cecilienkoogsdeiches an derjenigen Stelle anschließen, wo auch dieser Deich fast rechtwinklig nach Osten geführt ist (s. Lageplan). Ein Problem bildet dabei der Bordelumer

Priel. Er ist Außenstrom für die Entwässerung vom Louisen-, Reußen- und Bordelumer-Koog, die auch noch das Wasser der ostwärts dahinter und höher gelegenen Geest, etwa bis zum Stollberg, abnehmen müssen. Dieser Priel zieht sich, s-förmig ostwestlich verlaufend, quer durch den geplanten neuen Koog, und zwar am Anfang von dessen südlichem Drittel (s. Lageplan). Der Wasserlauf hat eine Breite bis zu neunzehn Meter und ist 2,5 bis 3 Meter tief. Mit starker Strömung hat er besonders auf seiner Südseite, im Westen unseres jetzigen Kooges, die Anlandung stark behindert. Bleibt man jetzt mit der Linienführung des neuen Deiches auf dem fest angewachsenen deichreifen Vorland, so entsteht hier eine tiefe, gefährliche Bucht, die den Fluten immer wieder Angriffsfläche bietet. Zudem würde man zu einer unrentablen Deichlänge in bezug auf das gewonnene Nutzland kommen (vgl. S. 53). Führt man aber den Deich südlich des Bordelumer Priels auf gewachsenem, deichreifen Vorland bleibend, nach Norden, den Risikofakten Rechnung tragend, in der Weise weiter, daß er den Fluten keine Angriffsfläche mehr bietet, dann wird der neue Koog ein schmaler Schlauch, 150 ha kleiner, als er zum Glück geworden ist. Bei dieser Fläche handelt es sich auch noch um das begehrteste Vorland, welches wir damals überhaupt kennen, das »Hamburger-Hallig-Vorland«. Es ist uns bekannt aus dem Blick in die Geschichte, der nicht umsonst getan wurde, wie wir gesehen haben und noch sehen werden. Aber was tun? – Wilhelm Hinrichs, dieser alte, erfahrene Praktiker, läßt sich etwas einfallen. Ihm, d. h. seiner Planung, sollen diese 150 ha allerbesten Landes, um welches er gebangt und gekämpft hat, wir wissen es, nicht entgehen. Er faßt den kühnen Entschluß, mit der Linienführung des Deiches südlich des Bordelumer Priels und ein wenig nördlich davon auf einer Strecke von 1800 Meter durch unbegrüntes Watt zu gehen. Der Deich liegt auf dieser Strecke mit seiner Grundfläche 0,78 Meter tiefer als die übrigen sieben Kilometer. Bei dieser geschilderten Linienführung erhält der Deich eine Länge von 8,8 km. Er umschließt eine Gesamtfläche von rd. 1100 Hektar Land, davon ca. 40 bis 50 Hektar Wattland. Die reine landwirtschaftliche Nutzfläche gibt Christian Paulsen mit 1033 Hektar an. Der Rest entfällt auf die fiskalischen Parzellen, das Schulland für die Gemeinde sowie auf Wege und Wasserläufe.

Aber zurück zur Projektplanung von Rentmeister Hinrichs. Dieser hat zweifellos mit der Einbeziehung des Wattlandes die richtige Entscheidung getroffen. Aber wird es technisch möglich und von der Sache her richtig sein, unter diesen Umständen das Entwässerungssiel, die Schleuse, auch bei gewonnener günstiger Deichlinie in den Bordelumer Priel einzubauen? Die Schleuse fordert zwingend die Offenhaltung eines Außenstromes. Dieser verhindert jegliche weitere Anlandung. Der neue Deich aber, sozusagen hilflos im Wattland stehend, schreit förmlich nach Anlandung. Denn Vorlandpflege ist der sicherste Deichschutz.

Zwei Kardinalfragen unserer nordfriesischen Heimat stehen sich hier diametral gegenüber: Hochwasserschutz und Binnenentwässerung. So sieht sich Rentmeister Hinrichs vor einem neuen Problem: Welcher Frage soll er den Vorzug geben? Für ihn sind beide gleich wichtig. Nach reiflicher Überlegung gibt er seinen ursprünglichen Plan, die Schleuse in den Priel zu bauen, auf und entschließt sich, mit dieser 500 Meter weiter nach Norden zu gehen. Der Priel indessen soll abgedeicht werden. Dieses wiederum bedingt zwei weitere Maßnahmen. Erstens muß ein breiter Innengraben ausgehoben werden, der das vom Priel herangeführte Wasser aufnehmen kann. Zweitens ist von der neuen Schleuse aus ein künstlicher Außenstrom zu schaffen, der in angemessenem Abstand vom neuen Deich die Verbindung zum natürlichen Priel herstellt. Nach den örtlichen Gegebenheiten wird der künstliche Außenstrom hier 1,5 km lang (s. Lageplan). Beide Maßnahmen, um es vorwegzunehmen, bewähren sich später hervorragend. Das totgelegte Prielende von der Abriegelungsstelle am Deich bis zur Einmündung des neuen Schleusenkanals schlickt in erstaunlich kurzer Zeit zu. Auf dem Lageplan aus dem Jahre 1930 ist er schon gar nicht mehr zu sehen. Außerdem macht die Anlandung in der Bucht, wo der Deich durch das Watt geführt ist, derartige Fortschritte, daß hier keinerlei Gefahr mehr besteht. Die Strömung ist weggefallen. Die Baugrube der neuen Schleuse aber wird förmlich zum Spülbecken des neuen Außenkanals.

Hierbei wird die für Wilhelm Hinrichs typische Deichbauweise erkennbar. Sie ist sozusagen sein Persönlichkeitsstil und ebenso anerkannt wie umstritten. Das wesentliche Merkmal ist dabei die Tatsache, daß Hinrichs die Masse der Erde für den Deichkörper aus dem Innengraben, dem sogenannten Rhinschlot, entnimmt. Hierfür hat er zwei Argumente: Erstens muß ohnehin hinter dem inneren Deichfuß ein durchgehender Graben gezogen werden, der das Drainagewasser aufnimmt und zur Schleuse führt; zum zweiten verficht er mit Nachdruck den Standpunkt, daß aus dem Vorland des neuen Deiches möglichst wenig Erde entnommen werden soll, weil gerade der neue Deich zu seiner Sicherung Vorland braucht. Lediglich dort, wo das Vorland eklatant hoch liegt, z. B. in der Gegend der Hamburger Hallig, läßt er eine verstärkte Erdentnahme außendeichs zu. Er verkennt aber auch nicht, daß der Aushub des Innengrabens wertvolles

1. Spatenstich 4. 4. 1924

deichreifes Nutzland kostet. Deswegen bestimmt er dessen Breite variabel mit 10 bis 34 Meter bei einer Tiefe von 3,50 Meter.

Der Abstand dieses Grabens von der Innenböschung des neuen Deiches soll sieben Meter betragen. Wir nennen diese Strecke die Innenberme. Das Gelände, das Vorland, auf dem der Deich errichtet werden soll, ist von unterschiedlicher Höhe. Im Durchschnitt liegt es bei + 1,75 m N.N., d. h. Normal-Null, Amsterdamer Pegel. Der Deich soll nach seiner vollständigen Ablagerung folgende Abmessungen erhalten.

Kronenhöhe: + 6,80 m N.N.
Kronenbreite: 2,50 m
innere Böschungsanlage: 1:2

äußere Böschungsanlage:
vom Gelände bis + 3,60 N.N.: 1:10
von 3,60 bis 4,60: 1:8
von 4,60 bis 5,10: 1:5
von 5,10 bis Kronenhöhe: 1:3

a – Boden mit Handbetrieb gewonnen
b – Boden durch Trockenbagger mit Gurtförderband
c – Boden durch Trockenbagger und Kippwagen

Diese Maße bedingen eine Breite des Deiches in der »Gewöhnlich-Hochwasser-Linie«, + 1,2 m N.N., von rd. 60 m und eine Erdmasse oberhalb dieser Linie von 130 cbm auf den laufenden Meter. Das bedeutet: Auf einer Grundfläche von 60 qm lastet ein Gewicht von 260 Tonnen Erde! Auf der Strecke, wo der Deich durch das Watt geführt werden soll, ist ein noch stärkeres Profil vorgesehen, und die Erdmassen sind demzufolge noch größer. Daraus folgt, daß eine gewissenhafte Untersuchung des Baugrundes, der diesen gewaltigen Erdkörper tragen soll, unerläßlich ist. Immerhin erhält der neue Deich mit seinen vorgenannten Abmessungen das stärkste Profil, das es damals an der schleswigschen Westküste überhaupt gibt. Rentmeister Hinrichs läßt deswegen in der geplanten Führungslinie des Deiches, die er in 80 Stationen (!) einteilt, in einem durchschnittlichen Abstand von 50 Metern in einer allgemeinen Tiefe von 5,50 m Bohrungen durchführen. An der für die Anlage der Schleuse vorgesehenen Stelle, einer Extrastation außerhalb des 50-Meter-Rhythmus', geht er auf 7,50 m, ja, sogar auf 9,50 m, und stößt hierbei auf festen Sand. (Station 28.I. und II.) In den höheren Schichten findet er Klei und Sand in unterschiedlicher Bei-

mengung. Von außerordentlicher Wichtigkeit aber ist es für uns, zu wissen, daß die Bohrung bei Station 75 aus einer Tiefe von 4,60 Metern Moor zutage fördert, eine Tatsache, die beweist, daß hier in grauer Vorzeit Wälder gestanden haben. Unter dem Moor ist wieder Sand bis zu 5,30 Metern. Dieser Umstand ist dem Rentmeister hinreichender Grund, die Genossenschaft und sich selbst in dem von ihm aufgestellten Verdingungsanschlag, bzw. in deren besonderen Bedingungen auf jeden Fall abzusichern. In Ziffer 3 dieses Schriftstückes heißt es nämlich:
»Die in der Deichlinie angestellten Bodenuntersuchungen sind nachstehend aufgeführt, doch wird keine Gewähr für die völlige Richtigkeit und Übereinstimmung mit der Wirklichkeit und für die Gleichförmigkeit der angegebenen Bodenarten geleistet. Der Unternehmer verzichtet bei der Abgabe eines Angebotes ausdrücklich auf alle Ansprüche, die aus einer etwa bei dem Bau sich ergebenden Unvollkommenheit oder Unstimmigkeit der Bodenuntersuchung hergeleitet werden können. Es ist seine Pflicht, sich vorher sowohl über die Bodenverhältnisse, als auch über alle für die Bauausführung in Betracht kommenden Verhältnisse näheren Aufschluß zu verschaffen.«
Später lesen wir dann: »Der Erdkörper des Deiches ist so herzustellen, daß er überall eine Höhe besitzt, die diejenige, der nach dem Normalprofil erforderlichen Auftragshöhe je nach der Bauart um 10 bis 15 Prozent überschreitet. Eine Entschädigung für diese Überhöhung, sowie für etwaigen Mehrbedarf an Boden infolge Nachgebens des Untergrundes durch die Last des Deiches steht dem Unternehmer nicht zu.«
Sehr genau beschreibt dann Hinrichs die Art der Bauausführung, insbesondere das Einbringen der Erde in den Deich und die hierzu erforderliche Erdentnahme vor (s. Skizze S. 86).
Danach soll der untere Teil der Böschung 1:10 (s. Skizze unter a) im Querbetrieb, senkrecht zur Deichrichtung, hergestellt werden. Hierbei soll mit Hilfe von elektrisch angetriebenen Transportbändern gearbeitet werden, und zwar in der Weise, daß die Erde direkt vor der jeweiligen Verwendungsstelle aus sogenannten Püttlöchern (Pfützenlöcher) im Watt bzw. Vorland von Hand auf die Transportbänder und von diesen in den untern Teil der Böschung 1:10 gebracht wird. Man nannte dies damals den »modernisierten Schiebkarrenbetrieb«. Ein Grünstreifen von 20 m Breite muß dabei unberührt bleiben.
Die Masse der Deicherde (s. Skizze unter b) ist aus dem bereits erwähnten Innengraben durch Trockenbagger zu gewinnen und mit Gurtförderband zu bewegen. Die Breite des Innengrabens wird später, in Abweichung von

der Skizze, bis auf 34 m zugelassen. Der Rest des Bodens (s. Skizze unter c) ist im Längstransport mit Kippwagen, von Dampflokomobilen gezogen, in den Deich zu bringen, wobei die Erde am Süd- und Nordende und am Damm nach der Hamburger Hallig genommen werden kann. Auch eine Bodenentnahme aus dem Watt ist zulässig, dann müssen die Bagger allerdings im Schutze sog. Kajedeiche arbeiten. Das Wort Kajedeich kommt (nach Andreas Busch, Nordstrand) vermutlich von »Kurrediek«, also Karrendeich, der mit der Schiebkarre behelfsmäßig aufgeworfen wird, eben nur zum vorübergehenden Schutz der Baumaschinen vor den täglichen Sommerfluten.

Der Deich, so fordert Hinrichs, muß in den Böschungen aus guter Kleierde bestehen, die sandigen Massen sind für den Kern zu verwenden. Es darf auch aus ungeschützten Entnahmestellen gearbeitet werden. Hierbei ist dann aber ein auf einem Bohlenbelag selbstfahrender Raupenbagger einzusetzen, der bei Gefahr jederzeit zurückgezogen werden kann.

Schließlich stellt Hinrichs dem Unternehmer auch noch die Herstellung des Deiches im teilweisen Spülbetrieb anheim, mit Erdentnahme aus dem Watt, schreibt aber einen Abstand von mindestens 60 m vom neuen Deichfuß vor, wobei begrüntes Land nicht abgebaggert werden darf. Im übrigen hat der Unternehmer die hierfür erforderlichen Voraussetzungen in Eigenverantwortung zu prüfen.

Die Außenböschung des vorbezeichneten Deichkörpers und teilweise auch seine Krone sind mit 10 cm dicken, in 30 x 30 cm Größe zu schneidenden Grassoden zu belegen. Die Entnahme dieser Soden hat zu erfolgen: erstens über der Grundfläche des anzulegenden Innengrabens, zweitens aus dem Vorland, selbstverständlich in einer Entfernung von mehr als 20 m vom neuen Deichfuß. Der Rest des Deichkörpers, d.h. der nicht mit Soden abgedeckte Teil der Krone und die Innenböschung, sind mit Grassamen zu besäen.

Das sind die wesentlichen Merkmale des von Rentmeister Hinrichs aufgestellten Projektes. Der Rentmeister legt nahezu alle Einzelheiten fest, nur ein ganz geringer Spielraum bleibt dem potentiellen Unternehmer zur Entfaltung von Eigeninitiative.

Die Deichbaukosten schätzt der Rentmeister nach wie vor auf 100000 GM je lfd. Kilometer Deich, dessen endgültige Länge er auf 8,8 km festlegt. Die zu bewegende Erdmasse beziffert er mit 1250000 cbm. Sehen wir uns hierzu die Abmessungen des Innengrabens an, so wird klar, daß Hinrichs aus diesem tatsächlich die Masse der Erde für den Deichkörper entnimmt. Dieser Menge ist der Aufschlag von 10 bis

Rammen der Pfähle

15 Prozent noch hinzuzufügen, der für die Ablagerung einzubeziehen ist. Soviel zum Deichbauprojekt, für dessen Durchführung ein Zeitbedarf von zwei Sommerhalbjahren vorgesehen wird.
Nun aber zur Schleuse, deren Bau »nicht zu dieser Ausschreibung gehört«, wie es wörtlich heißt. Ihre örtliche Lage ist bereits bestimmt. Die Bauausführung denkt Hinrichs sich folgendermaßen: Auf einem Rost von etwa 700 Pfählen, die je eine Länge von 7,5 m haben, ruht die aus Eisenbeton bestehende Schleusensohle. Das ist eine durchgehende Platte von 1,40 m Dicke, 8 m Breite und 55 m Länge. Ihre obere Kante liegt bei −1,40 N.N., also 2,60 m unter »Gewöhnlich Hochwasser«. Auf eine sehr starke Betonsohle in Verbindung mit einem guten, in einwandfrei tragfähigen Baugrund reichenden Pfahlrost legt Hinrichs besonderen Wert, deswegen auch die tiefen Bohrungen. Er will auf alle Fälle ein Durchbiegen dieser Platte unter der Last des darauf zu errichtenden Gewölbebaues und des darüber führenden Deiches mit seinen schweren Erdmassen ausschließen. Auf dieser Schleusensohle wölbt sich im Deichkern ein etwa 36 m langer, im Lichten 3,80 m breiter und 2,70 m hoher Tunnel, dessen

Der Schleusentunnel

aufgehendes Mauerwerk von 1,75 m Stärke an der Sohle, abnehmend auf 1,10 m, aus Ziegelsteinen mit Klinkerverblendung besteht. Seine Wölbung wird in einer Stärke von 0,60 m aus Klinkern hergestellt.
Der äußere Verschluß dieser Schleuse wird bewirkt durch zwei aus starken Eichenbohlen gearbeitete Tore. Diese öffnen und schließen sich infolge des Binnenwasserdruckes bei Ebbe, bzw. des Außenwasserdruckes bei Flut, selbsttätig. Wir nennen sie Stemmtore. Ihr wesentliches Merkmal ist, daß sie in geschlossenem Zustand nicht linear stehen, sondern in einem kleinen Winkel nach außen. Damit wird erreicht, daß sie bei zunehmendem Außenwasserdruck immer fester zusammengepreßt werden. (Siehe hierzu auch Bilder auf S. 34.) Für den Fall des Versagens dieser Tore wird an der Innenseite des Schleusentunnels ein senkrecht stehendes Schott eingebaut. Es ist, wie die Außentore, aus gleich starken Bohlen hergestellt und kann dem stärksten Außenwasserdruck standhalten. An beiden Seiten in Aussparungen des Mauerwerks verlaufend und hierin seinen Halt findend, kann es mit Hilfe von Winden auf und ab bewegt werden. Weiter ergibt sich der Vorteil, daß mit dem Schott das Binnen-

Nordstrander Klinker und Lister Sand kommen mit Lastenseglern in Bordelum Siel an

wasser aufgestaut werden kann, um mit diesem dann durch schlagartiges Hochziehen des Schotts den Außenkanal zu spülen, der ja künstlich angelegt werden muß. Vor den Toren und dem Schott werden die äußere und innere Vorschleuse gebaut, die mit Granit abgedeckt werden (s. S. 127). Die Schleuse bekommt einen Querschnitt von etwa 10 qm, der erfahrungsgemäß mehr als ausreichend ist, um das Wasser des gesamten Niederschlagsgebietes von rd. 27 qkm aufzunehmen. Es sind dies neben dem Sönke Nissen-Koog selbst der Louisenkoog, der Reußenkoog, der Bordelumer Koog und ein Teil des westlichen Abhanges des Stollberges. Nach Gewohnheitsrecht hat ein sich vorlagernder Koog das Wasser der dahinterliegenden Ländereien abzunehmen.

Der Schleusenbau wird nicht gesondert ausgeschrieben, wie wir aus den Besonderen Bedingungen bereits wissen. In dem endgültigen Mantelvertrag über die Vergabe der Arbeiten heißt es zwar, daß der Unternehmer den Schleusenbau zum festen Preis von 100000 Goldmark übernimmt, aber »nach dem von Bauinspektor Hinrichs noch aufzustellenden, von der Regierung zu genehmigenden Projekt«. Hinrichs regelt die Sache später

dahingehend, daß die ortsansässigen Firmen Gerlach (Wallsbüll) und Matthießen (Langenhorn) wegen ihrer langjährigen Erfahrung auf diesem Spezialgebiet mit dem eigentlichen Schleusenbau beauftragt werden, während die Deichbaufirma lediglich den schützenden Behelfsdeich um das Bauwerk herum errichtet. Denn man ist sich im klaren darüber, daß die Errichtung dieses massiven, schweren Bauwerkes sofort mit Beginn des Deichbaues in Angriff genommen werden muß, damit es in sich abgelagert ist, wenn der Deich mit seinem massiven Erdkörper darüber errichtet wird. Ebenso klar ist, daß die Schleuse wie eine kleine Insel einen Winter hindurch nur im Schutze des eben genannten Behelfsdeiches wird stehen müssen. Denn ganz gleich, ob der Deichbau von Norden oder Süden her begonnen wird, die Schleuse wird man im ersten Bausommer auf keinen Fall erreichen. Durch die von Hinrichs getroffene Regelung wird der diesbezügliche Passus aus dem Mantelvertrag praktisch unwirksam. Tatsächlich wird später mit den Firmen Gerlach und Matthießen über die Deichbaukasse direkt abgerechnet.
Dieses vertragsgemäß (26. Oktober 1923) von Rentmeister Hinrichs aufgestellte Bauprogramm findet die volle Zustimmung der Generalversammlung. Im Protokoll vom 8. November 1923 ist sogar zu lesen: »Die Deichstärke soll I. Klasse sein.«
So erfolgt am 3. Dezember 1923 die offizielle Ausschreibung der Arbeiten. Ihre Veröffentlichung geschieht in folgenden Blättern und Zeitschriften:
    1. Zentralblatt der Bauverwaltung
    2. Tiefbau
    3. Norddeutscher Submissionsanzeiger
    4. Hamburger Nachrichten
    5. Kieler Zeitung
    6. Itzehoer Nachrichten
Termin zur Eröffnung der Angebote wird auf den 19. Dezember, 13.30 Uhr im Landschaftlichen Haus zu Bredstedt gesetzt.
Die ganze Sache hat aber ein kleines Vorspiel, welches aus ganz bestimmten Gründen hier nicht verschwiegen werden soll:
Wir wissen, daß die grundlegende Besprechung vom 24. Januar 1923 in Thomas Hotel, Husum, unter persönlicher, aktiver Teilnahme von Sönke Nissen mit den Männern um Marx Wulff in der Öffentlichkeit Aufsehen erregt hat. Auch in Tiefbaukreisen hat sich dieses herumgesprochen. So erhält Marx Wulff bereits Ende Februar 1923 eine Einladung von der Tiefbaufirma Polensky und Dr. ing. Rathjens, sich in Naumburg an der Saale mit einer Abordnung der vorläufigen Interessenten von der Leistungsfä-

higkeit dieses Unternehmens zu überzeugen. Marx Wulff gibt Christian Paulsen Kenntnis davon. Dieser ermahnt ihn zu äußerster Vorsicht mit dem Hinweis darauf, daß Sönke Nissens Entschluß, dem ganzen Unternehmen seine Hand zu bieten, durchaus noch nicht feststeht. Denn Sönke Nissen ist die heftige Kritik, die nach der Versammlung vom 24. Januar 1923 an Nahne Brodersen wegen dessen positiver Stellungnahme zu den Darlehnsbedingungen geübt wird (s. Seite 56), nicht verborgen geblieben. Er ist darüber verstimmt und läßt dieses Christian Paulsen wissen, der sich seinerseits in Briefen an zwei der damaligen Interessenten ganz erheblich Luft macht. An einer Stelle heißt es: »Es ist doch wohl ein Unding, daß Herr Nissen seine guten ausländischen Werte in die völlig unsicheren und wirren Verhältnisse nach Deutschland nimmt, nur damit Ihr Euch dadurch bestes Land erwerbt, und Herr Nissen nachher mit einer Kiste voll Papiermark durch die Lande zieht, um neue Kapitalanlage zu suchen! Unter diesen Umständen kann ich Herrn Nissen nicht zu dem Unternehmen raten.«

Mit der oben erwähnten Mahnung fährt Wulff, begleitet von Ferdinand Kruse und Robert Denker, beide ebenfalls Cecilienkoog, und damals noch Mitglieder der vorläufigen Genossenschaft, nach Naumburg. Die drei Männer kehren tief beeindruckt zurück. Sie sind übereinstimmend der Auffassung, daß diese Firma mit ihrem gewaltigen Maschinenpark und hervorragenden Fachpersonal in der Lage ist, den gesamten Deichbau in *einem* Sommer zu bewältigen. Marx Wulff trifft jedoch vorerst keine verbindlichen Abmachungen, sondern gibt lediglich die Zusicherung, daß die Firma im Falle einer Inangriffnahme des Projektes von der Ausschreibung Kenntnis erhält.

Die Bekanntmachung vom 3. Dezember bleibt bei der Größe des Objektes natürlich nicht ohne Widerhall: Zweiundzwanzig Unternehmen, darunter Firmen von europäischem Ruf, machen ihre Angebote. Ihre Eröffnung am 19. Dezember wird von Rentmeister Hinrichs in einem offiziellen Protokoll festgehalten. Darin heißt es u. a.: »In Gegenwart der Erschienenen beziehungsweise ihrer Bevollmächtigten wurden die eingegangenen Angebote eröffnet, ihr Inhalt laut vorgelesen und das Ergebnis in der anliegenden Zusammenstellung ersichtlich gemacht.

Die rechnerische Feststellung der Angebote, sowie die Zuschlagerteilung, letztere unter Hinweis auf die bekanntgegebene am 2. Januar 1924 ablaufende Zuschlagfrist wird vorbehalten.«

Die meisten Angebote liegen im Verhältnis zur Vorkalkulation der Genossenschaft zu hoch. Was tun? – Da macht Christian Paulsen der Gene-

ralversammlung folgenden Vorschlag: Das vorgesehene Sicherheitspolster von 25 % für die veranschlagten Baukosten von einer Million Goldmark wird dieser Summe von vornherein zugeschlagen, so daß auf der Basis von 1 250 000 GM verhandelt werden kann. Damit aber nicht gleich alles Pulver verschossen ist, bietet er in seiner Eigenschaft als Testamentsvollstrecker weitere finanzielle Hilfe durch den Nachlaß an. Die Bedingungen sollen die gleichen sein wie bei der ersten Darlehnshergabe, d. h. der Nachlaß fängt 60 % einer evtl. Übberteuerung darlehnsweise auf, lediglich mit dem einen Unterschied, daß die Zinsen hierfür nicht in Land abgegolten werden, sondern in Geld und zwar mit sechs Prozent im Jahr. Was Wunder, daß dieser Vorschlag einstimmig angenommen wird.
Unter diesem Aspekt kommen drei Firmen in die engere Wahl, und zwar in nachstehender Reihenfolge: Rheinisch-Westfälische Bauindustrie AG., die Aktiengesellschaft Droste und Karstens, Lübeck, sowie die Betriebsgemeinschaft Fritz Hackbarth & Co., Berlin, und die Firma Gebrüder Niemax, Neumünster. Leider liegt die Firma Polensky und Dr. Rathjens mit ihrem Angebot von 1,7 Millionen um fast eine halbe Million zu hoch. Also wird mit den anderen drei Firmen Ende Dezember 1923 und Anfang Januar 1924 in Hamburg verhandelt. Dabei wird der Vorstand ermächtigt, auf der von Paulsen vorgeschlagenen Basis zu operieren. Selbstverständlich wird Rentmeister Hinrichs hinzugezogen.
Mit der Rheinisch-Westfälischen Bauindustrie ist kein Übereinkommen zu erzielen. Die Gründe sind aus den Akten nicht ersichtlich, jedenfalls fehlen diesbezügliche Dokumente. Es bleiben also nur noch übrig: die Lübecker Firma und die Betriebsgemeinschaft. Sie müssen ziemlich gleichauf gelegen haben. Denn die Genossenschaft hält beide Unternehmen bis zum 15. Januar 1924 an ihre Angebote gebunden. Wie hart der Konkurrenzkampf ist, geht aus einem Brief von Karl Niemax an Dr. Hennings vom 31. Dezember 1923 hervor. Darin heißt es u. a.: »Nach den amtlichen Mitteilungen der Tiefbau-Berufsgenossenschaft hat die Firma Fritz Hackbarth & Co. im Jahre 1922 achtmal und 1923 dreimal soviel Arbeiter beschäftigt wie die Firma Droste und Karstens. Die Firma Gebrüder Niemax hat ebenfalls in den letzten beiden Jahren mehr Leute beschäftigt, als die Firma Droste und Karstens.« Man sieht also, daß es Karl Niemax darauf ankommt, die Lübecker auszuschalten, und die Genossenschaft weiß davon.
Der Vorstand holt inzwischen Auskünfte ein; dabei fällt die Entscheidung. Denn die Lübecker Firma ist nicht in der Lage, die (für die bei Großbauten üblichen Vorschußzahlungen) erforderlichen Sicherheiten zu stel-

len. Gebrüder Niemax hingegen können Bürgschaft der Schleswig-Holsteinischen Bank in Höhe von 250000 M. Hamburger Gold (!) vorweisen. Fritz Hackbarth & Co. bieten zur Sicherheit Industriegelände in Berlin-Teltow im Werte von einer halben Million Goldmark. Da es sich bei den Vorschüssen zunächst ausschließlich, direkt oder indirekt um Nachlaßvermögen handelt, muß Paulsen auf Sicherheitsleistung bestehen. Die Betriebsgemeinschaft denkt sich die Zusammenarbeit folgendermaßen: Gebr. Niemax übernehmen die technische Bauleitung und -beaufsichtigung. Fritz Hackbarth & Co. füllt den Gerätepark auf und leistet finanzielle Unterstützung. Karl Niemax gibt als Referenzen in technischer Hinsicht auf:
1. Deichverband für Norderdithmarschen, Heide
2. Reichsbahndirektion Altona.
Die Rückfragen sind hier offenbar nur mündlich gehalten worden. Jedoch konnte der Verfasser noch vor kurzem in Heide klären, daß die Firma 1921/22 sehr zur Zufriedenheit der Auftraggeber Deichverstärkungsarbeiten (!) ausgeführt hat. Außerdem wird eine schriftliche Auskunft bei der Bank für Verwaltung und Handel eingeholt. Sie lautet: »Im Besitze Ihrer Anfrage vom 3. cr. teilen wir Ihnen mit, daß die Firma Niemax hier am Platze ein Eisenbeton-, Hoch- und Tiefbaugeschäft größeren Stils betreibt. Die Inhaber sind die Dipl.-Ing. Karl und Ernst Niemax, die wir beide für tüchtige und intelligente Fachleute halten. Die Firma ist, soweit wir unterrichtet sind, recht mit Aufträgen versehen und auch in den letzten Jahren gut beschäftigt gewesen. Die finanzielle Lage dürfte als solide bezeichnet werden können, jedenfalls halten wir die Firma für angefragten Warenkredit gut.«
Danach hat der Vorstand keine Bedenken mehr, und Karl Niemax erhält kurz nach dem 10. Januar 1924 telefonisch den Zuschlag.
Von Droste und Karstens ist keine Rede mehr.
Schon am 15. Januar 1924 beurkundet Theodor Söhrnsen-Petersen in Husum, Thomas Hotel, den Mantelvertrag zwischen der Deichbaugenossenschaft und den Unternehmerfirmen. Diese übernehmen die Ausführung des von Hinrichs aufgestellten Bauprojektes, ohne Schleuse, für 1080240 Mark, Hamburger Gold. Rechnet man die veranschlagten 100000 GM für die Schleuse hinzu, so sieht man, daß der Vorstand im abgesteckten Rahmen geblieben ist. Sehr wesentlicher Punkt des Mantelvertrages ist dessen § 3. Er lautet: »Der Bauher ist nicht gewillt und nicht in der Lage, weitere Mittel, als sich nach dem Verdingungsanschlag und den Bedingungen ergeben, aufzubringen.

Der Unternehmer übernimmt ausdrücklich jegliches Risiko in unbeschränktem Ausmaß, insbesondere das Risiko der höheren Gewalt, einschließlich Naturgewalt in jeder Form. In das übernommene Risiko fallen unter anderem auch Sturmflutschäden, Betriebsstörungen und Streiks, sowie Schwanken der Löhne, der Material- und Betriebstoffpreise und Änderungen in der Steuergesetzgebung.
Der Unternehmer erkennt an, daß er sich für Übernahme dieser Totalrisiken nach seiner Kalkulation einen erheblichen Zuschlag besonders ausbedungen hat.«
Die Firmen müssen bis zum 20. Januar ein Bauprogramm vorlegen. Danach wollen sie im ersten Bausommer das Nordende, von Ockholm bis zur Schleuse fertigstellen und im Jahr darauf den schwierigeren südlichen Teil (Wattland!) in Angriff nehmen. Das findet die Zustimmung von Rentmeister Hinrichs. Der gesamte Gerätepark, den Hinrichs für ausreichend hält, geht mit einem Sicherungsübereignungsvertrag in das Eigentum der Genossenschaft über.
Diese Abmachungen finden einstimmige Billigung der Generalversammlung, nach deren offiziellem Schluß Söhrnsen-Petersen noch schnell die einzelnen Darlehnsverträge der Bauern mit dem Nachlaß beurkundet.
Die Zeit bis zum Baubeginn soll zum Antransport des Geräteparks und der Unterkunfts- und Arbeitsbaracken dienen, während Hinrichs mit den Unternehmern vorplant. Christian Paulsen aber macht sich mit Heinrich Wulff Gedanken über die finanz- und buchführungstechnische Abwicklung des Unternehmens.
Nun kann es Frühling werden – und hoffentlich nicht so spät!

III. Kapitel

Das erste Deichbaujahr (1924)

Es ist zwar März geworden, aber noch keineswegs Frühling. Im Gegenteil: An den Außendeichen vom Louisen- und Reußenkoog sowie auf dem Vorland liegen noch Eisschollen. Es stürmt und schneit; und dabei sollte es doch am 1. März schon losgehen Das Barackenlager bei der fiskalischen Parzelle im Louisenkoog müßte schon stehen. Aber wer mag bei Sturm, Eis und Schnee wohl Baracken aufbauen? Auch mit dem Antransport des Maschinen- und Geräteparks lassen die Unternehmer sich deswegen Zeit. So beginnt die praktische Durchführung des Werkes genau wie seine Vorbereitung, mit Verzögerung und Hindernissen.
Aber endlich, Ende März, beim Mondwechsel schlägt das Wetter um, der langersehnte Frühling naht. Jetzt wird man munter und beeilt sich, die letzten Vorbereitungen für den Baubeginn zu treffen. Vom Transformatorenhaus im Louisenkoog wird eine Hochspannungsleitung nach Osterstopp, der Ecke des Ockholmer Deiches, geführt. Hier wird die erste Baustelle eingerichtet, von der aus man nach Süden weiterarbeiten will. An dieser Stelle soll die Feier des ersten Spatenstiches stattfinden. Sie ist festgelegt auf Freitag, den 4. April 1924, 1 Uhr mittags. Wir wissen ja schon (s. »Blick in die Geschichte«), was den Friesen das Deichen bedeutet. Darum verwundert es nicht, daß außer den Beteiligten und ihren Angehörigen eine große Schar von Einwohnern der näheren und weiteren Umgebung sich hier einfindet, um diesen Augenblick mitzuerleben. Der damalige Redakteur der »Husumer Nachrichten«, Felix Schmeißer, würdigt dieses Ereignis, auf dem Titelblatt seiner Zeitung beginnend, mit einem zwei Spalten füllenden Bericht, von dem wir im folgenden sinngemäß nur einige Passagen einfügen.
Landrat Dr. Clasen weist in seiner Ansprache darauf hin, daß es sich hier um ein Fest durchaus eigener und friesisch-heimatlicher Art handelt. Dann lobt er die unermüdliche Arbeit und Willenskraft der Männer der Deichbaugenossenschaft, die bisher alle Widerstände überwunden haben und dieses auch in Zukunft hoffentlich schaffen werden. Denn als rechter

Friese weiß er, daß es in unserer Geschichte kaum eine Bedeichung ohne Rückschläge gegeben hat. Aber er ruft den mutigen Männern zu: »Glück auf zum Werk, Glück auf zur Tat!« Dann schreitet man zu einer bereitstehenden blumengeschmückten Lore. Ein auf das Gelingen des Werkes ausgetrunkenes Sektglas zerschellt an ihr, und Landrat Dr. Clasen greift als erster zum Spaten, um mit dem Beladen der Lore zu beginnen. Ihm folgen die Männer der Bauleitung und die Vorstandsmitglieder der Genossenschaft. Jeder sagt einen Spruch dazu; Christian Paulsen: »Was du begonnen, führe zu Ende, in Treue fest!« Nun ziehen sie an einem blumengeschmückten Strang die beladene Lore höchstpersönlich zum Bestimmungsort der ersten Deicherde. Hier verliest Marx Wulff eine Urkunde, welche die Unterschriften aller Genossen trägt und über den Beginn des großen Werkes aussagt. Nach der Verlesung steckt Marx Wulf die Urkunde in eine leere Sektflasche. Er legt sie in die Deichlinie, und der erste Kubikmeter Kleiboden deckt sie zu. Im Anschluß an das feierliche Zeremoniell ist Kaffeetafel in Sterdebüll. Für den Abend haben die Unternehmer zum Essen im »Landschaftlichen Haus« zu Bredstedt eingeladen.

Hier ist es wieder Landrat Dr. Clasen, der die Reihe der Ansprachen eröffnet. Er weist besonders hin auf die glückliche Verbindung von Dithmarscher-, Friesen- und Hanseatengeist. Er tut dieses gewiß nicht ohne Grund. Denn kurz davor war in der Tagespresse zu lesen: »Friesen und Dithmarscher in einem Koog, das wird nie etwas!« (Man denke an das Gespann Christian Paulsen – Marx Wulff!) Nun, an die Rede des Landrats schließen sich noch viele an. Alle Beteiligten sind frohgestimmt nach diesem hoffnungsvollen Auftakt, der noch von sonnenklarem Frühlingswetter begünstigt wird. Die Stimmung ist derjenigen auf der Gründungsversammlung vergleichbar. Am fröhlichsten sind aber abends die Deichbaugenossen selbst. Was Wunder! Fast eineinhalb Jahr ist es ein Hangen und Bangen gewesen. Hoffnungsfreudigkeit hat mit Niedergeschlagenheit gewechselt. »Wird es etwas, oder wird es nichts?« Das war immer die ängstliche Frage. Nun aber geht es wirklich los, ja, es ist schon losgegangen. »Wir deichen«, prosten sie sich mit ihrem Punsch gegenseitig zu, »und dazu haben wir zwei gut renommierte Firmen, die sich offenbar glücklich ergänzen. Außerdem als Oberbauleiter den Rentmeister mit seiner nahezu fünfundzwanzigjährigen Erfahrung im Deichbau. Dahinter steht der finanzkräftige Sönke Nissen-Nachlaß, dessen Verwalter uns genauso wohlgesonnen scheint wie der leider verstorbene Sönke Nissen selbst. Dann haben wir da den Kulturamtsvorsteher in Flensburg, der sich jetzt schon als einer der Unseren fühlt, genauso wie der Landrat in Husum. Darüber-

hinaus sitzen auf der Regierung in Schleswig der Regierungsrat von Hedemann mit seinem Justitiar Dr. Berensmann, die für Christian und Marx das Feld in Berlin vorbereitet haben, so daß wir auch dort keine Unbekannten mehr sind. Im preußischen Landwirtschaftsministerium in Berlin selbst amtiert als vortragender Rat unser Landsmann, der Geheimrat Thomsen, Struckum.« Nochmals heben sie die Tassen: »Prost, Leute, was kann da überhaupt noch schief gehen?« –
Nun, wir werden sehen. –

Das Fest des ersten Spatenstiches ist verklungen. Am darauf folgenden Wochenende geschieht begreiflicherweise auch nicht viel. Die Öffentlichkeit hat in der Presse vom Arbeitsbeginn gelesen. Der Widerhall ist unterschiedlich. Die Stimmen, welche laut werden, lassen sich in drei Gruppen einteilen. Die einen sagen aufrichtig: »Wir wünschen Euch viel Glück, hoffentlich kommt ihr ohne nennenswerte Schwierigkeiten zum Ziel.« Die anderen äußern sich skeptischer aber keineswegs übelwollend: »Wir hätten das nicht gewagt, uns ist die Sache zu gefährlich; kommt aber nicht bei uns angeweint, wenn es schiefgeht!« Als dritte Gruppe kommen dann unsere bekannten »Mißvergnügten«: »Brecht *Ihr* Euch man erst den Hals, dann kommen *wir*!« Welch freundlicher Gruß!
Die Unternehmer wollten nach ihrem vorgelegten Bauprogramm folgende Maschinen und Geräte einsetzen:
    2 Trockenbagger mit Transportband
    3 Lokomotiven
   18 km Gleis von 600 mm Spurweite
 250 Muldenkipper von 0,75 bzw. 1,00 cbm Inhalt
sowie sämtliche dazugehörenden Kleingeräte.
Sie glauben, mit diesen Mitteln bei einem Einsatz von 5–600 Arbeitern die erforderlichen Erdmassen in der vorgeschriebenen Zeit in den Deich bringen zu können. Dieses Konzept hat Rentmeister Hinrichs als Oberbauleiter gebilligt.
Sehen wir uns nun nach Feier und Wochenende auf der Baustelle um in der Hoffnung, daß alles auf vollen Touren läuft, so werden wir bitter enttäuscht. Man hat eher den Eindruck, als seien die Unternehmer gerade dabei, sich einzurichten oder bestenfalls sich an ihren Maschinen und Geräten ein wenig zu üben. Von zwei Baggern ist nur einer zur Stelle, der andere – neu zugekauft – steht noch in der Montage (er wird erst Ende Mai eingesetzt). Auch fehlt es an übrigem Gerät. Statt 5–600 sind höchstens 250 Arbeiter auf der Baustelle. Die Firmen sträuben sich gegen die Einstellung

Handschacht

von Erwerbslosen. Sie mögen aus Erfahrung ihre Gründe dafür haben; aber sie sind die vertragliche Verpflichtung hierzu eingegangen. Ein großer Teil der Arbeiter ist noch mit dem Aufstellen der Baracken beschäftigt. Von den anderen wissen die meisten nicht, wohin sie gehören und was sie eigentlich sollen.
Es ist kein schöner erster Eindruck. Man mag dies mit der vorangegangen Winterwetterperiode und mit dem Umstand entschuldigen, daß das Leitungspersonal der beiden Firmen sich noch nicht kennt und versteht. Tatsache aber bleibt, daß die eben aufgezeigten Mängel – ganz gleich, ob schuldhaft verursacht oder nicht – vorhanden und nicht wegzuleugnen sind.
Für die Genossenschaft ist im Augenblick das Unangenehmste die Sache mit den Erwerbslosen. Denn schon im Dezember 1923 hat Paulsen durch Vermittlung von Söhrnsen-Petersen ein erstes Gespräch mit Regierungsrat Dr. Wilhelmi von der Reichsarbeitsverwaltung in Berlin gehabt. Aus dem Erwerbslosenfürsorgefond kann man Kredite bekommen, sofern man Erwerbslose nachweislich beschäftigt. Am 1. Februar 1924, also unmittel-

Querbetrieb

bar nach Inkrafttreten des Deichbauvertrages, hat Paulsen sich noch einmal schriftlich an Dr. Wilhelmi gewandt und ihm dabei mitgeteilt, daß das Deichbauprojekt nur deswegen zur Durchführung kommt, weil die Genossen dadurch bei der Stange gehalten worden sind, daß man mit den oben erwähnten Krediten gelockt hat. Man ist sich ja damals schon klar darüber, daß eine Teuerung einsetzen wird. Will man diese Kredite haben, dann müssen auch Erwerbslose eingestellt und ihre Tagewerke nachgewiesen werden, d. h. die Unternehmer sind zur Erfüllung ihrer Vertragspflicht anzuhalten. Daraus folgen erste Spannungen zwischen Bauherrn und Unternehmern.
Fast gleichzeitig mit dem Baubeginn setzt die vorausgesehene Teuerung ein. Bei Aufnahme der Arbeiten standen die Löhne der Tiefbauarbeiter auf 0,30 RM je Stunde. Heute noch lebende Arbeiter, die damals als junge Leute am Deich gestanden haben, glauben sich erinnern zu können, daß sie sogar mit einem Lohn von 0,26 RM je Stunde nach Hause gegangen sind. Aber nicht nur die Löhne steigen, auch Material und Betriebsmittel aller Art werden teurer. Es ist keine bloße Steigerung, sondern geradezu

eine Lohn- und Preisexplosion, die hier einsetzt. Bei Beendigung des Deichbaues stehen allein die Löhne auf 0,91 RM! Das wirft natürlich sämtliche Vorausberechnungen über den Haufen.

Inzwischen hat sich auf der Baustelle noch nicht viel gebessert. Hat man doch gehofft, das Leitungspersonal der beiden Firmen würde sich nach einer gewissen Anlaufzeit »zusammenraufen«. Weit gefehlt! Eher das Gegenteil scheint der Fall: Statt *mit*einander, arbeitet man offenbar *gegen*einander. Das wirkt sich von der Bauleitung über die Techniker bis zu den Schachtmeistern aus, ja, bis zum letzten Mann am Förderband. Es ist das berühmte schlechte Arbeitsklima, welches sich nachteilig auf den Arbeitserfolg bemerkbar macht, man kommt einfach nicht voran. Ausgerechnet in dieser Situation kommt am 25. April Regierungsrat Dr. Wilhelmi, begleitet von Söhrnsen-Petersen, Landrat Dr. Clasen sowie Reg.- und Baurat Heeckt von der Domänenabteilung im Zuge einer Bereisung auch zu unserem Deichbau. Dr. Wilhelmi ist nicht sonderlich beeindruckt von dem, was ihm da geboten wird. »Ade, Ihr lieben Kredite aus dem Erwerbslosenfond«, denkt Söhrnsen-Petersen, der seinen alten Regimentskameraden aus dem Ersten Weltkrieg nur allzu gut kennt. Zu allem Überfluß spricht Wilhelmi jetzt auch noch mit den Arbeitern, und die packen aus: Die Organisation des Arbeitsablaufes ist schlecht, der eine sagt »hü«, der andere »hot«. Melden sich Erwerbslose, die von der einen Firma angefordert sind, die andere schickt sie wieder nach Hause und umgekehrt. Grund: für den Tiefbau nicht geeignet. Da kommt so ein Mann, zuversichtlich hoffend, daß er Frau und Kindern etwas mehr zu essen geben kann und zieht enttäuscht wieder ab. Aber der Mann von der Reichsarbeitsverwaltung geht auch noch in die Küche, Kantine und Unterkünfte: überall Unzufriedenheit und Klagen. Die Atmosphäre bei der Abschlußbesprechung in der Bauleitungsbaracke ist dementsprechend kühl und frostig. Einziger Lichtblick: Die beiden Firmen haben sich gerade über die Einstellung von Erwerbslosen geeinigt und ihre Zuständigkeitsbereiche abgegrenzt. Am Abend dieses Tages verläßt Christian Paulsen eine Generalversammlung in Bredstedt vorzeitig, um mit Wilhelmi und seinem Stab in Friedrichstadt über Kredite zu verhandeln, die deswegen so interessant sind, weil man für sie keine Sicherheiten zu stellen braucht. Trotz all der Pannen auf der Baustelle hat Paulsen Erfolg: Anfang Mai wird ein von der Genossenschaft über Landrat, Regierungspräsident usw. eingereichter Kreditantrag in Berlin genehmigt.

Die Unternehmerfirmen haben bei Baubeginn einen einmaligen Vorschuß von 250000,- RM bekommen. Diese sollen zur Anschaffung von

Längsbetrieb

noch fehlendem Gerät verwendet werden und im übrigen als Betriebsmittel dienen; so will es der Bauvertrag. Dieser Vorschuß soll mit Arbeitsleistung, d. h. mit einer fertiggestellten Deichstrecke abgegolten werden. Ist die Strecke abgenommen, geht es vertragsgemäß mit Abschlagszahlungen von Deichstrecke zu Deichstrecke weiter.
Nachdem die Unternehmer bereits im Februar 1924 den vertraglich festgelegten Vorschuß von 250000,- RM erhalten haben, ist aufgrund der veränderten Lage nicht damit zu rechnen, daß dieser Betrag reichen wird, so viel Erde in den Deich zu bringen, daß eine Abschlagzahlung gerechtfertigt ist. Begreiflicherweise haben die Unternehmer das Geld für die Auffrischung ihres Maschinen- und Geräteparks und die Einrichtung der Baustelle verwendet, wie es der Vertrag auch zuläßt. Ihre übrigen flüssigen Mittel reichen aber in dieser geldknappen Zeit und nach Einsetzen der Teuerung nicht, um durch Deichbau aus eigener Kraft an die erste Abschlagzahlung heranzukommen. Das schlechte Betriebsklima tut ein übriges. So wird die Genossenschaft bereits in der zweiten Maiwoche um einen weiteren Vorschuß von 150000,- RM gebeten. Die Generalversamm-

lung vom 24. Mai stimmt dem auf Empfehlung des Vorstandes widerspruchslos zu: einmal unter Berücksichtigung der gegebenen Umstände und vielleicht auch ermutigt durch den zugesagten Reichskredit aus dem Erwerbslosenfürsorgefond (erste Rate zu 190000,- RM). Dabei wird für Christian Paulsen klar, daß erheblich größere Geldmittel benötigt werden als vorgesehen. Die alte Faustregel: 100000,- RM bringen einen Kilometer Deich, ist in dieser Situation nicht mehr aufrechtzuerhalten. Man muß umdenken: Es ist abzuwarten, welche Kosten anfallen um dann im Verhältnis 3/5 (Nachlaß) zu 2/5 (Bauern) Umlage zu erheben. Aber auch bei dieser Rechenart ist für den Nachlaß die 3/5 Grenze bereits überschritten, der Zuschlag von 25 % eingerechnet, während die Bauern noch nichts aufgebracht haben. Erst die später hereinkommenden RM 190000,- (s. oben) werden als Leistungen der Bauern deklariert. Wenn auch Paulsen als Nachlaßverwalter sogar über den 25 %igen Zuschlag hinaus der Genossenschaft noch weitere Hilfe im Verhältnis drei zu zwei zugesagt hat, so wäre es im derzeitigen Augenblick ebenso unvertretbar wie kurzsichtig, diese letzte Reserve schon jetzt, also gleich zu Beginn des Unternehmens ins Feld zu führen.

Deswegen wendet die Genossenschaft sich in dieser ihrer ersten Notlage an das Kulturamt, damit dieses Kredite aus der öffentlichen Hand erwirken möge. Paulsen hat dabei zweierlei im Auge: Einmal möchte er, soweit überhaupt vorhanden, die flüssigen Mittel der Genossen schonen; zum anderen will er um keinen Preis das Nachlaßvermögen über Gebühr, d. h. mit mehr als 3/5 der entstandenen Kosten einsetzen. Erst wenn keinerlei Hilfe mehr zu erwarten ist, die ganze Sache auseinanderzubrechen droht, erst dann macht er von seinen unumschränkten Vollmachten Gebrauch, mit denen Sönke Nissen ihn ausgerüstet hat. Auch in solchen Fällen handelt er nur, nachdem er das Nachlaßvermögen und vor allem sich selbst in irgendeiner Form abgesichert hat, und sei es durch das Wort oder den Handschlag eines preußischen Ministers.

Denken wir einmal fünf Wochen zurück an den fröhlichen Abend nach dem ersten Spatenstich: »Was kann überhaupt noch schiefgehen?« hieß es da. Und wo stehen wir jetzt? – »Himmelhoch jauchzend, zum Tode betrübt« möchte man sagen. Aber Söhrnsen-Petersen läßt nicht lange auf sich warten. Kaum angekommen, erfaßt er sofort die Situation und holt sich eiligst telefonisch bei seinem Dienstvorgesetzten, dem Landeskulturamtspräsidenten Engelkamp, Schleswig, die Genehmigung, mit Wulff und Paulsen direkt nach Berlin zu fahren. Später berichtet er darüber: »Einreichen von schriftlichen Kreditanträgen auf dem Dienstwege verbot sich,

Längsbetrieb

Besoden der Böschung

105

da sofort gehandelt werden mußte.« Bevor es jedoch losgeht, wird Geheimrat Thomsen angerufen. Er soll in Berlin das Feld vorbereiten; und er besorgt das gründlich, holt sogar noch Verstärkung, den Staatsrat Grafen zu Rantzau-Rastorff, nach Söhrnsen-Petersens Meinung derzeit einer der hervorragendsten Vertreter des holsteinischen Adels. Auch er hilft mit, und so haben die drei Männer aus Schleswig-Holstein zunächst eine »Audienz« bei Ministerialdirektor Articus. Dieser gilt als allerseits anerkannte Kapazität auf dem Gebiet des Siedlungswesens. Sein hervorragendes fachliches Können hat ihm den Spitznamen »Reichssiedlungspapst« eingebracht.

Paulsen gibt eine kurze, klare Sachdarstellung und erlaubt sich dabei den Hinweis, daß im Neufelder Koog auch geholfen worden ist. Als er geendet hat, sagt Articus: »Ihr Vortrag hat mir gefallen, was Sie da in Angriff genommen haben, ist eine große, gute Sache, Sie können meiner Unterstützung sicher sein.« Im weiteren Verlauf des Gespräches erfahren die drei Männer allerdings, daß vor Oktober mit Geldmitteln nicht zu rechnen ist. »Aber Sie bekommen etwas, dafür sorge ich. Wieviel, das handeln Sie am besten mit den jeweils zuständigen Ministern aus, bei denen ich Sie jetzt anmelde.«

Durch Articus angemeldet und von Graf Rantzau und Geheimrat Thomsen eingeführt und somit sehr gut ausgewiesen, marschieren die beiden Deichgenossen und ihr treuer Berater aus Flensburg vom Landwirtschafts- zum Ernährungsministerium und vom Arbeits- zum Volkswohlfahrtministerium. Erfolg: 150000,- RM aus dem preußischen Meliorationskreditfond festverbindlich zugesagt; 279 700,- RM aus dem Erwerbslosenfürsorgefond (zweite Rate) in der gleichen Weise versprochen, allerdings mit der bekannten Einschränkung: Geld nicht vor Oktober.

So fahren die beiden Vorstandsmitglieder und der Kulturamtsvorsteher einigermaßen zufrieden zusammen bis Hamburg, nicht ohne vorher einen der Deichgenossen telefonisch über den erfreulichen Teilerfolg unterrichtet zu haben. Während der Bahnfahrt fragt Marx Wulff: »Hätten wir uns das nicht lieber schriftlich geben lassen sollen?« Da fährt der Flensburger Siedlungsbeamte auf und macht ihm mit Ernst und Nachdruck klar, daß ein derartiges »Ansinnen«, wie er es nennt, für solche Leute eine Beleidigung wäre. – Auf dem Hamburger Hauptbahnhof trennt man sich in Richtung Glinde, Flensburg und Bredstedt.

Dort hat sich noch eine kleine Schar von Genossenschafts-Mitgliedern im »Landschaftlichen Haus« zusammengefunden. Sie trinken mit Marx Wulff, ruhig und ohne übermütig zu werden, ein paar Runden Teepunsch.

Lediglich die ängstliche Spannung ist von ihren Gesichtern gewichen. »Mir scheint, wir haben noch einiges vor uns«, sagt Carl Ehlers. »Das Gefühl habe ich auch«, mein Moritz Sattler. »Laß man«, fügt Peter Volquardsen, genannt »Peter Büttjebüll«, hinzu, »unser guter Christian Paulsen wird das schon machen, da habe ich überhaupt keine Sorge.« Man läßt anspannen und fährt nach Hause.
Das war also der erste Schreck. Immerhin tritt zunächst eine gewisse Beruhigung ein, nachdem drohendes Unheil abgewendet ist. Auch auf der Baustelle ist eine leichte Besserung in der Zusammenarbeit und demzufolge auch in der Arbeitsleistung zu verzeichnen. Das persönliche Verhältnis zwischen den beiden Firmenchefs bleibt jedoch gespannt.
Inzwischen sind die Arbeitslöhne von 0,30 (bzw. 0,26) RM auf 0,51 RM je Stunde gestiegen. Nachdem die Unternehmer Ende Mai endlich den zweiten Bagger eingesetzt haben, werden, wenn auch nur zögernd, so doch nach und nach mehr Arbeiter eingestellt. Ende Juni/Anfang Juli wird sogar fast die zur Erreichung des Zieles für notwendig erachtete Zahl von 500 (450) Arbeitern beschäftigt, so daß Rentmeister Hinrichs sagt: »Seht an, sie lernen es noch!« Er meint damit in erster Linie die Organisation einer sinnvollen Zusammenarbeit.
Die tiefbautechnische Eignung jeder einzelnen Firma für sich steht außer Zweifel. Aber die neuerdings verhältnismäßig hohe Zahl an Beschäftigten bei fast auf das Doppelte erhöhten Löhnen macht den Unternehmern wieder finanzielle Schwierigkeiten. Zwar zögert die Genossenschaft nach den in Berlin erhaltenen Zusagen nicht, bei Lohnzahlungen im Verlegenheitsfalle helfend einzuspringen. Das kann aber nicht darüber hinwegtäuschen, daß die Unternehmer finanziell einfach nicht auf die Beine kommen. Denn die von der Genossenschaft vorgestreckten Löhne müssen notwendigerweise als Vorschüsse auf Abschlagzahlungen gewertet werden. Wird aber eine Abschlagzahlung fällig, dann ist sie zum größten Teil, wenn nicht schon ganz und gar, durch Vorschüsse aufgezehrt, und der ganze Teufelskreis fängt von vorne wieder an. Außerdem kann sich der Vorstand des Eindruckes nicht erwehren, daß jede Firma für sich bestrebt ist, die eigenen Mittel nicht nach besten Kräften einzusetzen, sondern dieses der anderen zu überlassen.
»Das ist kein Zustand«, sagt Christian Paulsen und will wissen, was da eigentlich los ist. Aber weder ihm, Marx Wulff noch irgendeinem anderen Genossen gelingt es, aus den beiden Firmenchefs etwas herauszubekommen. Beide geben nur ausweichende Antworten.
Für den 3. Juli erhalten Wulff und Paulsen eine Ladung vor das Amtsge-

richt in Reinbek als Zeugen in einem Prozeß »Droste und Karstens gegen Gebr. Niemax«. Hier kommt endlich die Katze aus dem Sack. Die Vernehmungsverhandlung und das später zugänglich gemachte Aktenmaterial ergeben folgenden Sachverhalt: Nach der letzten Besprechung im Hotel »Zum Kronprinzen« in Hamburg bezgl. der endgültigen Zuschlagerteilung sind die Brüder Hackbarth bereits nach Berlin abgereist, während die Vertreter der Lübecker und der Neumünsteraner Firma mit den Vorstandsmitgliedern der Genossenschaft zum »gemütlichen Teil« übergehen, und zwar dem Vernehmen nach recht ergiebig. Hierbei kommt Karstens immer wieder auf das Deichbauprojekt zu sprechen. Aber die anderen wollen nichts davon wissen; sie wollen unbekümmert feiern und nicht vom Geschäft reden, schon gar nicht beim Wein. Karstens klammert sich an Karl Niemax und läßt ihn nicht mehr aus den Fingern. Er fährt ihn am anderen Vormittag in seinem Privatwagen nach Neumünster. Dort lädt Niemax zum Essen ein, um sich zu revanchieren. Karstens bietet dabei Niemax 20000,– GM Abstand, wenn dieser sein Angebot zurücknimmt. Als das nichts fruchtet, geht er sogar auf 30000,– GM mit dem Bemerken, er dürfe ohne den Auftrag einfach nicht nach Hause kommen. Aber Karl Niemax bleibt hart. Schließlich will Karstens wissen, daß man vereinbart habe, daß derjenige, welcher den Zuschlag erhält, dem anderen »ein Pflaster« (20000,– GM) zu geben habe. So erklärt es sich, daß kurz nach erfolgter Zuschlagerteilung Fritz Hackbarth einen Brief aus Lübeck mit der Aufforderung erhält, nunmehr »verabredungsgemäß« seinen Obulus zu entrichten. Fritz Hackbarth aber weiß von nichts, fühlt sich hintergangen und ist dementsprechend aufgebracht, während Karl Niemax die ganze Sache überhaupt nicht ernst genommen hat. Es folgt ein scharfer Briefwechsel zwischen den beiden Firmenchefs; und so gehen die »Gesellschafter«, von vornherein völlig zerstritten, einer dem anderen nicht trauend, an den Deichbau. »Kein Wunder, daß da nichts klappt«, denkt Christian Paulsen bei sich. Er hat aber gar keine Zeit, sich in dieser Richtung Maßnahmen zu überlegen, denn es kommt noch schlimmer: Am 14. Juli erhält die Genossenschaft ein Schreiben von Fritz und Walter Hackbarth, in dem es u. a. heißt: »Das Vorkommen von Moor in der Deichlinie macht die Erfüllung des Vertrages vom 15. 1. 1924 unmöglich. Die Schuld liegt bei der Genossenschaft, weil die in den besonderen Bedingungen, die Bestandteil des vorerwähnten Vertrages geworden sind, aufgeführten Profile mit der Wirklichkeit nicht annähernd übereinstimmen. Es wird um beschleunigte Mitteilung gebeten, in welcher Weise die Genossenschaft zu der veränderten Lage Stellung zu nehmen gedenkt und

ob die Unternehmer noch mit weiteren Zahlungen rechnen können.«
Die Absicht ist klar erkennbar. Die beiden zerstrittenen Firmen sind sich nur noch in einem Punkt einig: Sie wollen los vom Vertrag; und die angeschnittene Moorschicht mit dem seifigen Klei darunter ist ihnen ein willkommener Vorwand dazu.
Die Unternehmer sind sich ganz gewiß im klaren darüber, daß ihr Argument hinsichtlich der Moorschichten und Bohrergebnisse nicht durchstehen kann. Denn sie sind ja Totalrisiken eingegangen. In den »Besonderen Bedingungen« zur Vergabe der Arbeiten heißt es in bezug auf die Bodenbeschaffenheit unter Ziffer drei wörtlich: »Die in der Deichlinie (von der Genossenschaft bzw. der Domänenverwaltung) angestellten Bodenuntersuchungen sind nachstehend aufgeführt, doch wird keine Gewähr für die völlige Richtigkeit und Übereinstimmung mit der Wirklichkeit und für die Gleichförmigkeit der angegebenen Bodenarten geleistet.« Es scheint nahezu widersinnig, wenn die Unternehmer sich gerade hierauf berufen. Sie wollen aber auf etwas ganz anderes hinaus. Es kommt ihnen darauf an, die technische Undurchführbarkeit des von Rentmeister Hinrichs aufgestellten Projektes zu beweisen. Damit soll dann der Vertrag gegenstandslos und hinfällig gemacht werden. Die Moorschichten, welche unter dem Druck des schweren Deichkörpers in den großen Innengraben ausweichen, sollen nun darüber hinwegtäuschen, daß die beiden Firmen als Betriebsgemeinschaft weder technisch noch finanziell in der Lage sind, die übernommene Aufgabe zu bewältigen. »Daß sie Moor fanden«, so schreibt Christian Paulsen später, »war den Unternehmern wertvoller als einem Schatzgräber das Auffinden einer Goldader.«
Da die Brüder Hackbarth an diesem Tage gerade in Hamburg-Altona sind, vereinbart Paulsen mit ihnen ein Treffen in Reinbek, Gasthof »Zum Landhaus«. Hier stellt er präzise Fragen. Erst einmal will er wissen, ob die bisher von der Genossenschaft gezahlten Gelder auch tatsächlich nur für den Deichbau verwendet wurden. Hierzu wird eine bereitgehaltene Nachweisung der Aufwendungen für den Deichbau bis zum 4. 7. 24 überreicht und dazu vorgeschlagen, Herrn Heinrich Wulff und einen beeidigten Bücherrevisor zur Buch- und Belegprüfung auf die Baustelle zu entsenden. Danach fragt Paulsen, ob den Hackbarths an einer weiteren Zusammenarbeit mit der Firma Niemax gelegen ist. Das wird entschieden verneint mit dem Hinweis, daß das Vertrauen zur Firma Niemax durch den Fall Droste und Karstens einen »unheilbaren Riß« bekommen habe. Eine weitere Frage geht dahin, unter welchen Umständen Niemax evtl. loszuwerden ist. Man vertritt die Ansicht, daß auf Grund der neuen, vermeintlich wesent-

lich zu Gunsten der Unternehmer veränderten Lage, Niemax nicht zum Rücktritt zu bewegen sein wird. Gegebenenfalls aber seien Hackbarths bereit, das Bauvorhaben für Rechnung und Risiko der Genossenschaft auszuführen. Das wäre gleichbedeutend mit einer Preisgabe des Vertrages. Die will Paulsen aber unbedingt vermeiden. Eine Weiterführung und Beendigung der Arbeiten in eigener Regie kommt für ihn auf keinen Fall in Frage. Eine andere Firma jetzt mitten in der Bausaison zu bekommen, scheint sehr problematisch. Vor allem fürchtet Paulsen, daß jede andere Firma die Zwangslage der Genossenschaft gnadenlos ausnutzen wird. Jedenfalls gibt es nie wieder einen Abschluß zu diesen Bedingungen. Als letztes schlägt Paulsen den Brüdern Hackbarth, vorausgesetzt Niemax geht, einen Kubikmeter-Aufpreis entsprechend der Mächtigkeit der Moorschicht vor. Aber Hackbarths lehnen ab, sie wittern ihre große Chance und fühlen sich »hoch zu Roß«. Damit ist das Treffen beendet. Gleich am folgenden Tage schreibt Paulsen einen Brief an Dr. Hennings, in dem es u. a. heißt: »Hauptsache ist nun erst einmal, daß wir nichts versäumen, was zur Wahrnehmung unserer Rechte erforderlich ist... Die den Unternehmer baldigst zu erteilende Antwort wird reiflich überlegt sein müssen... Wir müssen versuchen, uns die Vertragsgrundlage zu erhalten. Das wird nur möglich sein, wenn wir uns entschließen, uns die Sache mehr kosten zu lassen.« Dabei schätzt Paulsen den in Kauf zu nehmenden Mehrkostenbetrag auf 250 bis 300000 RM.

Man wird fragen, wieso die Genossenschaft es nötig hat, sich die Sache mehr kosten zu lassen, wo doch die Unternehmer alle Totalrisiken übernommen haben. Paulsen schließt eben die Möglichkeit nicht aus, daß die von Hinrichs vorgeschriebene Bauweise (großer Innengraben) anfechtbar ist. Die Unternehmer könnten mit dieser Begründung die Arbeiten liegen lassen. Auch wenn sie kein Recht bekommen und schadenersatzpflichtig gemacht werden, zu holen ist dort außer dem Maschinenpark nichts, und auch der ist noch nicht einmal ganz bezahlt. Die Unternehmer selbst können finanziell gar nichts, ihre ständige Geldverlegenheit läßt dies erkennen. Eine Inanspruchnahme der Schleswig-Holsteinischen Bank (Bürgschaft über 250000 GM) erscheint untunlich, weil man dieses Kreditinstitut im Falle einer anderweitigen Fortführung des Deichbaues gewiß noch braucht und sie deswegen nicht verstimmen will. Darüberhinaus muß damit gerechnet werden, daß die Bank das bisher effektiv Geleistete, nämlich 1,8 km Deich, gegen die Bürgschaft in Anrechnung bringen kann. Es ist also die Wahl des geringeren Übels, welche den Weg bestimmt.

Gebrochener Kajedeich

Der Vorstand lehnt mit Schreiben vom 20. 7. 1924 zunächst weitere Zahlungen »wegen angeschnittener Moorschichten« unter Hinweis auf die von den Firmen übernommenen Totalrisiken ab. Darüberhinaus wird die Anrufung eines Schiedsgerichtes gemäß § 29 (3) der allgemeinen Vertragsbedingungen den Unternehmern anheim gestellt.
Indessen sprechen die wöchentlichen Bauberichte in dieser Zeit bereits von unverhältnismäßig hohen Fluten, 90 cm über gewöhnlichem Hochwasser und mehr. Die Baustelle ist häufig unter Wasser, die Kajedeiche werden mehrmals weggespült, der Innengraben läuft voll Wasser. Es gibt viel Regen mit Gewitter, wodurch häufig der Strom ausfällt und die Arbeiten zum Erliegen kommen. – *Ein* Unglück kommt selten allein!
Auf der nun folgenden Generalversammlung vom 27. 7. 1924 gibt Paulsen den inzwischen geführten Schriftwechsel mit den Unternehmern sowie den Inhalt seiner mündlichen Verhandlung mit den Brüdern Hackbarth bekannt und stellt dann das gegenseitige Verhältnis der Firmenchefs zur Diskussion, besonders im Hinblick auf das Fehlen einer einheitlichen Leitung. Dr. Hennings und Marx Wulff erklären hierzu, daß man in

letzter Zeit einen besseren Fortschritt der Arbeiten beobachten könne. Rentmeister Hinrichs bestätigt das, wenn auch nicht alle Mitglieder solchen Standpunkt teilen. Mehr sagt das Protokoll nicht aus.
Im Hinblick auf das Schreiben der Unternehmer wird nunmehr erstmals die Frage des Innengrabens besprochen. Rentmeister Hinrichs verteidigt mit Nachdruck seinen Standpunkt: Die Breite des Grabens ist ohne Einfluß auf die Rutschungen. Ein durchgehender Graben als Sielzug, der das Wasser der anderen Gräben aufnimmt und zur Schleuse führt, muß immer sein; und wenn dieser nur zwei Meter breit ist, werden auch in solchem Falle angeschnittene Moorschichten immer heraustreten. Es muß nur genügend nachgeschüttet werden, damit der nachgiebige Untergrund zusammengepreßt wird und zum Stillstand kommt.
Gegen diese Ausführungen von Rentmeister Hinrichs erhebt sich kein Widerspruch. Auch Paulsens Vortrag über den Schriftwechsel mit den Unternehmern und über seine mündliche Verhandlung mit den Brüdern Hackbarth unterliegt keiner negativen Kritik. Im Gegenteil: Der Vorstand wird ermächtigt, zu seiner nächsten Sitzung die Brüder Karl und Ernst Niemax heranzuziehen, um mit ihnen die Möglichkeit der alleinigen Fortführung des Deichbaues zu erörtern.
Am 1. August tragen die zur Vorstandssitzung hinzugezogenen Gebr. Niemax vor, daß sie noch weitere 150000,— RM benötigen, um in den richtigen Rhythmus Deichbau-Abschlagzahlung zu kommen. Sie begründen den Bedarf mit Verbindlichkeiten aus Anschaffungen, zwei Lohnperioden und Einrichtung des Längsbetriebes (s. S. 86 und 103).
Nach dieser erneut zutage tretenden Geldverlegenheit erscheint es dem Vorstand und später auch der Generalversammlung nicht angezeigt, der Firma Gebr. Niemax die alleinige Fortführung des Deichbaues anzutragen. Diese macht indessen von sich aus den Vorschlag, wegen der »nicht mehr wegzuleugnenden Unstimmigkeiten der Unternehmer untereinander« getrennte Baustellen einzurichten. Das würde bedeuten: Eine Firma arbeitet weiter von Norden (Ockholm) auf die Schleuse zu, während die andere, vom Süden (Cecilienkoog) den Deich vorantreibend, das Entwässerungssiel zu erreichen sucht. Hiergegen aber äußert Marx Wulff erhebliche Bedenken, da neue Stromzuführung und die Einrichtung weiterer Zubringerdienste für die Zweitbaustelle weitere Mehrkosten verursachen würden, die einfach nicht vertretbar sind. Rentmeister Hinrichs bekräftigt das. — So hat man also alles versucht: Hackbarth allein, Niemax allein, getrennte Baustellen; aber kein Weg erweist sich als gangbar. Eine Weiterführung der Arbeiten in eigener Regie ist bereits weiter oben als

untunlich ausgeschlossen worden. Dabei steht der Herbst vor der Tür, und es muß schon einmal mit einer Sturmflut gerechnet werden. Es nützt den Genossen nichts, sie müssen um jeden Preis versuchen, die Unternehmer dahin zu bringen, daß das angefangene Deichstück wenigstens winterfest wird. »Dann können wir weitersehen«, sagt Christian Paulsen und ermahnt noch einmal alle Genossen in einem Rundschreiben zu größter Zurückhaltung bei Äußerungen gegenüber der Bauleitung in Fragen des Deichbaues und seiner Ausführung. Es soll unbedingt vermieden werden, daß irgendeine noch so belanglose Bemerkung eines Genossen durch die Unternehmer aufgegriffen wird, um sie dann als ein Abweichen der Genossenschaft vom Vertragsinhalt zu interpretieren. Damit hätten die Unternehmer ihrerseits eine Handhabe, vom Vertrag loszukommen. Was aber die Forderung nach weiteren 150000,– RM betrifft, so wird die Erfüllung, bevor man ihr überhaupt nähertritt, an zwei Bedingungen geknüpft: Die auf dem Berliner Industriegelände der Firma Fritz Hackbarth & Co. für die Deichbaugenossenschaft bzw. die Schleswig-Holsteinische Bank eingetragenen Sicherungshypotheken müssen vorher in Grundschulden umgewandelt werden; und zweitens führt Heinrich Wulff die angebotene Buchprüfung in bezug auf die bisherige Verwendung der gezahlten Gelder durch. In technischer Hinsicht wird man sich einig, daß nunmehr der Längsbetrieb mit aller Energie in Angriff zu nehmen und danach die Winterfestigkeit des angefangenen Deichstückes von 1,8 km unbedingt sicherzustellen ist. Der Bauvertrag wird hiervon nicht berührt und bleibt rechtswirksam.

An Geldvorschüssen soll es bis zur Regelung der Grundbuchsache vorerst nur kleinere Beträge geben. Es sind vorwiegend fehlende Lohngelder, deren Höhe Rentmeister Hinrichs nach der Menge der in den Deich gebrachten Erde überschläglich errechnet, wobei für Erde, die im Querbetrieb hereinkommt, kaum noch etwas gezahlt und nur der Längsbetrieb vergütet wird. Man will die Unternehmer auf diese Weise zwingen, den Längsbetrieb endlich voranzubringen. Ein Blick auf unsere mehrfach erwähnte Profilskizze (s. S. 86) läßt uns erkennen, daß es sich um die Erde handelt, die in denjenigen Teil der Außenböschung zu bringen ist, der die Neigung 1 : 8 und 1 : 5 hat. Das muß unter allen Umständen vor dem ersten Herbststurm geschehen.

Während Rentmeister Hinrichs die Außenarbeiten überwacht, führt Heinrich Wulff seine Buch- und Belegprüfung durch. Sie ergibt keine nennenswerten Beanstandungen. Das bisher gezahlte Geld ist also nicht, wie man hätte befürchten können, für andere Zwecke als zum Deichbau bzw.

zur Anschaffung von Maschinen und anderen Betriebsmitteln verwendet worden.

Indessen hält Paulsen sehnsüchtig Ausschau nach den in Berlin in Aussicht gestellten Krediten; aber es ist noch nicht Oktober. Wenn die Verteuerung so weitergeht und die Arbeiten weiterhin einen so schleppenden Fortgang nehmen, dann müssen spätestens Ende August/Anfang September aus eigenen Mitteln der Genossen Beträge aufgebracht werden. So denkt Paulsen und schreibt unter dem 15. August vorsorglich in diesem Sinne an die Vorstandsmitglieder. »Die Aufbringung wird einzelnen Genossen schwerfallen. Wir werden daher bemüht sein müssen, das Meliorationsdarlehn mit allergrößter Beschleunigung verfügbar zu machen.« Er schließt allerdings die Möglichkeit nicht aus, daß wenigstens ein Teil der angesprochenen Kredite vorzeitig hereinzubringen sein wird. Aber es sind eben nur Kredite und nicht etwa Zuschüsse oder Beihilfen. D. h., diese müssen verzinst und zurückgezahlt, getilgt werden.

Deswegen läßt Paulsen die Genossen nicht darüber im unklaren, daß sie eines Tages, so oder so, zur Kasse gebeten werden. Außerdem ist da noch die Sache mit den Sicherheiten. Wenn auch für die Gelder aus dem Erwerbslosenfond keine Sicherheiten gestellt zu werden brauchen, für die Mittel aus dem Meliorationsfond werden sie mit Bestimmtheit verlangt und auch für noch weiter ins Auge gefaßte Kredite des preußischen Staates und des Deutschen Reiches, wie z. B. bei der Deutschen Bodenkultur-Aktiengesellschaft, die wir später der Einfachheit halber in der Abkürzung »DeBoKul AG« nennen. Die beiden letztgenannten Institutionen sind Körperschaften des Öffentlichen Rechtes und dürfen mit privaten Gesellschaften wie die Deichbaugenossenschaft eine ist, keine Rechts- und Kreditgeschäfte tätigen. Wie ist da nun Rat zu schaffen? –

Da kommt Christian Paulsen auf folgenden Gedanken: Der damalige Kreis Husum ist ja eine Körperschaft des öffentlichen Rechtes und wäre somit in der Lage, die in Rede stehenden Mittel von Staat und Reich gegen Bürgschaft aufzunehmen, um sie der Genossenschaft zugänglich zu machen. Der Landrat kann sich und seinen Kreis durch Rückbürgschaften der einzelnen Genossen und vor allem vom Sönke Nissen-Nachlaß absichern. Diese Überlegungen trägt Paulsen nunmehr dem Landrat Dr. Clasen vor, der sie aufgreift und tatsächlich bei seinem Regierungspräsidenten in Schleswig die Genehmigung zu dieser Transaktion erhält.

Aber damit ist noch kein Geld da. Doch Paulsen hat weitere Sorgen. Ihm ist ja schon längst klar, daß das ganze Unternehmen wesentlich mehr Geld verschlingen wird als ursprünglich angenommen. Wenn er auch die

Genossen unmißverständlich hat wissen lassen, daß sie selbst flüssige Mittel werden irgendwie beschaffen müssen; eine ganze Reihe von ihnen wird dazu einfach nicht in der Lage sein, da das ganze Unternehmen mit seiner Gesamtentwicklung bei fortschreitender Zeit von Außenstehenden, besonders von Banken und anderen Kreditinstituten, immer skeptischer beurteilt wird. Es müssen also Vorkehrungen getroffen werden, daß *der* Teil des Nachlaßvermögens, welcher wegen der Überteuerung des Deichbaues schon zusätzlich herangezogen worden ist und wahrscheinlich auch noch werden muß, vernünftig abgesichert werden kann.

Die Altbesitze der Genossen sind durch die ursprünglichen Kredite bereits grundbuchlich ausgelastet. Nur einige wenige könnten hieraus noch weitere Sicherheiten bieten. Für die meisten aber kann auf diesem Wege keine Hilfe mehr kommen. Deswegen macht Paulsen sich jetzt schon Gedanken wegen weiterer Sicherheiten. Dabei schwebt ihm folgendes vor: Nach dem Kaufvertrag vom Oktober 1923 wird zunächst die Deichbaugenossenschaft in ihrer Gesamtheit grundbuchlich Eigentümerin des im Entstehen begriffenen neuen, vorläufig noch nicht unterverteilten Koogslandes. Der Kaufpreis ist wegen der bei Vertragsabschluß herrschenden Währungsverhältnisse in Zentnern Weizen ausgedrückt (vgl. hierzu S. 74). Zu seiner Sicherung soll im Grundbuch der Genossenschaft für die Staatsdomänenverwaltung eine erststellige Reallast eingetragen werden. Ein Grundbuch kann man aber erst anlegen, wenn das Neuland vermessen ist. Im Hinblick auf die veränderten Währungsverhältnisse – seit August 1924 haben wir die Reichsmark – muß dann noch die Weizenschuld in eine Geldschuld umgerechnet werden. Erst danach könnte man mit der Domänenverwaltung in Schleswig oder besser noch mit den preußischen Ministerien in Berlin (Landwirtschaft und Finanzen) über Vorrangeinräumung zu Gunsten vom Sönke Nissen-Nachlaß verhandeln. Das wird ein weiter, mühevoller Weg. Jetzt muß erst einmal erreicht werden, daß das Kulturamt die Vermessung mit größter Beschleunigung durchführt und das Ministerium seine verbindliche Zusage bereits vorweg erteilt, daß es der Vorrangeinräumung zustimmt. Denn ohne die feste Aussicht auf erststellige Sicherheiten kann der Nachlaß sich hier nicht weiter engagieren.

Gerade als Paulsen in Glinde dabei ist, seine Gedanken hierzu in einer Aktennotiz festzuhalten, wird er in seiner Arbeit durch einen Telefonanruf aus dem Cecilienkoog unterbrochen.

Carl Ehlers ist am Apparat, und zwar ziemlich aufgeregt. Das macht Paulsen stutzig. Denn er kennt und schätzt den im Cecilienkoog ansässig gewordenen Dithmarscher schon zu jener Zeit als ruhigen, sachlichen Mann, der nicht viele Worte macht und auch nicht so leicht aus seiner Reserve kommt. »Wenn dieser Mann am Telefon so aufgeregt ist«, denkt Paulsen, »dann liegt bestimmt etwas Besonderes vor.« Da kommt auch schon die Hiobspost: Seit dem 18. August 1924 wird am Deichbau nicht mehr gearbeitet, lediglich der Bau der Schleuse wird fortgesetzt. Was ist geschehen?

Am 16. August, einem Wochenende, sind die Unternehmerfirmen nicht in der Lage, ihren Arbeitern ordnungsgemäß die Löhne zu zahlen. Dadurch entsteht eine merkliche Unruhe unter der Arbeiterschaft. Der Betriebsrat schaltet sich ein, wird bei der Bauleitung vorstellig und von dieser an den Vorstand der Genossenschaft verwiesen. Aber noch bevor Bernhard Jensen und Peter Volquardsen auf der Baustelle erscheinen, haben die meisten Männer ihren Arbeitsplatz verlassen. Die übrigen sind nicht gerade in der besten Stimmung. Um beruhigend zu wirken und aus Mitgefühl, zahlen die beiden Vorstandsmitglieder, jeder privat und aus seiner Tasche, zusammen 1752,00 RM an die noch Anwesenden. Das ist zunächst alles, was Carl Ehlers zu berichten weiß. »Es reicht mir auch erstmal«, sagte Christian Paulsen und fährt fort: »Wir müssen auf schnellstem Wege den Vorstand zusammenrufen und unseren Rechtsberater dazu.« Carl Ehlers übernimmt es, die Betroffenen zu verständigen: und so trifft man sich am 26. August in Bredstedt.

Hier wird zunächst das Verhalten von Bernhard Jensen und Peter Volquardsen gutgeheißen. Ihre Auslagen werden auf die Deichbaukasse übernommen. Über die Ereignisse auf der Baustelle ist noch zu erfahren, daß die Unternehmer, bzw. einer von ihnen, am 18. erfolglos versuchten, die Belegschaft zur Wiederaufnahme der Arbeit zu bewegen, indem dafür die sofortige volle Zahlung der rückständigen Löhne garantiert wird. Aber kein Vorstandsmitglied glaubt, daß das hierfür erforderliche Geld über das Wochenende hat herbeigeschafft werden können; es handelt sich um reichlich 11000,– RM. Vielmehr verstärkt sich erneut der Eindruck, daß die Unternehmerfirmen nicht mehr ernstlich gewillt sind, sich nach besten Kräften für die Vertragserfüllung einzusetzen. Offenbar hat es am Wochenende wieder einmal Streit gegeben, und zwar wegen des zu übernehmenden Anteils an den Lohnauszahlungen. Man läßt es darauf ankommen und zahlt nicht; als aber die Belegschaft dann Ernst macht, wird es einem unheimlich, und man versucht, die Verfehlung wettzumachen. Das ist zwar nicht zu beweisen, aber durchaus denkbar. Denn wenn es bisher an Geld gefehlt hat, so ist man weder kleinlich noch ängstlich gewesen, um einen Vorschuß aus der Deichbaukasse zu bitten. Aber sei dem, wie ihm wolle, jetzt ist es in erster Linie wichtig, daß die übrigen Arbeiter ihr Geld bekommen. Obgleich die Genossenschaft in keiner Weise dazu verpflichtet ist, hält sie es in dieser Lage doch für angezeigt, die Zahlungen so oder so zu bewerkstelligen, und zwar einmal aus sozialem Empfinden für die Arbeiter, zum anderen im Interesse der öffentlichen Ordnung und Sicherheit.

Aber noch ein weiteres haben die Männer vom Vorstand dabei im Auge: In dieser völlig verfahrenen Situation könnte man immerhin »in den Fall« kommen, so gern man es vermeiden will, den Deichbau in eigener Regie weiterführen zu müssen. Dann steht man selbst am Mann und wird mit dem Arbeiter zu sprechen haben. Gereicht es da zum Nachteil, wenn man sich mit dem Hinweis auf eine gute Geste in angenehme Erinnerung bringen kann? Im weiteren Verlauf der Sitzung wird noch ein Brief an die Arbeiter zu Händen ihres Betriebsrates abgefaßt, dessen Inhalt über die Rechtslage aufklärt und von der dennoch zu erwartenden Lohnzahlung Kenntnis gibt, »mit dem Ziel«, so das Sitzungsprotokoll, »beruhigend zu wirken und sie für uns einzunehmen«. Die Lohnzahlung soll so vorgenommen werden, »daß den Unternehmern dabei keine Mittel zufließen und daß für sie der Zwang weiter bestehen bleibt, sich selbst Mittel zu beschaffen oder den Bau stillzulegen«.

Hier sieht man wieder den berühmten »Schwarzen Peter«. Keiner will die Schuld haben, wenn die Arbeiten zum Erliegen kommen, deswegen sehr wahrscheinlich auch das eifrige Bemühen des einen der beiden Unternehmer (welcher es war, ist nicht mehr festzustellen), die Belegschaft wieder an die Arbeit zu bringen. Der Genossenschaft nützt es nur wenig, ja es bleibt sogar noch eine große Gefahr für sie dabei, wenn der Bau zu diesem Zeitpunkt stillgelegt wird, auch bei einem nachweisbar schuldhaften Verhalten der Unternehmer.

Ganz gleich, wer den »Schwarzen Peter« zugeschoben bekommt, für die Genossenschaft bedeutet die Einstellung der Arbeiten und der daraus folgende Konkurs der Unternehmer immer das tragische Ende eines kühn und hoffnungsvoll begonnenen Werkes. Die Mißvergnügten stehen bereits hohnlachend am Rande und reiben sich die Hände; sie halten ihre Stunde für gekommen. –

In Berlin wird man die Voraussetzungen, unter denen die Kredite zugesagt wurden, nicht mehr für gegeben halten. Bis Oktober muß deswegen hier weitergearbeitet werden, damit man reibungslos den Anschluß an die Geldmittel von Staat und Reich bekommt. Aber wie? In der Deichbaukasse sind noch ganze 6 900,- RM, und über 11 000,- RM werden gebraucht. Da greift Christian Paulsen, angeregt durch das Beispiel der beiden Vorstandsmitglieder kurzerhand zum eigenen Scheckbuch und gibt vorschußweise 5 000,- RM dazu. Peter Volquardsen übernimmt es, dieses Geld am folgenden Tage zum Lohnbüro zu bringen, die Auszahlung zu überwachen und sich den Betrag quittieren zu lassen. Wegen der Fortführung der Arbeiten wird die Anwesenheit von Rentmeister Hinrichs, der sich zur Zeit im Urlaub befindet, für dringend erforderlich gehalten. Paulsen selbst telegrafiert nach Braunlage im Harz: »Erbitte dringend Ihre sofortige Rückkehr wegen Deichbau.« Für den folgenden Tag, abends acht Uhr, wird eine weitere Vorstandssitzung anberaumt, um über Sofortmaßnahmen zu beraten. Die Unternehmer werden aufgefordert, sich hierfür bereitzuhalten.

Am Tag darauf überwacht Peter Volquardsen die Lohnzahlung und stellt dabei fest, daß die Arbeiter »wegen Stillegung« entlassen wurden. Das wirft natürlich ein schlechtes Licht auf das ganze Unternehmen. Auf der abends stattfindenden Vorstandsitzung ist man sich darüber einig, daß das Wort »Stillegung« auf keinen Fall ohne Kommentar an die Öffentlichkeit darf. Als erstes muß Geld her. Denn auch das hat Peter Volquardsen auf der Baustelle herausgehört: Die Arbeiter haben hinsichtlich ihrer weiteren Löhnung nicht mehr viel Vertrauen zu den Unternehmerfirmen. Soll es also weitergehen, so muß man den Arbeitern die Garantie geben können, daß die Löhne pünktlich zur Stelle sind; das kann nur durch die Genossenschaft geschehen, weil die Firmen unglaubwürdig geworden sind.

Aber woher in dieser fatalen Situation Geld nehmen? Fragende Blicke richten sich auf Christian Paulsen: »Ich kann nicht schon wieder das Nachlaßvermögen angreifen. Von dort sind bereits drei Fünftel der bisherigen Kosten geleistet«, sagt dieser mit dem gleichzeitigen Hinweis, daß die Siedlergenossen ihre zwei Fünftel noch nicht erbracht haben. Da machen die sechs Männer vom Vorstand einen verzweifelten Versuch: Sie unterschreiben eine solidarische, selbstschuldnerische Bürgschaft gegenüber dem Kreise Husum über 50 000,- RM. Damit hofft man wenigstens einen Teil des Meliorationsdarlehns vorzeitig verfügbar zu machen. Marx Wulff soll nach Einholung einer Bescheinigung vom Landrat dann sein Heil in Berlin versuchen. Er ist gar nicht sonderlich begeistert von seinem Auftrag. Aber die anderen Vorstandsmitglieder reden ihm gut zu. Peter Volquardsen sorgt in dieser ernsten Stunde für Heiterkeit, indem er zu Marx Wulff sagt: »Mach das man, Marx, du kannst so etwas am besten von uns allen. Du kommst doch zur Hintertür wieder herein, wenn du vorne hinausgeflogen bist.« –

Um Gefahren und Verlusten durch die Stillegung des Baues zu begegnen, erhalten Carl Ehlers und Peter Volquardsen den Auftrag, in Absprache mit den Unternehmerfirmen, denen man keine große Eigeninitiative mehr zutraut, festzustellen, welche Arbeiten unbedingt erledigt werden müssen. Sie werden ermächtigt, hinsichtlich der Bezahlung der für diese Arbeiten aufkommenden Kosten verbindliche Zusagen zu machen, gegen die Verpflichtung der Unternehmer, diese Kosten als Vorschuß zu quittieren. Noch am gleichen Abend wird eine dahingehende schriftliche Vereinbarung mit den Firmenchefs getroffen. Sie soll mit einer Frist von 10 Tagen kündbar sein und den Bauvertrag nicht berühren.

Soweit haben wir es also gebracht: Die Firmen sind mehr oder weniger entmündigt und zwar in finanzieller Hinsicht ganz und gar, in technischer teilweise. Die Bauleitung übernehmen praktisch die beiden Vorstandsmitglieder. Die schiedsgerichtliche Auseinandersetzung wegen der Moorschichten ist unausweichlich. Ein Antrag beim Landgerichtspräsidenten auf Ernennung eines Obmannes ist bereits gestellt. In dieser ganz verfahrenen Lage wird es kein schönes Arbeiten geben, darüber ist man sich im klaren. Aber es muß sein, es geht nicht anders, man muß offiziell erklären können: »Die Arbeiten werden fortgesetzt.« Sonst ist alles zu spät. Hier bleibt nur noch die »Flucht nach vorn«. Ein Zurück gibt es nicht mehr. Wer könnte denn wohl die Nachlaß-Kredite und den Reichskredit aus dem Erwerbslosenfürsorgefond (1. Rate) zurückbezahlen, ohne seinen Altbesitz erheblich zu gefährden (Zahlen lesen wir weiter unten). Es bleibt nur zu hoffen, daß Marx Wulff in Berlin Glück hat.

In Wirklichkeit hat Paulsen sich aber doch schon mit dem Nachlaßvermögen für die Sache bereitgestellt, und zwar mit der Unterzeichnung der soeben getroffenen schriftlichen Vereinbarung über die Fortführung der Arbeiten. Kommt nämlich Marx Wulff mit leeren Händen zurück, so können die anfallenden Kosten für die Fortführung des Deichbaues nur vom Nachlaß aufgebracht werden. Aber dann ist es ja nur noch für reichlich vier Wochen. Im Oktober haben die Siedlergenossen den Anschluß an die weiteren Reichs- usw. Kredite, mit denen sie ihre zwei Fünftel auch für die Weiterführung des Baues aufbringen können; dann ist im wahrsten Sinne des Wortes »Land in Sicht«. Bis dahin aber muß der Bau vorangetrieben werden, und sei es unter noch so unangenehmen Umständen.

Schließlich kommt man im Vorstand überein, daß am 25. 8., also vier Tage später, die Generalversammlung zu diesen schwerwiegenden Ent-

scheidungen zu hören ist. Wegen der Dringlichkeit der Verhandlungsgegenstände wird auf die Einhaltung der satzungsgemäßen Frist zur Einberufung einer Generalversammlung verzichtet.
Nun kommt es noch darauf an, die ganze Sache vor der Öffentlichkeit in das rechte Licht zu rücken. Über die auf der Baustelle eingetretene Lage und ihre Meisterung durch den Vorstand soll Christian Paulsen bei der Regierung in Schleswig »in zweckdienlicher Weise« Aufklärung geben. Marx Wulff soll bei seinem ohnehin bevorstehenden Besuch beim Landrat persönlich vortragen und natürlich vor allem auch in Berlin evtl. aufkommende Bedenken zerstreuen. Schließlich soll Dr. Hennings in der Presse aufklärend wirken. Und was den Schiedsgerichtsprozeß angeht, auch diesem unangenehmen, kurz bevorstehendem Ereignis sieht man gefaßt entgegen, so will man dem bewährten Regierungsassessor Dr. Berensmann das Amt eines Schiedsrichters antragen.
Damit geht eine durch ihre Auslösung dramatische, mit ihrem Inhalt schwerwiegende und dank der Entschlußfähig- und -freudigkeit ihrer Mitglieder entscheidungsreiche Vorstandssitzung zu Ende. Wohlgemerkt, dramatisch ist diese Sitzung nur durch die Art ihrer Auslösung, nämlich den telefonischen Alarmruf von Carl Ehlers an Christian Paulsen. Ihr Verlauf selbst ist ruhig, kühl und sachlich. Nüchtern werden die verschiedenen Möglichkeiten, die aus dem Dilemma herausführen können, mit ihren Vor- und Nachteilen sowie ihren Neben- und Folgeerscheinungen erwogen. Dann werden die Entscheidungen getroffen, ohne lauten pathetischen Wortwechsel und ohne daß einer dem anderen Vorwürfe macht. Die Männer vom Vorstand wissen längst, daß die Genossen auf Gedeih und Verderb aufeinander angewiesen sind. Sie sitzen alle in einem Boot und müssen miteinander durchhalten. Wie will denn ein einzelner jetzt aussteigen? Wer übernimmt seine Verpflichtungen in dieser Situation? – Der Vorstand hat einen ausführlichen Bericht über seine letzten beiden Sitzungen, die darin behandelten Geschehnisse der vergangenen Tage ausgearbeitet und ihn den Mitgliedern als Vorbereitung auf die unter dem Druck der Ereignisse kurzfristig angesetzte Generalversammlung zugeleitet. Wesentlicher Punkt ist darin die Tatsache, daß der Vorstand die Auffassung vertritt, die Fortführung der Arbeiten mit den Unternehmern gemeinsam könne wegen deren Zerstrittenheit untereinander auf die Dauer zu keinem guten Ende führen. Aber wir wissen ja bereits, daß dieser bittere Weg zunächst beschritten werden muß.
Damit treffen sich also die Deichbaugenossen, wenn auch in aller Eile, so doch wohlvorbereitet, am 25. August 1924 zur Generalversammlung.

Rentmeister Hinrichs ist aus dem Urlaub herbeigeeilt; lediglich Kulturamtsvorsteher Theodor Söhrnsen-Petersen, sonst ständiger Gast mit beratender Stimme, kann es bei der Kurzfristigkeit der Einberufung wegen seiner sonstigen Dienstgeschäfte nicht einrichten, an dieser denkwürdigen Versammlung teilzunehmen. Aufsichtsratvorsitzender Ludwig Lorenzen, Bordelum (»Luke Bur« oder »der Baron von Bordelum«), eröffnet die Versammlung und stellt fest, daß gegen ihre kurzfristige Einberufung keine Einwendungen erhoben werden. Sodann stellt er den Bericht des Vorstandes zur Diskussion. – Und hier geschieht das Wunderbare: Einmütig billigt die Generalversammlung die Verhaltensweise des Vorstandes und erteilt ihm weiterhin volle Handlungsfreiheit. Es wird ausdrücklich festgestellt, daß der Vorstand reaktionsschnell, klug und umsichtig gehandelt hat. Übrigens wird jetzt erstmals die Frage aufgeworfen, ob man es auf einen Bruch mit den Unternehmerfirmen ankommen lassen könne. Dr. Carl Hennings, hierüber befragt, äußert sich sehr vorsichtig: »Man kann sehr wohl nachweisen, daß die Unternehmer eine Reihe von Vertragspflichten nicht erfüllt haben; es ist aber nicht mit absoluter Sicherheit zu behaupten, daß eine auf Grund dieser Verstöße ausgesprochene Arbeitsentziehung die Rechtswirkung hat, daß eine hieraus entstehende Überteuerung voll zu Lasten der entlassenen Unternehmer geht. Hierbei denkt Dr. Carl Hennings offenbar an die staatlicherseits vorgeschriebene Bauweise.
Damit ist man zwangsläufig am Kernpunkt der ganzen Angelegenheit: Die Überteuerung. Christian Paulsen, diesmal in seiner Eigenschaft als Nachlaßverwalter, schaltet sich ein. Er will wissen, ob die Genossen die Überteuerung in Kauf nehmen, und macht davon die weitere Bereitstellung des Nachlaßvermögens abhängig. Da spricht Moritz Sattler, Reußenkoog, Mitglied des Aufsichtsrates, ein gewichtiges, entscheidendes und richtungsweisendes Wort: »Freiwillig kann ich eine Überteuerung niemals auf mich nehmen, als gelernter Kaufmann kann ich sie einfach nicht vertreten. Sollte aber durch Spruch des Schiedsgerichtes, den wir ja zu erwarten haben, die Überteuerung als uns zumutbar erklärt werden, so will ich mich den mir daraus erwachsenden Verpflichtungen nicht entziehen!« – Jetzt brauchen wir nur noch das Versammlungsprotokoll zu zitieren: »Die Versammlung macht sich Herrn Sattlers Standpunkt zu eigen und bekundet im übrigen ihre Entschlossenheit, das angefangene Werk durchzuführen.« Hier bewährt sich also wiederum die Auswahl der Genossen. Die von Söhrnsen-Petersen angeführte Begründung kommt voll zum Tragen: »Nur Männer in den besten Jahren und mit Erfahrung bieten

Gewähr, in ernsten Stunden auszuharren.« Hier ist der klare Beweis. Einmütig stehen die Genossen zu ihrem Vorstand, der sich dadurch bestätigt und zu neuen Leistungen angespornt fühlt. Christian Paulsen schreibt darüber später: »Es verdient hervorgehoben zu werden, daß die Genossen sich in größter Einmütigkeit der Führung ihres Vorstandes anvertrauten und ihm durch ihr Vertrauen die Last der Verantwortung und der Arbeit leichter machten«. –

Zum krönenden Abschluß dieser Generalversammlung meldet sich Marx Wulff zum Wort und berichtet über seinen »Blitzbesuch« in Berlin: Bei der Preußischen Staatsbank sind 50000 RM aus dem Meliorationskreditfond zur Auszahlung an den Kreis Husum bereitgestellt. Der Kreisausschuß hat keine Bedenken, das Geld an die Deichbaugenossenschaft weiterzuleiten, nachdem die sechs Männer vom Vorstand die Bürgschaft übernommen haben. Damit ist Marx Wulff der Held des Abends. Man läßt ihn hochleben, und ihm gefällt es gut.

So hat man also »die drohende Niederlage noch einmal unter den Fuß gebracht«. Auch Christian Paulsen ist froh; denn die klaffende Lücke ist geschlossen, und er braucht das Nachlaß-Vermögen nicht über Gebühr einzusetzen. Die Genossen sind voller Mut und Zuversicht. Sie geloben einander, diese Sache gemeinsam durchzustehen, komme, was da kommen mag! Abends aber fließt erst einmal der Teepunsch. Wer will ihnen das verübeln?

Fröhlich, entspannt und ausgelassen feiert man bis in die frühen Morgenstunden. »Luke Bur« fährt zu jener Zeit mit einem Pony im Einspänner zur Stadt; es ist nicht mehr das jüngste und hat ein Glasauge. Jetzt steht es treu und brav im Ausspann und wartet, daß sein Herr geruht, nach Hause gezogen zu werden. Zwei Genossen haben Mitleid mit dem guten Tier. Sehr zum Erstaunen des Hausknechtes holen sie es aus dem Stall in die Gaststube und meinen: »Nun soll Pony auch einen Punsch haben.« Es ist halb fünf Uhr morgens; der »Baron von Bordelum« fühlt sich immer noch als Versammlungsleiter und stellt fest, daß jetzt der geeignete Zeitpunkt gekommen ist, nach Hause zu fahren, um zu prüfen, ob das Hofpersonal auch aufgestanden und an der Arbeit ist. –

Die nun folgende Zeit bringt die erwarteten Unerfreulichkeiten in der Zusammenarbeit zwischen Vorstand und Unternehmern auf der Baustelle. Carl Ehlers und Peter Volquardsen erklären in der Vorstandssitzung vom 20. September 1924 übereinstimmend, daß es dringend erwünscht ist, den jetzigen Zustand möglichst bald zu beenden, d. h. das Sonderabkommen mit der vereinbarten 10tägigen Frist zu kündigen. Als triftigen

Grund führen sie an, daß die Unternehmer es trotz wiederholter energischer Vorstellungen nicht bewerkstelligen, die erforderliche restliche Erde im Längsbetrieb in den Deich zu bringen. Unter diesem Aspekt beurteilt Dr. Carl Hennings die Möglichkeit einer Entziehung der Arbeiten und Kündigung des Sonderabkommens wesentlich zuversichtlicher als früher. Der Vorstand will lieber auf eine Mitarbeit der Unternehmer verzichten, da sie nur eine Behinderung bedeutet. Man erkennt das Weitermachen in eigener Regie als »ultima ratio«, wenn es bisher auch immer zu vermeiden gesucht worden ist.

Aber eine so schwerwiegende Entscheidung will der Vorstand bei allem Vertrauen, das er genießt, nicht allein treffen. Hierzu soll die Generalversammlung gehört werden. Die Genossen müssen auch noch aus einem anderen Grunde zusammengerufen werden: Das Geld reicht wieder einmal nicht. Von den 50000 RM, die Marx Wulff mit so großer Eleganz lockergemacht hat, sind noch gerade 12000 in der Deichbaukasse, kaum genug für eine Woche. Man muß um beschleunigte Hereinbringung der restlichen 100000,- RM aus dem Meliorationskreditfond bemüht sein; und das geht nur, so will es der Kreisausschuß, wenn *alle* Genossen, einschließlich des Sönke Nissen-Nachlasses die Rückbürgschaft gegenüber dem Kreis erklären. Da an der Bereitwilligkeit der Genossen hierzu nicht zu zweifeln ist, geht Christian Paulsen für den Nachlaß mit 25 000,- und für sich selbst mit 11000,- RM in Vorlage, um der Deichbaukasse über den toten Punkt hinwegzuhelfen.

Wiederum durch Rundschreiben von Christian Paulsen wohl vorbereitet, tritt die Generalversammlung am 28. 9. 1924 zusammen. – Halten wir hier einmal kurzen Rückblick über das bisherige Geschehen mit Vorbereitung und Inangriffnahme des Werkes, so ist nicht zu leugnen, daß die Männer der Deichbaugenossenschaft nun schon fast ein ganzes Jahr hindurch kaum zur Ruhe gekommen sind. Eine Aufregung jagt die andere. Aber in bewundernswerter Einmütigkeit stehen sie zusammen. So heißt es im Protokoll: »Vor Eintritt in die Tagesordnung wurden in der Angelegenheit ›Meliorationskredit‹ Schuldurkunde, Bürgschafts- und Rückbürgschaftsschein vor dem Notar Dr. Hennings unterschrieben.« Das liest sich sehr einfach. Bedenken wir aber einmal, was dahinter steht: Die Genossen haben ihre Altbesitze bis zu der von Sönke Nissen empfohlenen Beleihungsgrenze belastet. »Es wäre doch schade«, so hat Sönke Nissen im Juni 22 an Marx Wulff geschrieben, »wenn ich von den mir gebotenen Sicherheiten Gebrauch machen müßte.«

Jetzt aber, auf Grund der nicht vorherzusehenden Lage, müssen die Deichbaugenossen über diese Grenze hinweggehen. Bevor sie überhaupt in die Tagesordnung eintreten, fällen sie eine Entscheidung, die dem eigentlichen Gegenstand der Verhandlung weit vorausgreift. Über die bereits eingegangenen Verpflichtungen hinaus verpfänden sie ihr restliches Hab und Gut für einen Reichskredit von 150000,– RM (Meliorationsfond).

Hier ist die Frage eines Mannes unserer jetzigen Generation durchaus verständlich: »Warum haben unsere Alten sich dermaßen engagiert, bloß um zu weiterem Landbesitz zu kommen?« – Die Antwort kann nur aus der damaligen Zeit heraus gegeben werden: Besitz von Grund und Boden bedeutet Unabhängigkeit; und dafür wagen die Friesen und Dithmarscher eben, so widersinnig das klingen mag, auch alles, was ihnen bisher gehört. Dieses zu erhalten und Neues zu erringen, unterziehen sich diese Männer mit ihren Frauen und Kindern dem härtesten Tagewerk, dem Gesinde ein Vorbild, ihm aber auch mit dem Beispiel des eigenen Einsatzes Leistung abverlangend. –

Nun aber zurück zu unserer Generalversammlung. Die beiden wichtigsten Punkte sind schnell durch einstimmigen Beschluß entschieden:

1. Das Sonderabkommen des Vorstandes mit den Unternehmern wird mit vereinbarter 10tägiger Frist gekündigt.
2. Den Unternehmern wird gleichfalls mit 10tägiger Frist die Arbeit entzogen und die Auflage gemacht, im gleichen Zeitraum die Baustelle unter Überlassung des Maschinen- und Geräteparks zu räumen.

Wie schon früher, werden noch am gleichen Tage entsprechende Schreiben verfaßt. Für vorläufige weitere Maßnahmen erhält der Vorstand unumschränkte Handlungsfreiheit. Dieser beschließt auf Vorschlag von Dr. Carl Hennings, die Arbeiten in eigener Regie mit dem Ziel fortzusetzen, das bisher Geschaffene winterfest zu machen. Marx Wulff und Rentmeister Hinrichs übernehmen es, hierfür den Oberingenieur Wernicke unter Vertrag zu nehmen, und zwar bis Dezember 1924. Wilhelm Hinrichs behält vertragsgemäß die Oberbauleitung. Zur offiziellen Übernahme der Baustelle werden ausgewählt:

Dr. Carl Hennings,   Carl Ehlers,   Peter Volquardsen,
Rentmeister Hinrichs,   Reg.-Baumstr. Hinrichsen.

Neben den vorbezeichneten Arbeiten soll die Fertigstellung der Schleuse mit Nachdruck vorangetrieben werden. Den ausführenden Firmen wird kein Vorwurf wegen der eingetretenen Verzögerung gemacht; es wird im Gegenteil festgestellt, daß die Notwendigkeit der Beschaffung längerer

Pfähle (7,50 m statt 5,00 m) nicht zu Lasten der Unternehmer Gerlach und Matthießen geht. Marx Wulf erhält den Auftrag, zur Schlußsteinlegung eine schlichte Gedenkstunde vorzubereiten.
Aber auch neben den Sofortmaßnahmen auf der Baustelle bleibt der Vorstand nicht untätig. Man ist sich klar darüber, daß die Fortsetzung des Deichbaues in eigener Regie nur eine Zwischenlösung sein kann. Das Fortschreiten der Überteuerung auf der einen Seite und die eingegangenen Verpflichtungen und übernommenen Belastungen auf der anderen schreiben schnelles, entschlossenes Handeln zwingend vor.
Am 13. Oktober wird die Baustelle durch die ernannte Kommission übernommen, die sofort damit beginnt, die erforderlichen Sicherungsarbeiten für den Winter energisch voranzutreiben. Die Betriebsgemeinschaft Hackbarth und Niemax ist von der Bühne abgetreten. Damit ist dieses traurige Lied aber noch nicht ausgesungen. Unter dem 11. September nämlich haben die Unternehmer dem Schiedsgericht eine Klageschrift eingereicht, 25 Schreibmaschinenseiten lang. Als Hauptargumente werden immer wieder die Moorschichten, die mangelhaften Bohrproben und vor allem die bindend vorgeschriebene Bauweise angeführt. Mehrere Gutachten von Tiefbausachverständigen sollen diese Argumente stützen. Die Unternehmer fordern eine Entschädigung von 1,28 Millionen RM und die Übernahme sämtlicher Verfahrenskosten durch die Genossenschaft. Wenn die Firmen auch mit ihren Argumenten auf schwachen Füßen stehen und die Genossen sicher wegen eklatanter Vertragsverletzungen massive Gegenvorstellungen machen können, so bedeutet ein bevorstehender Prozeß solchen Ausmaßes doch eine erhebliche Nervenbelastung für die Betroffenen. Die Unternehmer haben nichts zu verlieren. Der Sönke Nissen-Nachlaß viel, die Genossen alles. Denn wie ein Prozeß ausgeht, weiß man bekanntlich vorher nie. Aber man behält die Nerven, vor allem im Vorstand, auch dann, als Paulsen seinen Getreuen Ende Oktober sagen muß, daß die so sehnsüchtig erwarteten 100000,- RM (Rest aus dem Meliorationsfond), mit denen man Anfang des Monats schon gerechnet hat, immer noch nicht verfügbar sind. Die Sicherungsarbeiten für den Winter sind noch nicht abgeschlossen und erfordern Geld. Da sind es diesmal Carl Ehlers und Peter Volquardsen, die mit zusammen 8000,- RM einspringen. Immerhin muß der Bau der Schleuse auch zum Abschluß kommen; denn wir haben bereits den 24. Oktober.
Inzwischen ist Dr. Carl Hennings damit beschäftigt, Klagebeantwortung und Widerklage für das Schiedsgericht zu verfassen. Denn den Genossen ist klar, daß sie hier aus allen Rohren zurückschießen müssen. Der

125

Schriftsatz von Dr. Carl Hennings, natürlich genauso umfangreich wie die Klageschrift, ist ein kleines Meisterwerk, sauber geschliffen, mit eleganten juristischen Formulierungen. Eine Entscheidung fällt aber noch nicht. Amtsgerichtsrat Ketels, Husum, zum Obmann des Schiedsgerichts bestellt, nimmt sich natürlich bei der Tragweite des zu fällenden Spruches die erforderliche Zeit, um alles, was von beiden Seiten ins Feld geführt wird, gründlich zu prüfen.

Um so erstaunlicher ist die Entschlußfreudigkeit des Vorstandes. Ohne zu wissen, was der Schiedsgerichtsprozeß ihnen bringen wird, beschließt man, die Deichbauarbeiten neu zu vergeben. Schon am 8. November erhalten Christian Paulsen, Marx Wulff, Rentmeister Hinrichs und Dr. Hennings als Kommission den Auftrag, entsprechende Maßnahmen einzuleiten.

Man will nicht viel Zeit verlieren und verzichtet deswegen auf Veröffentlichung in der Tages- und Fachpresse, sondern schreibt folgende fünf Firmen an, die bei der ersten Ausschreibung submittiert haben:

    1. Polensky und Dr. Rathjens
    2. Peter Bauvens
    3. Julius Berger
    4. Rheinisch-Westf. Bauindustrie
    5. Philipp Holzmann.

Die vierköpfige Kommission hat dabei von vornherein das Ziel im Auge, nach Möglichkeit mit der Firma Polensky und Dr. Rathjens, die ja im Vorjahr leider zu hoch lag, zum Abschluß zu kommen, weil sie einen sehr leistungsfähigen Eindruck machte. Nachdem die Generalversammlung beschlossen hat, die Überteuerung in Kauf zu nehmen, hat die Kommission etwas mehr Spielraum.

Inzwischen ist aber auch von einem erfreulichen Ereignis zu berichten: Am 8. Dezember 1924 können die Firmen Matthiesen und Gerlach den fertigen Schleusenbau übergeben. Nur einige kleine Nebenarbeiten werden auf den nächsten Bausommer verschoben.

Die Schleusenweihe wird »in einer ernsten und schlichten aber um so eindrucksvolleren Feierstunde« begangen, berichtet der Redakteur Felix Schmeißer in seinen »Husumer Nachrichten«, auf der Titelseite beginnend. Folgende eigenen Verse stellt er seinem Artikel voran:

    Was draußen wir verloren,
    Hier holen wir's wieder ein.
    Die grünen Deiche werden
    Die Siegeskränze sein.

Schleusenweihe (s. auch S. 91)

>Blüh' bald, wo heut' noch flutet
>Der Nordsee grau Gewog,
>Im Schirm des goldnen Ringes
>Du Sönke Nissen-Koog!

Natürlich läßt Landrat Dr. Clasen es sich nicht nehmen, an dieser Feierstunde teilzunehmen und, wie beim ersten Spatenstich, die Festrede zu halten. Dabei weist er auf die große Bedeutung des neuen Kooges mit seinen reichlich tausend Hektar Land hin. Gewiß, für ihn als Kreisoberhaupt in einem fast reinen Landwirtschaftsgebiet ist so ein Koog ein volkswirtschaftlicher Exponent. Aber diesem »rechten Friesen«, wie Söhrnsen-Petersen ihn nennt, liegt doch auch wohl das Deichen im Blut. Im Anschluß an die Festrede verliest Marx Wulff eine Urkunde, die bei der Schlußsteinlegung mit eingemauert werden soll. Sie schildert in großen Zügen das bisher Geschehene und sagt aus über die Zuversicht der Männer vom derzeitigen Vorstand und Aufsichtsrat, die namentlich aufgeführt sind, dieses Werk trotz aller Fährnisse zum guten Ende zu bringen. Zum Schluß heißt es wörtlich:

»Wenn wir nun heute dieses Dokument versenken, nachdem es alle unterschrieben haben, so wird uns allen der Wunsch gekommen sein, es möge kein Menschenauge je wieder diese Zeilen lesen, so fest wähnen wir unser Bauwerk. Wenn aber diese Zeilen je wieder einem anderen zu Gesicht kommen, so laß' es Dir anderem, der Du diese Zeilen dennoch liest, gesagt sein, es waren treu deutsche Männer, die dieses Werk erbauten in Deutschlands schwerster Zeit, die ihr Alles daran setzten, ihren Kindern eine Heimat zu schaffen auf Boden, der dem Meere abgerungen, mach's ebenso!«
Zusammen mit einem Exemplar der »Husumer Nachrichten«, Probestücken des damaligen Münz- und Papiergeldes und einem Blatt mit den obenstehenden Versen auf den Sönke Nissen-Koog wird die Urkunde in eine Metallkapsel getan und wieder verlötet. Die dann folgende Einmauerung der Kapsel wird von kurzen Sprüchen begleitet. Und noch einmal, jetzt schon fast wie eine Mahnung, ruft Christian Paulsen seinen Landsleuten zu: »Was Du begonnen, führe zu Ende, in Treue fest!« Marx Wulff fügt hinzu: »Des Wassers Gewalt, wie des Schicksals Gestalt, sich ändern tut, drum sei auf der Hut. Gott schütze die Marsch!« Landrat Dr. Clasen aber deklamiert anschließend Felix Schmeißer's Deich- und Schleusenspruch:

> Der Westsee zu wehren,
> Die Heimat zu mehren,
> Den Enkeln zu Wohle
> Gescheh' unser Werk.
> Geschlechter entstehen
> Geschlechter vergehen
> Sind längst wir gegangen
> Besteh' unser Werk.

Ein gütiges Schicksal hat bisher keines Menschen Auge die Kapsel und ihren Inhalt wieder sehen lassen. Möge es so bleiben! –
Nach dem offiziellen Teil dieser kleinen Feierstunde wird gemeinsam auf »Holstill« (Gastwirtschaft im Soph.-Magdal.-Koog) gegessen. Wenn auch mit dem Schleusenbau ein schönes Stück geschafft und gesichert ist, worüber man auch Genugtuung empfindet, so besteht bei dem Ernst der Gesamtsituation keine Veranlassung, jetzt einen »gemütlichen Teil« folgen zu lassen. Wohl gibt es zwei oder drei Runden Punsch und ein »Hoch« auf den Landrat für seine schöne Rede. Aber dann ist Schluß, und man läßt anspannen. Es ist noch viel zu tun. Bisher weiß man nur das »Was«, aber das »Wie«? –

Zum zweitenmal in der Geschichte der Deichbaugenossenschaft steht Weihnachten vor der Tür; und wieder, fast wie im Vorjahre, drängen sich die Ereignisse zusammen, ja, sie überschlagen sich förmlich. Nur ist ein Unterschied dabei: Im Vorjahre *wollte* man gern voran und zum Zuge kommen. Dieses Jahr *muß* es sein, daß schnell und umsichtig gehandelt wird.

Unmittelbar nach der Schleusenweihe gehen von allen fünf angeschriebenen Tiefbaufirmen wegen der Neuvergabe der Arbeiten Angebote ein. Die vierköpfige Kommission tritt zusammen. Einhellige Meinung: Polensky und Dr. Rathjens! Am 17. Dezember findet eine kombinierte Vorstands- und Aufsichtsratssitzung in Bredstedt statt. Hier findet die Kommission volle Zustimmung beider Gremien und die Ermächtigung, mit der erwähnten Firma in Verhandlung zu treten, evtl. auch schon abzuschließen, selbstverständlich unter der Voraussetzung der nachträglichen Zustimmung durch die Generalversammlung. Die maßgeblichen Männer sind sich nämlich in der Auffassung einig, daß die Firma Polensky und Dr. Rathjens die einzige ist, welche die immer noch gehegte Hoffnung erfüllen könnte, den Deichbau im Jahre 1925 vor Eintreten der Herbstfluten zu beenden.

Am 19. Dezember trifft man sich nach kurzer telefonischer Vereinbarung im Chile-Haus in Hamburg. (Hier hat Eugen Gonser, zweiter Testamentsvollstrecker und Direktor der in diesem Hause etablierten Finanzbank, ein Zimmer für Besprechungen in Sachen Nachlaßverwaltung eingerichtet.) Anwesend sind außer ihm die vier Männer von der Kommission zur Neuvergabe der Deichbauarbeiten. Aus Naumburg a./Saale kommen angereist: Dr. ing. Joachim Rathjens, Reg.-Baumeister a. D. Riechers und Ober-Ing. Dörr; das ist in technischer Hinsicht die Spitze der Firma »Mitteldeutsche Tiefbaugesellschaft Polensky und Dr. Rathjens, Naumburg a./Saale«.

Die Vorbesprechung ergibt Übereinstimmung in der Auffassung, daß es möglich sein wird, zu einem beiderseits zufriedenstellenden Abschluß zu kommen mit dem Ziel, den Deichbau so früh wie möglich fortzusetzen und noch im Jahre 1925 zu beenden. Dr. Rathjens legt die Referenzen seiner Firma vor. Auf der Liste stehen Namen, die Paulsen aus seiner übrigen Tätigkeit als Vermögensverwalter gut kennt und sehr schätzt. Der Deichbau umfaßt ja nur einen Bruchteil der Nachlaßverwaltung. Bei der Verabschiedung lädt Rathjens den geschäftsführenden Vorstand nach Naumburg ein. Man vereinbart den 22. Dezember. Als die Naumburger gegangen sind, wird ein Ferngespräch nach Berlin geführt: Ein bewährter Vertrauensmann, den Sönke Nissen noch persönlich gekannt hat, bekommt den Auftrag, mit Hilfe seiner ausgezeichneten Verbindungen diese Firma auf Herz und Nieren zu prüfen. Paulsen selbst meldet sich für den 21. Dezember in Berlin an.

Nach dem Berliner Gespräch wird noch ein ganz kurzes mit Carl Ehlers geführt: »Generalversammlung am 28. Dezember.« Damit weiß der Angesprochene, was er zu tun hat.

Am folgenden 20. Dezember wird am gleichen Ort noch einmal mit der Firma Philipp Holzmann AG verhandelt. Aber der Naumburger Firma wird doch der Vorrang gegeben, allein schon deswegen, weil sie mit ihrem Angebot um 300000,– RM niedriger liegt.

»Jetzt noch über Berlin nach Naumburg«, denkt Christian Paulsen, »dann muß die Entscheidung fallen.« Allerdings wird bei seiner Rückkehr nach Glinde ein Schreibtisch voll Post in anderen Angelegenheiten auf ihn warten. Aber nachdem das erledigt ist, so hofft er jedenfalls, kann er im Kreise seiner Familie wenigstens die Weihnachtstage verbringen.

Die Informationsreise verläuft in jeder Hinsicht positiv. Dr. Rathjens führt seinen Gast auch noch nach Halle. Dort läßt er ihm einen versandbereit stehenden Eimerbagger vorführen. Es ist das modernste Gerät dieser Art, das es damals gibt; es ist vorgesehen für den Einsatz am Weg zur Hamburger Hallig. Dr. Rathjens ist also schon im Geiste auf der Baustelle und wird aufgefordert, am 28. Dezember mit einer verhandlungsfähigen Kommission nach Bredstedt zu kommen.

Auf seiner Rückfahrt hält Paulsen sofort handschriftlich fest, was er gehört und gesehen hat. Am Schluß dieses im D-Zug verfaßten Reiseberichtes heißt es: »Ich habe auf meiner Besichtigungsreise den Eindruck gewonnen, daß wir in der Firma Polensky und Dr. Rathjens eine durchaus leistungsfähige Firma vor uns haben, der wir unbedingt die Fertigstellung unseres Deichbaues übertragen können.«

Als er am anderen Tage in Glinde auf sein Büro kommt, noch etwas abgespannt von den Verhandlungen und Reisen der letzten Tage, empfängt Heinrich Wulff ihn mit strahlendem Gesicht. »Ist bei Ihnen schon Weihnachten?« fragt Paulsen. »Nein, aber vielleicht sehen Sie mal auf Ihren Schreibtisch.« Da hat er auch schon den Notizkalender mit Heinrich Wulff's Handschrift darauf: Anruf Graf Bernstorff, Regierung Schleswig. Restliche 100000,– RM Meliorationsfond und 279000,– RM Erwerbslosenfond endgültig frei verfügbar! Da erhellt sich auch Paulsens Gesicht zu einem freundlichen Lächeln. »Das ist wirklich ein Weihnachtsgeschenk!«

Was mit dem Geld geschehen soll, ist längst festgelegt: einmal werden die Vorschüsse, die insbesondere der Nachlaß, aber auch einige Genossen gezahlt haben, zurückerstattet. Der Rest, etwa 250000,- RM, geht auf die Finanzbank, Hamburg, deren Direktor der zweite Testamentsvollstrecker ist. Der wird es schon gut anlegen, damit es bis zum neuen Baubeginn Zinsen bringt.

Beide Kredite aber waren in ernster Gefahr. Bekanntlich werden bewilligte Mittel, die im ablaufenden Wirtschaftsjahr nicht verbraucht werden, auf dem entsprechenden Titel gestrichen und, sofern schon angewiesen, zurückgefordert. Das ist hier der Fall. Irgendein Beamter in dem großen Verwaltungsapparat erfährt, daß die Arbeiten eingestellt sind und erst im nächsten Jahr fortgesetzt werden. Automatisch bringt er seine Vorschrift zur Anwendung und »wird tätig«. Zum Glück aber sind beide Kredite schon angewiesen, und die nun folgende Rückforderung flattert dem Landrat Dr. Clasen auf den Schreibtisch. Dieser hat vorsorglich bereits Antrag auf Überschreibung der Mittel auf das Jahr 1925 gestellt und bei einer sofortigen Rückfrage Erfolg. Beide Verwaltungsakte haben sicher auch die Verzögerung bewirkt.

Der Genossenschaft kommt noch ein kleiner Glücksumstand zugute, Söhrnsen-Petersen vom Kulturamt hat in irgendeinem neuen Verordnungsblatt entdeckt, daß seit kurzem bei den Erwerbslosenkrediten ein günstigerer Berechnungsschlüssel angewandt werden kann. Damit wendet er sich an seinen Freund Dr. Wilhelmi in der Reichsarbeitsverwaltung und erwirkt statt der ursprünglich zugesagten 190000,- RM eine Summe von 280000,- RM. Christian Paulsen ist natürlich froh, daß die Kredite endlich und glücklich hereinkommen. Seiner Sorge, das Nachlaßvermögen über Gebühr heranziehen zu müssen, ist er erstmal enthoben, und wenn auch nur über die Feiertage. Aber auch für die Siedlergenossen sieht es im Augenblick nicht mehr ganz so gefährlich aus. Für sie steht immerhin eine Viertelmillion auf der Bank. Das ist bei der Objekthöhe nicht sehr viel, genügt aber um die Fortsetzung des Deichbaues ohne Eigengefährdung in Angriff zu nehmen.

Der Reisebericht wird noch schnell an alle Genossen auf den Weg gebracht, damit sie ihn mit Sicherheit vor der Generalversammlung haben. Danach kommt erst die übrige Nachlaßverwaltung. Der Schreibtisch liegt voll von unerledigten Vorgängen. Aber unter dem Eindruck der angenehmen Nachricht geht die Arbeit zügig von der Hand.

»Haben Sie eigentlich Ihren Bruder Marx schon verständigt?« fragt Paulsen seinen Mitarbeiter Heinrich Wulff. Dieser antwortet, daß Marx die

»frohe Botschaft« bereits unter den Genossen verbreitet hat. So gibt es in deren Familien im wahrsten Sinne des Wortes: »Fröhliche Weihnachten«. Es ist Heiligabend. Christian Paulsen geht zu Fuß vom Gutshof in seine Privatwohnung. Der kleine Spaziergang in der Winterluft tut ihm gut. Sein Jüngster kommt ihm entgegen: »Du kommst aber früh heute, Vati.« Dieser nimmt den Fünfjährigen bei der Hand und sagt: »Ja, mein Junge, es ist doch Weihnachten, und stell' dir vor, heute abend und die ganzen beiden nächsten Tage habe ich Zeit für Mutti und euch!« –

IV. Kapitel

Das zweite Deichbaujahr (1925)

Weihnachten geht vorüber. Gleich am Morgen des folgenden Tages sitzt Christian Paulsen an seinem Schreibtisch und zieht Bilanz.

Die Genossenschaft hat bisher aufgebracht:

mit Hilfe von Sönke-Nissen-Nachlaß rd.	600.000,00 RM
im Wege der Anleihe bei Staat und Reich	430.000,00 RM
	1.030.000,00 RM

Verausgabt sind:

als Vorschuß an die bisherigen Unternehmer gegen Sicherheitsleistung rd.	700.000,00 RM	
für Regiearbeiten nach dem 13. 10. 1924 und für Generalunkosten	80.000,00 RM	780.000,00 RM

so verfügt die Genossenschaft über flüssige Mittel von rd. 250.000,00 RM

Die Fertigstellung des begonnenen Werkes wird erfordern:

nach dem Angebot Dr. Rathjens rd.	1.500.000,00 RM
dazu Lohnzulage	150.000,00 RM
Das Geleistete wird den früheren Unternehmern bei ungünstigem Ausgang des Prozesses angerechnet werden mit rd.	350.000,00 RM
Restliche Deichbaukosten rd.	2.000.000,00 RM
Sönke Nissen-Nachlaß übernimmt 60 % dieser Kosten, rd.	1.200.000,00 RM
die restlichen	800.000,00 RM

müssen von den Genossen anderweitig aufgebracht werden.

Es sind bisher aufgebracht (s. oben)	430.000,00 RM
bleiben also aufzubringen	370.000,00 RM

Hierfür *müssen* die Genossen im Laufe des Jahres 1925 Eigenleistungen erbringen, und zwar pro Anteil 3.500,00 RM, das sind bei 70 z. Z. ausgegebenen Anteilen 245.000,00 RM
Dann muß versucht werden, die restlichen 125.000,00 RM
aus Reichs- oder Staatskrediten hereinzubringen.

Dieser Finanzierungsplan hat zur Voraussetzung:
1. daß die Forderung gegen die bisherigen Unternehmer in Höhe von 700000,00 RM minus 350000,00 RM für tatsächlich Geleistetes, also mit ebenfalls 350000,00 RM im Laufe des Baujahres 1925 hereingebracht wird;
2. daß die Aufbringung der 3500,00 RM je Anteil Raum läßt für hinreichende Sicherheit der vom Nachlaß weiterhin zu gebenden Darlehen;
3. daß die Gesamtbedeichungskosten 2 Millionen Mark betragen werden.

Zu 1. Die Forderung von 350000,00 RM gegen die bisherigen Unternehmer darf, insbesondere bei Vorliegen eines Angebotes auf Geräte und Maschinen in Höhe von 180000,00 RM, als gesichert gelten. Mit Rücksicht auf die Unsicherheit, ob das Schiedsgerichtsurteil zeitig genug vollstreckbar werden wird, ist von vornherein anzustreben, aus Reichs- und Staatsdarlehen mehr zu erhalten.

Zu 3. Bei geringeren Baukosten, also bei günstigerem Ausgang des Prozesses, ändern sich alle Zahlen entsprechend; die Verpflichtung zur Leistung von 3500,00 RM je Anteil muß aber bestehen bleiben.

Verläßliche Zahlen können wegen der Unentschiedenheit des Prozesses nicht ermittelt werden. Den Mut zur Neuvergebung kann man nur schöpfen aus der Überzeugung, daß die Arbeit zu Recht entzogen wurde und ein Anspruch auf Erstattung der gesamten Überteuerung durch die bisherigen Unternehmer besteht. Eine Hinauszögerung der Vergabe würde die Schließung des Deiches im Baujahr 1925 unmöglich machen.

Das sind in großen Zügen die Überlegungen, die Christian Paulsen in Vorbereitung auf die für den folgenden Tag einberufene Generalversammlung anstellt.

Am 28. 12. 1924, 10.30 Uhr, treffen sich fast alle Genossen, nur zwei fehlen, zur großen Entscheidung im »Landschaftlichen Haus« in Bredstedt. Kulturamtsvorsteher Söhrnsen-Petersen und Rentmeister Hinrichs, nahezu ständig Gäste auf den Versammlungen, fehlen natürlich nicht.

Anhand seiner gründlichen Ausarbeitungen hält Paulsen ausführlich Vortrag über die derzeitige finanzielle Lage der Genossenschaft und entwik-

kelt seine weiteren Gedanken zur Fortführung des Deichbaues. Dabei kommt er anschließend auf die Firma Polensky und Dr. Rathjens zu sprechen unter gleichzeitigem Hinweis auf seinen Reisebericht und hebt noch einmal die außergewöhnliche Leistungsfähigkeit dieses Unternehmens hervor. Aber die anderen anbietenden Firmen werden deswegen nicht etwa übergangen; auch ihre Angebote werden eingehend erläutert. Die Genossen kommen zu dem gleichen Ergebnis wie Vorstand und Aufsichtsrat: Wenn überhaupt eine Firma imstande ist, den Deich noch im Jahre 1925 zu schließen, so ist es die erstgenannte.
Auf Befragen teilt Dr. Hennings mit, daß eine Neuvergabe die Lage im Schiedsgerichtsverfahren nicht beeinträchtigen könne. Er mache sich außerdem keine Sorgen um den Ausgang des Prozesses.
Als dann Söhrnsen-Petersen weitestgehende Unterstützung im Bemühen um Staats- und Reichsdarlehen zusagt, zögern die Genossen nicht mehr: Einstimmig ermächtigen und beauftragen sie den Vorstand, »möglichst noch heute« mit der Firma Polensky und Dr. Rathjens abzuschließen. Wahrlich, das ist ein Beschluß, vor der Schiedsgerichtsentscheidung! Die Zuversicht von Dr. Hennings, das Hereinkommen der Kredite kurz vor Weihnachten und der klare sachliche Vortrag, mit Ruhe und Überlegenheit von Christian Paulsen gehalten, wird den Genossen diese mutige Entscheidung erleichtert haben.
Die Genossen sind sich ihrer Sache so sicher, daß sie es schon jetzt für notwendig erachten, den Fragen der Vermessung, der Eingemeindung, des Baues von Wegen und Wasserläufen und der Drainage näherzutreten.
Lob und Dank gibt es für Carl Ehlers und Peter Volquardsen. Sie haben in selbstlosem persönlichen Einsatz auf der Baustelle seit dem Bruch mit den ersten Unternehmern und schon früher die Lage gemeistert: Die Sicherungsarbeiten für den Winter sind seit kurzem erfolgreich abgeschlossen.
Fast fünf Stunden hat diese Versammlung gedauert; und für den Vorstand kommt jetzt die eigentliche Arbeit, während die übrigen Genossen vorerst andere Wege gehen. Abends will man sich wieder treffen, um den Gang der Verhandlungen zu verfolgen und vielleicht auch noch den Abschluß mitzuerleben.
Inzwischen ist die Naumburger Kommission eingetroffen. Während der Vorstand sich eine kleine Pause gönnt, erfrischen sich die Gäste nach ihrer Bahnfahrt.
Um 16.00 Uhr tritt man in die erste Verhandlungsrunde ein. Anhand des ersten Bauvertrages bringt jede Seite ihre Änderungs-, Ergänzungs- oder

Kürzungswünsche vor, die dann hart, aber fair ausdiskutiert werden. Dr. Rathjens ist offenbar nicht nur ein hervorragender Tiefbauingenieur, sondern auch ein ganz gewiegter Verhandlungspartner.

Als in allen Punkten Einigung erzielt ist, haben die Männer von der Kommission zur Neuvergabe weitere vier Verhandlungsstunden hinter sich; es ist inzwischen 20.00 Uhr geworden, Zeit zum Abendessen. Dann ist noch die Formulierung des Vertrages zu erarbeiten. Als die Verhandlungspartner vom Besprechungszimmer zum Essen in die Gaststube kommen, finden sie bereits einige der Genossen wieder dort versammelt. Man möchte gern etwas erfahren über den Stand der Verhandlung, will aber die Kommission in ihrer Abendbrotpause nicht stören. Deswegen läßt man sie an ihrem reservierten gedeckten Tisch unbehelligt. Christian Paulsen erkennt die Situation und gibt durch Mimik und Gestik zu verstehen, daß noch etwas zu schreiben, zu unterschreiben und zu stempeln ist. Damit begnügt man sich zunächst. Als aber die Verhandelnden wieder an die Arbeit gehen, kann Otto Struve es nicht lassen, seinen späteren Nachbarn zu fragen: »Na, Christian, kommt das zurecht, so wie wir es uns gewünscht haben?« Dieser bejaht. »Dann kriegen wir ja noch einen.«

Jetzt geht es an die Formulierung des Vertrages. Es werden hier nur die wesentlichen Unterschiede zum ersten Bauvertrag herausgestellt:

1. Die Firma übernimmt die Fortführung des Baues für 1.650.000,00 RM.
2. Es werden keine Totalrisiken übernommen; diese werden vielmehr geteilt;
a. Bei Lohn- und Preissteigerungen erhöht sich der Preis für das Bauwerk nach einem vereinbarten Berechnungsschlüssel entsprechend.
b. Die Genossenschaft übernimmt keine Gewähr für die Tragfähigkeit des Bodens, weder hinsichtlich der Baumaschinen noch in bezug auf den Deichkörper selbst.
c. Höhere Gewalt verlängert die Bautermine entsprechend. Als Fälle höherer Gewalt gelten länger als 3 Tage dauernde Streiks und Sturmfluten, die mehr als 10000 cbm bereits eingebrachter Erde fortspülen.
3. Die Unternehmerin nimmt eigene Bohrungen vor und bemerkt dazu: »Wir lassen uns durch die von der Genossenschaft mitgeteilten Bohrergebnisse überhaupt nicht beeinflussen.
4. Moorschichten, die nicht die Tiefe von 3,50 m unter Gelände haben, dürfen nicht angeschnitten werden. Hierfür kann an solchen Stellen der Innengraben bis zu einer Breite von 34 m ausgehoben werden.
5. Zum Termin der Fertigstellung des Deiches trifft man in letzter Minute noch eine, gegenüber der ursprünglich vorgesehenen, abgewandelte

Vereinbarung. Man will im Hinblick auf die bösen Erfahrungen des Vorjahres allen Streitigkeiten aus dem Wege gehen, die durch unvorhersehbare Ereignisse aufkommen könnten. Der Vertrag erhält an dieser Stelle folgende Fassung: »Der Deich muß bis zum 15. September 1925 in ganzer Länge eine Höhe von + 5,70 m NN erreicht haben und bis zum 10. Oktober 1925 bis zur Höhe von + 5,10 m NN außen voll besodet sein.

Kommt die Unternehmerin ihren Verpflichtungen nicht nach, so hat sie eine Konventionalstrafe von 50 000,00 RM zu zahlen; erfüllt die Unternehmerin ihre Verpflichtungen, so erhält sie eine Belohnung von 25 000,00 RM. Bringt die Unternehmerin es fertig, wie zunächst in Aussicht gestellt, den Deich bis zum 15. Oktober vollständig zu beenden, so erhält sie eine Belohnung von 50 000,00 RM, worin die 25 000,00 RM einbegriffen sind.

Die Unternehmerin verpflichtet sich, den Deich in allen Teilen vollständig fertiggestellt bis 15. Juli 1926 abzuliefern.«

Der letztgenannte Termin ist also unausweichlich der feste. Der vom 15. Oktober 1925 ist sozusagen ein Wunsch- oder auch Locktermin.

6. Im Falle eines für die Genossenschaft günstigen Ausganges des Schiedsgerichtsprozesses gegen Hackbarth und Niemax übernimmt Dr. Rathjens den Maschinenpark der ersten Unternehmerin für 180 000,00 RM mit einer Art Miet-Kaufvertrag.

Nachts um 1.30 Uhr, es ist also schon der 29. geworden, unterschreiben die Beteiligten die Vertragsurkunde, welche dann von Söhrnsen-Petersen in seiner Eigenschaft als Urkundsbeamter geschlossen wird. Sie trägt das Datum: Bredstedt, den 28./29. Dezember 1924.

Nebenan in der Gaststube ist man fröhlich gestimmt; es ist zu hören. Otto Struve hat nicht versäumt, bekanntzumachen, was er nach der Verhandlungspause im Vorbeigehen gehört hat. Hinzu kommt die Sache mit dem Geld aus Berlin. Die Männer vom Verhandlungstisch glauben, jetzt auch einen Punsch verdient zu haben und gesellen sich zu den anderen. Immerhin haben die Kommission und Söhrnsen-Petersen heute fast vierzehn Stunden hindurch Verhandlungen geführt, und nicht gerade um Kleinkram.

Dr. Rathjens ist mindestens genauso guter Dinge wie die Deichbaugenossen. Hat er doch wieder einmal, wie schon so oft, den Auftrag für ein Millionenprojekt in der Tasche. Er läßt sich nicht lumpen. Nachdem er sich mit dem Nationalgetränk der Friesen gut bekannt gemacht hat, läßt er Sekt mit Rotwein auffahren und lädt herzlich ein. Das gefällt den Genossen. »Mal was anderes«, denken sie und langen munter zu. Einige meinen, es sei schon Sylvester. Denn das »Türkenblut«, nach Punsch genossen, verfehlt seine Wirkung nicht. Damit ist die Feier dann bald beendet. Noch ein »Prosit« auf nunmehr endgültiges Gelingen, und man trennt sich. Auf dem Heimweg geht es einem der Genossen gar nicht gut. Das Schütteln auf dem Pferdefuhrwerk mag ein Übriges tun. Es hat ja so gut geschmeckt, war aber wohl etwas zu viel. Als er auf seinem Hof ankommt, ist es nicht länger zu verheimlichen: Ein Teil muß wieder raus. Als dabei eine rötliche Färbung erkennbar wird, alarmiert der Arme aufgeregt seine Frau: »Ruf den Arzt, ich habe Magenbluten.« Jene erkennt jedoch sofort die Situation und hält es für besser, ihrerseits die Rolle des Arztes zu übernehmen. Die Diagnose ist sehr einfach, die Therapie erst recht: Ins Bett! Dort findet der »Patient« sehr schnell die Ruhe, die er nötig hat. –

Das Jahr 1925 ist angebrochen. Was wird es bringen? – Auf der Baustelle ist es noch ruhig; und ruhig ist auch der blanke Hans. »Ihr habt ohne mich schon Kummer genug«, scheint er zu denken und bringt nur zweimal nennenswertes Hochwasser: am 2. und 3. Januar steigt es bis auf 1,90 m über gewöhnlich Hochwasser. Das so mühsam unter großen Opfern, mit viel Aufregung, Not und Sorge gebaute Deichstück bleibt erhalten.
Für die Genossenschaft zeichnet sich jetzt die Entscheidung im Schiedsgerichtsprozeß ab. Amtsgerichtsrat Ketels hat das Prozeßobjekt auf 2,4 Millionen RM festgesetzt. Anfang Februar fällt das Schiedsgericht seinen Spruch: »Die Klage der Unternehmer wird abgewiesen, der Widerklage der Genossenschaft wird stattgegeben. Die Unternehmer werden verurteilt, an die Bauherrin 1,1 Millionen Reichsmark zu zahlen.« Leider liegt eine formelle Ausfertigung des Urteils nicht vor, sondern nur eine von Dr. Hennings verfaßte formlose Mitteilung über dessen Inhalt. Es wäre interessant gewesen, aus der Urteilsbegründung zu erfahren, warum das Gericht eine so verhältnismäßig hohe Geldbuße auferlegt hat. Es liegt die Vermutung nahe, daß man von folgender Überlegung ausgegangen ist: Die Unternehmer haben durch ihre verschiedenen Vertragsverletzungen der Genossenschaft einen Zeitverlust zugefügt, der diese mit Sicherheit bis Mitte 1926 weiter in die Übeerteuerung hineintreibt oder sie zwingt, die Arbeiten einzustellen, ohne daß die Staatsdomänenverwaltung Ersatz für das bisher Aufgewendete leistet. Diesen Schaden müssen die Unternehmer der Genossenschaft von der Hand halten. Das Urteil bedeutet das Ende der Betriebsgemeinschaft, jedoch nicht den vollen Sieg der Genossenschaft.

Bei den Unternehmern ist nichts zu holen, schon gar keine 1,1 Millionen. Das einzige, was sie haben, ist der Maschinenpark mit 180000,00 RM, den Dr. Rathjens zu übernehmen bereit ist. Die Schleswig-Holsteinische Bank gibt zu erkennen, daß sie im Falle einer Inanspruchnahme wegen Bürgschaft von ihrem Rückgriffsrecht gegen die Hackbarths auf deren Berliner Industriegelände Gebrauch machen wird ohne Rücksicht darauf, ob Konkurs eintritt oder nicht, d. h. sie wird die Grundstücke zur Zwangsversteigerung bringen, auch bei eigenem Verlust. »Dann sichern wir uns doch lieber selbst die Berliner Grundstücke«, erklärt Paulsen seinen Genossen, von denen einige ihrerseits schon zum Konkurs drängen.

Mit der Kraft der Überzeugung erlangt er die Ermächtigung, mit den geschlagenen Prozeßgegnern, die auf Berufung usw. verzichten, unter Hinzuziehung der Bank in Vergleichsverhandlungen zu treten. Diese kosten Zeit und vor allem Nerven. Nur zähflüssig ziehen sich die Verhandlungen über Monate dahin mit dem Ergebnis, daß die Bank aus ihrer Bürgschaftsverpflichtung entlassen wird, während der Genossenschaft die Grundstücke übereignet werden. Diese stellt dafür an die Unternehmer keine Forderungen mehr, die aus dem Schiedsgerichtsurteil hergeleitet werden können. Fazit: Die Genossenschaft hat mit dem Maschinenpark und den Grundstücken an Sachwerten gerade 100000,00 RM mehr als das, was sie den Unternehmern für das tatsächlich Geleistete zuviel gezahlt hat. Die fortschreitende Überteuerung, die das Schiedsgerichtsurteil von ihr abwenden sollte, muß sie weiterhin allein tragen.

Noch schlimmer ist, daß diese Werte, mit 270000,00 RM (statt 500000,00, wie wir wissen) vorsichtig zu Buch gesetzt, nicht realisierbar sind. Immer wieder, wenn in den folgenden Deichbaujahren das Geld knapp wird, hört man die Frage: »Wie steht es mit den Berliner Grundstücken?«

Zu allem Überfluß gibt es auch noch Ärger mit dem Kreis Berlin-Teltow wegen Grunderwerbs- und Wertzuwachssteuer. Das Gelände ist nämlich in der Inflation von den Hackbarths mit entwertetem Geld billig gekauft worden. Jetzt will der Kreis Teltow sein Steuersäckel füllen. Aber Söhrnsen-Petersen stellt sich schützend davor: »Es handelt sich um ein Rechtsgeschäft, welches einem Siedlungsverfahren dient, und solches ist, ganz gleich ob direkter oder indirekter Art, steuerfrei.« Es kommt zum Prozeß um 100000,00 RM; die Genossenschaft gewinnt mit Söhrnsen-Petersens Hilfe, aber auch das kostet wieder Nerven.

Christian Paulsen muß in der Folgezeit wegen Deichbau- sprich: Kreditangelegenheiten oft nach Berlin. Jedesmal nimmt er Gelegenheit, in Teltow nach dem Stand der Dinge zu fragen; aber es ist hoffnungslos, keine Bewegung auf dem Grundstücksmarkt. Gemessen an dem finanziell stetig wachsenden Deichbauprojekt stellen die Grundstücke ein immer geringer werdendes Gegengewicht dar. Hätte man sie, mit dem vollstreckbaren Urteil in der Hand, nach Beendigung des Schiedsgerichtsprozesses für »ein Ei und ein Butterbrot« verschleudert, wo stünde man denn jetzt? Es wäre ein Tropfen auf dem heißen Stein gewesen. Ein derartiger Verkauf wäre einer Zwangsversteigerung gleichgekommen. »Behalten wir also die Nerven und vor allem die Grundstücke«, denkt Paulsen, »kommt Zeit, kommt Rat.« –

Wir erlauben uns einen zeitlichen Vorgriff: Christian Paulsen hat *mit* seinen und vor allem auch *für* seine Genossen noch viel Schlimmes durchzustehen hinsichtlich der Bedeichung und Besiedlung des Kooges und der Sicherstellung der Rentabilität der darauf errichteten Siedlungen. Diese wird erst erreicht durch die Festsetzung der sog. tragbaren Rente im Jahre 1936. Von diesem Zeitpunkt an ist Christian Paulsen alle Sorgen los, die ihn zwölf Jahre hindurch bedrückt haben, bis auf eine: Die Berliner Grundstücke, in seiner Familie ein geflügeltes Wort. Erst im Mai 1939 (!) gelingt es ihm, sie als Industriegelände zu verkaufen und den Erlös auf die Anteilsinhaber, die längst nicht mehr personell identisch mit den Landbesitzern im Koog sind, zu verteilen. Den Namen Hackbarth hört er nicht gern, wenn er auch sonst alles Böse und Widerwärtige, was so eine große Sache immer mit sich bringt, hinter sich getan hat: Die Hackbarths waren Mai 1936 der bittere Tropfen im Becher der Freude.

Viele Jahre später, es ist nach dem Zweiten Weltkrieg, macht Christian Paulsen seinen morgendlichen Spaziergang über den Außendeich. Die ersten Lämmer tummeln sich auf dem Vorland. Auf seiner Landgrenze zu Hermann Wulff sieht er einen Mann die steile Innenböschung des Deiches hochkraxeln. Er ist dabei noch etwas ungeschickt, scheint sich damit noch nicht richtig auszukennen. Seiner hageren Gestalt ist anzusehen, daß er von Jugend an hart gearbeitet hat. Es ist der Schäfermeister Herbert Hackbarth, der durch die traurigen Ereignisse von 1945 seine pommersche Heimat, wo er Gutsschäfer war, verlassen mußte. Jetzt steht er im gleichen Beruf in Moritz Sattlers Diensten. Christian Paulsen begrüßt ihn freundlich, stellt sich vor und sagt, daß er hier der Deichvogt sei und immer gern wissen möchte, was fremde Leute hier machen. Der Schäfer erzählt kurz seine Geschichte und nennt dann seinen Namen. Da verfinstert sich das Gesicht des Deichvogten, der drohend seinen Handstock hebt: »Haben Sie vielleicht etwas zu tun...?« Da unterbricht ihn der

Schäfer. Mit verängstigtem Gesicht hebt er beide Arme und ruft: »Nein, nein, ganz bestimmt nicht, das können Sie mir wirklich glauben, ich bin nie in Berlin gewesen, mit dieser Firma habe ich nichts zu tun.« – »Sie wissen ja noch gar nicht, was ich will!« – »Doch, doch, ganz genau, Herr Sattler hat auch schon geschimpft, aber noch viel lauter!« Da muß der Deichvogt lachen: »Moritz poltert manchmal ein bißchen, meint es aber gar nicht so. Er ist ein energischer, tatkräftiger Mann. Deswegen habe ich ihn auch zu meinem Stellvertreter gemacht. Am Gelingen unseres Werkes hat er entscheidenden Anteil.« Erleichtert läßt der Schäfer die Arme sinken, und Christian Paulsen scherzt weiter: »Wären Sie von dieser Firma gewesen, ich hätte Sie mit meinem Handstock über den Deich gejagt, und zwar in diese Richtung«, dabei weist er in's Vorland. Die beiden Männer werden dann gute Freunde, und der Schäfer hat von nun an auch ein wachsames Auge auf die Schafe von Christian Paulsen und Otto Struve. So tief hat der Groll gesessen, daß der Verantwortliche von Genossenschaft und Nachlaß sich noch zwölf Jahre später, wenn auch nur im Scherz, darüber Luft macht. Die Wahl der Betriebsgemeinschaft Hackbarth und Niemax war ein unglücklicher Griff der Genossenschaft. Wunderbar, daß keiner dem anderen einen Vorwurf macht. Söhrnsen-Petersen schildert das treffend in seinem Bericht an das Preußische Landwirtschaftsministerium vom 23. Januar 1930: »Ein Verschulden der Genossenschaft an der Überteuerung ist mit Recht von keiner Seite je geltend gemacht; dem Umstand, daß die Auswahl der Mitglieder der Genossenschaft mit jeder denkbaren Vorsicht getroffen war, ist es neben der Tatkraft der leitenden Männer, die sich in ihrer Genossenschaft wie in einer Bruderschaft eng verbunden fühlten, und der behördlichen Unterstützung zu danken, daß das große Werk trotz aller Ungunst der Zeit durchgeführt werden konnte.« Schöner kann man es wirklich nicht ausdrücken!
Auch über die Betriebsgemeinschaft selbst soll hier nicht der Stab gebrochen werden. Zu leicht sucht man Schuld, wo Unglück oder zum mindesten die Ungunst der Verhältnisse die wahre Ursache sind. Da ist die Lohn- und Preissteigerung, das frühe Einsetzen der hohen Fluten, das Vorkommen von Moorschichten, die Mißstimmung zwischen den Firmenchefs und nicht zuletzt der durch das winterliche Wetter um drei Wochen verzögerte Baubeginn.
Mit dem Wetter aber hat Dr. ing. Rathjens mehr Glück; er riecht das förmlich und nutzt seine Chance. So beginnt er bereits Mitte Januar mit dem Antransport seines Maschinenparks. Auf der fiskalischen Parzelle im Cecilienkoog werden drei Unterkunftsbaracken aufgestellt. Von der Chaus-

see im Cecilienkoog wird im Süden der Baustelle ein Gleis zur Deichlinie gelegt, desgleichen in der Mitte von West-Bordelum ab. Auch im Norden, wo ja bereits gebaut worden ist, wird weiteres Gerät zugeführt. Sogar auf dem Wasserwege, dem Bordelumer Priel, werden Baumaschinen herangeführt, u. a. auch der große Eimerbagger für die Entnahmestelle auf dem Damm nach der Hamburger Hallig, den man Christian Paulsen in Halle schon vorgeführt hat. Entlang der ganzen Deichstrecke wird eine Hochspannungsleitung verlegt. Das Barackenlager im Louisenkoog wird verbessert und vergrößert. Den vorhandenen zwei Baggern fügt Dr. Rathjens sechs (!) weitere hinzu, dementsprechend Lokomotiven, Kippwagen, etliche Kilometer Gleis und die dazugehörigen Schwellen. Winden und Transportbänder für den Querbetrieb fehlen ebenfalls nicht.
Bereits am 25. Februar beginnen 340 Arbeiter beim Südende, also am Cecilienkoogsdeich, im Handschacht mit Lokomotivbetrieb die Schüttung des Deichfußes. Alles wird bis ins kleinste vorbereitet. Auf drei Baustellen soll gearbeitet werden: Nord, Mitte, Süd. Material- und Ersatzteillager sind aufgebaut. Am 15. März 1925 drückt Dr. ing. Joachim Rathjens auf den Knopf, und ein Uhrwerk läuft an mit einer Präzision, wie sie besser gar nicht sein kann.
Erfreulicherweise erleben wir jetzt das Gegenteil von den Ereignissen beim Baubeginn im Vorjahr. Es sind zunächst 700 Arbeiter eingesetzt, nachher in der Hochsaison von Anfang Mai bis Mitte August sind es sogar 1 000 Männer, die im Akkord, also in drei Schichten Tag und Nacht am Deichbau wirken. Dabei ist die Baustelle nachts von neunzehn Scheinwerfern weithin sichtbar erleuchtet. Es ist die vorgeschriebene Zahl Erwerbsloser eingestellt; und Dr. Rathjens weiß, wo er sie am nützlichsten einsetzen kann. Hier steht keiner herum, jeder weiß, was er zu tun hat, und tut es gern. Wenn man erkennt, daß sinnvoll geplant und organisiert wird, dann macht die Arbeit Freude, herrscht ein gutes Betriebsklima. Das ist hier gegeben. Hinter oder auch über der ganzen Sache steht die energiegeladene, dynamische Persönlichkeit von Dr. Rathjens, fachliches Können und Organisationstalent zeichnen ihn aus. Dabei verfällt er nicht in den Fehler, alles selbst machen zu wollen. Dafür hat er seine Leute. Dank seiner Menschenkenntnis hat er sich einen reibungslos funktionierenden Stab von Mitarbeitern herangezogen. Er gibt nur die Impulse, und die Dinge nehmen ihren Lauf. Klappt etwas nicht, oder läuft etwas nicht so, wie er es angeordnet hat, kann er auch grob werden. Im Übereifer soll er bei einer derartigen Gelegenheit sogar einem seiner leitenden Ingenieure Unfähigkeit bescheinigt haben. Aber seine Männer nehmen das nicht so wört-

lich. Sie kennen und achten ihren Chef, der einen solchen Ausrutscher bei der nächsten sich bietenden Gelegenheit in Ordnung bringt.

Dr. Rathjens begnügt sich indessen keineswegs damit, nur die Impulse zu geben; immer wieder prüft er, ob sein gesamter Apparat auch stets funktioniert. So sehen wir ihn auf dem Büro der Bauleitung ebenso oft wie bei den verschiedenen Arbeitsstellen, auf dem Material- und Ersatzteillager wie in den Unterkunftsbaracken, Küche und Kantine entgehen ihm ebenfalls nicht. Überall ist »das Auge des Herrn«. Auf der ganzen Linie klappt es vorzüglich, auch die Zusammenarbeit mit Rentmeister Hinrichs. Dieser meint: »Der Rathjens will uns hier wohl einen Rekordbau vorführen. Den muß man eher bremsen statt treiben.«

Carl Ehlers und Peter Volquardsen, die im Vorjahr so manches Mal in sorgenvoller Stimmung zur Baustelle gepilgert sind, gehen jetzt mit fröhlichen Gesichtern zu ihrem eigenen Vergnügen dorthin und freuen sich an dem Fortgang der Arbeiten. Man sieht den Deich förmlich wachsen. Auch Christian Paulsen betrachtet mit großer Genugtuung die Arbeiten und ihren zügigen Fortgang. »Sehr schön«, denkt er, »aber wenn Rathjens so weitermacht, sehe ich voraus, daß wir im Herbst nicht mehr mit dem Geld hinterherkommen.« In Berlin hat er in der zweiten Märzwoche eine bittere Enttäuschung erlebt. Wir wissen, daß seine Überlegungen ihn dahin geführt haben, sich jetzt schon vorsorglich um weitere Staats- und Reichskredite zu bemühen, zur Schonung des Nachlaßvermögens.

Landrat Dr. Clasen stellt deswegen schon am 7. März 1925 über die Regierung Schleswig beim Preußischen Landwirtschaftsministerium Kreditantrag auf weitere 250 000,00 RM aus dem Meliorationsfond, im Anschluß an die bereits im Vorjahr geflossenen 150 000,00 RM. Währenddessen bemüht sich Christian Paulsen in Berlin um weitere Mittel aus der Erwerbslosenfürsorge. Da platzt die Bombe: Dr. Wilhelmi von der Reichsarbeitsverwaltung hat festgestellt, daß die ersten Unternehmer es bezüglich des Nachweises tatsächlich eingestellter Erwerbsloser an der nötigen Sorgfalt haben fehlen lassen. Von den angegebenen Tagewerken ist bisher nur ein Viertel nachgewiesen. Bei aller Hilfsbereitschaft versteht man da in Berlin keinen Spaß.

»Es wurden zunächst Kredite der öffentlichen Hand im Jahre 1925 nicht bewilligt«, schreibt Söhrnsen-Petersen später. »Ausgerechnet jetzt«, brummt Paulsen in sich hinein und sieht schon seinen Persönlichkeitskredit schwinden, der ihm hier so wichtig ist. Aber Dr. Wilhelmi tröstet ihn: »Wir wissen, daß Sie und Ihre Männer keine Schuld an der Sache haben.« Er zeigt, wie man die Sache in Ordnung bringen kann.

Es würde zu weit führen, den Gegenstand und Verlauf aller Verhandlungen hier wiederzugeben, die Paulsen dann in Berlin führt. Die nachfolgende Aufstellung lediglich der Termine und ihrer gedrängten Reihenfolge mag einen Eindruck davon zu geben, mit welcher Zähigkeit Paulsen bemüht ist, Mittel aus der öffentlichen Hand zu bekommen, um nicht schon wieder das Nachlaßvermögen so hoch engagieren zu müssen. Man bedenke: Es ist das Programm einer einzigen von den unzähligen Reisen nach Berlin!

1) 11. 3. 25, 19.00 Uhr im Hotel Fürstenhof (»Berliner Grundstücke«)
2) 12. 3. 25, 9.30 Uhr, Preußischer Landtag beim Abgeordneten Milberg-Quarnbek (Ostholstein)
3) 12. 3. 25, 10.30 Uhr, Preußisches Landwirtschaftsministerium, Ministerialdirektor Articus
4) 12. 3. 25, 11.30 Uhr, Reichsernährungsministerium, Regierungsrat Müller
5) 12. 3. 25, 12.00 Uhr, Raiffeisen-Verband Oberingenieur Möller-Schmidt
6) 12. 3. 25, 13.30 Uhr, Preußisches Landwirtschaftsministerium, Ministerialdirektor Arnold
7) 12. 3. 25, 14.00 Uhr, Preußisches Landwirtschaftsministerium, Landesschätzungsrat Böckenhoff
8) 12. 3. 25, 15.30 Uhr, Reichsarbeitsverwaltung, Regierungsrat Dr. Wilhelmi
9) 13. 3. 25, 8.00 Uhr, Teltow, Bürovorsteher Koltz (Grundstücke)
10) 13. 3. 25, 15.00 Uhr, Preußisches Ministerium für Volkswohlfahrt, Oberregierungsrat Dr. Bardow
11) 13. 3. 25, 16.00 Uhr, Raiffeisen-Verband, Regierungspräsident v. Braun-Direktor Craff
12) 14. 3. 25, 13.00 Uhr, Reichsernährungsministerium, Ministerialrat Dr. Herr.

All diese Besprechungen sind letzten Endes kein Spaziergang. Die Männer, mit denen Paulsen hier verhandelt, sind hervorragende Fachleute auf ihren Gebieten, man hat sie aus der Kaiserzeit her wohlweislich in ihren Ämtern belassen, sie werden noch gebraucht. Neben ihren Fachkenntnissen verfügen sie über eine ausgezeichnete Allgemeinbildung bei entsprechenden Umgangsformen. An ihnen muß Paulsen sich erproben; und er kann es mit Erfolg. Denn auch er ist »von der alten Schule« und hat darüberhinaus seit seiner Dienstnahme bei Sönke Nissen unerhört an sich gearbeitet, ist an seiner Aufgabe, ähnlich wie Sönke Nissen selbst, gewachsen und hat demzufolge das entsprechende Persönlichkeitsformat. Mit dem Maßstab eines kleinen Schulmeisters ist er nicht mehr zu messen. Diesen Rahmen, der ihm ohnehin zu eng war, hat er längst gesprengt. So kann er diese Verhandlungen, zeitlich eng begrenzt, mit äußerster Konzentration, Umsicht und Klugheit führen. Jedes gesprochene Wort, jeder Satz ist wohl überlegt und durchdacht. Denn er weiß mit Sicherheit: Der Tagesplan dieser Männer ist genau so knapp und straff eingeteilt wie sein eigener.

Durch die Panne wegen der Tagwerke kommt er zwar nicht mit greifbaren Erfolgen nach Hause, ist aber dennoch zufrieden. Sein eigener Persönlichkeitskredit hat nicht gelitten. Der Deichbau, bisher immer noch zur Hauptsache getragen vom Sönke Nissen-Nachlaß, ist in Erinnerung gebracht. Die Zusagen, die er zwar in der Hand, nicht aber in der Tasche hat, genügen ihm, den Deichbaugenossen weiter Mut zu machen. Die Gesamtlage ist wie im Vorjahre. Die Männer von der Regierung sagen: »Wir helfen, im Augenblick ist allerdings kein Geld da; aber Sie können sich auf uns verlassen.«

Gleich nach seiner Rückkehr schickt Paulsen den ersten Vorsitzenden, Marx Wulff, nach Berlin. Wulff hat nämlich im Vorjahre die Angelegenheit mit den Erwerbslosen in der Hand gehabt und dabei offenbar den Unternehmern etwas viel Vertrauen entgegengebracht. »Nun sieh zu, wie du das wieder in Ordnung bringst, sonst dreht man uns in Berlin den Hahn ganz und gar ab«, sagt Christian Paulsen und informiert ihn gleichzeitig über das Gespräch mit Dr. Wilhelmi. Tatsächlich schafft es Marx Wulff, die Sache wieder hinzubiegen, wie, das hat man nie erfahren. »Ihn zeichnete Menschenkenntnis und -behandlung in hohem Maße aus«, berichtet Söhrnsen-Petersen über Marx Wulff, »um einen Ausweg war er kaum je verlegen. Er sah Dinge und Menschen mit praktischem Blick, ohne Illusionen, und überwand mit befreiendem Lachen spielend Schwierigkeiten, die für andere unüberwindlich waren.«

Unter dem Eindruck der enormen Fortschritte beim Deichbau trifft man nun konkrete Maßnahmen zur Erschließung des Kooges. Denn bei dem permanenten Geldmangel muß 1926 die erste Ernte geborgen werden! Zu diesem Zweck betreibt Söhrnsen-Petersen mit äußerster Energie die Vermessung des Kooges. Hierbei kommt es zu Kompetenzstreitigkeiten mit Regierungsrat von Hedemann in Schleswig, der hierfür das Katasteramt einsetzen will.

»Das wird viel zu teuer«, sagt der Kulturamts-Vorsteher, bleibt damit Sieger und spart den Genossen viel Geld.

Landmesser Faust, von Moritz Sattler an Ort und Stelle genau eingewiesen, geht an die Arbeit. Der neue Deich mit 18 Ruten kann allerdings noch nicht vermessen werden; diese Anlage ist ja noch nicht fertig. Aber über das eigentliche Neuland kann dann doch wenigstens für die Genossenschaft ein Grundbuch angelegt werden. Daran ist Christian Paulsen besonders gelegen, damit der immer größer werdende zweite Nachlaßkredit dinglich abgesichert werden kann. Zwar ist im Augenblick noch Platz in den Grundbüchern der Altbesitze, aber nicht mehr viel. Letzten Endes kann Paulsen als Verwalter fremden Eigentums nicht Millionenbeträge in der Luft hängen lassen. Söhrnsen-Petersen weiß das und setzt alles daran, Paulsen, der sich z. Z. nur durch die Zusagen aus Berlin absichern kann, vor dieser unangenehmen Lage zu bewahren.
Es besteht Klarheit darüber, daß der neue Koog ein »Kornkoog« wird, genau wie der Cecilienkoog. Deswegen sind drei Dinge von entscheidender Bedeutung: Wege, Wasserläufe und Drainage. Für den Rohausbau der Wege und Wasserläufe wird eine Kommission gebildet: Rentmeister Hinrichs, Carl Ehlers, Marx Wulff und Moritz Sattler.
Was die Drainage anbelangt, so schlägt Marx Wulff vor, diese im Rahmen der Deichbaugenossenschaft gemeinschaftlich durchzuführen. Hier verliert sich die Spur in den Akten ein wenig. Es läßt sich nicht mehr klar nachweisen, ob Marx Wulff mit seinem Vorschlag zum Zuge gekommen ist. Auf alle Fälle hat es in Sachen Drainage Ärger gegeben.
Die in der Kiesgrube auf Stollberg hergestellten Zementrohre, im Cecilienkoog von 1904/05 bis 1930 voll bewährt, enttäuschen im Sönke Nissen-Koog. Sie werden von Salpeter angefressen und zerfallen. Ein typisches Beispiel für die örtliche Unterschiedlichkeit der chemischen und physikalischen Zusammensetzung unseres Marschbodens an der Westküste, ein Buch mit sieben Siegeln!
Mündlicher Überlieferung entnehmen wir, daß einige Flächen bereits vor der ersten Feldbestellung drainiert werden, und zwar teils mit Ton-, teils mit Zementrohren. Daraus ist zu folgern, daß jeder in eigener Zuständigkeit diese Arbeiten hat ausführen lassen.
Es gilt als sicher, daß das Verlegen der Zementrohre im Akkord vergeben wurde und es bei der Ausführung an der nötigen Sorgfalt und Aufsicht gefehlt hat; ein Verantwortlicher wird nicht genannt. Heute noch lebende Drainagearbeiter, sie sind zum Teil schon an die achtzig Jahre alt, können sich an Einzelheiten nicht mehr erinnern. In den Sitzungsprotokollen finden wir außer Marx Wulffs Vorschlag nichts weiter in dieser Richtung. Bei der ungeheuren Genauigkeit von Paulsens Aktenführung wäre gege-

benenfalls bestimmt etwas über gemeinsames Drainieren zu lesen. Ein Hamburger Rechtsanwalt sagt einmal über Christian Paulsen: »Wer *so* seine Akten führt, gewinnt jeden Prozeß!« In diesem Falle nennt Paulsen nur den Geldbetrag, den Söhrnsen-Petersen später im Nachgang als Siedlungs- und zweckgebundenen Nachweisungskredit für Gebäude und Drainage mit großer Bravour hereinholt. Wir werden es noch lesen.

Bei der Festlegung des Wegenetzes nimmt man in erster Linie Bedacht auf eine möglichst gute Verbindung des neuen Kooges mit den Bahnstationen Bredstedt und Langenhorn, ohne daß hierbei der nicht minder wichtige Gesichtspunkt der guten Erschließung der Ländereien Schaden nimmt. Hierzu dient vornehmlich der der den Koog in seiner ganzen Länge, ungefähr im mittleren Abstand zwischen dem alten und dem neuen Deich durchziehende Hauptweg.

Die Verbindung nach der Bahnstation Bredstedt wird vorbereitet durch die Anlegung dreier Abzweigungen vom erwähnten Längsweg in ostwärtiger Richtung nach den Stellen des alten Deiches, wo jenseits im Louisenkoog ein Weg über Nissenshörn zur Geest nach Sterdebüll, im Reußenkoog ein Weg über Wittbek nach Bordelum und noch im Reußenkoog über den Sophien-Magdalenen-Koog unmittelbar nach Bredstedt führt.

Der Längsweg soll im Süden an den Hauptweg des Cecilienkooges anschließen und im Norden über den Ockholmer Deich hinweg an den Weg von Bongsiel nach Langenhorn anschließen. (s. hierzu Lageplan)

Diese eben beschriebenen Wege werden 1925 im Rohausbau hergestellt, bleiben zunächst reine unbefestigte Kleiwege, und ihre Verbindungen mit den Wegen in den angrenzenden Kögen sind vorläufig behelfsmäßig, weil bis zur landespolizeilichen Abnahme des neuen Außendeiches die alten unter Deichschau bleiben und Durchstiche vorerst nicht gestattet werden.

Von den Abzweigepunkten am Hauptweg werden die ostwärts führenden Wege auch westlich bis an den neuen Deich heran weitergeführt. Die kommenden Deichunterhaltungsarbeiten, insbesondere das Abfahren des Treibsels, das nach jeder höheren Flut zum Schutz der Grasnarbe erfolgen muß, sowie die weiteren Anlandungsarbeiten und die Bewirtschaftung von Deich und Vorland als Weide machen den Anschluß an das Wegenetz erforderlich.

Als öffentliche Entwässerungsgräben werden in erster Linie ausgebaut: der große Innengraben am neuen Deich, der alte 18-Ruten-Graben am alten Deich und der Wegegraben, der den in Längsrichtung durch den Koog führenden Hauptweg an seiner Ostseite begleitet. Diese drei Gräben sind miteinander verbunden durch je einen zum Entwässerungsgraben ausgebauten Vorlandpriel im Südende des Kooges und in seinem nördlichen Teil längsseits des sog. Langenhorner Weges. Den Kern des Entwässerungssystems bildet der den Koog in seinem südlichen Drittel quer in Ostwest-Richtung durchziehende Bordelumer Priel, der ja durch den neuen Deich abgedämmt und im entstehenden Innengraben nach Norden zur Seedeichschleuse weitergeführt wird.

Beim Rohausbau der Wege und Wasserläufe erwirbt Moritz Sattler sich durch seine Aufsichtstätigkeit Verdienste und erhält dafür später Dank und Anerkennung vom geschäftsführenden Vorstand. Auch seine Aktivität im Aufsichtsrat, dessen Vorsitz Ludwig Lorenzen mit großem Geschick führt, verdient Erwähnung.

Es besteht Einigkeit darüber, daß entlang des Hauptweges die Masse der Gebäude stehen soll. Hier muß aber noch die Durchführung der Vermessung, der Bonitierung (Bewertung) und Aufteilung der Ländereien abgewartet werden.

Während der Deichbau zügig vorangeht, hat man schon wieder Geldsorgen: Am 1. April sind die ersten Raten von Vorland-Kaufpreisrente und Erwerbslosenkredit zur Zahlung bzw. Rückzahlung fällig. Unmöglich, diese Beträge, 56 000 und 60 000 RM, jetzt aus der Genossenschaftskasse aufzubringen! Allenfalls der Nachlaß könnte seine anteilige Kaufrenten-Rate bezahlen. Es nützt alles nichts, Paulsen muß verhandeln. In Berlin beim Ministerium ist man einsichtig und hilfsbereit. Die Rückzahlung auf Erwerbslosenkredit wird auf ein Jahr gestundet. Aber auf der Staatsdomänenverwaltung in Schleswig gestalten sich die Verhandlungen äußerst schwierig.

Da muß zunächst die 1923 im Hinblick auf die Inflation als Weizenschuld vereinbarte Kaufpreisforderung der Staatsdomänenverwaltung in eine Geldschuld umgerechnet werden. Dies wiederum erfordert ein Aushandeln des Weizenpreises, wobei man sich schließlich auf zehn RM pro Zentner einigt.

Dann geht es noch an Ort und Stelle um die Feststellung: Was ist »deichreif« und was ist »nicht deichreif«! Letzten Endes muß auch noch die Grundfläche der Wege und Wasserläufe ermittelt werden.

Paulsen bezeichnet die hier in Rede stehenden Verhandlungen als ausgesprochen mühevoll. So gelingt es ihm nicht, diese bis zum 1. April 1925 zum erfolgreichen Abschluß zu bringen, sondern er erreicht zunächst nur eine Stundung der ersten Rate. Später kann er Schritt für Schritt sich vorarbeitend, vier Renten-Freijahre heraushandeln.

Dann geht wieder das Tauziehen um deichreifes und nicht deichreifes Vorland los. Hierbei gibt die Domänenverwaltung erstmals zu erkennen, daß sie den neuen Deich und die vorgelagerten 18 Ruten gegen Preisnachlaß gern zurückhaben möchte. »Hierzu habe ich geschwiegen«, schreibt Paulsen in einer diesbezüglichen Aktennotiz. Er geht dabei von der Überlegung aus, daß man der Genossenschaft seinerzeit in Berlin den zusätzlichen käuflichen Erwerb dieser Ländereien aufgedrängt hat, weil sie die Nutzungen, d. h. die Pachteinnahmen daraus beansprucht. Denn nach Verteilung der Kolonate sollte doch den einzelnen Genossen aus ihrer gewohnheitsrechtlichen Verpflichtung, den Deich zu unterhalten, keine zusätzliche Hektarbelastung entstehen. Das war doch Sönke Nissens Wille, und der ist Christian Paulsen heilig, solches weiß das zuständige Amts- und Vormundschaftsgericht in einem Beschluß unter dem 29. März 1924 zu berichten.

Die Zurückhaltung des geschäftsführenden Vorstandes in dieser Angelegenheit fördert die Verhandlungen nicht sonderlich. Aber das muß in Kauf genommen werden. Deich und 18 Ruten werden nicht wieder aus der Hand gegeben. Was nützt es denn, wenn Schleswig von dem althergebrachten Gewohnheitsrecht weiß, daß Eigentum und Nutzung an dieser öffentlichen Sicherheitsanstalt nicht unbedingt in einer Hand liegen müssen. In Berlin hat man das nicht einsehen wollen. Die Rücküberlassung des Eigentums würde nach Berliner Interpretation gleichzeitig die Preisgabe der Nutzungen bedeuten. Deswegen beauftragt die Generalversammlung den Vorstand, auf diese Anregung vorläufig nicht einzugehen. Die gegebenenfalls zu erwartende Kaufpreisminderung, so sehr sie auch erwünscht sein mag, steht in keinem Verhältnis zu den Kosten der Deichunterhaltung ohne Pachteinnahmen.

So ziehen sich diese Verhandlungen, bei denen es allerdings auch noch um andere Dinge geht, von 1925 bis 1928 hin. Bereits 1926 erreicht Paulsen, die für ihn außerordentlich wichtige Vorrangeinräumung von 2 150 000,00 RM zu Gunsten vor allem von Nachlaß- und anderen Krediten der öffentlichen Hand, die man noch hereinzuholen hofft. Der Kaufpreis wird endgültig auf rd. 1,3 Millionen RM (genau 1 229 325,90 RM) festgesetzt. Die jährliche fünfprozentige Rente ist mit einer Laufzeit von 31 Jahren, zu rechnen vom 1. April 1928 an, erstmalig am 1. April 1929 zu zahlen. Also hat man davor erst einmal Ruhe. Auch die öffentliche Hand gewährt hinsichtlich der Rückzahlungen Stundung gegen Zinsen bis zur Beendigung des Deichbaues.

Dieser schreitet weiter voran, auch mit dem Innenausbau geht es vorwärts. Hierbei werden u. a. 70 000 cbm Erde bewegt. Erwähnenswert ist auch der Bau einer auf Pfahlrost ruhenden Straßenbrücke aus Eisenbeton über den Bordelumer Priel.

Nachdem die Vermessung im Spätsommer 1925 für die Gesamtfläche des neuen Kooges ohne Innengraben, Außendeich und 18 Ruten abgeschlossen ist, wird auch die Bonitierung des Neulandes vorgenommen. Die deichreifen Nutzflächen erhalten dabei Bodenwertzahlen von 88 bis 96 bei hundert erreichbaren Punkten, ein beredtes Zeugnis für die hervorragende Qualität dieses Bodens!

Jetzt kann man an die Aufteilung des Landes gehen. Die Genossen haben unterschiedlich einen, zwei, drei oder auch vier Anteile gezeichnet; so läßt es die Satzung zu. Für den Sönke Nissen-Nachlaß ist eine Sonderregelung staatlicherseits zugestanden, auf die wir später noch zu sprechen kommen und die vorläufig durch Satzungsänderungen festgehalten wird. Jeder gezeichnete Anteil sichert einen Anspruch auf Zuweisung von 12,5 bis 14 ha Land, je nach Bodenwertzahl.

Ursprünglich ist vorgesehen, die Verteilung durch das Los vorzunehmen. Hiervon rät jedoch der Kulturamtsvorsteher mit dem Bemerken ab, daß dann möglicherweise ein Genosse aus dem Südende des Cecilienkooges im Norden des neuen Kooges und umgekehrt einer der sog. Langenhorner Gruppe im Süden seine Landzuweisung bekommen würde. In den ersten Jahren, vor allem bis zur Fertigstellung von Wohn- und Wirtschaftsgebäuden wird man doch von den Altbesitzen aus wirtschaften müssen, besonders unter Hinzuziehung des dortigen Betriebsbesatzes.

Söhrnsen-Petersen empfiehlt deswegen, daß die Genossen untereinander ihre Landabfindungswünsche aushandeln und lädt ein zur Vorbesprechung, zu einem sog. Planwunschtermin. Er könnte die Landzuweisung auch diktieren. Die gesetzlichen Bestimmungen geben ihm als Siedlungsbehörde die Macht dazu. Ihm ist aber daran gelegen, im freien Entschluß die Zustimmung der Beteiligten zu erringen. Diese halten es zunächst für äußerst unwahrscheinlich, daß es gelingt, alle unter einen Hut zu bringen. Jeder Friese ist eine »Insel«, und jeder Dithmarscher hat seinen eigenen Kopf.

Aber es gelingt. Anfang September wird in vierstündiger Besprechung Einigung erzielt. Die gefundene Lösung bietet sich förmlich an: Der Nachlaß bekommt den Mittelblock des neuen Kooges vom Bordelumer Priel bis zum Langenhorner Weg. Hier sollen sechs Höfe mit je einer Größe von 50 bis 60 ha errichtet werden.

Die Langenhorner Gruppe geht in das nördliche, die Reußenköger in das südliche Drittel. Allerdings gibt es hier eine Schwierigkeit: Die äußerste Südecke ist nicht an den Mann zu bringen. Es ist das sog. Baggerloch, aus dem zwanzig Jahre zuvor ein großer Teil der Erde für den Cecilienkoog-Deichbau und später immer wieder für Reparaturen entnommen worden ist. Außerdem zieht sich ein Vorland-Priel in vielen Windungen ostwestlich durch das ganze Land und macht eine rechtwinklige Schlageinteilung zum Pflügen schwierig und kostspielig. Darüberhinaus liegt es natürlich tief und verspricht, am weitesten von der Schleuse entfernt, keine gute Entwässerung.

Um nun das wider Erwarten fast schon Gelungene nicht scheitern zu lassen, übernimmt Paulsen es für den Nachlaß. Er denkt dabei zunächst an die Errichtung eines reinen Weidehofes für die Glinder Milchviehnachzucht. Söhrnsen-Petersen ist mit der gefundenen Lösung sehr zufrieden und lobt Einsicht und Vernunft der Genossen sowohl untereinander als auch dem Kulturamt gegenüber. Er kann jetzt die Ausarbeitung der Einzelpläne in Auftrag geben.

Beim Deichbau steigen die Löhne weiter. Im August stehen sie bereits auf 0,81 RM je Stunde gegenüber 0,50 RM im Mai. Die Genossenschaft muß bekanntlich daran mittragen.

Das bedeutet einen Mehraufwand von 430 000,00 RM. Damit ist die Zwei-Millionen-Grenze in Gefahr. Am 1. Juli ist die erste Hälfte der 3 500,00 RM Eigenleistung der Genossen abgerufen worden. Die zweiten 1 750,00 RM je Anteil müssen zum 1. Oktober, noch besser früher unbedingt herangeschafft werden. Kaum einer der Genossen ist dazu in der Lage. Wer noch Platz im Grundbuch hat, leiht sich das Geld beim Sönke Nissen-Nachlaß. Die anderen machen es mit Wechseln im Getreidehandel oder Gräserwechseln, wobei einer für den anderen bürgt. Die finanzielle Lage der Genossen ist jetzt bis auf das äußerste angespannt.

Da kommt Ende August zu allem Überfluß die böse Nachricht, daß am Südende des Deiches erneut Sackungen und Rutschungen eingetreten sind. Moorschichten dringen unter der Last des Deichkörpers in den Innengraben, ohne angeschnitten zu sein. Dr. Rathjens führt das auf die vorgeschriebene Bauweise zurück. Er erklärt, der Innengraben müsse mit Kies zugeschüttet und die weitere Deicherde vor der Außenböschung entnommen werden.

Der dabei entstehende Graben würde schnell zuschlicken.

Rentmeister Hinrichs weist das zurück. Die beiden Männer geraten hart aneinander. Auch das bisher so gute Verhältnis zwischen Dr. Rathjens und Paulsen wird getrübt. Dr. Rathjens erklärt nämlich, die Arbeiten ohnehin in absehbarer Zeit einstellen zu müssen; und zwar nicht nur wegen der Undurchführbarkeit des Projektes, sondern auch wegen Geldmangel. Er verlangt Vorschuß wenigstens für Löhne. »Wir sitzen noch tiefer drin als voriges Jahr«, denkt Paulsen, »wenn jetzt die Arbeiten liegenbleiben, wird sich kaum noch einer retten können; auch beim Nachlaß würde es diesmal ungemütlich werden, vor allem für mich selbst!«

Und er zahlt. Als aber die berühmte Dreifünftelgrenze wieder erreicht, ja überschritten ist, ruft Christian Paulsen: »Bis hierher und nicht weiter!« Großalarm für Marx Wulff und den übrigen Vorstand! Sofort Sitzung, Söhrnsen-Petersen muß her! Aber der ist auf Dienstreise. Wulff telefoniert hinter ihm her, bis er ihn am Apparat hat und informiert ihn kurz. Daraufhin unterbricht der Kulturamtsvorsteher sofort seine Dienstreise und kommt direkt nach Bredstedt. Es wiederholt sich fast das gleiche Spiel wie im ersten Bausommer: Telegrafische Einholung der Genehmigung vom Landeskulturamtspräsidenten und ab nach Berlin! Wieder geht es durch die verschiedenen Ministerien. Diesmal gibt es sogar eine Audienz beim Landwirtschaftsminister Dr. Heinrich Steiger.

Knisternde Spannung herrscht im Arbeitszimmer des Ministers, als der Kulturamtsvorsteher, der erste Vorsitzende der Genossenschaft sowie deren geschäftsführender Vorstand, zugleich Testamentsvollstrecker vom Sönke Nissen-Nachlaß, eintreten. Söhrnsen-Petersen trägt vor, dann folgt Paulsen, der nicht versäumt, hierbei seine persönliche prekäre Lage mit einem Hinweis auf die Folgen bei einem möglichen Eingreifen des Vormundschaftsgerichtes darzustellen. Wulff bestätigt, vor allem im Hinblick auf das dann zu erwartende Schicksal der Bauernsiedler. Der Minister überlegt einen Augenblick. Dann steht er auf und wendet sich an Paulsen, der sich seinerseits erhebt. Die Männer, die sich vor ein paar Minuten kennengelernt haben, stehen einander Auge in Auge gegenüber. Der Minister: »Ein so großes Kulturwerk darf einfach nicht untergehen.« Er gibt seinem Gegenüber die Hand: »Hier haben Sie mein Wort. Es wird in einem, dem Umfang des Werkes angemessenen Stil geholfen werden, wenn der Sönke Nissen-Nachlaß durchhält und erstmal den Deichbau zu Ende finanziert. Wenn Sie Schwierigkeiten mit dem Vormundschaftsgericht haben, verweisen Sie dieses an mich!« Allerdings, das ist ein Wort! Der Minister fügt seine Auffassung hinzu, daß hier große langfristige und niedrig verzinsliche Siedlungskredite hergehören. Die bisher zusammengeholten Gelder können, allein schon wegen ihrer Kurzfristigkeit, nicht viel nützen. Aber die für dieses Jahr bewilligten Mittel sind erschöpft. Der Bedarf im ganzen Reichsgebiet ist einfach zu groß.

Deswegen nehmen die drei Männer aus dem nördlichen Grenzgebiet des Reiches dankend einen angebotenen DeBoKul-AG-Kredit von 240 000,00 RM an, der sofort mit 200 000,00 RM zur Auszahlung an den Kreis Husum angewiesen wird. Es wird als sicher unterstellt, daß Landrat Dr. Clasen wegen des öffentlich-rechtlichen Charakters dieses Geldes wieder einspringen wird, und er tut es!

Etwas Luft in der Geldnot und eine große Hoffnung auf die Zukunft sind das Ergebnis dieses Blitzbesuches. Auf der Rückfahrt spricht Paulsen nicht viel. Nachdem er seine obligaten Aufzeichnungen gemacht hat, kreisen seine Gedanken fast ausschließlich um die große Entscheidung, die für die beiden Testamentsvollstrecker eine noch größere Verantwortung mit sich bringt, als sie ohnehin schon tragen. Wenn es ein anderes Projekt wäre, ein Straßenbau, die Anlage eines Industriewerkes oder der Bau einer Wohnsiedlung, wäre alles halb so schlimm. Aber dieses verflixte Risiko mit dem unberechenbaren blanken Hans, das ist es eben; und der Herbst steht vor der Tür!

Auf der anderen Seite darf man damit rechnen, daß der Deich Ende Oktober/Anfang November eine durchgehende Linie bildet, wenn er auch noch nicht die vertraglich vorgeschriebene Höhe von +5,70 m N.N. infolge des Zeitverlustes durch Pannen und Meinungsverschiedenheiten bekommt. Die vorgeschriebene Höhe bedeutet +4,50 m Gewöhnlich Hochwasser. Seit 1900 hat es keine Sturmflut mit mehr als +3,00 m Gewöhnlich Hochwasser gegeben. Also wird sogar eine geringere Höhe des Deiches, etwa +3,50 m bis +3,80 m, für eine Überlebens-Chance genügen.

Abbruch des Unternehmens bedeutet einen schweren Schlag für die Bauernsiedler, ein Teil von ihnen wird ihn nicht verkraften können. Die Testamentsvollstrecker müssen nämlich dann tun, was Sönke Nissen so gern vermieden wissen wollte: von den Sicherheiten Gebrauch machen. Oder sie müssen die ersten Darlehen langfristig und niedrig verzinslich stellen. Dann sagt das Vormundschaftsgericht: »Der Nachlaß ist keine Siedlungsbank!« Die Stillegung kostet außerdem das bereits erworbene Vertrauen und das soeben noch einmal klar bewiesene Wohlwollen der staatlichen Stellen. Auch diese werden ihre Kredite zurückverlangen; und wie steht dann Landrat Dr. Clasen da, der mit seinem Kreis Husum so tapfer für die Hunderttausende haftet? Was aber wird aus den 0,9 Millionen, die der Nachlaß in diesem Jahr bis dahin schon wieder vorgeschossen und noch keine Sicherheiten dafür hat? Lediglich die Zusage zur Vorrangeinräumung im Grundbuch liegt vor. Wird das Siedlungs-Verfahren eingestellt, gibt es auch kein Grundbuch mehr. Die staatlichen Stellen werden

sich bei solchem Verhalten herzlichst bedanken für eine weitere Zusammenarbeit mit dem Nachlaß. »Wenn Ihr die Sache hinschmeißt und uns vor dem Rest sitzen laßt«, werden sie sagen, »dann lassen wir Euch allein!« Laut Vertrag von 1923 leistet der Staat bekanntlich keinen Schadenersatz bei Scheitern des Unternehmens. Oh, Ihr armen Testamentsvollstrecker!
Letzte Möglichkeit: Der Nachlaß führt für eigene Rechnung und Risiko das ganze Werk zu Ende und spielt dann selbst Kulturamt. So wollte es ja der Anführer unserer »Mißvergnügten«, die schon wieder auf der Lauer liegen. Sönke Nissen hat diese Lösung noch selbst klar abgelehnt. Außerdem sagt in diesem Falle das Vormundschaftsgericht: »Der Nachlaß ist weder ein Kulturamt noch ein Wohlfahrtsinstitut.«
Diese Überlegungen führen Paulsen zu dem Schluß, daß wieder einmal »die Flucht nach vorn« der einzige Ausweg ist, auch wenn das Risiko sich vergrößert hat. Geht das Siedlungsverfahren weiter, wird die Grundbuchangelegenheit, im Augenblick das heißeste Eisen, zur reinen Formsache und in Kürze erledigt. Als Risikofaktor bleibt nur noch der blanke Hans. Um den neuerlich sich überhöhenden Geldeinsatz ist Paulsen nach dem Wort des Ministers nicht mehr bange. Jetzt kommt es auf Gonsers Einstellung an. Deswegen bleibt Paulsen gleich in Hamburg. Bei der Verabschiedung sagt Söhrnsen-Petersen: »Nun haben Sie allein es in der Hand!«
Marx Wulff: »Christian, laß uns nicht im Stich!«
Gonser bewertet die Zusage des Landwirtschaftsministers außerordentlich hoch. Als Bankfachmann ist er natürlich stets auf dem laufenden und über die Lage auf den Kreditmärkten aller Sparten gut informiert. Er zweifelt nicht, daß der Minister sein Wort einlösen wird, weiß aber, daß die hier in Rede stehenden Siedlungskredite großen Stils immer schnell verplant und vergriffen sind. Nicht umsonst wird der Minister gesagt haben: »Macht erstmal Euren Deich fertig, dann können wir weiter sehen.« Damit ist Zeit gewonnen und Risiko vermieden. Aber er will die Sache machen, denn jeder Minister plädiert für sein Ressort. Jeder möchte gern zeigen, was er auf die Beine gestellt hat. Damit soll die Untadeligkeit dieser Männer auf keinen Fall in Zweifel gezogen werden. Es zeichnet sie vielmehr aus, daß sie ihren Beruf zu ihrer Passion machen.
Der Bankier ist nicht überzeugt, daß ein großer Siedlungskredit 1926 schon greifbar wird. Er tritt aber auf Grund der augenblicklichen Konstellation der Auffassung Paulsens bei. Hier muß eine Hand die andere waschen. Die beiden Männer lassen sich bei ihrer Entscheidung darüberhinaus von dem Gedanken leiten, daß es Sönke Nissens fester Wille war, sich

in seiner Heimat ein Denkmal zu setzen. Das reale Interesse, welches er damit verband, muß vorübergehend etwas zurücktreten. Nach Zusage des Ministers droht dem Vermögen Gefahr nur noch von der See her; und das hat Sönke Nissen gewußt.
Vorläufig ist der DeBoKul-AG-Kredit da. Das hilft doch über ein paar Wochen; und dann könnte man Marx Wulff noch einmal nach Berlin zu Dr. Wilhelmi schicken; der tut doch, was er kann, allein schon für seinen Freund Söhrnsen-Petersen.
So verabschieden sich die beiden Männer voneinander, einig in ihrer Auffassung und in der Hoffnung, daß dieses Jahr noch nicht gleich die Notbremse gezogen werden muß.
Heinrich Wulff empfängt Paulsen mit düsterer Miene. »Was ist los?« fragt dieser, nichts Gutes ahnend. »Herr Dr. Hennings hat angerufen. Rathjens will die Arbeit einstellen. Sie möchten sofort zurückrufen.« Am Telefon ist folgendes zu erfahren:
Hinrichs hat Rathjens gedrängt, die Arbeiten energischer voranzutreiben. Dieser läßt nämlich seit dem Auftreten von Moor und der Auseinandersetzung mit Hinrichs die ganze Sache bewußt schleppen. Es besteht die Gefahr, daß der Deich nicht winterfest wird. Außerdem hat Rathjens sich wegen der aufgezwungenen Einstellung von Notstandarbeitern geärgert. Er hat deswegen 80 seiner besten Leute entlassen müssen. Rathjens behauptet, daß es nur auf folgende Weise möglich ist, den Deich auf die richtige Höhe zu bringen:
Der Innengraben muß mit Kies zugeschüttet werden. Wenn Erdentnahme aus dem Vorland nicht erlaubt wird, dann muß auch der Deich mit Kies weitergebaut und mit einem Kleimantel abgedeckt werden. Kostenpunkt: 800 000,00 RM zusätzlich, die er sofort braucht, um in drei Wochen damit anfangen zu können. Hinrichs, den er als rechthaberisch und halsstarrig bezeichnet, weicht keinen Zoll. Rathjens droht, die Arbeit liegen zu lassen. Er will das Schiedsgericht anrufen, verlangt Entlassung aus dem Bauvertrag und zwei Millionen Schadenersatz! –
»Wir stolpern doch so richtig von einer Aufregung in die andere!« sagt Paulsen am Telefon, »jetzt müssen wir uns etwas einfallen lassen!« Sein Plan geht dahin, daß Dr. Carl Hennings unter allen Umständen versuchen muß, Rathjens von seinen Schiedsgerichtsplänen abzubringen. Er soll ihn mit dem alten Urteil bange machen und darauf hinweisen, daß auch ihm Vertragsverletzungen nachzuweisen sind. Hinrichs soll etwas einlenken und ihm sagen, daß Rathjens Vorschlag ganz bestimmt am sichersten und schnellsten zum Ziele führen würde; es sei aber völlig aussichtslos, die er-

forderlichen Mittel auch nur annähernd aufzubringen. Paulsen selbst sagt zu Rathjens, daß die Löhne weitergezahlt werden; wenn noch mehr Geld gebraucht wird, kann man ja darüber reden.

»Das wird nicht leicht werden«, sagt der geschäftsführende Vorstand am Ende des Gespräches zum Syndikus der Genossenschaft, »aber es ist die einzige Möglichkeit, auf diesem Wege weiterzukommen. Bring' mir vor allem den Hinrichs zu Vernunft!«

Zunächst scheint es, als würde diese Rechnung aufgehen: Hinrichs tut, wie ihm geraten, und die beiden streitbaren Männer vertragen sich leidlich. Die angebotenen Lohnzahlungen sowie die in Aussicht gestellten Vorschüsse entheben Dr. Rathjens eines weiteren finanziellen Risikos und besonders der Sorge um eigene Liquidität, welche die Rutschungen und Sackungen ihm bereitet haben. »Wenn Ihr unbedingt wollt«, so denkt Dr. Rathjens bei sich, »dann meinetwegen; es kostet ja nicht mein Geld.« Damit läßt er sich, wenn auch mit Widerwillen, mühsam voranschieben. Die Geldeinbuße, die er zweifellos erlitten hat, ärgert ihn nicht nur, sie bringt ihn tatsächlich in Verlegenheit. So etwas hat es bei dieser in ganz Europa bekannten Firma noch nicht gegeben. Der Schaden muß ersetzt werden; allein schon aus Prestigegründen: Deswegen liebäugelt er, auch bei Fortsetzung der Arbeit, immer noch mit dem Schiedsgericht.

Hier hakt Dr. Hennings ein und meistert die ihm zugewiesene Aufgabe geradezu mit Bravour. Es gelingt ihm, Dr. Rathjens in Anspielung auf die z. Z. angespannte Lage der Firma darüber in Zweifel zu bringen, ob es zweckmäßig und vertretbar ist, das Risiko eines Prozesses einzugehen, von dem beide Gesprächspartner wissen, daß die Chancen gerade fifty/fifty stehen und der Streitwert auf mindestens drei Millionen gesetzt werden wird.

Dr. Rathjens ist einsichtig genug, um zu erkennen, daß diese Argumente des Syndikus nicht von der Hand zu weisen sind. Aber er will seine eingebüßten flüssigen Mittel ersetzt haben, ganz gleich von wem.

Da kommt dieser gewiegte Taktiker auf eine andere Idee. Er wendet sich an Paulsen: »Die Staatsdomänenverwaltung hat Ihnen doch diese völlig undurchführbare Bauweise förmlich aufgezwungen und meine sachlichen Gegenargumente und -vorschläge kategorisch abgelehnt.« Er fügt hinzu, es liege doch auf der Hand, daß die Genossenschaft mit seiner Firma zusammen gegen die Staatsdomänenverwaltung marschieren müsse. Diese habe es zu vertreten, daß sowohl die Unternehmer als auch die Auftraggeber die nun schon in die Millionen gehenden Einbußen erleiden, allein durch den Zeitverlust, der die Beteiligten immer weiter in die Teuerung drängt. Rathjens will, gestützt auf Gutachten von Sachverständigen, den schlüssigen Beweis bringen, daß die ganze Misere einzig und allein auf die staatlicherseits zwingend vorgeschriebene Bauweise zurückzuführen ist. Er sagt, dieser gemeinsame Weg sei für beide Teile die einzige Möglichkeit, aus dem Dilemma herauszukommen; auch für den Nachlaßverwalter Paulsen gäbe es keine andere Wahl, sich aus seiner geradezu gefährlichen Lage zu befreien.

»Völlig unmöglich«, denkt Paulsen bei sich, spricht es aber nicht aus, sondern sagt lediglich, daß dieser Vorschlag eine Überlegung wert sei. Er könne aber eine so schwerwiegende Entscheidung nicht in eigener Machtvollkommenheit treffen, sondern müsse hierzu mindestens Vorstand und Aufsichtsrat anhören. Rathjens soll nicht vor den Kopf gestoßen werden; es könnte sein, daß er doch noch die Arbeit liegen läßt und das Schiedsgericht anruft. Dann wäre es schade um die wertvolle Vorarbeit von Dr. Carl Hennings.

Söhrnsen-Petersen bemerkt hierzu in einem Reisebericht, er habe den Eindruck, daß Dr. Rathjens das Prozeßrisiko scheue und nunmehr versuche, die Genossenschaft auf seine Seite zu ziehen, um so sein Ziel zu erreichen.

Natürlich kann man die Firma nicht beliebig lange mit der Hinhaltetaktik abspeisen. Es ist Mitte September, und wenn der Deich auf den weiter oben besprochenen Stand gebracht werden soll, muß mindestens noch zwei Monate gearbeitet werden. So lange läßt sich Rathjens nicht an der Nase herumführen. Eine Klärung muß also herbeigeführt werden.

Dies geschieht am 26. September im Büro von Dr. Carl Hennings, wo Vorstand und Aufsichtsrat sich zu einer Sitzung zusammenfinden, um die schwere Entscheidung zu treffen. Dr. Hennings trägt über die Rechtslage vor und Marx Wulff erläutert noch einmal die Vorgeschichte und das Zustandekommen des Vertrages von 1923. Christian Paulsen betont mit Nachdruck, daß man sich auf keinen Fall das Wohlwollen der staatlichen Stellen verscherzen dürfe. Für ihn steht jetzt schon fest, welcher Weg zu beschreiten ist: Durchhalten mit dem Nachlaßvermögen, bis der Deich steht. Dann aber spornstreichs nach Berlin zum Minister und ihn beim Wort nehmen! Das geht aber nur, wenn man sich jetzt zurückhält und nicht kurzsichtig in ein Abenteuer hineinrennt, von dem nicht einmal der rechtskundige Dr. Hennings sagen kann, wie es vermutlich ausgeht.

Damit entscheidet sich die Versammlung dafür, ein Zusammengehen mit der Firma abzulehnen. Deren Reaktion ist dementsprechend. Dr. Hennings muß seine ganze Beredsamkeit aufbieten, um zu erreichen, daß

Rathjens sich den erneut angedrohten Weg zum Schiedsgericht noch einmal gründlich überlegt. Es kommt darauf an, Zeit zu gewinnen und auf diese Weise den Deich wenigstens winterfest zu bekommen. So schürt Hennings noch einmal die Glut; immer wieder malt er das Gespenst vom großen Prozeßrisiko an die Wand.

Gerade als Rathjens es endgültig leid ist und zur Tat schreiten will, kommt den Genossen ein glücklicher Umstand zugute.

Landrat Dr. Clasen hat in letzter Zeit mit zunehmender Besorgnis die Entwicklung beim Deichbau beobachtet, und zwar in technischer, finanzieller und vor allem neuerdings auch in persönlicher Hinsicht. Die Spannungen zwischen Genossenschaft und Firmenleitung sind ihm nicht verborgen geblieben. Auch Paulsens schwierige Lage bereitet ihm Kummer. Deswegen berichtet er an den Regierungspräsidenten in Schleswig, Dr. Adolf Johannsen, und dieser sofort weiter an den preußischen Landwirtschaftsminister in Berlin. Der Minister fühlt sich offenbar jetzt schon bei seinem Wort genommen und entsendet postwendend seinen persönlichen Referenten, Oberregierungs- und -baurat Stadermann direkt nach Bredstedt. Er muß spontan gehandelt haben; denn er hat noch nicht erfahren, daß Paulsen und Wulff mit Söhrnsen-Petersen auf dem Wege nach Berlin zu Dr. Wilhelmi in der Reicharbeitsverwaltung sind. Der Schleswiger Regierungspräsident selbst kommt auf Weisung des Ministers mit einer vierköpfigen Kommission, darunter zwei Regierungs- und Bauräte, ebenfalls nach Bredstedt.

Zusammen mit den nicht in Berlin weilenden Vorstandsmitgliedern und Rentmeister Hinrichs versucht nun der Regierungspräsident am 16. November 1925 eine Einigung über die Weiterführung der Arbeiten herbeizuführen. Dr. Rathjens aber beharrt auf seiner Forderung: Innengraben mit Kies zuschütten. Rentmeister Hinrichs widerspricht; und schon wieder entflammt der alte Gegensatz zwischen diesen beiden Männern. Als dann noch die Moorschichten zur Sprache kommen, erklärt Hinrichs der Kommission, daß es sich hier lediglich um einzelne kleine Moor*nester* handelt, die zwischen den in 50 m Abstand gemachten Bohrproben gesessen haben. In dem einen einzigen Fall, wo die Probe tatsächlich Moor zutage gefördert hat, findet man es 50 m rechts und links nicht. Das ist für Hinrichs Beweis genug, daß hier von durchgehenden Moorschichten nicht die Rede sein kann. Im übrigen vertritt der Rentmeister den Standpunkt, es seien jetzt nur noch kleine Verbesserungen notwendig, um den Deich winterfest zu machen. Die hierbei entstehenden Kosten schätzt er auf rd. 100 000,00 RM.

Dieser Auffassung treten die Genossen sofort bei, während die Kommission sich die Sache an Ort und Stelle ansehen will. Also: Lokaltermin am folgenden 17. November 1925. Nach gründlicher Begehung der Baustelle, besonders der Punkte mit den Moornestern, kommt die Kommission zum gleichen Ergebnis wie Hinrichs und die Genossen. Dr. ing. Joachim Rathjens steht allein.

Als er daraufhin erneut zu erkennen gibt, die Arbeit liegenlassen zu wollen, und damit das ganze bisher Geschaffene der Gefahr der Vernichtung aussetzt, wird der Regierungspräsident ungemütlich und sagt, zu Rathjens gewandt: »Bei der Lage des Unternehmens dicht an der dänischen Grenze liegt es auf der Hand, daß die Gefährdung oder sogar Vernichtung dieser Landgewinnung auch in politischer Hinsicht sehr unerwünscht ist und bedenkliche Folgen haben muß.« Er fügt hinzu, nach Paulsens Angaben seien bisher rd. 2,7 Millionen verbaut: 100 000,00 RM würden genügen, das Werk zu sichern. »Die bekommen wir, wenn alle Stränge reißen, noch einmal bei Paulsen aus dem Nachlaß-Vermögen. Er hat doch das Wort des Ministers in Berlin!«

Zum Schluß packt der Regierungspräsident den Chefingenieur bei der Ehre: »Wollen Sie vielleicht, daß Ihr Unternehmen von europäischem Ruf in das Odium gerät, diese große Sache, nahezu eine nationale Angelegenheit, kurz vor dem Ziel zum Scheitern, zwanzig Bauernfamilien von Haus und Hof gebracht und ein großes Privatvermögen ruiniert zu haben?«

Er fährt fort: »Was Ihre Firma bisher an effektiver finanzieller Einbuße erlitten hat, ist Ihnen doch ohnehin von der Genossenschaft über deren vertragliche Verpflichtungen hinaus vorgeschossen worden.« Das kann Dr. Rathjens nicht bestreiten. Da exerziert ihm der Regierungspräsident folgende Überlegung vor: Christian Paulsen, von dessen Doppelrolle Dr. ing. Joachim Rathjens weiß, kann in der augenblicklichen Situation, und zwar in beiderlei Hinsicht, nur *ein* Ziel verfolgen: Der Deich *muß* fertiggestellt werden, und zwar in zwei Etappen. 1. Jetzt, im Spätherbst 1925 bis zur durchgehenden Zwischenhöhe von +3,50, möglichst +3,80 GHW und 2. so bald wie möglich im Frühjahr oder Frühsommer 1926 bis auf die vertraglich vorgeschriebene Höhe von +6,80 NN, d. h. +5,60 GHW. Erst dann kann Paulsen ruhig schlafen. Er wird sicher nicht zögern, aus dem Nachlaßvermögen weiter vorzufinanzieren; und wegen der Regelung der Überzahlung läßt sich bei gutem Willen hinterher eine für beide Teile erträgliche Lösung finden. »Wenn der Deich fertig ist, müssen wir uns sowieso alle zusammen an den berühmten runden Tisch setzen«, schließt der Regierungspräsident.

Diese Ausführungen veranlassen den Chefingenieur, einzulenken und die Arbeit, welche er in letzter Zeit bewußt hat schleppen lassen, wieder mit altgewohnter Energie voranzutreiben.

Der Regierungspräsident faßt die Ereignisse dieser beiden Tage in einem Bericht an den preußischen Landwirtschaftsminister zusammen. Sicherheitshalber weist er darauf hin, daß die sofortige Bereitstellung von 100 000,00 RM durch die Domänenverwaltung dringend erforderlich ist, da die fortgeschrittene Jahreszeit sehr bald ein Arbeiten am Deich unmöglich macht. Am Schluß dieses Berichtes heißt es wörtlich: »Ich bitte daher dringend um möglichst baldige Entscheidung und Erteilung von Weisungen.« – Ein großartiges Beispiel für den persönlichen Einsatz auch des Regierungspräsidenten! –

Zur gleichen Zeit macht sich der Kulturamtsvorsteher ebenfalls ernste Gedanken um den weiteren Ablauf der Dinge. Die Zusage des Ministers ist sicher außerordentlich wertvoll, auch der jetzige Vorstoß des Regierungspräsidenten. Das genügt aber noch nicht. Er will weite Kreise, maßgebliche und einflußreiche Persönlichkeiten für die Sache gewinnen, um dem Minister den Rücken zu stärken und vor allem Paulsen aus seiner mißlichen Lage zu befreien. Söhrnsen-Petersen denkt dabei in erster Linie an diejenigen Männer, welche bereits hilfreich für die Sache tätig gewesen sind. Demnach kommen in Frage: Graf zu Rantzau-Rastorff, Mitglied des preußischen Staatsrates, Geheimrat Thomsen-Struckum in seiner Eigenschaft als Vortragender Rat im preußischen Landwirtschaftsministerium; hinzu kommt der deutschnationale Landtagsabgeordnete Milberg-Quarnbek. Diese Namen kennen wir bereits. Aber der Kulturamts-Vorsteher geht noch weiter: Der Spitzenkandidat der Sozialdemokraten, Peters-Hochdonn, muß unbedingt einbezogen werden. Wichtig ist auch die Beteiligung des Flensburger Oberbürgermeisters Dr. Todsen; die Handelsstadt hat bestimmt ein Interesse an der Eindeichung. Außerdem ist der Oberbürgermeister Vorsitzender des Provinzialausschusses und ebenfalls Staatsratsmitglied. Landesökonomierat Jensen-Ausacker, der von sich aus schon lebhaftes Interesse bekundet hat, wäre bestimmt nicht fehl am Platze. Auf keinen Fall aber sollte man auf die Mitwirkung von Dr. Schifferer, aus Dr. Stresemanns Deutscher Volkspartei, verzichten, der sogar im deutschen Reichsrat sitzt und zu dem Paulsen guten Kontakt hat.

Mit dieser Mannschaft will Söhrnsen-Petersen in Berlin nach Möglichkeit eine geschlossene Aktion starten. Er unterbreitet daher seinen Mitstreitern Christian Paulsen und Landrat Dr. Clasen dahingehende Vorschläge, welche von den beiden Männern gern aufgegriffen werden. Man

In den Luftaufnahmen können Sie die verschiedenen Anbauflächen der Getreide- und Hackfruchtarten erkennen.

gelbe Flächen	Winterraps
hellgrüne Flächen	Wintergerste
dunkelgrüne Flächen	Winterweizen
erdfarbene Flächen	Zuckerrüben

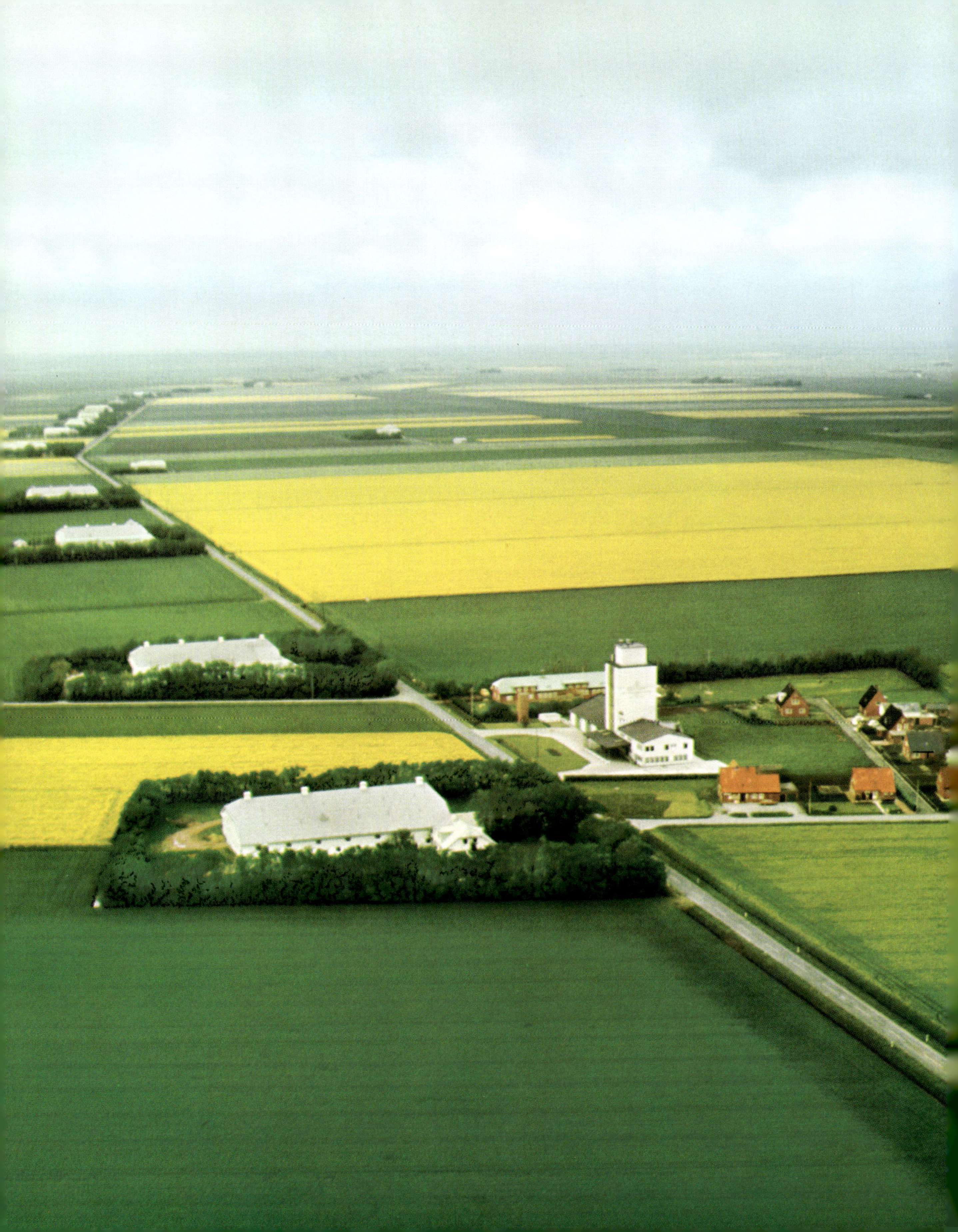

entwickelt den Plan sogar noch weiter: Nicht nur die genannten einflußreichen Männer, sondern auch möglichst weite Kreise der Bevölkerung sollen auf die Sache aufmerksam gemacht und vorbereitet werden. Darüberhinaus will man Landräte benachbarter Kreisverwaltungen, die Vorsteher anderer Kulturämter sowie Bürgermeister und Gemeindevorsteher der näheren und bei Städten auch weiteren Umgebung über den Stand der Dinge informieren. Männer also, die nicht durch persönliches Eingreifen der Sache nützen können, deren Wissen um die ganze Angelegenheit aber bestimmt nicht zum Schaden ist. »Der Koog muß in der Leute Mund«, sagt Söhrnsen-Petersen. Paulsen pflichtet mit dem Bemerken bei, daß es u. a. sehr darauf ankomme, für gute Aufnahme der Sache in der Öffentlichkeit zu sorgen, und erinnert daran, daß Dr. Carl Hennings sich im Vorjahre bei dem Desaster mit der ersten Firma als Pressereferent ausgezeichnet bewährt habe. »Richtig«, bestätigt der Landrat, »aber wie machen wir es mit dem Rundfunk?« Da erklärt der Nachlaßverwalter mit strahlendem Gesicht: »Unser bewährter Berliner Vertrauensmann, der die Auskünfte über die zweite Deichbaufirma eingeholt hat, ist u. a. auch Direktor der Reichsrundfunkgesellschaft. Den spanne ich vor unseren Wagen. Von jeder Landfunksendung, die in Hamburg und Berlin ausgestrahlt wird, muß er uns zwei oder drei Minuten abgeben.«
So bereiten die drei Männer einen regelrechten Propagandafeldzug mit dem weitgesteckten Ziel vor, nach Fertigstellung des Deiches so schnell wie möglich zum Zuge zu kommen. Dann darf es keinerlei Rückfragen oder gar Gegenvorstellungen mehr geben. Denn das bedeutet Zeitverlust; und davon haben wir schon zuviel gehabt.
Als erstes muß das Nissensche Geld aus den dann zu errichtenden Rentengütern herausgelöst werden. Das ist Paulsens Problem Nummer eins! Zweitens muß gleichzeitig Zug um Zug das private Nachlaßvermögen durch staatliche Siedlungskredite ersetzt werden, damit die Bauernsiedler aus ihrer viel zu hohen und kurzfristigen Verschuldung herauskommen. Das ist das Hauptanliegen des Siedlungsfachmannes Söhrnsen-Petersen. Landrat Dr. Clasen aber kommt es darauf an, daß nach Beendigung des Deichbaues die Arbeiter wieder in Lohn und Brot kommen. Es darf keinen Stillstand geben. Es muß gleich mit der Erschließung des Kooges weitergehen. Die Gebäudeerrichtung muß sofort in Angriff genommen werden und möglichst gleichzeitig die Chaussierung der Wege. Bautätigkeit belebt die Wirtschaft!
So hat jeder dieser drei Männer sein persönlich vordringlichstes Ziel, natürlich neben anderen, im Auge. Das Mittel zur Erreichung dieser drei

Ziele aber ist ein und dasselbe: langfristige, niedrig verzinsliche staatliche Siedlungskredite im großen Stil. Darum ziehen diese drei Akteure so einmütig am selben Strang, und zwar kräftig!

Es wäre aber verfrüht, jetzt schon ins Horn zu stoßen, zum Angriff zu blasen. Erst müssen die Weichen richtig gestellt sein. Denn:

Wenn auch in der Gründungsversammlung der Deichbaugenossenschaft auf den klugen Rat von Söhrnsen-Petersen hin beschlossen ist, die Bedeichung im Rentengutsverfahren durchzuführen, so ist die Sache zu Anfang doch rein privaten Charakters und auch im Augenblick noch ein Privatunternehmen. Allein schon die gewählte Rechtsform als Genossenschaft läßt dies erkennen. Geldgeber ist zur Hauptsache der Nachlaß, zum Teil die einzelnen Genossen selbst. Jedenfalls ist das die ursprüngliche Absicht.

Als man nun angesichts der unvorhersehbaren, katastrophalen Entwicklung in der Finanzlage der Genossenschaft zur Schonung des Nachlaßvermögens Staats- und Reichskredite hereinholt, so ändert dies vorläufig auch noch nichts an dem privaten Charakter des Unternehmens. Diese Gelder sind keine zweckgebundenen Siedlungskredite, sondern sie werden bei Bauvorhaben aller Art gewährt. Sie dienen ganz allgemein der Belebung der Wirtschaft und nicht speziell der Förderung des Siedlungswesens zum Zweck der Begründung landwirtschaftlicher Familienexistenzen. Schon ihre Kurzfristigkeit läßt sie für diese Zwecke ungeeignet erscheinen. Hier sind sie ein Notbehelf. Unser demnach immer noch privates Unternehmen bekommt einen gewissen staatlichen Anstrich lediglich durch die Mitwirkung des Kulturamtsvorstehers mit beratender Stimme sowie die Bewerkstelligung der Vermessung durch das Fachpersonal seines Institutes, nicht zuletzt aber durch sein exzellentes Sekundieren bei den dramatischen Verhandlungen in Berlin. Für Paulsen und Wulff ist es von ungeheurer Wichtigkeit gewesen, den anerkannt hervorragenden Siedlungsfachmann in jenen schweren Stunden zur Seite zu haben. Die denkwürdige Besprechung beim preußischen Landwirtschaftsminister wird förmlich zum Wendepunkt im Ablauf der Finanzierung des gesamten Bedeichungs- und Erschließungsunternehmens. Mit dem Handschlag zwischen Minister und geschäftsführendem Vorstand gilt für beide Männer folgendes als abgemacht: Von der Fertigstellung des Deiches an trennen sich die Wege von Nachlaß und übrigen Genossen. Diese nämlich gehen dann offiziell in ein Rentenguts- und Siedlungsverfahren, während der Nachlaß seine eigenen Wege geht, weiterhin privat operiert. Zum besseren und leichteren Verständnis der komplizierten Zusammenhänge, besonders hinsichtlich der Finanzierung, machen wir an dieser Stelle einen zeitlichen Vorgriff, ähnlich wie wir weiter vorn einen Rückblick getan haben.

Der umfassende Stoff, soll er allgemein verständlich und lesbar bleiben, läßt sich in geschichtsgetreuer, chronologischer Aufzählung einfach nicht vermitteln.

Die Zweigleisigkeit beschränkt sich zunächst auf die Errichtung der Gehöfte. In anderen Dingen, wie z. B. in Sachen der sogenannten Berliner Grundstücke, der endgültigen Landaufteilung, der Verwendung des auf Jahre hinaus zur landwirtschaftlichen Nutzung noch nicht geeigneten Wattlandes und hinsichtlich der vertragsgemäß in einheitlichem Stil auszuführenden Gebäudeerrichtung werden die beiden Gruppen noch gemeinsam zu handeln haben. Es wäre also verfrüht, anzunehmen, daß die Genossenschaft nach Eintritt der Wende bezüglich der Finanzierung überflüssig werden würde und jeder getrost seines Weges ziehen könnte. Schön wär's ja! Aber gerade hier liegt die Hauptschwierigkeit der großen Sache: Die ganze finanzielle Verflechtung, einerseits zwischen Nachlaß und Genossenschaft insgesamt, andererseits zwischen Nachlaß und einzelnen Genossen im Innenverhältnis ist allein schon kompliziert.

Hinzu kommt die Hereinnahme der Staats- und Reichskredite, ein Kapitel für sich, insbesondere bei ihrer späteren Umstellung und Zurückzahlung. Die nachher hereinkommenden Siedlungskredite decken zunächst nur die vom Nachlaß für die Genossen vorgeschossenen Bedeichungskosten, nicht aber die zu erwartenden Kosten der Gebäude-Errichtung.

Wieder springt der Nachlaß ein, und nicht nur hier, auch anderweitig. Paulsen sucht neue Wege und findet sie. Am Ende ist die ganze Finanzierung scheinbar ein einziger Wirrwarr von Krediten, Vor- und Zwischenfinanzierungen, Bürgschaften und Rückbürgschaften, Forderungsabtretungen und Schuldübernahmen, Sicherheitsstellungen, Vorrangeinräumungen, Verkauf und Verpfändung von Genossenschaftsanteilen und ähnlichen Dingen mehr. Nur einer von allen Genossen kann hier noch den Überblick behalten, und zwar aufgrund seiner Doppelrolle: Christian Paulsen.

Das ist nicht verwunderlich, und die anderen Genossen sollen hiermit keineswegs abgewertet werden. Denn in diese ganzen komplizierten Verwicklungen hinein spielen natürlich auch interne Dinge der übrigen Nachlaßverwaltung, über die der Testamentsvollstrecker nicht sprechen kann und darf. Wie schreibt doch Söhrnsen-Petersen in diesem Zusammenhang so schön über Paulsen? »Er gebot als unumschränkter Walter fremden Eigentums über Goldmillionen; wieviele? – –, das hat er nie gesagt!« – Paulsen selbst hat in seinen persönlichen Erinnerungen, »Blätter, die vom Sönke Nissen-Koog handeln«, schwerpunktmäßig den gesamten Finanzierungsablauf ausführlich und umfassend dargestellt, erläutert, begründet und abschließend kritisch betrachtet.

Die Darstellung beginnt mit der Eröffnungsbilanz vom 1. 1. 1924 und endet mit der Abschlußbilanz vom 31. 12. 1943. Das ist der Zeitpunkt, zu dem im Reichsgesetzblatt für alle Rentengüter im Reichsgebiet nach vorher erfolgter Rentensenkung der Kapitalschnitt verfügt wird, d. h. die Laufzeit der Renten wird nicht verlängert und der dadurch entstehende sogenannte Kapitalüberhang in den Grundbüchern wird gestrichen. Dieser ganze Komplex umfaßt 87 Seiten, das ist genau die Hälfte der gesamten Aufzeichnungen. Jeder Versuch, daraus einen allgemein verständlichen Auszug hier zu bringen, wäre hoffnungslos. Wir können hier Paulsens einzigartiger Leistung einfach nicht gerecht werden.

Über diese Fähigkeit, jederzeit den Gesamtüberblick zu behalten, die Dinge zu Papier zu bringen, besonders, sie in Zahlen auszudrücken, schreibt Söhrnsen-Petersen: »Unvergeßlich werden allen Deichgenossen seine nüchternen und klaren Berichte zur Lage sein, ganz besonders seine Bilanzen, die er in Generalversammlungen vortrug.« Darüberhinaus hat der Kulturamtsvorsteher mündlich dem Verfasser gegenüber, in Anspielung auf dessen früheres Musikstudium, geäußert: »Es war ein Genuß, die Bilanzen Ihres Vaters zu lesen; sie waren einfach elegant und entsprachen in ihrem logisch-klaren Aufbau einer Fuge von Bach; mit ihrem komplizierten Inhalt aber waren sie Wagners Tristan-Partitur vergleichbar.«

Nun aber zurück zum chronologischen Ablauf. – Der Deich hat noch nicht die für eine Winterfestigkeit erforderliche Höhe. Solange kann man noch nicht an die Öffentlichkeit treten; denn es muß gesagt werden können: Die Sache ist gesichert. Deswegen benutzt man die Zwischenzeit, die Voraussetzungen für einen reibungslosen Übergang in das Rentengutsverfahren für die Bauernsiedler zu schaffen. Hier liegt eine der Aufgaben, die Nachlaß und übrige Genossen noch gemeinsam zu bewältigen haben: Vorausplanung für die Regelung der öffentlich-rechtlichen Verhältnisse. Das Reichssiedlungsgesetz von 1919, das hier zur Anwendung kommt, schreibt dies zwingend vor.

Zu diesen Aufgaben gehören in erster Linie:
    Ausbau der Wege,
    Anlage des Entwässerungsnetzes,
    politische Eingemeindung,

kirchliche Eingemeindung,
schulische Angelegenheiten.
Nachgeordnet mögen behandelt werden:
Elektrizitätsversorgung,
Wasserversorgung, Fernsprechanschlüsse.

Mit der Bewältigung dieser Aufgaben ist bereits ein Anfang gemacht. Unter der tatkräftigen Leitung von Moritz Sattler kann der Rohausbau der Wege und die Anlage des Hauptentwässerungssystems Ende 1925 abgeschlossen werden. Bravo, Moritz Sattler!

Aber jetzt erhebt sich die nächste bange Frage: Befestigung der Wege. Nach dem vorerwähnten Gesetz sind die entstehenden Kosten zu je 40 % von Provinz und Kreis zu tragen, der Rest von der Gemeinde, den betroffenen, anliegenden Wegeverbänden und der Genossenschaft selbst.

Wir sehen hier, wie berechtigt und wichtig die vom Gesetz geforderte Vorausplanung ist. Diejenige Gemeinde nämlich, welcher der neue Koog zugeschlagen wird, hat die Hauptlast der restlichen 20 % zu tragen. Es wäre doch durchaus möglich, daß der Koog zur Gemeinde Ockholm käme. Aber Marx Wulff als Vorsteher der Gemeinde Reußenköge läßt sich diesen fetten Brocken, sozusagen sein eigenes Kind, nicht entgehen und scheut die anteiligen Kosten nicht. Er sieht vielmehr voraus und denkt an das künftige verbesserte Steueraufkommen für seine Gemeinde. Sollte die Kasse zu gegebenem Zeitpunkt nicht reichen? Nun, Christian Paulsen, sprich Sönke Nissen-Nachlaß, ist ja auch noch da! – So rechnet Marx Wulff.

Für Landrat Dr. Clasen entstehen gleich zwei Probleme. Zum ersten kann er aus seiner Kreiskasse die ihm aufzubürdenden 40 % nicht decken. Zum zweiten: Was nützt es, wenn der neue Koog mit festem Wegenetz daliegt wie eine Insel? Die festen Wege der nördlich, ostwärts und südlich benachbarten Köge führen jeweils nur bis zu deren Mitte, nicht aber bis an die alten Außendeiche. Hier müssen also zwangsläufig Anschlüsse hergestellt werden. Die Provinz kann gerade die auf sie selbst entfallenden 40 % aufbringen, dem Kreis kann sie nicht helfen.

Da revanchiert sich Christian Paulsen für das großartige Eintreten des Kreises (s. S. 114) bei der Sicherheitsstellung für die Staats- und Reichskredite: Er sagt seinem Landsmann Dr. Clasen zu, daß der Nachlaß sich notfalls zur Kredithergabe bereithält. Mit einem Handschlag wird die Angelegenheit besiegelt. Die übrigen Wegeverbände der anliegenden Köge, bzw. deren politische Gemeinden verhalten sich vorsichtig, wenn nicht sogar abweisend.

Anders die Stadt Bredstedt. Der nun schon zwei Jahre andauernde Deichbau ist nicht ohne Auswirkung auf Handel und Gewerbe in dieser Stadt geblieben. Die Stadtväter vermerken das mit Genugtuung. Aber sie sehen noch weiter: Bisher war ihr äußerstes Marschhinterland der Louisenkoog und der Reußenkoog mit insgesamt 850 ha nutzbarer Landfläche und fünf Gehöften. Jetzt legt sich ein weiterer Koog mit rd. 1 100 ha nutzbarer Landfläche und 28 (!) Gehöften davor. Das hat Zukunft. Ohne dazu verpflichtet und ohne darum gebeten worden zu sein, erklärt die Stadt Bredstedt, zu den Wegeausbaukosten in dem Umfang beitragen zu wollen, in welchem die anliegenden Wegeverbände es ablehnen, sich zu beteiligen, wobei diese sich auf mangelnde Geldmittel berufen. Bürgermeister Langgreen, genannt »Peter Bürgermeister«, übermittelt diesen Beschluß seiner Stadtväter in deren Auftrag mündlich-persönlich an Christian Paulsen und Marx Wulff. Diese loben den klugen Weitblick der Bredstedter und sparen nicht mit Teepunsch.

Wir kommen zur politischen Eingemeindung und sehen, wie die Dinge ineinander greifen. Im Grunde genommen ist diese Frage mit der Regelung der Wegeverhältnisse bereits beantwortet. Aber die Schulfrage, auch eine Angelegenheit der zuständigen politischen Gemeinde, hängt mit daran. Marx Wulff kommt mit seinem Gemeinderat zu der Auffassung, daß bei Aufnahme des neuen Kooges in seine Gemeinde der Ausbau einer zweiten Grundschule, eine existiert bereits im Sophien-Magdalenen-Koog, erforderlich wird und nicht allein wegen der einzukalkulierenden Schülerzahl, sondern auch wegen der sich ergebenden Entfernungen. Die Kinder vom Nordende des neuen Kooges würden täglich 2,5 km zu laufen oder mit dem Rad zu fahren haben. Deshalb stellt der Gemeinderat den Antrag, der neue Koog möge rd. drei Hektar Land für schulische Zwecke unentgeltlich bereitstellen, möglichst in der Mitte des Areals, etwa am Weg zur Hamburger Hallig.

Die kirchliche Eingemeindung bringt auch Probleme mit sich. Propst Röhl vom Synodalausschuß in Husum hält es nach Rücksprache mit den Kirchenvorständen der an den neuen Koog grenzenden Kirchgemeinden für erforderlich, daß die politische Gemeinde Reußenköge nach Hinzutreten weiterer 28 Familien auch eine selbständige Kirchengemeinde wird. Er beantragt daher vorsorglich die Auslegung von 15 bis 20 ha Kirchenland für Kirche, Pastorat, Organisten, Dotation der Pfarrstelle und Kirchhof. Als Übergangslösung empfiehlt er die Einteilung Nord, Mitte, Süd (gleich Ockholm, Bordelum, Bredstedt). Bordelum, ohnehin schon eine Große Kirchengemeinde, sieht sich aber außerstande, noch weitere Gemeindemitglieder aufzunehmen und zu betreuen. Dadurch wird die ganze Sache eine Prestigefrage zwischen Ockholm und Bredstedt. Es kann keine Einigung erzielt werden: offenbar fehlt es auch an der nötigen Initiative der Kirchenleitung. Die Deichbaugenossenschaft sieht ihrerseits keine Veranlassung, diese Dinge von sich aus voranzutreiben. So finden wir bei der Landaufteilung auch keine Vormerkung für Kirchenland. Lediglich Grundstücke für Wege, Wasserläufe und Schule, wunschgemäß am Weg zur Hamburger Hallig, sind berücksichtigt. Die Überlassung fiskalischer Parzellen sowie die formelle Eigentumsübertragung an Deich und 18 Ruten auf den noch zu bildenden Deichverband ist ja bereits im Vertrag vom 26. 10. 1923 geregelt.

Was aber die Kirchenfrage anbelangt, so sei hier vorweggenommen, daß der Sönke Nissen-Koog wegen der Unentschiedenheit in der Synode vorerst keine Kirchensteuer zahlt. Christian Paulsen, ganz gewiß ein Befürworter der Kirche, sagt hier im Scherz: »Wenn die sich nicht einig werden können, ich laufe ihnen nicht nach.« Tatsächlich zahlt der Sönke Nissen-Koog erst Kirchensteuer, seitdem diese über das Finanzamt mit der Einkommensteuer eingezogen wird. Erst dann gehört der Koog insgesamt kirchlich zu Bredstedt.

Am 17. Oktober kann Söhrnsen-Petersen der Generalversammlung einen fertig ausgearbeiteten Landverteilungsplan vorlegen, basierend auf den Willensäußerungen der Genossen beim sogenannten Plan-Wunschtermin von Anfang September. Man höre und staune: Bis auf einige ganz geringfügige Änderungswünsche sind diese rd. zwanzig Friesen und Dithmarscher – ihre endgültige Zahl steht noch nicht fest – mit der sorgfältigen Ausarbeitung des Kulturamtsvorstehers einverstanden. Dieser hat sich aber auch wirklich alle Mühe gegeben, es jedem recht zu machen. Alles hat er bedacht. Hier nur drei Beispiele: 1. Die im Norden des Kooges abzufindenden Genossen sollen wegen der schlechteren Verkehrslage zu Bredstedt nichts von den Wattflächen in Anrechnung auf ihre Abfindung übernehmen. 2. Vom Wattland werden 27 ha vorerst nicht aufgeteilt, sie bleiben gemeinschaftliches Genossenschaftseigentum. Diese Fläche kann z. Z. noch nicht in Kultur genommen werden, sondern muß zu diesem Zweck noch eine Reihe von Jahren liegen. 3. Zur besseren Ausgleichung der Verkehrslage zwischen Nord und Süd soll der Süden an den Norden 20 000,00 RM zahlen. Dieser Betrag soll zum Ausbau einer Chaussee verwendet werden. Wir erinnern uns hier an die Frage der Regelung der Wegeverhältnisse. Jetzt aber kommt das schönste: »Die Frage, wer sich an der Aufbringung der 20 000,00 RM zu beteiligen hat und wann der Betrag zu zahlen ist, soll *nicht* durch das Kulturamt geregelt werden.« Die Genossen wollen Söhrnsen-Petersen nicht in die peinliche Lage bringen, diktatorisch werden zu müssen, was er könnte, wie wir wissen. Sie wollen ihm vielmehr zeigen, daß sie solche Dinge im eigenen Hause regeln können; und sie schaffen es mit großer Eleganz. Söhrnsen-Petersen zeigt sich hiervon sehr angetan. Dennoch geht er sicher, er hat seine Erfahrungen, man kann nie wissen. Er nimmt eine von allen Beteiligten unterschriftlich vollzogene Urkunde auf, in der klar zum Ausdruck kommt, daß die Erschienenen nach Berücksichtigung ihrer vorgebrachten Wünsche keine weiteren Abänderungsvorschläge einbringen würden. Söhrnsen-Petersen kennt seine Bauern. Auch die Einstimmigkeit dieses Beschlusses hält er protokollarisch fest. Jetzt kann keiner mehr ausbrechen. In der darauf folgenden Generalversammlung vom 18. Dezember wird dann die endgültige Landverteilung nach Berücksichtigung auch der letzten Änderungswünsche beurkundet. Damit sind die Grenzen der insgesamt achtundzwanzig Kolonate unumstößlich festgelegt.

In derselben Versammlung fällt aber noch eine andere wichtige Entscheidung: die Festlegung eines einheitlichen Stils hinsichtlich der Gebäudeerrichtung.

Bekanntlich soll nach dem Vertrag von 1923 eine bodenständige Bauweise zur Anwendung kommen. Genau umrissen wird dieser Begriff nicht weiter. Offenbar hält man es für selbstverständlich, daß hierbei an das reetgedeckte, in Ziegelstein ausgeführte nordfriesische Bauernhaus gedacht ist. Überhaupt kommt dieser Passus nur deswegen in den Vertrag, weil damals schon feststeht, daß der Sönke Nissen-Nachlaß mehrere Gehöfte mit Gebäuden auslegen wird.

Christian Paulsen schreibt hierzu: »Auch als in der Gründungsversammlung vom 24. 10. 1923 beschlossen worden war, die Einleitung eines Siedlungs- und Rentengutsverfahrens zu beantragen, war es nicht die Auffassung der Beteiligten, daß im unmittelbaren Anschluß an die Bedeichung ein für die Bewirtschaftung des anfallenden Landes als selbständiger wirtschaftlicher Einheit ausreichendes Gebäude zu errichten sein werde. Nach wie vor war an ein Auf- und Ausbauen gedacht, dessen Beginn und Tempo sich nach den wirtschaftlichen Kräften des jeweiligen Altbesitzes und nach den Überschüssen aus der Bewirtschaftung des Neulandes richten werde.«

Wo nun aber feststeht, daß die Bauernsiedler in ein Rentengutsverfahren mit staatlichen Siedlungskrediten unter finanzieller Loslösung vom Sönke Nissen-Nachlaß gehen, sieht die Sache anders aus.

Unmittelbar nach Beendigung des Deichbaues muß mit der Gebäudeerrichtung begonnen werden. Das Reichssiedlungsgesetz, Evangelium des Kulturamtsvorstehers, verlangt selbständige, lebensfähige Wirtschaftseinheiten, also erneute finanzielle Anstrengungen oder Belastungen. Hiervon sind die Bauernsiedler wenig erbaut, sie empfinden diese Verpflichtung von Anfang an als außerordentlich lästig. Söhrnsen-Petersen weiß das und packt daher dieses heiße Eisen sofort an. Landrat Dr. Clasen hat deswegen zu dieser Versammlung den Provinzialkonservator, Dr. Sauermann, vom Schleswig-Holsteinischen Landesverein für Heimatschutz und dessen Mitarbeiter, den Kieler Architekten Heinrich Stav, eingeladen. Dr. Sauermann, später Professor h. c. hält in dieser Versammlung zunächst Vortrag über Sinn und Aufgaben des Landesvereins, kommt dann zum eigentlichen Thema der bodenständigen Bauweise und stellt schließlich die Frage, wie man sich denn die Bauausführung gedacht habe.

Da nimmt Christian Paulsen das Wort und erklärt die drei Hauptforderungen, die an die zu errichtenden Gehöfte zu stellen sind, nämlich: weiträumig, leicht und billig.

Weiträumigkeit, so führt er aus, muß verlangt werden, weil erstens in den Scheunen große Getreide-Erntemengen unterzubringen sind, und zweitens, weil als Trinkwasser für Mensch und Vieh Regenwasser zu sammeln ist. Ungedroschenes Getreide im Freien in Diemen zu setzen, verbietet sich wegen der klimatischen Verhältnisse mit ihrer launischen Witterung.

Leicht muß die Bauausführung ebenfalls aus zweierlei Gründen sein. Die bösen Erfahrungen beim Deichbau haben gelehrt, daß der Tragfähigkeit des Baugrundes nicht viel Vertrauen entgegengebracht werden darf. Die in beiden bisherigen Bauperioden angetroffenen Moornester sind Warnung genug! Es wäre also sträflicher Leichtsinn, die eben geforderte Weiträumigkeit in Massivbauweise auszuführen; es sind daher leichte Baustoffe zu bevorzugen.

Außerdem ist der Umstand zu berücksichtigen, daß nicht nur im neuen Koog, sondern auch in den Westteilen der rundum angrenzenden Köge nur roh ausgebaute Kleiwege bestehen, die namentlich nach anhaltendem Regenwetter mit schweren Baustoffuhren kaum passierbar sind. Das Gesamtgewicht der in den Koog zu befördernden Baustoffe ist also möglichst niedrig zu halten. Letzten Endes ist es nicht gleichgültig, ob die Wege zum

Antransport der Baustoffe statt zehnmal dreißig- oder gar vierzigmal befahren werden müssen. Was nützen denn die schönsten Gebäude, wenn am Ende die Wege, auf denen die Ernte dort hineingebracht werden soll, schon vorher zuschanden gefahren sind?!

Nun aber zum dritten: Bei der unausweichlichen Forderung des Reichssiedlungsgesetzes nach Gebäudeerrichtung und nach der jetzt schon abzusehenden nahezu dreifachen Überteuerung des Deichbaues müssen die Bauernsiedler einfach darauf bedacht sein, die Gebäude mit einem möglichst geringen Kostenaufwand zu errichten. Und dennoch: Die häufigen Stürme im Frühjahr und Herbst verlangen eine nicht allzu schwere, aber trotzdem solide Holzkonstruktion (mit handfesten Dreiecken), die auf einem massiven Fundament zu errichten ist, das sich im Hinblick auf den unzuverlässigen Baugrund in sich selbst trägt. Die Wohnhäuser können da nur eingeschossig massiv gebaut werden. Womit aber umbaut oder überdacht man die eben beschriebenen großen Gerüste für Scheunen und Ställe?

Da erhebt sich langsam und gewichtig Marx Wulff. Er hat gerade kürzlich auf seinem Gehöft im Cecilienkoog einen zusätzlichen Schuppen errichtet und sich dabei des Pfannenbleches als Baustoff bedient. Dieser Umstand genügt ihm, in seinen nun folgenden Ausführungen anscheinend beiläufig zu erwähnen, daß die Verwendung von Pfannenblech in den Kögen die bodenständige Bauweise sei. »Wie denken die Herren über Pfannenblech?« Spricht's und setzt sich. – Heinrich Stav, damals schon ein Architekt mit gutem Ruf in der ganzen Provinz und bekannt dafür, daß er bei landwirtschaftlichen Bauten Zweckmäßigkeit mit Schönheit elegant verbindet, ist nahezu außer sich; das hat ihm noch keiner geboten! »Sollen wir gleich wieder gehen?« fragt er Sauermann, dem Bericht von Söhrnsen-Petersen zufolge. »Nein, abwarten«, heißt die Antwort. Weiter steht in dem Bericht: »Die Koogsbauern lachten in sich hinein, daß Marx Wulff sie so ausgezeichnet vertreten hatte. Sie hatten mit ihrer Forderung nach Pfannenblech ja recht, wenngleich die Behauptung, daß Pfannenblech ein bodenständiger Baustoff sei, sich humoristisch genug ausmachte. Sauermann rettete meisterlich die Situation. Er erklärte, daß mit jedem Baustoff anständige bauliche Wirkung zu erzielen sei, wenn Gliederung, Form und Detail ordentlich und handwerksgerecht sei.«

Dr. Sauermann führt weiter aus, daß es für den Landesverein eine willkommene Gelegenheit sei, zu beweisen, daß er auch bei einer schwierigen Aufgabe nicht zurückstehen wolle: »Der Architekt hat sich eben mit diesem Material abzufinden.«

Heinrich Stav, der nun nicht mehr weglaufen will, sondern wendig auf seinen Chef einschwenkt, gibt zu erkennen, daß ihn eine solche Aufgabe ungemein reizen würde. Da greift Söhrnsen-Petersen zu und empfiehlt der Versammlung mit verschiedenen Begründungen, dem Kieler Architekten den Auftrag für eine Bauplanung zu erteilen. So geschieht es auch. Damit ist der Siedlungsfachmann an seinem Ziel. Es gibt eine gemeinsame Bauplanung; und die will er fest im Griff behalten! Ein Bautenausschuß unter dem Vorsitz von Carl Ehlers wird gebildet.
Marx Wulff aber hat wieder einmal mit befreiendem Lachen spielend eine Hürde genommen, die den anderen unüberwindlich erschienen ist. Darüberhinaus hat er sich einen weiteren Trumpf aufgespart: Er berichtet über seine letzte Reise nach Berlin. Bei der Reichsarbeitsverwaltung hat er von Dr. Wilhelmi die feste Zusage erhalten, daß die Genossenschaft aus dem Erwerbslosenfond einen weiteren Kredit von rd. 190 000 RM bekommt, also ähnlich wie im Vorjahr nach schier ausweglosen Situationen mit dramatischen Spannungen und einem ständigen Auf und Ab wieder kurz vor den Feiertagen eine erfreuliche, entspannende Nachricht. Hinzu kommt die Tatsache, daß der Deich in der zweiten Dezemberwoche die erforderliche Höhe erreicht hat.
Ja, die Genossen können aufatmen. Nach Schluß dieser Versammlung gehen sie daher nach langer, banger Zeit wieder einmal ausgiebig zum gemütlichen Teil über. Hierbei ist Marx Wulff abermals der Held des Abends: Erst das Husarenstück mit der Blechpfanne als bodenständiges Baumaterial und nun die gute Nachricht aus Berlin. Frohgestimmt hebt Peter Volquardsen, zu Wulff gewandt, seine Punschtasse und sagt: »Marx, dieses Jahr bist Du unser Weihnachtsmann!«
Die beiden Männer vom Landesverein für Heimatschutz sind mit dageblieben. Architekt Stav benützt die Gelegenheit, sich mit einigen Genossen bekannt zu machen und deren Wünsche und Vorstellungen hinsichtlich der Bauausführung kennenzulernen. Als er hierbei auf Carl Ehlers trifft, hat er offenbar den richtigen Gesprächspartner gefunden. Unauffällig ziehen sich beide in eine Ecke zurück. Stav wird immer wißbegieriger und fragt sein Gegenüber förmlich aus; denn von selbst sagt Carl Ehlers nichts. Aber was er sagt, hat Hand und Fuß; das ist dem Architekten längst klar. Schließlich vereinbart man, daß Heinrich Stav das Wohn- und Wirtschaftsgebäude von Carl Ehlers im Cecilienkoog persönlich in Augenschein nimmt. Diese Begegnung wird richtungweisend für die Gestaltung der Gebäude im Sönke Nissen-Koog.
An jenem Abend ist auch Dr. Rathjens zugegen. Er ist ebenfalls guter Din-

ge und trinkt zufrieden seinen Punsch. Hat er doch den eindringlichen Vorstellungen des Regierungspräsidenten entsprochen, so daß ihm auch moralisch keiner etwas am Zeug flicken kann. Aber »Türkenblut«, wie in der Nacht des Vertragsabschlusses, gibt es heute nicht. Die Geldeinbuße, die er trotz Mitgehens der Genossenschaft entsprechend der Lohn- und Preiserhöhung erlitten hat, wurmt ihn. Er setzt sich zu Paulsen und bringt das Gespräch auf das alte Thema: Gemeinsam gegen die Staatsdomänenverwaltung! Aber Paulsen winkt ab. Nichts ist ihm gefährlicher, als sich das Wohlwollen der staatlichen Stellen zu verscherzen. »Hoffen wir lieber«, so sagt er zum Chef-Ingenieur, »daß der blanke Hans uns auch in diesem Winter so gnädig ist wie im vorigen Jahr!« –
Und er ist es!

V. Kapitel

Das dritte Deichbaujahr (1926)

Das Jahr 1925 geht zu Ende. Die Bilanz hat uns der Regierungspräsident in seinem Gespräch mit Dr. Rathjens vom 18. 11. bereits ein wenig vorweggenommen. Nach diesem Zeitpunkt kommen nur noch die Löhne von ca. drei Wochen hinzu; und da die Firma schon seit Ende August, dem Auftreten der Moornester also, nach und nach Arbeitskräfte abgebaut hat, verändern diese relativ geringen Beträge das Gesamtbild kaum.
Halten wir also kurz Rückblick auf den Ablauf der weiteren finanziellen Entwicklung im Deichbaujahr 1925. Interessant ist hierbei ein Vergleich mit den Zahlen, die Paulsen Ende 1924 (vgl. S. 133) in seiner Vorausplanung für das nun ablaufende Jahr 1925 eingesetzt hat. Es handelt sich hier lediglich um die reinen Deichbaukosten, die der Verfasser aus den komplizierten Bilanzen herausgezogen hat. Die Zahlen sind abgerundet.

Der zu Dreivierteln fertige Deich hat bisher gekostet	2.800.000,00 RM
Davon hat Sönke Nissen-Nachlaß direkt und indirekt getragen	2.000.000,00 RM
Der überschießende Betrag von	800.000,00 RM
stellt die vorläufige weitere Übersteuerung, über die von Paulsen neu veranschlagten Gesamtkosten von zwei Millionen RM dar und wird zunächst aufgefangen durch die bereits bekannten Staats- und Reichskredite von insgesamt	430.000,00 RM
und durch die Eigenleistung der Genossen, einschließlich Nachlaß, von	245.000,00 RM
Der offenbleibende Rest von	125.000,00 RM

deckt sich scheinbar zufällig mit dem Ende 1924 in der Vorausplanung für 1925 eingesetzten Betrag, den Paulsen damals mit Reichs- und anderen Krediten aufzufangen versuchen will.

In Wirklichkeit sieht die Sache folgendermaßen aus:
Die vorstehende Übersicht erstreckt sich über beide Jahre (1924/25); und die Reichs- und anderen Kredite sind bereits in 1924 verbraucht. Zum Abfangen der überschießenden 800 000,00 RM stehen also für 1925 nur die 245 000,00 RM Eigenleistung der Genossen zur Verfügung, von denen wiederum ein knappes Drittel auf den Nachlaß, als Genosse, entfällt, so daß die Bauernsiedler effektiv nur rd. 160 000,00 RM den 800 000,00 RM entgegenstellen. Die Differenz von 640 000,00 RM ist in den vom Nachlaß aufgebrachten zwei Millionen enthalten und stellt den Betrag dar, mit dem der Nachlaß über die vereinbarte Dreifünftelgrenze hinaus in Vorlage gegangen ist. Jetzt versteht wohl jeder Christian Paulsens hartnäckiges »Bis hierher und nicht weiter«! Die hierdurch ausgelöste Reise nach Berlin führt dann ja auch zum Glück dahin, daß sich eine Wende in der Finanzierungsnot abzeichnet (s. S. 152).
Der DeBoKul AG-Kredit ist hier nicht mit eingesetzt. Er wird durch anderweitige Ausgaben der Genossenschaft zur Hauptsache durch den Ausbau der Binnenanlagen absorbiert und beeinflußt das Bild der Deichbaukosten nicht.
Am 8. August 1925 schreibt Paulsen noch an die übrigen Vorstandsmitglieder: »Woher die restlichen 125 000,00 RM kommen sollen, wenn wir keine weiteren Staatskredite hereinholen können, weiß ich nicht.«
Jetzt aber, am Jahresende, weiß er es. Marx Wulff hat gehalten, was man sich von ihm versprochen hat. Wenn die 190 000,00 RM auch für 1925 nicht mehr hereinkommen, sie sind der Genossenschaft auf alle Fälle sicher. Deswegen geht diese ohne sonderliche Bedenken mit einem nur indirekt gedeckten Defizit von 125 000,00 RM in das Geschäftsjahr 1926. Man feiert geruhsam Weihnachten und Neujahr. Wiederum sitzt Christian Paulsen »zwischen den Tagen« an seinem Schreibtisch und prüft die Möglichkeiten zur restlichen Vorfinanzierung des Deichbaues. Welche Aussichten bestehen, was läßt sich noch an Geldmitteln mobilisieren?

Dem Defizit aus 1925 von	125.000,00 RM
stehen gegenüber die	190.000,00 RM
aus dem Erwerbslosenfond.	
Das ergibt ein Aktivium von	65.000,00 RM
Als weitere Aktivposten könnten eingesetzt werden:	
1. Rest aus DeBoKut AG-Kredit	40.000,00 RM
2. Binnendeich-Bodenentnahme der zweiten Deichbaufirma	35.000,00 RM

3. Forderung wegen restlicher Deichbauarbeiten, welche die Genossenschaft der zweiten Firma im Dezember 1925 abgenommen hat.	35.000,00 RM
4. Zinsen für überzahlte Deichbaukosten	25.000,00 RM
5. Überzahlte Deichbaukosten	600.000,00 RM
also insgesamt	800.000,00 RM

Diese Geldmittel stehen theoretisch zur Verfügung. Werden sie, vorausgesetzt, daß sie realisierbar sind, zur Beendigung des Deichbaues reichen? Es sind noch rd. 300000 Kubikmeter Erde einzubringen. Gemessen an den bisher entstandenen Deichbaukosten müßte es genügen, zumal wenn man bedenkt, daß die Erde für den höchsten Teil des Deiches fast ausschließlich im Querbetrieb eingebracht werden kann. Das bedeutet 0,50 RM Transportkosten pro Kubikmeter statt 3,00 RM im Längsbetrieb. So gesehen könnten die 800 000,00 RM auch bei anhaltender Teuerung reichen.

Sind sie aber wirklich realisierbar? Es muß damit gerechnet werden, daß 670 000,00 RM fehlen werden, nämlich 600 000,00 RM überzahlte Deichbaukosten und zweimal 35 000,00 RM (s. vorstehende Positionen 2., 3. und 5.). Die Deichbaufirma wird sich nach ihrem bisherigen Verhalten außerstande erklären, diese Beträge aus eigener Kraft mit Arbeitsleistung zu kompensieren. Es wird schwer fallen, dem Chefingenieur nachzuweisen, daß er bei dem guten Ruf seiner Firma doch die Geldmittel auftreiben kann, sie aber vermutlich für die Vorfinanzierung anderer Bauvorhaben benützt. Er weiß nämlich um die Absprachen in Berlin und wird sich wahrscheinlich darauf verlassen, daß Paulsen im Vertrauen auf das Wort des Ministers noch einmal mit dem Nachlaßvermögen einspringt. Es ist müßig, hierüber noch zu streiten und Zeit zu verlieren. Denn die Zeit braucht Paulsen jetzt für andere Dinge.

Die ersten Rückzahlungen auf die Staats- und Reichskredite werden zum 1. April 1926 fällig. Unmöglich, diese aufzubringen. Also wird jetzt Zeit gebraucht, im Verhandlungswege deren Stundung zu erreichen, so daß die Gläubiger sich vorerst mit Zinsen begnügen. Wir wissen bereits, wie nervenaufreibend solche Verhandlungen sein können, wie zähflüssig sie verlaufen und wie zeitraubend sie sind. –

Es ist Anfang Januar 1926. Bei günstiger Entwicklung der Wetterlage kann in sechs bis acht Wochen mit der Fortsetzung des Deichbaues gerechnet werden. Bis dahin noch anderweitig Geld zusammenzubringen, ist hoffnungslos. Keine Bank, kein sonstiges Kreditinstitut wird der mit ihrer angespannten Finanzlage ohnehin schwer kämpfenden Genossenschaft helfen, auch nicht wenn sie es könnten.

Also bleibt wieder einmal nur der Nachlaß. Die Entscheidung hierfür fällt Christian Paulsen nicht so schwer wie in früheren Fällen, wenn der Nachlaß immer wieder über die Dreifünftel-Grenze hinaus in Vorlage gehen mußte. Vor dem Minister kann Paulsen gar nicht anders; denn auch er hat seinerseits ein Wort gegeben. Außerdem ist ein Ende abzusehen, wann das Nachlaß-Geld zurückfließt. Darüberhinaus greift der zweite Testamentsvollstrecker, Eugen Gonser, in diese Entscheidung kaum noch ein, da sein Ausscheiden aus der Nachlaßverwaltung sich bereits jetzt abzeichnet: Ein Formfehler in einem Nachtragstestament Sönke Nissens macht seine Ernennung rechtsunwirksam und die Einsetzung eines anderen unmöglich. Damit wird Christian Paulsen alleiniger Testamentsvollstrecker und trägt für das Nachlaßvermögen auch rückwirkend die volle Verantwortung, die ihm keiner abnimmt.

Um also keine Zeit zu verlieren, stellt Paulsen noch einmal 670 000,00 RM aus dem Nachlaß bereit. Mit dem Aktivum von 65 000,00 RM und den vorstehenden Positionen 1. und 4. stehen ja 130 000,00 RM zur Verfügung. Die reichen für ein paar Lohnwochen. Am 15. Juli soll der Deich fertig sein, und dann winken die staatlichen Siedlungskredite. So denkt Paulsen und ist deswegen nicht mehr so besorgt um den Einsatz des Nachlaßvermögens. »Aber das ist das letztemal für diesen Deichbau!« schwört er sich selbst.

Auf alle Fälle will er mit dieser letzten Stützungsaktion sichergehen. Hinsichtlich der Finanzierung des restlichen Deichbaues darf es einfach keine Friktionen mehr geben. Neue Bittgänge nach Berlin machen einen schlechten Eindruck; außerdem könnte der Minister kopfscheu werden. Eine weitere 50prozentige Kostensteigerung ist eingerechnet und zu dem Ganzen noch einmal ein Sicherheitszuschlag von 25 Prozent genommen. Auch dann sind die 800 000,00 RM nicht voll ausgeschöpft. Dennoch werden sie ausschließlich für den Deichbau und nicht anderweitig verplant. Vorausschauend will Christian Paulsen den Kopf frei haben für andere Dinge. Das ist der Grund, weswegen er die dubiose Forderung gegen Polensky und Dr. Rathjens vorsorglich und auf eigene Verantwortung mit dem Nachlaßvermögen untermauert. Von dieser Seite also kann keine Gefahr mehr drohen. So denkt Christian Paulsen. In seiner Eigenschaft als geschäftsführender Vorstand der Deichbaugenossenschaft ist er eine Sorge los, die er sich selbst kraft seines Amtes als praktisch jetzt schon allei-

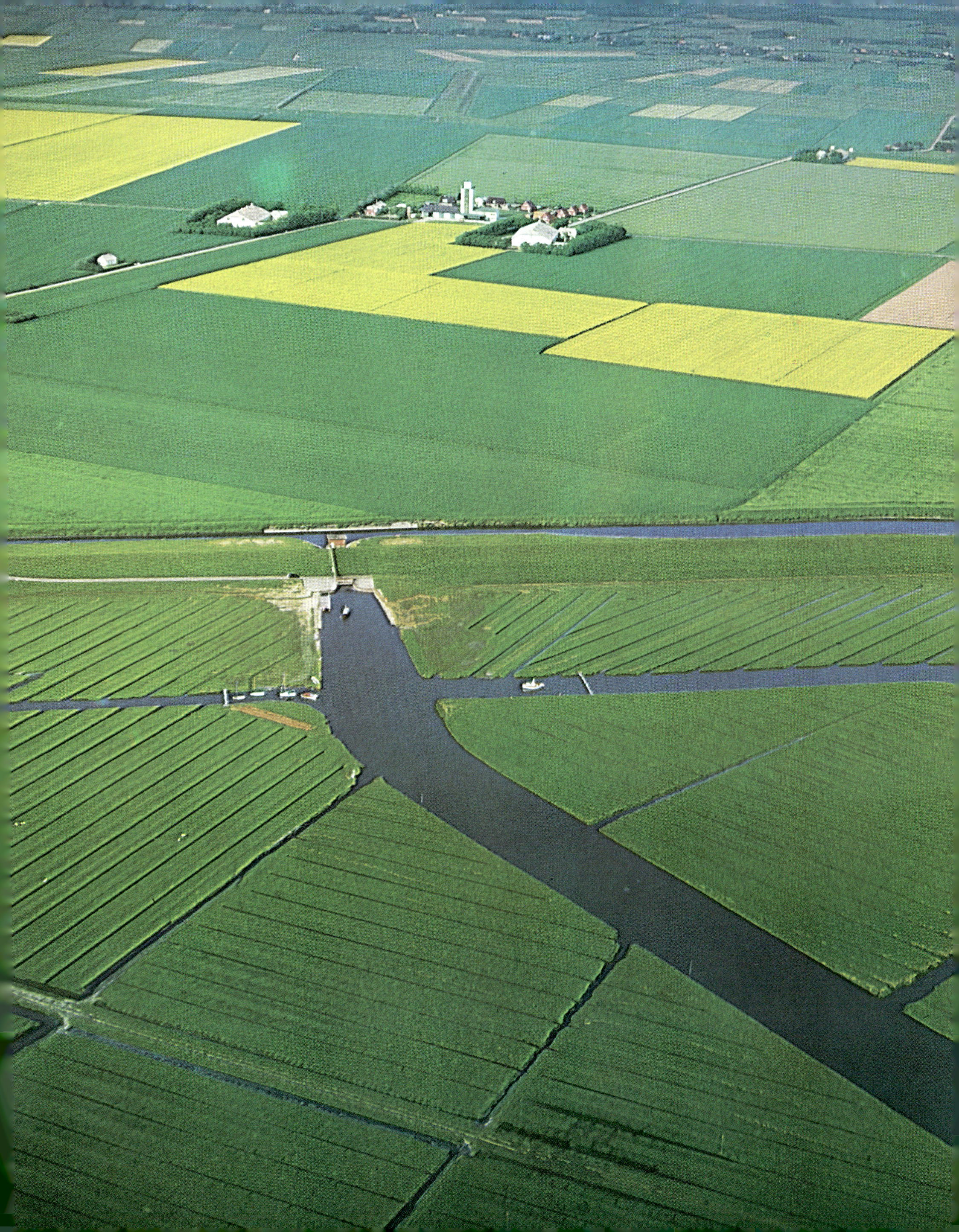

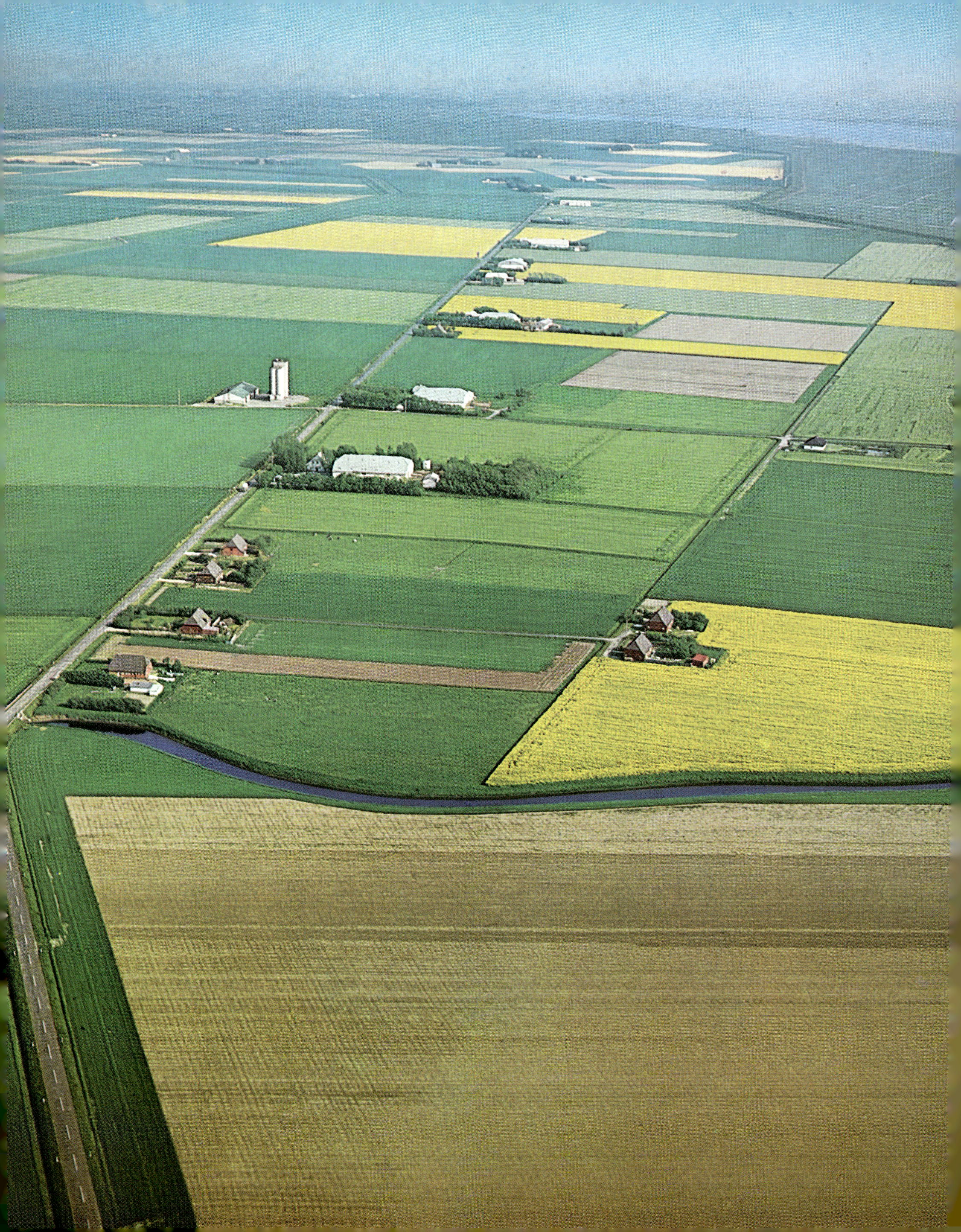

niger Testamentsvollstrecker des Sönke Nissen-Nachlasses vom Halse geschafft hat.

Damit kann er sich Dingen zuwenden, die für ihn im Verfolg des ersten und wichtigsten Zwischenzieles dieses großen Werkes, der Schließung des Deiches nämlich, von entscheidender Bedeutung sind.

In erster Linie geht es darum, das auf dem Papier freigerechnete, vom Nachlaß verfügbar zu machende Geld ausschließlich für den Deichbau zu sichern. Daraus folgt die bereits bekannte Notwendigkeit, für die Reichskredite u. a. Aufschub zu erwirken. Wie wir wissen (s. S. 148), steht Paulsen bereits seit April 1925 in Verhandlungen mit der Staatsdomänenverwaltung wegen Hinausschiebens des Kapitaldienstes für die Domänenrente (Vorlandkaufpreis). Jetzt hat er also mehrere Eisen im Feuer, und sie schmieden sich zunächst recht schwer, später wird es allerdings besser.

Für den Erwerbslosenkredit ist Marx Wulff der prädestinierte Spezialist und übernimmt es, mit der vorbezeichneten Zielsetzung Verhandlungen zu führen.

Christian Paulsen bemüht sich außer der Domänenrente jetzt auch wegen DeBoKul AG- und Meliorationskredit mit dem gleichen Ziel.

Anfang Januar fahren beide Männer gemeinsam nach Berlin. Dort zieht jeder seines Weges. »Mach's gut!« rufen sie einander zu. Als sie sich abends im »Fürstenhof« wiedertreffen, herrscht beiderseits Spannung, was der andere wohl erreicht hat.

Wulff berichtet seinem Geschäftsführer, es sei ihm gut ergangen und er habe in ausgesprochen angenehmer Atmosphäre verhandeln können. Paulsen äußert sich ähnlich, und beide Männer können sich des Eindruckes nicht erwehren, daß Landwirtschaftsminister Dr. Steiger bereits die Hand im Spiel hat. »Wie gut für dich als Testamentsvollstrecker«, sagt Marx Wulff. »Wo würde ich wohl bleiben, wenn der Minister mir jetzt unter irgendeinem Vorwand rückwärts aus dem Geschirr läuft, ich möchte den Vormundschaftsrichter nicht sehen!« Aber Dr. Heinrich Steiger wird Wort halten, davon ist Marx Wulff felsenfest überzeugt, und Christian Paulsen pflichtet bei: »Sonst hätte ich den Handschlag mit ihm nicht gewechselt« und fügt hinzu: »Gott erhalte uns den Minister!« Mit diesem Abendgebet beschließt man den Tag und geht zur Ruhe.

Natürlich haben die beiden Männer ihre Ziele noch nicht im Handstreich erreicht. Aber die ersten Ergebnisse berechtigen zu hoffnungsvoller Zuversicht. Die diesbezüglichen Verhandlungen, die in die folgenden dramatischen Ereignisse mit hineinspielen, ziehen sich noch über Jahre hin. Der

Übersichtlichkeit halber nehmen wir vorweg, was letztendlich erreicht wird:
1. Die Domänenkaufrente wird auf Beschluß vom 28. 7. 1928 (!) aufgeschoben bis zum 1. 4. 1929
2. Die Rückzahlung der »kleinen Kredite« soll am 1. 1. 1928 beginnen. Bis dahin sind sie lediglich zu verzinsen.

Christian Paulsen richtet in seinem Buchwerk hierfür ein besonderes Konto ein; er nennt es »Zinsen- und Treuhandfond«.

Am Morgen nach diesem verheißungsvollen Berliner Verhandlungstag versäumt es Paulsen nicht, den Direktor der Reichsrundfunkgesellschaft aufzusuchen. Bei einer so günstigen Konstellation wäre es geradezu eine Unterlassungssünde, jetzt nicht einen Schritt vorauszudenken. Das leuchtet auch Marx Wulff ein, und er übernimmt es, all den in Berlin erreichbaren Männern einen Höflichkeitsbesuch abzustatten, die Söhrnsen-Petersen zu seiner Werbeaktion für den Deichbau auserkoren hat. »Mach's gut«, ruft wieder einer dem anderen zu, und als man sich nach getaner Arbeit am Lehrter Bahnhof zur Heimreise trifft, ist wieder einer gespannt auf den anderen.

Marx Wulff ist guter Dinge: »Die machen alle mit!« sagt er fröhlich und fragt gleichzeitig etwas lauernd: »Sag mal, Christian, wie ging es denn dir bei deinem Radiomenschen?« Er hofft dabei im stillen, diesmal mit dem besseren Erfolg nach Hause zu kommen, meint, daß der Reichsrundfunk sich doch wohl kaum mit so etwas abgeben wird. Aber sein Christian lächelt nur: »Von dem bekomme ich doch, was ich will!« Marx weiß nicht um das enge Vertrauens-, ja Freundschaftsverhältnis dieser beiden Männer. Noch zu Lebzeiten Sönke Nissens haben sie sich vor nun schon fünf Jahren auf dem Herrenhaus in Glinde im Kreise der alten »Afrikaner« kennengelernt. Das sagt wohl alles!

Wie immer, wenn es aus Berlin etwas Gutes zu berichten gibt, wird dieses bei der Rückfahrt telefonisch vorweg nach Hause durchgegeben. Denn wir können uns nur zu gut vorstellen, wie die übrigen Genossen, nicht nur vom Vorstand und Aufsichtsrat, sondern alle miteinander hoffend und bangend warten und sich fragen: »Was bringen die beiden nun mit nach Hause?«

Im D-Zug nach Hamburg wird zunächst geschrieben, dann plaudert man behaglich und macht sich Gedanken, wie es weitergehen soll. Die am 18. Dezember 1925 endgültig festgelegten Kolonate müssen den einzelnen Genossen und dem Nachlaß zur Nutzung für eigene Rechnung zugewiesen werden. –

Es ist nicht mehr weit bis zur Frühjahrsbestellung. Die Genossen müssen sich nach weiterem Betriebsbesatz, Pferden, Treckern und Ackergeräten umsehen. Das erfordert noch mehr Geldmittel. Auch die Frage der Gebäudeerrichtung nimmt konkrete Formen an und macht flüssige Mittel notwendig. Architekt Heinrich Stav muß seine Vorschläge unterbreiten. Wie aber will man überhaupt in den entstehenden Koog mit Pferd und Wagen sowie Baustoffuhren hineinkommen? Durchstiche bzw. Abtragungen bei den alten, bisher noch unter Schau stehenden Deichen werden erforderlich. Wie stellen sich Deichamt und Landespolizei dazu, besonders im Hinblick auf den noch unfertigen neuen Seedeich? So müssen auch hier Verhandlungen geführt werden. Außerdem muß die Werbeaktion eingeleitet werden, von der man sich viel Erfolg verspricht. Es ist also genug zu tun. »Wie gut, daß wir diesmal die Finanzierung in Ordnung haben«, sagt Marx Wulff. Sein Gegenüber bestätigt das zwar, weist aber gleichzeitig darauf hin, daß nach neuerlicher Bereitstellung der Geldmittel aus dem Nachlaßvermögen nunmehr rd. zwei Millionen RM ohne jede dingliche Absicherung buchstäblich in der Luft hängen. Er fügt hinzu, daß ihm als Testamentsvollstrecker die schriftlich garantierte Vorrangeinräumung für dieses Geld nichts, aber auch gar nichts nützt, solange die Genossenschaft nicht im Grundbuch steht. Hier ein Handschlag, und dort ein Stück Papier; und dabei geht es um Millionen fremden Geldes, welches er nur treuhänderisch, mit einem Vormundschaftsgericht im Nacken, zu verwalten hat. Wohl besagen seine unumschränkten Vollmachten, daß er nach eigenem Ermessen handeln kann, aber er muß jederzeit in der Lage sein, Rechenschaft abzulegen. »Söhrnsen-Petersen muß nun endlich sehen, daß er die Grundbuchsache in Ordnung bringt«, sagt er etwas nervös. Aber Marx Wulff beruhigt ihn: »Christian, wir alle wissen, was du für uns auf dein Kreuz nimmst. Keiner, aber auch nicht einer von uns würde das an deiner Stelle wagen, auch ich nicht. Deine Haltung wird man dir nie vergessen!« Paulsen versichert, daß er die Genossen nicht im Stich lassen wird.
Auf dem Hamburger Hauptbahnhof verabschieden sie sich. Wie oft haben sie das, von Berlin kommend, nun schon getan, und wie oft wird es noch geschehen!
Zu Hause angekommen, macht Marx Wulff gute Stimmung unter den Genossen. Für Christian Paulsen hat Heinrich Wulff wieder eine Mappe voll Post in Sachen übrige Nachlaßverwaltung.
Während der Durchsicht kommt ein Anruf von Söhrnsen-Petersen: Die Grundbuchsache nimmt greifbare Formen an. Er weiß, wie wichtig das für

Paulsen ist. »Na, Gott sei Dank!« ruft dieser erleichtert in das Telefon. Jetzt ist ihm wohler. Der Kulturamtsvorsteher hält nun den Zeitpunkt für gekommen, die Werbeaktion anlaufen zu lassen.

Inzwischen hat Assessor Dr. Berensmann von der Regierung in Schleswig Besuch. Der Chefingenieur der Mitteldeutschen Tiefbaugesellschaft gibt sich die Ehre. Nachdem Dr. Carl Hennings ihn in den vergangenen Herbstmonaten so geschickt hingehalten hat, unterstützt von Regierungspräsident Dr. Johannssen, und nachdem die Genossenschaft sich weigert, mit ihm gemeinsam gegen den Fiskus zu marschieren, sucht er andere Mittel und Wege, das bisher beim Deichbau eingebüßte Geld wieder hereinzubekommen. Hier hält er jetzt dem jungen Assessor vor, daß der Schaden von 750 000,00 RM, den Obering. Dörr ermittelt haben will, einzig und allein auf die vertraglich vorgeschriebene, technisch aber völlig undurchführbare Bauweise zurückzuführen sei. Er, Berensmann, trage dafür die Verantwortung.

Aber Rathjens ist an der falschen Adresse: »Meine Tätigkeit hat sich lediglich darauf beschränkt, den Vertrag zwischen Wulff und der Regierung zu beurkunden.« Mit der eigentlichen ›Sache‹ habe er nichts zu tun. Ordentlicher Dezernet für die domänenfiskalischen Ländereien an der Westküste sei Regierungsrat v. Hedemann, für technische Fragen Regierungs- und Baurat Heekt und in Deichaufsichtssachen Regierungsrat Dr. Kölle. »Nun gut«, sagt der Chefingenieur, »auf alle Fälle bringe ich den Beweis für die Undurchführbarkeit des Projektes.« Mit diesem in der Hand, so fährt er fort, will er vorsorglich Vermögensobjekte der Genossenschaft mit Beschlag belegen. Damit verabschiedet er sich.

Der Regierungsassessor Dr. Gustav Berensmann ist ein ausgezeichneter Jurist. Bekanntlich werden damals nur sogenannte »Prädikatsassessoren« in den Staatsdienst übernommen, d. h. junge Juristen, die ihre zweite Staatsprüfung, den Assessor, mindestens mit der Note »gut« abgelegt haben. Jetzt überlegt er blitzschnell. Eine kurze Rückfrage bei Baurat Heekt läßt ihn erfahren, daß eine Anfechtbarkeit des Projektes mit Sicherheit nicht auszuschließen ist. Heekt kennt nicht §2 des Vertrages v. 26. 10. 23 und Berensmann, der den Vertrag selbst beurkundet hat, denkt in der Aufregung nicht daran! Wie wichtig kann doch ein scheinbar nebensächlicher Hinweis sein (s. S. 73)! Schon hat er den Telefonhörer in der Hand, er verlangt dringend Söhrnsen-Petersen in Flensburg.

Als dieser sich meldet, fragt Berensmann, ob es nicht möglich sei, die Kolonate im Sönke Nissen-Koog gleich direkt an die einzelnen Siedler bzw. die Nissenschen Erben grundbuchmäßig aufzulassen. Der Kulturamtsvorsteher läßt wissen, daß so etwas völlig ausgeschlossen ist. Als Einzelpersonen können die Siedler erst dann zu grundbuchlichem Eigentum kommen, wenn die endgültige Abschlußurkunde im Siedlungsverfahren aufgestellt, der sogenannte Rentengutsrezeß vollzogen ist. Dieses wiederum hat zur Voraussetzung, daß effektiv fertige, selbständig lebensfähige Siedlungen, also mit Gebäuden, totem und lebendem Inventar und geregelten öffentlich-rechtlichen Verhältnissen vorhanden sind. In unserem Falle stehen diese Dinge alle noch in den Sternen. Man weiß ja noch nicht einmal, woher das Geld für die Gebäudeerrichtung kommen soll, geschweige denn für die Chaussierung der Wege. Darüber können noch ein bis zwei Jahre vergehen. »Aber warum sind Sie denn so aufgeregt?« will Söhrnsen-Petersen wissen, »es läuft doch alles gut.« Er versteht das nicht. Gerade hat er den bevorstehenden Abschluß der Grundbuchsache nach Glinde mitgeteilt, und Paulsen freut sich wie ein Junge, der einem bissigen Hund entwischt ist, da kommt man von der Regierung mit solchen Sachen! Als aber der Schleswiger Assessor berichtet, was er zu wissen bekommen hat, erkennt auch der Flensburger Siedlungsmann augenblicklich die tödliche Gefahr. Als versierte Juristen sind sich die beiden Männer am Telefon über folgende Sache restlos einig: Das Neuland ist das einzige nennenswerte Vermögensobjekt, über welches die Genossenschaft verfügt.

Gelingt Rathjens der fragliche Beweis, vielleicht gestützt auf ein Sachverständigengutachten, dann kann er bei vorhandenem Grundbuchblatt ohne weiteres die Zwangseintragung der von ihm gegen die Genossenschaft erhobenen Forderung vornehmen lassen. Wenn er von 750 000,00 RM redet, verlangt er bestimmt die Eintragung von einer Million und mehr. Dann sind die rd. 1000 ha nutzbares Neuland insgesamt belastet mit dem Nachlaßkredit, dem Kaufpreis und der Forderung Rathjens in einer Höhe von insgesamt 4,3 Millionen RM. Das ist mehr als das Doppelte von dem, was es im Augenblick, wohlwollend geschätzt, wert ist. Da helfen auch keine staatlichen Siedlungskredite mehr, im Gegenteil, die kommen gar nicht erst! Dieser Fall muß also unbedingt vermieden werden. Jetzt versteht Söhrnsen-Petersen auch die Frage, ob nicht die Siedler direkt mit ihren einzelnen Kolonaten in das Grundbuch eingetragen werden können. Dann wäre es nämlich möglich, das Land durch Eintragung von Rentenguts-Sperrvermerken auf den einzelnen Siedlungen vor dem Zugriff der Unternehmerfirma zu schützen. Aber das geht ja leider nicht, wie uns der Kulturamtsvorsteher sagt. Also heißt es, mit der Eintragung für die Genossenschaft kurztreten. So, wie die Sache im Augenblick vorbereitet ist, kann sie nicht zum Amtsgericht; denn es muß damit gerechnet werden, daß Rathjens dort auf der Lauer liegt. Es kostet also wieder Zeit. »Das tut mir aber leid für Paulsen und seinen Nachlaß-Kredit«, meint Berensmann. Der Kulturamtsvorsteher verspricht, Paulsen nicht in Gefahr zu bringen: »Der böse Hund soll ihn nicht beißen, dafür sorge diesmal *ich!*« sagt er und beendet das Gespräch.

Söhrnsen-Petersen ist einer von denen, die dem Chefingenieur mit seinem erlittenen Schaden nicht so recht über den Weg trauen; zum mindesten hält er die gemachten Angaben für übertrieben. Die Sache mit dem Mangel an flüssigem Geld aber will er diesem routinierten Taktiker ganz und gar nicht abkaufen. Und dieser Mann kommt jetzt mit Zwangseintragungen und solchen Scherzen. »Na, warte!« denkt Söhrnsen-Petersen, »auf einen Spitzbuben gehören anderthalb!«

Zunächst bekommt Paulsen einen eingeschriebenen Brief. »Persönlich/Vertraulich« steht auf dem Umschlag. Das Dokument selbst trägt von Söhrnsen-Petersens eigener Hand den Vermerk »Streng Geheim!« Der Empfänger ist beim Lesen dieses Briefes anfangs nicht sonderlich beglückt, am Ende aber ist er doch beruhigt, ja sogar ein wenig belustigt. »Mit unserer Sicherheit müssen wir uns etwas gedulden«, sagt er zu Heinrich Wulff, »aber es besteht keine Gefahr. Da, lesen Sie mal!« Es ist selbstverständlich, daß Heinrich Wulff auch in die vertraulichsten Angelegenheiten Einblick hat. Anders geht es gar nicht. Nach Durchsicht des Briefes meint er: »Ich hätte nie geglaubt, daß dieser trockene preußische Beamte so ausgesprochen listig sein kann.«

Söhrnsen-Petersens weitere Maßnahme in dieser Sache heißt: »Das Ganze halt!« Sein Kanzleiobersekretär muß die Katasterunterlagen, die schon zum Grundbuchamt sollten, wieder aus der Registratur holen. »Wohin sollen sie denn?« fragt er seinen Dienstherrn ganz verwirrt. »In die Wiedervorlage, auf Abruf«, kommt es zurück. Nun versteht der brave Adlatus gar nichts mehr. »Es war doch so eilig«, meint er ganz bescheiden. Da fährt der Kulturamtsvorsteher auf: »Neue Lage! Im übrigen merken Sie sich: Keine Sache ist so eilig, als daß sie nicht durch längeres Liegenlassen noch eiliger werden könnte. Ist das klar?« Das gibt dem Obersekretär den Rest; deswegen sagt er: »Sehr wohl, Herr Regierungsrat!« —

Söhrnsen-Petersen kommt häufig nach Bredstedt. Nicht nur der Deichbau, sondern auch der Mergelschacht zwischen Bredstedt und Dörpum sowie die Ödlandkultivierung im nahe Bredstedt gelegenen Lütjenholm führen ihn immer wieder in diese kleine Landstadt. Seinen Weg nimmt er mit der Eisenbahn von Flensburg über Löwenstedt, wo gleichzeitig die

Moorkultivierung in seiner Regie steht. Auch er hat also mehrere Eisen im Feuer und den Kopf genau so voll wie Christian Paulsen.

Anfang Januar sitzt der Flensburger Siedlungsmann, von Lütjenholm und Dörpum kommend, im Landschaftlichen Haus zu Bredstedt. Er will hier übernachten, da kein Zug mehr nach Flensburg fährt. Dr. Ing. Joachim Rathjens hat seinen zur Überwinterung im Louisenkoog aufgestellten Maschinenpark inspiziert, nicht ohne den Deich in Augenschein genommen zu haben, und steigt ebenfalls im führenden Haus am Platze ab.

Als er Söhrnsen-Petersen sieht, denkt er bei sich: »Gute Gelegenheit! Mal sehen, wie weit es mit dem Grundbuch ist; er muß es ja wissen.« Nach Begrüßung und allgemeinem Gespräch beim Teepunsch fragt der Flensburger, wie es denn am Deich aussieht. »Der hält«, sagt der Gefragte selbstbewußt und zeigt sich seinerseits höflich neugierig nach dem Stand der Dinge auf dem siedlungstechnischen Sektor der Angelegenheit, z. B. in Grundbuchsachen.

Jetzt weiß Söhrnsen-Petersen, was die Uhr geschlagen hat, und der brave, nüchtern denkende Siedlungsbeamte verwandelt sich in einen raffinierten Schauspieler, ja Komödianten. Er denkt an seinen Spruch vom Spitzbuben und lügt seinem Gegenüber aus vollem Halse vor: »Ich bin ja so dahinter her, daß die Genossenschaft endlich ein Grundbuchblatt bekommt. Sie wissen doch auch, wie sehr und warum Paulsen so furchtbar drängt.« Rathjens nickt eifrig und beifällig, muß sich aber weiterhin sagen lassen, daß das Vermessungspersonal der Landeskulturbehörden völlig überlastet ist. Man will dem Nachlaß ja so gern den Gefallen tun; aber es ist auf Monate hinaus keine Aussicht.

Der Chefingenieur bemüht sich, seine Enttäuschung zu verbergen; aber sein Gesprächspartner merkt, daß dieser erste Hieb gesessen hat. Dennoch will Rathjens wissen, wie die Sache nach erfolgter Vermessung dann vor sich geht. »Das ist verhältnismäßig einfach«, bekommt er zu hören, »da wird zunächst die Genossenschaft als Eigentümerin eingetragen, und dann kommen in einem und demselben Rechtsakt folgende Lasten und Beschränkungen hinzu: 2 Millionen für den Nachlaß, 1,3 Millionen für die Staatsdomänenverwaltung und danach die Auflassungsvormerkungen, für jeden einzelnen Genossen gekoppelt mit einem Rentenguts-Sperrvermerk«; und der Flensburger fügt hinzu, daß es seine Pflicht sei, die zukünftigen Rentengüter bei dieser an sich schon zu hohen Vorausbelastung vor weiteren Zugriffen von außen zu bewahren. Immerhin müsse doch damit gerechnet werden, daß der Kreis Husum seine Bürgschaften für die Reichs- und andere Kredite im Grundbuch abgesichert sehen

möchte. »Das muß ich verhindern«, schließt Söhrnsen-Petersen.
Da schmeckt dem Chefingenieur der Punsch nicht mehr. Halb ausgetrunken läßt er ihn stehen und verabschiedet sich unter dem Vorwand, daß sein Zug gleich gehe, am nächsten Tage müsse er schon wieder in Naumburg sein. »Was Sie nicht sagen«, meint Söhrnsen-Petersen, »da wünsche ich aber gute Reise!« –
Der Siedlungsmann trinkt behaglich seinen Punsch aus und bestellt sich einen weiteren. Ganz im Gegenteil zu Dr. Rathjens schmeckt er ihm heute abend besonders gut. Auch kann er es sich nicht verkneifen, Syndikus Dr. Hennings anzurufen, der nur wenige Schritte vom Hotel entfernt wohnt. Dieser kommt sofort, und beim Teepunsch lacht und scherzt man ob des gelungenen Streiches. »Der gute Rathjens hat uns beide sicher in sein Herz geschlossen«, sagt Dr. Hennings. In fröhlicher Stimmung ruft Söhrnsen-Petersen Gut Glinde an. In Anspielung auf das streng geheime Einschreiben teilt er Christian Paulsen mit: »Erledigt!« – Selten hat auf Gut Glinde einer so ruhig geschlafen wie in dieser Nacht.
Indessen sitzt Dr. Ing. Joachim Rathjens im Eilzug von Bredstedt nach Hamburg. Nervös trommelt er mit seinen Fingern gegen die Fensterscheibe seines Abteils: »Erst der Advokat, und jetzt dieser Siedlungskerl!« denkt er und fühlt sich zum zweiten Mal überspielt. »Das wird zurückgezahlt!« schwört er sich. –
Die Deichbaugenossen sind an Rückschlägen, Enttäuschungen und Zwischenfällen einiges gewohnt; jetzt aber holt der Naumburger Chefingenieur von der Mitteldeutschen Tiefbaugesellschaft zu dem gefährlichsten Schlag aus, den die Deichbaugenossenschaft Sönke Nissen-Koog in ihrer ganzen Geschichte je bekommen hat.
In Hamburg unterbricht Dr. Rathjens seine Reise und sucht mehrere Berufskollegen auf, bei denen er bereits Gutachten in Sachen Deichbau in Auftrag gegeben hat. Er beschleunigt die Arbeiten, will noch vor Beginn der Bausaison die Entscheidung herbeiführen. In Berlin und Naumburg verständigt er sich kurz mit den Brüdern Polensky, die ihm zustimmen. Dann geht es über Hamburg zurück nach Bredstedt, wo er sich bei Rechtsanwalt Dr. Carl Hennings durch dessen Bürovorsteher melden läßt.
Es ist die zweite Januarwoche 1926.
Der Syndikus ist in seinem Bredstedter Anwaltsbüro gerade damit beschäftigt, eine Notiz für die Presse in Sachen Werbeaktion für den Deichbau zu entwerfen, als der angemeldete Besucher eintritt. Dieser trägt ein Bündel Akten unter dem Arm: »Damit die ganze Angelegenheit gleich ohne Zeitverlust in die richtigen Hände gerät, komme ich direkt zu Ih-

nen«, sagt Dr. Rathjens. Damit legt er dem Bredstedter Anwalt dreizehn Sachverständigengutachten auf den Schreibtisch, welche die angebliche Undurchführbarkeit des Deichbauprojektes zum Gegenstand haben. Rathjens macht jetzt tatsächlich Ernst, er geht aufs Ganze, will das Schiedsgericht anrufen.

Deswegen fordert er Dr. Hennings auf, beim Landgerichtspräsidenten die Ernennung eines Obmannes zu erwirken und für die Genossenschaft einen Schiedsrichter zu bestellen. »Aber kommen Sie mir nicht mit diesem Dr. Berensmann; der ist befangen und will sich nur bei der Regierung die Sporen verdienen«, bemerkt der Chefingenieur dazu und rät darüberhinaus dem Anwalt, die Gutachten genau zu studieren, »damit Sie gleich wissen, auf welch verlorenem Posten Sie diesmal zu kämpfen die Ehre haben werden!« Mit dem Hinweis, daß die eigentliche Klageschrift in Kürze folgen werde, verabschiedet sich Dr. Rathjens, nachdem er seine bereits bekannten Forderungen, zwei Millionen RM Schadensersatz und Entlassung aus dem Bauvertrag, erneut angekündigt hat. Gleichzeitig läßt er den Syndikus wissen, daß über eine Fortsetzung der Deichbauarbeiten erst dann gesprochen werden könne, wenn der bevorstehende Schiedsgerichtsprozeß eine Entscheidung gebracht habe.

Die unterzeichneten Gutachter sind vorwiegend leitende Ingenieure großer Tiefbaufirmen. Auch ein holländisches Unternehmen ist nicht vergessen worden. Bekanntlich verstehen die Holländer sehr viel vom Deichbau. Ganz besonders schwerwiegend aber erscheinen dem Syndikus die Unterschriften eines Oberregierungs- und Baurates vom preußischen Landwirtschaftsministerium und eines Baurates von der Regierung Schleswig. Auch diese Männer, sozusagen aus dem eigenen Lager, bezweifeln die Richtigkeit der von der Regierung vorgeschriebenen Bauweise. Darauf folgt wieder die heikle Frage, wer den eingetretenen Schaden zu vertreten hat.

In diesem Sinne äußert sich Dr. Hennings auf der zum 12. Januar 1926 eiligst einberufenen Vorstandssitzung. Darüberhinaus trägt er vor, daß nach seiner Auffassung die Lage der Genossenschaft im kommenden Prozeß wesentlich ungünstiger sein werde als im Jahr davor, da die technische Leistungsfähigkeit der zweiten Unternehmerfirma unbestreitbar sei. Von einer Widerklage ist deswegen auch keine Rede. Man will zunächst die Klageschrift abwarten und strengstes Stillschweigen bewahren. Es muß auf alle Fälle vermieden werden, daß durch unsachgemäße Berichterstattung in der Öffentlichkeit ein ungünstiger Eindruck entsteht.

Tatsächlich läßt die Klageschrift nicht lange auf sich warten. Mit Datum vom 3. Februar liegt sie am 10. dieses Monats auf dem Schreibtisch von Dr. Carl Hennings. Außer den bereits vorliegenden Sachverständigengutachten ist ein umfangreiches Zahlen-, Zeichnungs- und Bildmaterial sowie eine große Übersicht mit Massenberechnungen beigefügt.

Die eigentliche Klageschrift selber ist außerordentlich geschickt abgefaßt. Wer sie liest, ohne um den tatsächlichen Ablauf der Geschehnisse in unserer bisherigen Deichbaugeschichte zu wissen und darüberhinaus keine Kenntnis hat von der rätselhaften Vorgeschichte unseres Watt- und Vorlandes mit seinen unberechenbaren Untergrundverhältnissen, muß zu der Auffassung gelangen, daß die Genossenschaft in diesem Falle keine, aber auch nicht die geringste Chance hat.

Nicht nur die einzelnen angetroffenen Moornester, sondern auch Schichten von seifigem Klei und anderem nassen Untergrund werden ins Feld geführt. Diese allesamt seien unter dem Druck des gewaltigen Deichkörpers, dem Wege des geringsten Widerstandes folgend, in den nun schon so umstrittenen Innengraben ausgewichen und dort wie aufspringende Knospen aus der Sohle herausgetreten. Ein klarer Beweis, so argumentiert man, daß die Innenberme mit nur sieben Metern bis zum Entnahmegraben zu schmal angelegt sei. Das Heraustreten der weggedrückten Schichten wiederum habe es unmöglich gemacht, die Erde zum Nachfüllen an den Versackungsstellen weiterhin aus dem Innengraben zu entnehmen, also in dem sehr preisgünstigen sogenannten Querbetrieb. Stattdessen, so sagt die Klageschrift, hat die verlorengegangene Deicherde im nochmaligen Arbeitsgang durch den mehr als sechsmal so teuren Längstransport herangefördert werden müssen. Außerdem werden Arbeitserschwernisse, Zeitverlust, Wertminderung des Maschinenparks und andere Argumente mehr geltend gemacht. Aus alledem rechnet sich die Mitteldeutsche Tiefbaugesellschaft einen Schadensersatzanspruch von rd. zwei Millionen RM heraus (genau: 1 953 337,00 RM) und verlangt außerdem die Entbindung von der Verpflichtung zur Fertigstellung des Deiches.

Kernstück der Klage bleibt die Behauptung der Undurchführbarkeit des Bauprojektes, aufgestellt von Rentmeister Hinrichs, der damit zum Prügelknaben des ganzen Prozesses wird.

Auf den Antrag der Genossenschaft, den Obmann für ein Schiedsgericht zu bestimmen, ernennt der Landgerichtspräsident den Tönninger Amtsgerichtsrat Dr. Henningsen (nicht zu verwechseln mit unserem Dr. Hennings!). Zum Schiedsrichter beruft er den von seiten der Genossen benannten Dr. Berensmann trotz Gegenvorstellungen der Unternehmerfirma. Das Schiedsgericht setzt den Streitwert des angestrengten Prozesses auf drei Millionen RM. Diese Wertfestsetzung stimmt den Syndikus Dr. Hennings äußerst nachdenklich, da sie nach seiner Meinung die Vermutung zuläßt, daß die von der Tiefbaufirma aufgemachte Rechnung für bare Münze genommen wird, während er sie für weit übertrieben hält. »Ein erschütternder Betrag«, sagt Söhrnsen-Petersen, »das wird ein Kampf auf Leben und Tod!«

Mit dem Eingang der offiziellen Klageschrift und der daraus folgenden Konstitution eines Schiedsgerichtes ist natürlich an eine Geheimhaltung der ganzen gefährlichen Sache nicht mehr zu denken, sehr zum Leidwesen der führenden Männer der Genossenschaft. Will man doch gerade nach Sicherstellung der restlichen Vorfinanzierung des Deichbaues (durch den Nachlaß) werbend an die Öffentlichkeit herantreten.

Dem preußischen Landwirtschaftsminister Dr. Heinrich Steiger soll für die Einlösung seines Wortes der Rücken gestärkt werden und die Voraussetzungen hierfür sind ausgesprochen gut: Alle von Söhrnsen-Petersen in Aussicht genommenen Persönlichkeiten, nicht etwa nur diejenigen, welche Marx Wulff in Berlin aufgesucht hat, zeigen Verständnis und sichern Unterstützung zu. Auch der Sozialdemokrat Peters, Hochdonn, steht nach dem Bericht des Kulturamtsvorstehers nicht abseits. Zwar hätte er gern zehn Prozent der Neulandfläche in Kleinsiedlungen gehabt, ist aber einsichtig genug, zu erkennen, daß wegen der Sicherheiten, die hier von der Nachlaßverwaltung gefordert werden müssen, keine Möglichkeit besteht. Auch die Presse zeigt sich zu wohlwollender Berichterstattung geneigt.

So günstig stehen also die Zeichen; und jetzt dieses Dilemma! »Uns bleibt doch wirklich nichts erspart!« denkt Christian Paulsen. Aber gleichzeitig hält er sich selbst sein eigenes Zitat vor, das er beim ersten Spatenstich und bei der Schleusenweihe gesprochen hat: »Was Du begonnen, führe zu Ende, in Treue fest!« Damit ist für ihn klar, daß dieser Kampf durchgestanden werden muß. Klar ist ihm auch, daß es die schwierigste, gefährlichste und nervenaufreibendste Auseinandersetzung wird, welche die Deichbaugenossenschaft bisher je zu überstehen gehabt hat. Auch für den Nachlaß wird es gefährlich!

Darum kniet Paulsen sich selbst in alle Einzelheiten dieser Materie, sowohl in juristischer als auch in rechnerischer und tiefbautechnischer Hinsicht. Domänenrent- und Bauoberinspektor Wilhelm Hinrichs, von der Mitteldeutschen Tiefbaugesellschaft zum Sündenbock gestempelt, muß hier für die Genossenschaft zum Turm in der Schlacht werden. Er muß unbedingt seine Bauweise mit Erfolg verteidigen. Deswegen schließt

Paulsen in dieser Angelegenheit unter dem 1. März 1926 einen Brief an Hinrichs mit den Worten: »Und daher bitte ich Sie, sich mit allem Nachdruck und aller Schärfe dieser Aufgabe zuzuwenden. In dieser wichtigen Frage sind wir allein auf Sie angewiesen!«

Hier ist der Fall eingetreten, den man in den ersten Wochen des Bestehens der Genossenschaft prophylaktisch einkalkuliert hat (vgl.: S. 81): Der Rentmeister muß jetzt zur Rettung der Genossenschaft seine eigene Sache vertreten, für ihn eine Prestige-, für die Genossen eine Existenzfrage. Manch einer der eilfertigen Kritiker von damals ist jetzt gern bereit, dem Deichbauexperten mit seiner nunmehr fast 30jährigen praktischen Erfahrung einen oder auch zwei Hektar Land mehr zu dotieren, wenn er sich nur behauptet. So können die Dinge sich wandeln!

Der Rentmeister selbst, auf diese Weise gefordert, läßt nicht lange auf sich warten und verkennt seine Lage dabei keineswegs. Mit Dr. Rathjens und seinen Gutachtern stehen ihm vierzehn versierte Fachleute gegenüber, welche die Undurchführbarkeit seines Projektes übereinstimmend behaupten: »Er steht mit seiner Ansicht allein«, heißt es in der scheinbar vernichtenden Klageschrift. Aber Hinrichs läßt sich nicht einschüchtern. »Der Starke ist am mächtigsten allein«, denkt er und geht mit Fleiß und Gründlichkeit an die Arbeit.

Punkt für Punkt nimmt er Stellung zu den teilweise schwer belastenden Argumenten der Gegenseite, widerlegt diese oder entkräftet sie zum mindesten und rechtfertigt seine eigenen Methoden. Immer wieder weist er auf die mit ihnen erzielten Erfolge im praktischen Deichbau hin. Wichtigster Gegenbeweis: Beim Bau des Cecilienkoogs-Deiches, ohne Innengraben (!), ist es ebenfalls zu unvorhersehbaren Versackungen und Rutschungen gekommen. »Die Untergrundverhältnisse in unserem Watt- und Vorland bergen nun einmal für Wissenschaftler und Praktiker schwierige Probleme«, schließt Hinrichs seine Apologie.

Gleichzeitig befaßt sich Paulsen besonders mit der rechnerischen Seite der Klageschrift. Kritisch geht er den Dingen auf den Grund und prüft seinerseits in dieser Richtung Punkt für Punkt. Dabei nimmt er mit seinem bekannten Rechenstift das gesamte Zahlenwerk dieser Sache buchstäblich auseinander.

Syndikus Dr. Carl Hennings kommt aus juristischer Sicht zu folgender Auffassung: Die Mitteldeutsche Tiefbaugesellschaft hat anerkanntermaßen mit großer Energie und Umsicht die Arbeit angepackt und vorangetrieben mit dem offensichtlichen Ziel, den Deich in einer einzigen Bauperiode fertigzustellen. Zu diesem Zweck hat sie 900, ja in der Spitzenzeit

sogar bis zu 1000 Arbeiter eingestellt, strapaziert dabei ihr Lohnkonto erheblich und kommt im Herbst 1925 in Zahlungsschwierigkeiten. Jetzt sucht man einen Ausweg und behauptet, das Heraustreten der ungünstigen Untergrundmassen habe die Unternehmerin daran gehindert, soviel Erde aus dem Innengraben zu entnehmen, wie man sich erhofft habe.
Zur angeblichen technischen Undurchführbarkeit des Projektes führt Dr. Hennigs weiter aus: Die Hinrichs'sche Bauweise ist keineswegs zwingend vorgeschrieben. Abweichungen bedürfen lediglich der Genehmigung durch die Regierung gemäß § 2 des Bauvertrages vom Oktober 1923 (s. S. 73, vgl. auch S. 180). Die Möglichkeit, diese einzuholen, hat Dr. Rathjens selbst verbaut, und zwar dadurch, daß er diese Frage koppeln will mit der Schadensersatzforderung gegen die Regierung.
Mit diesen Argumenten und denen von Hinrichs und Paulsen baut nun der Syndikus seine Klagebeantwortung auf. Es ist das zweite Meisterstück, das Dr. Carl Hennings in diesem Zusammenhang liefert. Wer diesen Schriftsatz wiederum unbefangen liest, muß mit des Anwalts eigenen Worten sagen, daß die Klage in sich zusammenfällt.
»Das hast du elegant gemacht«, sagt Christian Paulsen zu seinem Bredstedter Freund, als die Reinschrift unter dem 29. März 1926 auf den Weg gebracht wird. Aber weder er noch der Anwalt noch der Rentmeister machen sich Illusionen darüber, daß es sich hier sowohl in juristischer als auch in tiefbautechnischer Hinsicht um einen ausgesprochenen Grenzfall handelt, bei welchem die beiderseitigen Chancen gleichauf stehen. Der festgesetzte Streitwert gemahnt an den Ernst der Situation. Gemessen an heutigen Deichbaukosten und, sofern überhaupt möglich, an den Geldwertrelationen von damals und heute, geht es hier, in D-Mark ausgedrückt, um schlichte zwanzig Millionen!
Fürwahr, Söhrnsen-Petersen übertreibt keineswegs, wenn er hier von einem Kampf auf Leben und Tod spricht.
Dementsprechend ist auch die Tatsache, daß eine schicksalhafte Entscheidung bevorsteht, nicht ohne Auswirkung auf die einzelnen Genossen. Zunehmende Unruhe, Nervosität und Unsicherheit, ja teilweise sogar Wankelmütigkeit macht sich unter ihnen bemerkbar. –
Inzwischen ist Mitte März das Wetter günstig geworden. Es ist an der Zeit, die Deichbauarbeiten wieder aufzunehmen und zu Ende zu führen. Aber Dr. Rathjens weigert sich. Er will erst die Entscheidung vom Schiedsgericht, wie bei Dr. Hennings angekündigt.
Der Obmann des Schiedsgerichtes, Amtsgerichtsrat Dr. Henningsen, stellt hierzu fest, daß die Unternehmerfirma unbeschadet des angestreng-

ten Prozesses zur Fortsetzung der Arbeiten nach Maßgabe des Bauvertrages vom 28./29. Dezember 1924 verpflichtet ist. Sie kann natürlich, so fährt er fort, auf eigenes Risiko vom Vertrage zurücktreten. Daraus würde sich für die Deichbaugenossenschaft die Notwendigkeit ergeben, mit einer dritten Firma in Verhandlungen zu treten, die wahrscheinlich nur zu noch höheren Preisen und noch größeren Vorschußleistungen an die Arbeit gehen würde. Das Schiedsgericht empfiehlt daher beiden Parteien bis zur Entscheidung des Prozesses unter dem 24. April 1926 folgenden Zwischenvergleich:

»Die Mitteldeutsche Tiefbaugesellschaft nimmt die Arbeit wieder auf und führt den Deichbau zu Ende. Die Deichbaugenossenschaft zahlt am dritten Tage nach effektiver Wiederaufnahme der Arbeiten einen Betrag von 20 000,00 RM ohne Sicherheit! Weiterhin zahlt sie Vorschüsse auf geleistete Arbeiten, und zwar wöchentlich nachträglich.«

Die Genossenschaft ist sofort bereit. Viel wertvolle Zeit ist schon verlorengegangen. Es muß weitergehen. Wie sagt doch Friedrich Schiller in seinem »Wallenstein«?: »Vorwärts mußt Du, denn zurück kannst Du nicht mehr!« – Nur einige wenige wissen, was Christian Paulsen mit der Annahme dieses Vorschlages auf sich nimmt. Über ihm hängt das Damoklesschwert des Prozesses um drei Millionen (zwei davon sind vom Nachlaß!), und darüberhinaus setzt er auf eigene Faust als alleinverantwortlicher Testamentsvollstrecker noch weitere nahezu dreiviertel Millionen Nachlaßvermögen ein, nur um seine Bauern vor dem Abgrund zu retten! Trotz Bereitschaft der Genossen zum Zwischenvergleich versucht es Dr. Rathjens mit diesem oder jenem Vorwand immer wieder, die Fortsetzung der Arbeiten am Deichbau hinauszuschieben. Er hält fest an seinem Ziel: Erst die Entscheidung des Schiedsgerichtes, dann sehen wir weiter.

Auf der anderen Seite steht Christian Paulsen und denkt bei sich: Erst muß der Deich fertig, dann können wir verhandeln! So verhärten sich die Fronten, eine fatale Situation für alle Genossen, besonders für den Nachlaßverwalter.

Denn man hat frisch-fröhlich inzwischen (mit Wirkung vom 1. Januar 1926) die im Plan-Wunschtermin festgelegten Kolonate den einzelnen Genossen bzw. dem Nachlaß zur Bewirtschaftung übergeben, ähnlich wie im Vorjahre die Neuvergabe der Arbeiten, ohne zu wissen, wer den 1. Schiedsgerichtsprozeß gewinnt. Seit Beginn der Bausaison werden für den Nachlaß bereits sechs Pachthöfe mit einer Durchschnittsgröße von 55 ha errichtet. Sorgsam ausgewählte Pächter bewirtschaften sie schon; auch die Bauernsiedler haben angefangen. Tausend Hektar Neuland sind mit

Hafer bestellt. Wie dies alles geschieht, lesen wir der Übersichtlichkeit halber weiter unten. Hier wird es nur eingeflochten, um den ganzen Ernst der Lage zu verdeutlichen.

Mit der bereits aufkommenden Unruhe unter den Genossen wird erneut die Forderung erhoben, zunächst keine Gebäude zu errichten. Aber dann gibt es kein Siedlungsverfahren. »So geht das auf keinen Fall«, sagt Christian Paulsen und weiß sich bald keinen Rat mehr. Da springt Marx Wulff in die Bresche. Er ist einer von den wenigen, die noch Bankkredit haben und geht mit leuchtendem Beispiel voran. Er scheut auch 12% Zinsen nicht und baut auf eigene Rechnung ein komplettes Wohn- und Wirtschaftsgebäude. Da horchen die anderen auf: »Wenn Marx schon auf eigene Faust baut und Christian dazu noch sechs komplette Nachlaßhöfe errichten läßt, dann haben die beiden sich etwas dabei gedacht«, kombinieren sie.

So ist es auch. Christian Paulsen macht nämlich jetzt zur Rettung des Zusammenhaltens in der Genossenschaft einen seiner klugen, wenn auch diesmal für ihn selbst gefährlichen Schachzüge: Aus dem Nachlaßvermögen bietet er den übrigen Genossen 250 000,00 RM Darlehen mit der Auflage an, diese ausschließlich für Gebäude-Errichtung zu verwenden. »Es ist ja nicht mehr für den Deichbau«, sagt er zu seiner eigenen Rechtfertigung vor sich selbst.

An dieser Verhaltensweise erkennen wir klar und eindeutig seine unbeirrbare Entschlossenheit, das Werk zu Ende zu führen, getreu seinem eigenen Wahlspruch und auf dem von ihm bereits beschrittenen Weg: Kein Paktieren mit der Unternehmerfirma gegen die Regierung, deren Wohlwollen er sich um jeden Preis erhalten will und muß.

Zögernd nehmen die Genossen die angebotenen Darlehen zu der damit verbundenen Bedingung nach und nach an. Dadurch ist das Siedlungsverfahren endgültig gesichert. »Nun haben wir sie wieder alle bei der Stange«, sagt Christian Paulsen, erleichtert aufatmend, zu Marx Wulff, »gut, daß du vorangegangen bist!« »Aber Christian«, gibt dieser zurück, »wir wissen doch immer einen Ausweg.« Das ist gut und richtig. Marx Wulff hat es erneut bewiesen, diesmal sogar unter persönlichen Opfern.

Dennoch kann der Nachlaßverwalter nicht ruhig schlafen. Es ist Anfang Mai. Aus Sönke Paulsens Betriebstagebuch entnehmen wir, daß das Jahr 1926 witterungsmäßig einen ausgesprochen günstigen Frühling und Sommer bringt. Aber immer noch geht es mit dem Deichbau nicht weiter. Christian Paulsens Nerven sind bis zum Zerreißen gespannt.

Das merken Landrat Dr. Clasen, Rentmeister Hinrichs und der Kulturamtsvorsteher, Regierungsrat Söhrnsen-Petersen. Er schreibt zu dieser Situation über Christian Paulsen: »Er blieb nach außen ruhig. Was in jenen Stunden in ihm vorging, verschloß er tief in seinem Inneren.« Aber der Kulturamtsvorsteher kennt inzwischen seinen Landsmann und weiß, daß hier unbedingt etwas geschehen muß. Deswegen wendet er sich in dieser Sache an den Landrat. »Schon erledigt«, sagt Dr. Clasen; denn er hat bereits den Regierungspräsidenten, Dr. Adolf Johannssen, verständigt, der auch prompt mit der gleichen Kommission wie am 16./17. November des Vorjahres an Ort und Stelle erscheint. Diesmal berichtet er nicht erst lange an den Landwirtschaftsminister Dr. Steiger, er handelt aus eigener Initiative, weil er weiß, daß es brennt.

Wiederum zeigt sich Dr. Rathjens als äußerst hartnäckiger Verhandlungspartner. Aber der Regierungspräsident ist ihm mindestens ebenbürtig, wenn nicht sogar überlegen. Diesmal nimmt er seinen Kontrahenten regelrecht in die Zange, und zwar nach der Methode »Peitsche und Zuckerbrot«. Er weiß nämlich, daß die Mitteldeutsche Tiefbaugesellschaft fast ausschließlich von Staatsaufträgen, durchweg Millionenprojekten, lebt. Bei nochmaliger Wiederholung seiner massiven Vorstellungen hinsichtlich des Rufes der Firma, besonders bei staatlichen Stellen, gibt Dr. Johannssen auf der anderen Seite dem Chefingenieur zu verstehen, daß das Naumburger Unternehmen unter gewissen Bedingungen bei anderen, durch das Ministerium zu vergebenden Arbeiten wohlwollend berücksichtigt werden würde. Welcher Art diese »gewissen Bedingungen« sind, braucht nicht gesagt zu werden; und so kommt es am 8. Mai 1926 zu dem vom Schiedsgericht empfohlenen Zwischenvergleich.

Weiter geht aber auch der Schiedsgerichtsprozeß, welcher mit dieser Zwischenlösung nichts zu tun hat. Es liegt lediglich in der Natur der Sache, daß Amtsgerichtsrat Dr. Henningsen, Obmann des Schiedsgerichtes, hier als Vermittler auftritt. Bezeichnend ist allerdings, daß er bei seiner Empfehlung an die streitenden Parteien das Wort »Zwischen*vergleich*« wählt und nicht etwa, was näher gelegen hätte, »Vorläufige Vereinbarung« oder »Interimslösung«. Man sieht hier deutlich, daß er schon an seine eigentliche echte Aufgabe denkt, nämlich den Prozeß zu entscheiden, wobei er, vermutlich unbewußt, zu erkennen gibt, welche Lösung ihm vorschwebt; und das ist der Vergleich. Seine beiden ihm zugeordneten Schiedsrichter, Dr. Berensmann für die Genossenschaft und Oberbaudirektor Dr. Wendemuth für die Mitteldeutsche Tiefbaugesellschaft, werden ihm in dieser Hinsicht beigepflichtet haben; denn die Empfehlung des Schiedsgerichtes an die streitenden Parteien trägt die Unterschriften aller drei Schiedsgerichtsmänner. Sie sind sich offenbar im klaren darüber, daß eine hundertprozentige, einseitige Entscheidung, die ohnehin auf des Messers Schneide steht, zwangsläufig zum Ruin der unterliegenden Partei führen muß. Vermutlich haben sie auch aus diesem Grunde den Streitwert so hoch angesetzt, um beide Seiten davon abzuschrecken, »aufs Ganze« zu gehen. Wie klar die drei Männer begrifflich trennen zwischen Fortsetzung des Deichbaues und Entscheidung des Prozesses, geht aus dem letzten Absatz der Empfehlung an die streitenden Parteien hervor, die wir hier wörtlich wiedergeben: »Weiterhin betont das Schiedsgericht ausdrücklich, daß diese Regelung über die Fortführung bzw. Wiederaufnahme der Arbeit weder für das Schiedsgericht noch für eine der Parteien präjudizierend wirkt. Die Entscheidung des Schiedsgerichts bleibt vielmehr unberührt.«

Klage und Klagebeantwortung sind ausgetauscht. Weitere Schriftsätze von beiden Seiten und schwierige Verhandlungen folgen. Hauptangriffsziel der Klägerin ist und bleibt Domänenrent- und Bauoberinspektor Wilhelm Hinrichs mit seiner Projektausführung. Aber der Rentmeister steht wie eine Eiche, wie ein Fels in der Brandung, ist einfach nicht umzuwerfen. Allerdings ist er seinerseits auch nicht in der Lage, die Unfehlbarkeit seiner Methode zu beweisen. Es nützt alles nichts: Die Partie steht remis! Selbst wenn die Genossenschaft sich auf die Seite der Unternehmerfirma schlagen und mit ihr gemeinsam gegen die Staatsdomänenverwaltung marschieren würde, kann keiner sagen, ob das etwas einbringt. Denn der § 2 des Kaufvertrages von 1923 hat nun einmal seine Haken und Ösen (vgl. S. 73).

In richtiger Beurteilung dieser Gesamtsituation kommen Amtsgerichtsrat Dr. Henningsen und seine beiden Schiedsrichter zu der Auffassung, daß hier ein Vergleich der vernünftigste Ausweg ist.

Sie schlagen den streitenden Parteien daher vor, daß die Deichbaugenossenschaft der Unternehmerfirma einen Aufpreis von 200 000,00 RM zahlt und ihr darüberhinaus die bisher überzahlten Baukosten in Höhe von 600 000,00 RM als Kredit überläßt. Dieser soll zur einen Hälfte in fünf, zur anderen in zehn Jahren bei angemessener Verzinsung rückzahlbar sein. Der Vorschlag geht den streitenden Parteien unter dem 13. Juni 1926 zu.

Bei der ungeheuren Tragweite einer solchen Entscheidung bleibt natürlich keine andere Wahl als die Einberufung einer Generalversammlung, um diese darüber befinden zu lassen.

Am 22. Juni 1926, 14.20 Uhr, eröffnet der Vorsitzende des Aufsichtsrates, Ludwig Lorenzen, Bordelum, die Generalversammlung und stellt die Ord-

nungsmäßigkeit ihrer Einberufung fest. Anwesend sind sämtliche Genossen außer Marx Wulff, so sagt es das handgeschriebene Originalprotokoll. In den Vorstands-, Aufsichtsrats- und Generalversammlungen der Deichbaugenossenschaft sind bisher viele wichtige Beschlüsse gefaßt worden. Hier aber fällt die schwerste Entscheidung, welche die Genossenschaft in ihrer gesamten Geschichte je zu treffen hat.
Dementsprechend ist auch die Spannung, welche an jenem Tage über dem »Landschaftlichen Haus« in Bredstedt liegt. Zum erstenmal kommt es zu Gegensätzen innerhalb der Genossenschaft. Alle anwesenden Vorstandsmitglieder sind Befürworter des Vergleichsvorschlages, während die Männer vom Aufsichtsrat ihn ablehnen, außer Dr. Carl Hennings. Dieser hält Vortrag über die gesamte Rechtslage und empfiehlt die Annahme des Vergleiches. Auch Christian Paulsen legt noch einmal die Gründe dar, die ihn veranlassen, den Genossen den Vergleich zu empfehlen. Wichtigster Punkt, wir wissen es: kein Ärger mit der Regierung.
Da kommt Moritz Sattler vom Aufsichtsrat zu Worte. Lautstark, mit äußerster Vehemenz hämmert er seine Meinung auf den Tisch.
Die Paukenschläge in Wagners »Götterdämmerung« können nicht wuchtiger sein. Theodor Söhrnsen-Petersen hat in seinem Buch über Christian Paulsen fast alle Genossen charakterisiert. Über Moritz schreibt er (Auszug): »Ein tüchtiges Mitglied ist Moritz Sattler. Er ist, wie wir sagten, ein Tiger, eifrig, aber aggressiv und in Verhandlungen überaus streitbarer Natur. Er stand zu seinen Worten und forderte unbedingtes Einhalten übernommener Verpflichtungen. Er war ungemein tätig auf jedem Posten, den er auszufüllen hatte. Er rechnete genau und ließ bei Ausübung seiner Aufsichtsratstätigkeit nicht das Geringste durchgehen.«
Und hier ist er gegen den Vergleich. Die Sache wird ihm zu gefährlich. Es ist nicht zu überhören. Ludwig Lorenzen, Vorsitzender des Aufsichtsrates, unterstützt ihn dabei; wenn auch nicht so impulsiv wie Moritz Sattler selbst. Aber beide finden Anhänger. Denn es steht die unausgesprochene Frage im Raum: »Kann denn Christian Paulsen uns überhaupt noch mit Sönke Nissens Geld weiter durchziehen? – Wird nicht eines Tages das Vormundschaftsgericht dem Testamentsvollstrecker Einhalt gebieten und wie dieser selbst sagen: Bis hierher und nicht weiter?« – Die Männer um Moritz Sattler und Ludwig Lorenzen sind in dieser Situation noch stark genug, sich aus der Affäre zu ziehen, d. h. sie können, ohne Schaden an ihrem Altbesitz zu nehmen, zurückzahlen, was sie in den ursprünglichen Darlehnsverträgen gegen dingliche Sicherheit vom Sönke Nissen-Nachlaß geliehen haben. Was der Testamentsvollstrecker Christian Paul-

sen darüberhinaus, nämlich dreimal so viel, auf eigene Verantwortung und vorerst ohne Sicherheit eingesetzt hat, interessiert die Gruppe nicht. Diese Männer wollen heraus aus dem Unternehmen und sich dadurch schadlos halten, daß sie mit der Unternehmerfirma gemeinsam gegen den Staat marschieren. Soll doch Christian Paulsen sehen, wie er es hat!
Auf der anderen Seite steht die Schar derjenigen, die schon jetzt nicht mehr in der Lage wären, die Nachlaßkredite zurückzuzahlen, ohne ihre Altbesitze zu gefährden. Sie müssen einfach darauf vertrauen, daß Christian Paulsen sie weiter mit Sönke Nissens Geld durchhält. Also: die Schwachen gegen die Starken!
Und die Schwachen siegen! Christian Paulsen läßt abstimmen. Von 21 anwesenden Genossen stimmen 11 für die Annahme des Vergleichsvorschlages, und bei einer Stimmenthaltung 9 (!) Genossen dagegen. – Da steht Moritz Sattler auf, gibt dem geschäftsführenden Vorstand der Deichbaugenossenschaft die Hand und sagt: »Christian, die Entscheidung ist gefallen, jetzt müssen wir zusammenhalten!« – Theodor Söhrnsen-Petersen schreibt dazu: »Wahrlich, das war echte Bauerndemokratie!«
Die Genossen stehen wieder zusammen. Wir entnehmen dem handgeschriebenen Protokoll: »Die an das Schiedsgericht z. Hd. des Herrn Obmanns zu richtende Antwort auf den Vergleichsvorschlag wurde formuliert und nachstehende Fassung einstimmig angenommen: Die Genossen auf seiten der Beklagten befinden sich in äußerster Bedrängnis. Die Klägerin hat durch eigene Fehler Bauerschwernisse herbeigeführt. Die Nichteinhaltung der Bautermine durch die Klägerin bedeutet eine unabsehbare schwere Gefährdung der Ernte, weil die Auswege aus dem Kooge (Durchstiche durch den alten Deich) voraussichtlich nicht rechtzeitig geschaffen werden dürfen.
Die Generalversammlung anerkannte *einstimmig* nicht, daß die Klägerin eine Zubuße seitens der Beklagten verdient hat und fürchtet verschiedene Schwierigkeiten in Verfolg des Vergleiches.«
Dann folgt die Bekanntgabe des knappen Abstimmungsergebnisses: »Der Vergleichsvorschlag ist angenommen. Herr Dr. Hennings übernahm die Absendung«, heißt es im Protokoll.
Damit ist die wichtigste Entscheidung in der gesamten Geschichte der Deichbaugenossenschaft gefällt. Alle Mitglieder sind sich über die ungeheure Tragweite dieses letztendlich einstimmig gefaßten Beschlusses einig. In geschlossener Phalanx stehen sie nach dieser dramatischen Kraftprobe wieder einmütig hinter ihrem Christian Paulsen; nur er kann noch helfen: Einer für alle, alle für einen! Das ist hier die Devise; denn auf so

ganz sicheren Füßen stehen die »Starken« wie wir sie genannt haben, auch nicht.

Darüberhinaus ist die Rechtslage dubios. Söhrnsen-Petersen schreibt dazu in seinem bereits erwähnten Buch über Christian Paulsen: »Die Koogsleute folgten ihm. Es war schon so, wir waren in Not und Gefahr, »a band of brothers«, (eine Bruderschaft). Hier verrät der Kulturamtsvorsteher sich selbst: »Wir«, schreibt er und zählt sich als zu den Deichbaugenossen gehörig, genau wie Landrat Dr. Clasen.

Wie die Unternehmerfirma auf den Vorschlag des Schiedsgerichts reagiert, ist aus dem Aktenwerk der Genossenschaft nicht ersichtlich. Nachgewiesen ist jedoch, daß Amtsgerichtsrat Dr. Henningsen Termin zur entscheidenden Verhandlung auf den 6. Juli 1926 beim Amtsgericht in Tönning anberaumt. Wegen der ungeheuren Bedeutung dieser Sache beschließen Vorstand und Aufsichtsrat, daß sämtliche Mitglieder beider Gremien zum Termin erscheinen sollen.

Sehr zum Leidwesen der Genossen ist die Angelegenheit ja nun doch an die Öffentlichkeit gedrungen. Aber keine Sache ist so dumm, als daß nicht etwas Ordentliches dabei herauskommt: Dank objektiver, wohlwollender Berichterstattung durch die Presse, auch über den bevorstehenden Prozeß mit seiner unabsehbaren Tragweite, erringen die Genossen in weiten Kreisen der heimischen Bevölkerung deren Sympathien. »Es ist und bleibt nun einmal ein großartiges Kulturwerk, ein Stück Heimatgeschichte. Nein, die wackeren Friesen und Dithmarscher dürfen für ihren Wagemut nicht bestraft werden, nachdem sie bisher so tapfer durchgehalten haben. Hoffentlich gelingt ihnen ein annehmbarer Vergleich.« So denken die meisten.

Anders unsere lieben Mißvergnügten: Neidisch haben sie dem Gang der Ereignisse bis hierher zugesehen. Jetzt lauern sie listig am Weg, reiben sich schadenfroh die Hände und wähnen sich endgültig am Ziel ihrer Wünsche. »Diesmal gibt es für Euch kein Entrinnen, diesmal geht Ihr über die Klinge!« –

Es naht der 6. Juli. Mit gemischten Gefühlen sehen alle Genossen diesem Tage entgegen. Als es schließlich soweit ist und Amtsgerichtsrat Dr. Henningsen die Sitzung eröffnet, herrscht wieder eine bis zum Bersten gespannte Atmosphäre. Noch einmal kreuzen die streitenden Parteien die Klingen. Erneut werden alle Argumente ins Feld geführt. Aus allen Rohren schießt Dr. Rathjens mit seinen Sachverständigen auf Rentmeister Hinrichs, der hier förmlich von der Rolle des Zeugen in einem Zivilprozeß

in die des Angeklagten in einem Strafprozeß gedrängt wird. Hinrichs muß einfach zu Fall gebracht werden; so will es Rathjens um jeden Preis. Aber es gelingt nicht. Söhrensen-Petersen, der den Vertrag beurkundet hat, um den es hier letztlich geht, macht seine Zeugenaussage, ohne dem Gericht damit neue Anhaltspunkte zu liefern. Zum Schluß dieser Verhandlungsphase duellieren sich noch einmal die Juristen in ihren Plädoyers. Dr. Carl Hennings zeigt sich hierbei ebenso elegant wie in seinen Schriftsätzen. Aber auch seine Kontrahenten, Drs. Oldenburg und Focke aus Hamburg, sind brillante Rhetoriker wie alle Juristen, die vor Gericht plädieren; das ist ihr Metier. Man kommt aber nicht weiter, die Fronten bleiben starr.
Deswegen empfiehlt der Obmann noch einmal den Vergleich und setzt eine Verhandlungspause an.
Auf dem Flur steht man in kleinen Gruppen, natürlich in angemessenem Abstand von denen der Gegenpartei, und unterhält sich. Aber nach wenigen Augenblicken kommt Dr. Rathjens herüber und zieht Paulsen am Rockärmel zu sich auf die Seite; in halblautem Ton spricht er mit ihm, leicht vornüber gebeugt; denn er ist fast einen Kopf größer als sein augenblicklicher Prozeßgegner. Schiedsrichter Dr. Berensmann steht nicht weit entfernt und kann trotz gedämpfter Stimme des Sprechers jedes Wort verstehen. Nach und nach verstummt auf dem Flur jegliche Unterhaltung, besonders die Männer vom Aufsichtsrat spitzen die Ohren. Aber auch alle übrigen Anwesenden wenden ihre Blicke den beiden Abseitsstehenden zu. Keiner außer Dr. Berensmann versteht ein Wort, und dennoch weiß jeder, was hier gespielt wird: Dr. Rathjens versucht noch einmal, Christian Paulsen für seinen bekannten Plan zu gewinnen, und zwar mit geradezu beschwörender Gebärde. Als er geendet hat, richtet er sich wieder auf, geht zwei bis drei Schritte zurück und sieht Paulsen fragend, ja bittend an. Die Genossen, Vorstand wie Aufsichtsrat, kommen näher an Christian Paulsen heran. Ja, sie umstellen ihn förmlich, und es scheint, als wolle bei den ursprünglichen Vergleichsgegnern der alte Widerstand erneut aufflackern. Aber es schwelt nur unter der Oberfläche; denn keiner sagt etwas. Einer sieht den anderen nur wortlos an, so, als wolle er sagen: »Sprich *du* doch!« Hierzu Söhrnsen-Petersen: »Auch Peter Volquardsen und Marx Wulff, die allzeit Wagemutigen und Frohen, schwiegen.« Also selbst derjenige Mann, welcher sonst nie um einen Ausweg verlegen ist, traut sich hier keine Entscheidung zu. »Nun mußte der Geschäftsführer erweisen, ob er wirklich die führende Persönlichkeit war. Wie wird Christian Paulsen sich stellen. Das war's.«

Was er will bzw. gerade nicht will, wissen die Vergleichsgegner genau. Dennoch spürt man, daß die bewußte Gruppe am liebsten diese offensichtlich letzte Gelegenheit ergreifen möchte, ungeachtet des Beschlusses der Generalversammlung, aus der Sache herauszukommen. Aber sie schweigen. Keiner traut sich. Hier kann man jedoch keineswegs den alten Römerspruch anwenden: »Si tacent, clamant!« (»Schweigen bedeutet Zustimmung«.) Christian Paulsen mag sich in seinen Gedanken vielmehr von einem anderen Spruch der Antike haben leiten lassen: »Fiat justitia, et pereat mundus!« (»Es geschehe Gerechtigkeit, möge die Welt auch darüber zugrunde gehen.«) Denn er ist im Recht, er hat einen vollgültigen Mehrheitsbeschluß in der Hand. Er fühlt aber genau, es werden einige wankelmütig. Sie möchten am liebsten die Sitzung vertagen lassen und in einer neuen Generalversammlung noch einmal abstimmen. Wie *das* dann ausfällt, kann bei dem knappen letzten Ergebnis keiner wissen. Marx Wulff ist bei der letzten Abstimmung nicht dabei gewesen, auch sagt er hier nichts. Was tut er gegebenenfalls ein nächstes Mal? Oder wie, wenn einer »umfällt«! In so heiklen Fällen besteht solche Gefahr immer. Das von Moritz Sattler geforderte und von Söhrnsen-Petersen so pathetisch gepriesene Zusammenhalten nach gefallener Entscheidung kann ins Gegenteil umschlagen; das führt unweigerlich zur Katastrophe.
Es muß unbedingt verhindert werden, daß ein solcher Fall eintritt. Um keinen Preis darf es dazu kommen, daß die Genossen ihre mühsam wiedererrungene Geschlossenheit erneut aufgeben und auseinanderbrechen. Dann rennen sie nämlich in ihr eigenes Verderben und stürzen den Nachlaß in eine schwere Krise.
Der Geschäftsführer sieht hinüber zu Wilhelm Hinrichs, der diesen Blick mit dem Gesichtsausdruck banger Erwartung zurückgibt. Den Rentmeister »in die Pfanne zu hauen«, wäre eine glatte Gesinnungslumperei. Oder etwa beim Landwirtschaftsminister das gegebene Wort nicht einlösen, sondern ihm obendrein noch in den Rücken fallen? Völlig unmöglich! Minutenlang dauert nun schon das Schweigen. Da gibt Paulsen sich einen Ruck und geht auf Dr. Rathjens zu. Er sieht ihm gerade in die Augen und spricht ein einziges Wort klar und deutlich aus. Es heißt: »Nein!«
Achselzuckend wendet sich der Chefingenieur ab und geht zu seinen Anwälten.
Man wird sagen: »Diese Szene ist konstruiert und bewußt hochgespielt; hier soll jemand glorifiziert werden. Der Verfasser hat offensichtlich eine Schwäche für romantische Opern.«
Daß dem nicht so ist, wollen wir gleich an Ort und Stelle beweisen.

Viele Jahre später, es ist bereits die NS-Zeit, gerät Paulsen in Streit mit den Machthabern dieses Regimes. Es geht um Deich und 18 Ruten; wir werden es noch lesen. Unterstützung heischend, wendet er sich an den inzwischen zum Regierungsdirektor avancierten Dr. Berensmann in Zoppot, der ja den ursprünglichen Vertrag darüber beurkundet hat. Dieser kann sich kaum noch an etwas erinnern, aber eines hat er 16 Jahre danach bis auf den derzeitigen Tag noch nicht vergessen.

Unter dem 8. Mai 1942 schreibt er an Christian Paulsen (Auszug): »Mir fällt es schwer, die alten Verhandlungen ins Gedächtnis zurückzurufen. Ich gehe aber an die Behandlung der Dinge mit der Prämisse heran, daß ich Sie als anständigen Kerl kenne, und daß Sie nichts vertreten würden, was nicht in der Ordnung ist. Ich denke immer noch an die 2. Schiedsgerichtssitzung, in der Sie als einziger weitsichtiger und anständiger Mann das Ansinnen der Firma Rathjens und Polensky von der Hand wiesen, mit ihr gemeinsame Sache gegen den Fiskus zu machen.«

Dieser Brief liegt im Original im Hause des Verfassers. Daß sich das Ganze in einer Verhandlungspause auf dem Flur, wie beschrieben, abgespielt hat, ist mehrfach mündlich überliefert, u. a. von Christian Paulsen selbst, von Dr. Carl Hennings und Söhrnsen-Petersen. –

Nun aber zurück zu unserem Prozeß.

Nach der Pause erklärt auch Dr. Rathjens seine Bereitschaft zur Annahme des Vergleiches.

Hierbei mag verwundern, daß man sich bei einer anfänglichen Forderung von zwei Millionen nun plötzlich mit gerade 10 % dieser Summe begnügt. Normalerweise trifft man sich bei einem Vergleich doch auf halbem Weg. Drei Gründe mag Dr. Rathjens gehabt haben:

1. Fast anderhalb Jahre ist er nun in Nordfriesland tätig, hat Land und Leute kennengelernt und ist vor allen Dingen auf den Bauernhöfen ein- und ausgegangen. Und was sagt doch der nordfriesische Grasbauer, wenn der Viehhändler in den Stall kommt? »Zu wenig verlangen ist Faulheit.« Wir sehen, Dr. Rathjens ist ein anpassungsfähiger Mann, der sich in seiner neuen Umgebung schnell akklimatisiert.
2. Die Chance, 600 000 RM sofort durch Arbeitsleistung rückzahlbar werdende Schulden sozusagen in einen mittelfristigen Kredit umzuwandeln, befreit ihn aus seiner Illiquidität, die offenbar doch größer ist, als der Kulturamtsvorsteher es wahrhaben will. – Zählt Rathjens die anderen 200 000 RM hinzu, so ist er wenigstens schon bei 800 000 RM flüssigen Geldes.
3. Der hohe Streitwert schreckt ihn ab, den Alleingang zu wagen. Die von

Dr. Hennings im vorherigen Herbst immer wieder an die Wand gemalten Gespenster sitzen ihm offenbar noch im Nacken.

Wie weise hat doch das Schiedsgericht getan, als es den Streitwert gerade genau auf den Betrag setzt, der Dr. Hennings wochenlang zum Bangemachen gedient hat!

Nachdem der Obmann den Schiedsspruch gefällt und die Sitzung geschlossen hat, weichen Ernst, Nervösität und Abgespanntheit von den Gesichtern der Beteiligten. Paulsen und Rathjens reichen sich mit offenem, freundlichem Gesicht die Hand. Obmann Dr. Henningsen kommt von seinem Podest herunter und ist erster Gratulant der beiden Hauptakteure. »Keiner von Ihnen beiden hat gewonnen«, sagt er, »die Vernunft hat gesiegt!« – So folgt ein allgemeines Händeschütteln. Jedoch ist das keine Verbrüderung, sondern Versöhnung. Wilhelm Hinrichs aber hat einige Stunden Selbstverteidigung hinter sich.

Bevor die Koogsleute fahren, wird das obligate Gespräch nach Hause angemeldet. Denn diesmal warten die dort gebliebenen Genossen mit besonderer Ungeduld auf die Nachricht über die Entscheidung.

Wer irgend kann, hat sich an diesem Mittwochabend in Bredstedt etwas zu tun, »ein Gewerbe« gemacht, wie wir sagen. Es ist nicht schwer, einen Grund zu finden, am Nachmittag nach Bredstedt zu fahren, um anschließend dort zu bleiben wie sonst auf einem Freitag. Jeder hinterläßt, wo er für den Fall einer guten Nachricht zu erreichen ist.

Richard Peters, der diesmal verabredungsgemäß den Anruf bekommt, hat es daher nicht schwer, die Genossen schnell im »Landschaftlichen Haus« zu versammeln. Er erlaubt sich einen Scherz und nennt diese Zusammenkunft eine Sondersitzung. Einziger Punkt der Tagesordnung soll die Vorbereitung zum Empfang der aus Tönning kommenden Männer sein. Otto Struve wird zum Versammlungsleiter bestimmt und aufgefordert, in die Tagesordnung einzutreten. Dieser unterzieht sich gern der gestellten Aufgabe, die er mit fast der gleichen spielerischen Eleganz löst wie sein Schwager Marx Wulff: Er bestellt Teepunsch.

Dieser vorausschauenden Maßnahme zufolge sind die hier Versammelten dementsprechend fröhlich gestimmt, als die Mannschaft aus Tönning eintrifft. Auch sie ist guter Dinge. Unter dem Beifall der Anwesenden kommen Dr. Rathjens und Rentmeister Hinrichs sozusagen Arm in Arm zur Tür herein. Sie haben sich nun endgültig wieder vertragen. Ebenso ist das gute alte Verhältnis wiederhergestellt zwischen dem Chefingenieur und Christian Paulsen, der sich diesen Abend nicht nehmen lassen will. Hat *ihn* doch der Prozeß die meisten Nerven gekostet. Ja, die Genossen, alle wie sie da sind, haben Grund, fröhlich zu sein. Denn als Gemeinschaft haben sie den schwersten Kampf ihrer ganzen Geschichte bestanden, wenn auch nicht mit Sieg, so doch mit »Überleben«.

Die Helden des Abends sind diesmal Syndikus Dr. Carl Hennings und Rentmeister Wilhelm Hinrichs, der hier behaglich mit dem Naumburger Chefingenieur den Versöhnungspunsch trinkt. Man läßt die beiden hochleben. Dr. Hennings sonnt sich im Glanze seines Ruhmes und singt fröhlich seine alten Studenten- und Jägerlieder. Otto Struve und alle diejenigen, welche Jäger sind, stimmen kräftig mit ein.

Von der großen, stummen Kraftprobe mit Christian Paulsen ist an diesem Abend keine Rede mehr.

Der Geschäftsführer sitzt in der anderen Ecke der Gaststube zusammen mit Carl Ehlers, bei dem er stets wohnt, Marx Wulff und Peter Volquardsen. Sie singen noch nicht; ihr Thema ist vorerst die Sitzung vom Nachmittag. Ludwig Lorenzen und Moritz Sattler vom Aufsichtsrat, von einem anderen Tisch kommend, setzen sich dazu. Sie bringen zum Ausdruck, daß nach ihrer Meinung die Genossenschaft letzten Endes doch den richtigen Weg beschritten habe. »Die Genossenschaft?« fragt Marx Wulff etwas vorwurfsvoll. »Ihr wißt«, fährt er fort, »ich bin nicht ängstlich und habe ein weites Gewissen, kann mir auch hin und wieder etwas einfallen lassen. Aber dieses Eisen da, heute nachmittag, war mir einfach zu heiß.« Peter Volquardsen hält es für müßig festzustellen, wer heute die Entscheidung getroffen hat, die beiden Aufsichtsmänner pflichten bei und Marx Wulff schließt sich an. Carl Ehlers nickt mit dem Kopf, und das will viel heißen.

Im weiteren Verlauf der Unterhaltung kommen die Männer an diesem Tisch zu der Überzeugung, daß es nie wieder eine so regelrechte Kampfabstimmung geben darf wie in der letzten Generalversammlung. Das ist nicht gut für den Frieden im Inneren und für das Prestige nach außen. Bei der engen finanziellen Verflechtung der Genossenschaft insgesamt und der einzelnen Genossen im Innenverhältnis mit dem Nachlaß wäre es doch im wahrsten Sinne des Wortes ein Pyrrhus-Sieg, Christian Paulsen zu überstimmen, ihm womöglich den Nachlaß damit durcheinanderzubringen und sich selbst obendrein noch den Ast abzusägen, auf dem man sitzt. Besser ist es vielmehr, vor wichtigen Entscheidungen oder Einbringungen von Anträgen mit ihm zu sprechen. Aufgrund seiner Doppelrolle kann *nur er* sagen, was gut oder nicht gut, was möglich oder unmöglich ist. Marx Wulff gibt zu erkennen, daß er trotz seines Titels gar nicht so scharf darauf ist, der erste Mann vom Ganzen zu sein. Wohl ist er erster

Vorsitzender der Genossenschaft. Diese ist aber mehr oder weniger ein Teil der Nachlaßverwaltung. Zwar möchte er in diesem Orchester, Genossenschaft/Nachlaß, die erste Geige spielen. »Dirigent aber muß Christian sein. Der hat nämlich die Partitur, und die kann ich nicht lesen.« Er will sich lieber bereithalten, wenn der Geschäftsführer ihn braucht. Dieser Meinung schließen sich die übrigen an. Ludwig Lorenzen hält es für ein Glück, zu wissen, daß man keine falschen Wege geführt wird und dem Geschäftsführer vertrauen kann. »Alles gut und schön, Ludwig«, sagt Moritz Sattler, »aber Du mußt immer bedenken: Wir sind Aufsichtsrat!« Da lacht Christian Paulsen zu Moritz über den Tisch hinweg. »Bismarck hat einmal gesagt, man brauche den frischen Wind der Opposition. Hau du man ruhig mal auf den Tisch!« Damit ist praktisch die Marschrichtung für die kommende Zeit festgelegt. Mit dieser Devise schwärmen die Männer förmlich an die übrigen Tische aus, um dafür zu werben. Vorher bedankt sich Christian Paulsen noch mit einer Runde für das Vertrauen, welches man ihm zu erkennen gegeben hat.
Der Abend endet, ohne ausgeartet zu sein, in vorgerückter Stunde fröhlich-harmonisch. Jeder fährt zufrieden und voller Zuversicht nach Hause. Tatsächlich finden wir von diesem Zeitpunkt an in den Protokollen von Vorstand und Generalversammlung kaum noch einen Beschluß, der nicht einstimmig gefaßt und kaum eine Empfehlung oder einen Vorschlag von Christian Paulsen, der nicht ebenso vorbehaltlos angenommen wird. Von Aufsichtsratssitzungen liegen keine Protokolle vor. Sie sind vermutlich bei Ludwig Lorenzen verblieben, in seinem Hause aber nicht mehr aufzufinden. Indessen zeigen die Protokolle der kombinierten Vorstands- und Aufsichtsratssitzungen die gleichen Merkmale. –
Gleich zu Beginn der Woche, welche auf den Vergleichsabschluß folgt, weht auf der Baustelle ein anderer Wind. Hat Dr. Rathjens auf den Druck des Regierungspräsidenten hin nur gerade soviel geschehen lassen, daß man ihm nicht nachsagen kann, er habe nichts getan, so ist er jetzt wieder der alte, energiegeladene Initiator wie beim Baubeginn; und abermals ist überall das Auge des Herrn. Allerdings kann er nicht mit dem Hochdruck arbeiten, wie er wohl möchte. Aber das ist nicht seine Schuld. Er ist nämlich gezwungen, außer seinem Stammpersonal nur Notstandsarbeiter einzusetzen. Nachdem Hinrichs keine Bedenken trägt, verzichtet daher die Genossenschaft auf Einhaltung des Termines vom 15. Juli für die Fertigstellung des Deiches. Dadurch kann Dr. Rathjens schon jetzt einen guten Teil seines Maschinenparks abziehen, um ihn auf anderen Baustellen einzusetzen. Diese gütliche Einigung freut ihn natürlich besonders,

kommt er doch dadurch anderweitig gut voran. Die Arbeit am Deich läuft fließend, ohne Störungen und Erschwernisse. Rutschungen und Versakkungen kommen nicht mehr vor. Man muß nur diejenigen Stellen meiden, an welchen die unter dem Deichkörper gelegenen und weggedrückten Moorschichten u. a. im Innengraben herausgetreten sind. Diese Stellen sind jetzt einwandfrei lokalisierbar, so daß nichts schief gehen kann; und es passiert auch nichts.

Anfang Oktober, an einem schönen Spätnachmittag, begegnen sich Dr. Rathjens und Rentmeister Hinrichs auf der Baustelle. Sie begrüßen sich wie alte Freunde und schlendern miteinander auf der Deichkrone entlang. Dabei reden sie von Gott und der Welt, nur nicht vom Deichbau. Bald verstummt ihr Gespräch ganz und gar. Die Sonne, hin und wieder von grauen Wolken verhangen, senkt sich auf den Horizont, an dem man als Silhouette die Hamburger Hallig und den Schafsberg erkennt. Die nach Hochwasser ablaufende ruhige See glänzt matt wie ein Amalgamspiegel. Die beiden Männer blicken schweigend gen Westen. Sie sind nicht nur Techniker, sie bewundern und lieben auch die Natur. Jeder mag seine eigenen Gedanken haben. Wer sie da so sieht, kann sich nicht vorstellen, daß die beiden vor noch gar nicht langer Zeit wie zwei Raubtiere aufeinander losgegangen sind.

Und dennoch: Bei aller Liebe zur Natur kann es sich Hinrichs nicht verkneifen, zu fachsimpeln. Als sie sich einem Eimerbagger nähern, der gerade die letzten Kubikmeter Erde aus dem Innengraben in die Deichkrone einbringt, wendet er sich stehenbleibend, an seinen Begleiter: »Nun, Herr Doktor, sehen Sie, es geht doch, nicht wahr?« »Ja, wenn man weiß, wo diese verdammten Moornester sitzen«, gibt dieser zurück. Schichten von Moor kann man mit Bohrungen auf 50 m feststellen. Nester dagegen nicht, sonst müßte man ja auf 15 oder 20 m bohren. Hinrichs erläutert noch einmal seine auf praktischer Erfahrung beruhende Methode in solchen Fällen: Bei Moornestern sofort Finger weg! Sackt es dennoch, im Längsbetrieb nachfüllen, bis die Sache wieder steht. »Habe ich recht gehabt?« fragt er etwas schelmisch. »Oder Glück?« scherzt der andere zurück. »Aber ganz egal, Recht oder Glück hin und her, Hauptsache, unser Deich steht. Ende gut, alles gut.« Mit diesen Worten streckt der studierte Mann dem alten Praktiker die Hand entgegen, welche dieser freudig ergreift. Nahezu brüderlich vereint ziehen sie weiter und wechseln das Thema.

Wirklich, jetzt kann, was den Deich anbelangt, tatsächlich nichts mehr passieren.

Aber der blanke Hans denkt bei sich: »Zweieinhalb Jahre lang habe ich Euch verschont, will Euch auch nichts mehr tun. Aber einen kleinen Schreck gibt es noch, damit Ihr merkt, daß ich noch da bin.« –
Es ist Sonntag, der 10. Oktober 1926. Der Deich ist so gut wie fertig. Im Laufe der vergangenen Woche hat die Firma bereits die Masse ihres Maschinenparks abgezogen, um ihn auf einer Großbaustelle in Hamburg einzusetzen. Nur noch eine geringe Zahl von Arbeitern ist eingesetzt, um die obere Kante der Böschung 1 : 3 mit Soden zu belegen und andere Restarbeiten auszuführen. Es wird nicht für nötig erachtet, am Sonntag arbeiten zu lassen. Wer von der Belegschaft über das Wochenende nicht zu seiner Familie gefahren ist oder anderweitig einen Ausflug macht, hält entweder in der Unterkunftsbaracke einen verlängerten Mittagsschlaf oder spielt Karten in der Kantine. Auf alle Fälle ist die Baustelle leer.
Das Vormittagshochwasser ist bei starkem Südwestwind normal gekommen und gegangen.
Als der Schleusenwärter zwei Stunden vor Nachmittagshochwasser seines Amtes walten und das Innenschott der Schleuse herunterlassen will, stellt er fest, daß der starke Wind sich zum Sturm gesteigert hat. Am Pegel der Schleuse sieht er, daß das Wasser jetzt schon den Stand von Gewöhnlich Hochwasser hat. Schnell läßt er das Schott herunter und verständigt auf irgendeine Weise Marx Wulff, vermutlich mit Hilfe des Feldtelefons der Firma. Marx Wulff überzeugt sich persönlich am Cecilienkoogsdeich von dem Ernst der Lage und eilt auf seinen Hof zurück. Otto Struve, dessen Gehöft dem neuen Koog am nächsten liegt, erhält den Auftrag, alle verfügbaren Männer und Gespanne zu einem bestimmten Punkt zu beordern, den er ihm genau bezeichnet, vermutlich die Innenberme am Schleusenweg.
Dorthin begibt sich Wulff nach vorheriger Vereinbarung mit der Bauleitung, welche ihrerseits aus den verfügbaren Männern Trupps zusammenstellt. Wer kein Telefon hat, wird von sich aus tätig. Denn so ein Sturm ist nicht zu überhören. Man fährt einfach hinter den anderen her. Bald kommen die ersten, mit Strohballen beladenen Gespanne am festgelegten Punkt an. Dort steht Marx Wulff wie ein Feldherr auf der Deichkrone und ruft mit seiner hohen Stimme in den Sturm hinein: »Alles hört auf mein Kommando!« Um nicht übersehen zu werden, hebt er den rechten Arm. Nach den Angaben der Bauleitung teilt er Gespanne und Trupps zu den am meisten gefährdeten Punkten ein.
Eine Stunde vor Hochwasser springt der Wind nach Nordwesten um, also: allerhöchste Gefahr! Das entgeht auch den Bredstedtern nicht; und sie be-

ordern einen Feuerwehrwagen zur Unterstützung an den Deich. Hilfs- und einsatzbereit wie immer, schwingen sich die freiwilligen Männer auf ihr Fahrzeug und brausen gen Westen. Im Übereifer bedenkt der tapfere Fahrer nicht, daß es sich auf einem Kleiweg anders fährt als auf einer Schotterstraße. Als er im Reußenkoog vom festen auf den Kleiweg kommt, passiert es: Er kann das Fahrzeug bzw. dessen Lenkung nicht mehr halten, und die wackere Bredstedter Feuerwehr landet im Graben. Damit ist ihr Einsatz beendet.

Bei Christian Paulsen in Glinde klingelt zwischen Kaffee und Abendbrot das Telefon. Carl Ehlers ist am Apparat und will dringend seinen Freund sprechen, der gerade mit seinen Kindern Karten spielt. Bei dieser Nachricht hört er sofort auf. Carl Ehlers soll alle halbe Stunde Lagemeldung durchgeben. Die Kinder ziehen sich ängstlich schweigend zurück. Sie wissen, was es bedeutet, wenn es um den Deich geht, dessen Schicksal gleichzeitig das Schicksal der Familie ist. Der Vater geht im Zimmer auf und ab, eine Zigarette nach der anderen rauchend. »Noch keine Veränderung«, heißt die erste Durchsage. Dann: »Der Wind läßt nach«, »das Wasser fällt« und zuletzt »keine Gefahr mehr, keine nennenswerten Schäden.« Erleichtertes Aufatmen bei allen Beteiligten, besonders bei dem Glinder Nachlaßverwalter. Frau und Kinder freuen sich mit. Es ist eben eine Familienangelegenheit.

Der Sonntagnachmittag ist die einzige Freizeit, in welcher der Vater sich seinen Kindern widmen kann. Als Entschädigung für die verlorengegangene Zeit dürfen sie diesmal auch nach dem Abendbrot weiterspielen. Am folgenden Montag sieht man auf der Baustelle bei Tageslicht, daß zum Glück die Furcht größer als die Gefahr gewesen ist.

Die kleinen Schäden sind schnell behoben, die Arbeiten gehen ungehindert weiter, und am 1. Dezember 1926 ist der Deich des Sönke Nissen-Kooges endgültig fertig. Im Februar 1927 wird er landespolizeilich abgenommen.

Die Sturmflut ist für den neuen Deich die erste Bewährungsprobe, für die Genossen die letzte Nervenbelastung, jedenfalls hinsichtlich des Deichbaues. Gemessen an dem, was die Mitglieder an Nervenbelastungen, zusätzlichen Zahlungsverpflichtungen und weiterem Risiko auf sich genommen haben, könnte man sagen, daß jetzt schon jeder seine Siedlung verdient hat.

Ein intakter Deich aber ist nur die Voraussetzung für die Erschließung eines neuen Kooges. Jetzt geht es erst richtig los. Wir haben bisher von dieser Oper nur das Vorspiel gehört.

Mit den Finanzen sind sie diesmal wesentlich besser weggekommen. Dies hat drei Gründe:
1. Christian Paulsen hat mit mehr als doppelter Sicherheit vorgeplant (vgl. S. 176).
2. Fast die gesamte Erde ist im Querbetrieb gefördert worden.
3. Die Teuerungswelle steht seit August still.

Zu den bisherigen Deichbaukosten von rd.	2 800 000 RM
kommen 1926 rd.	400 000 RM
so daß die Gesamtdeichbaukosten sich stellen auf	3 200 000 RM

Die genaue Summe beträgt
      3 119 812,91 RM.
Davon entfallen direkt oder indirekt auf den Sönke Nissen-Nachlaß
      2 566 242,35 RM
Der Rest entfällt auf Kredite aus der öffentlichen Hand und auf Eigenleistungen der Genossen.
Bei dem verhältnismäßig günstigen Ausgang des dritten Deichbaujahres kann die Genossenschaft mit einem Aktivum von rd. 450 000 RM (genau 447 155,52 RM) in das Jahr 1927 gehen. Das ist ein gutes Polster. Aber wir wissen ja noch nicht, wie lange es dauert, bis die Verhandlungen und die zugesagten Siedlungskredite in Gang kommen, wieviel Zeit sie nehmen und wie hoch die Kredite ausfallen. Der Zinsendienst für die »kleinen Kredite« ist jedenfalls vorerst sichergestellt.
Christian Paulsen hat sein Wort eingelöst. Er hat in völliger Eigenverantwortlichkeit mit Sönke Nissens Geld den Deichbau durchfinanziert und kann deswegen mit einer gewissen starken Position in die Verhandlungen gehen.
Außerdem hat sich sein Verhalten im 2. Schiedsgerichtsprozeß herumgesprochen. Sein Persönlichkeitskredit, den er ohnehin schon hat, ist dadurch beträchtlich gemehrt. –
Wenden wir uns aber zunächst der Erschließung des Kooges zu.

VI. Kapitel

Die Erschließung des Kooges und die schlimmen Jahre.

Bei der Bedeichung in damaliger Zeit ist es der Normalfall, daß man mit der Erschließung des neuen Kooges erst dann beginnt, wenn der Deich geschlossen ist. Handelt es sich um einen Kornkoog, so neigt man in der Reihenfolge der Erschließungsmaßnahmen sogar dazu, dem Ausbau der Wege Priorität vor der Gebäudeerrichtung zu geben oder ihn mindestens mit ihr gleichrangig zu stellen. Daran schließt sich dann die Übernahme des Landes zur Bewirtschaftung an.
Unser Unternehmen ist aber von Anfang an alles andere als ein Normalfall; und so sehen wir im dritten Deichbaujahr die drei Phasen: Deichbau, Erschließung und Bewirtschaftung ineinander greifen. Ihren Ablauf hier nebeneinander darzustellen, würde zur Unübersichtlichkeit führen. Nachdem wir im vorigen Kapitel den Deichbau und seine vorläufige Finanzierung bereits bis zum Ende, zeitlich vorgreifend, abgehandelt haben, liegt es auf der Hand, welche Methode der Darstellung wir weiterhin beibehalten: Wir behandeln die zeitlich zusammenfallenden Dinge einzeln, getrennt nacheinander, d. h. wir verwandeln das Koordinierende im Raum in der Konsekutive der Zeit. Dabei ist es gleichgültig, was wir zuerst besprechen. Nehmen wir die Mitte, die Gebäudeerrichtung, nachdem wir Wege, wenn auch keine festen, bereits haben.
Wir erinnern uns daran, daß Heinrich Stav in der Versammlung vom 18. Dezember 1925 nach anfänglichem Widerstand den Auftrag übernommen hat, Bauentwürfe für Wohn- und Wirtschaftsgebäude im neuen Koog vorzulegen. Er hat sich (nach Dr. Sauermann) dabei mit dem bisher als Baustoff verpönten Pfannenblech abzufinden und tut dies meisterhaft. Ja, es grenzt an künstlerisches Schaffen.
Wir entnehmen seinem Buch »Neues Bauen auf dem Lande« einige der Gedanken, von denen der Architekt sich bei der Gestaltung der Gebäude im Sönke Nissen-Koog hat leiten lassen. (Text z. T. wörtlich übernommen).
Ähnlich wie Christian Paulsen in wirtschaftlicher Hinsicht, stellt er aus

2-Anteil-Stelle

architektonischer Schau sozusagen an sich selbst drei Hauptforderungen:
I. Harmonie mit der Landschaft.
II. Anknüpfung an einen entsprechenden Baustil.
III. Zweckmäßigkeit der räumlichen und technischen Durchbildung.

Zu I.: Wir sind im Bereich des Nordsee-Kooges. Die reine Ebene beherrscht Augenbild und Stimmung. Der herbe Wind der Nordsee, die oft diesige Luft drängen förmlich zu gebreiteter, geduckter Form. Daher: Ein ebenerdiges, breit wuchtendes Haus von festgeschlossener Form.

Zu II.: Dem konservativen Sinn des Bauern wird stets nur eine Bauweise entsprechen, die aus gutem Alten hergeleitet ist. Andererseits verlangt das Selbstgefühl des Mannes, der seinen Boden dem Meere abgerungen hat, eine bei aller Einfachheit schöne Hausgestalt.

Also: »Edle Einfalt, stille Größe?« – Nicht ganz, denn dieses klassizistische Ideal, aus dem hellen, klaren Süden der Antike hergeholt, kann nicht so ohne weiteres in unseren grauen Norden verpflanzt werden. Hierzu bedarf es einer Umformung, die Stav dadurch erreichen will, daß er der ganzen Form des Baukörpers eine gewisse Strenge, im Gegensatz zu südländischer Gelöstheit, gibt. Er will damit auf die Art der Kolonialbauten hin-

4-Anteil-Stelle

aus. Die Koogsleute sind für ihn unsere Kolonisten, Pioniere im Vormarsch gegen die See. Unbewußt, er schreibt es jedenfalls nicht, denkt er dabei auch wohl an den Kolonialpionier Sönke Nissen. Darüberhinaus will Stav dem Marschenpionier, damals noch örtlich weit abgeschnitten von der Zivilisation, in seinem Heim den Eindruck des Sicheren und Behaglichen geben.

Zu III. Es ist ein Einheitshaus, wie es dem landwirtschaftlichen Herkommen entspricht, d. h. Mensch und Tier hausen unter einem Dach, lediglich getrennt durch eine Geruchschleuse, die den Wohnteil vor den Stalldünsten des Wirtschaftsteiles schützen soll. Der Architekt nimmt besonders Bedacht auf Symmetrie und rationelle Raumausnutzung. Hierbei steht ihm das Gebäude von Carl Ehlers, Cecilienkoog, Modell. Neben der Formung eines Baukörpers bei vorgeschriebenem Baustoff ist in der Architektur auch die Farbe von ausschlaggebender Bedeutung. Bei den Dächern wählt Stav hierbei für alle Gehöfte einheitlich ein leuchtendes Grün. Bei den Außenwänden nimmt er, sofern diese im oberen Teil aus Blech hergestellt sind, die weiße Farbe, und zwar ganz unmerklich ins Elfenbeinfarbene abgetönt, um einen grellen Schein in der Sonne zu vermeiden. Für das Mauerwerk der Außenwände wählt er bei verputzten Kalksandsteinen ebenfalls weiße, bei Klinker die natürliche rote Farbe. Das sind die wesentlichen Merkmale des Grundtyps für die Gebäude im Sönke Nissen-Koog. Durch nur geringe Änderungen in Maß und Anordnung der Gebäudeteile gelingt es Heinrich Stav, für alle vier Betriebsgrößen (Ein- bis Vieranteilstellen) geeignete Gebäude zu schaffen, ohne den Grundtyp zu verlassen. Nicht nur die unterschiedliche Größe ist für ihn bestimmend, sondern auch die örtliche Lage. Ihm ist es nicht gleichgültig, ob ein Gehöft frei in der Ebene oder angelehnt an einen Deich liegt, ob es herausgehoben auf einer kleinen Erhebung, einer Warft also, steht oder von drei Seiten durch Deiche schützend umrahmt ist, wie bei unserem Koog am Nord- und Südende.

Die Gebäude weichen in Größe, äußerem Eindruck und innerer Struktur stark voneinander ab, sind aber durch ihre Zusammenstimmung mit der Landschaft zu einem einheitlichen Kulturbild verbunden. Diese Zusammenstimmung allein bewirkt die Einheitlichkeit nicht. Man kann sehr wohl 28 Gebäude in die Landschaft stellen, die, jedes einzeln, dort hinpassen, unter sich aber nichts miteinander zu tun haben. Heinrich Stav exerziert uns hier in der Praxis eine Begriffsdefinition vor, nämlich die vom Stil: das Gemeinsame, was die Einzelfälle, hier die verschiedenartigsten Gebäude, miteinander verbindet. Das Gemeinsame ist hier der vom Architekten geschaffene Grundtyp, fortentwicklungs- und variationsfähig. Die Harmonie mit der Landschaft ist nur ein Teil seiner Merkmale.

So sind unsere Gebäude keineswegs genormt oder gar uniformiert, bieten aber insgesamt doch ein geschlossenes Bild. Es gibt in unserem ganzen Koog keine zwei Gebäude, die sich etwa gleichen wie ein Ei dem anderen. Das liegt an der Wandelbarkeit und Fortentwicklungsfähigkeit des Grundtyps. Alles Große ist einfach. Nur muß man darauf bedacht sein, daß man die Einfachheit des Großen erwischt und nicht die des Primitiven, welche nicht fortentwicklungsfähig, sondern mit dem Anfang auch schon am Ende ist. Stavs Grundtyp verkörpert zweifelsfrei die Einfachheit des Großen; man kann diesem Architekten eine gewisse schöpferische Begabung nicht absprechen. Zwar wollen wir ihn nicht gleich neben Karl Friedrich Schinkel und dessen Genius stellen; aber einen Hauch davon hat er zweifellos.

Theodor Söhrnsen-Petersen kommt aus anderer Sicht zu dem gleichen Ergebnis. Er schreibt: »Welche Gefahren waren nicht durch einmütiges Zusammenhalten gemeistert. Die Schicksalverbundenheit mußte sichtbar zum Ausdruck kommen. Es mußte ein gemeinsamer Klang vernehmlich werden. Jeder Siedler mußte im Rahmen des finanziell Durchführbaren und wirtschaftlich Erforderlichen bestimmen, wie das Haus für seine Bedürfnisse einzurichten sei, aber der Zusammenklang mußte da sein. Die große Linie, die, wie ich meine, diesem Koog bei den Bauten das einmalige Gepräge gegeben hat, durfte nicht preisgegeben werden.«

Es ist kein Wunder, daß der Kulturamtsvorsteher geradezu in Verzückung gerät, als er Stavs Entwürfe sieht. Das ist ja gerade das, was ihm vorschwebt: »Die Mannigfaltigkeit in der Einheit.« – Deswegen setzt er sich mit seiner ganzen Persönlichkeit für die Verwirklichung dieses Entwurfs ein.

Nicht minder interessiert zeigt sich Christian Paulsen. Die Entwürfe des Architekten wirken auf ihn genauso ansprechend wie auf den Vorsteher des Kulturamtes. Der Nachlaßverwalter sieht hier eine günstige Gelegenheit, zu einem einheitlichen Baustil zu kommen. Er weiß um den Widerwillen gegen die Verpflichtung zur Gebäudeerrichtung. Nun, das haben die Genossen »geschluckt«, wenn man auch hat nachhelfen müssen. Wie aber wird der Koog wohl aussehen, so fragt sich Paulsen, wenn jetzt jeder nach eigenem Gutdünken baut? Denn wir wissen: Jeder Friese ist eine »Insel« und jeder Dithmarscher hat seinen eigenen Kopf bei allem Sinn für Gemeinschaft und Disziplin. In diesem Falle werden sich alle Betroffenen Luft machen darüber, daß sie zum Bauen gezwungen worden sind. Aus lauter Opposition werden alle nur in einem Punkt gemeinsam handeln: bloß nicht so, wie es im Vertrag von 1923 vorgeschrieben ist, nämlich in einer einheitlichen, bodenständigen Bauweise und erst recht nicht mit diesem Pfannenblech; das ist doch überhaupt nicht standesgemäß. »Das gibt keinen Bau*stil*, sondern einen heillosen Bau*salat*«, denkt Paulsen allein im Hinblick auf die Dächer. Angenommen, der erste Siedler fängt an mit Reet, dann sagt sich der zweite: »Das werde ich dir gerade nachaffen«, und deckt sein Haus mit roten Ziegeln. Das will der Dritte auch, aber um des Himmels willen nicht so wie der liebe Nachbar, deswegen nimmt er schwarze Ziegel. Der Vierte denkt: »Euch werde ich etwas zeigen«, und nimmt die in Dithmarschen altbewährte Dachpappe. Der Fünfte nimmt aus lauter Widerlichkeit tatsächlich Pfannenblech, das gibt sauberes Trinkwasser; aber auf keinen Fall wird das Dach gestrichen, die Farbe könnte das Wasser vergiften. Der Sechste kommt dann schließlich auf den genialen Einfall, daß ein Schieferdach sich doch hier recht extravagant ausnehmen würde. Warum denn nicht? Schließlich ist man doch auf eigenem Hof sein eigener Herr. – Und dann die Wohn- und Wirtschaftsgebäude, es wäre nicht auszudenken!

Deswegen ergreift Paulsen die sich ihm jetzt bietende Gelegenheit, mit der Kraft der Überzeugung zu einer einheitlichen Bauweise zu kommen, die wirklich Stil hat, einen Stil nämlich, den der Kieler Architekt selbst »klassizistisch-kolonial« nennt, und das mit vollem Recht!
Heinrich Stav erhält darum vom Nachlaßverwalter den Auftrag, für die sechs in der Mitte des Kooges auszulegenden Nachlaß-Pachthöfe komplette Wohn- und Wirtschaftsgebäude zu errichten, allerdings ohne Ausbau fester Viehställe. Paulsen verbindet dabei das Gute mit dem Nützlichen, denn Gebäude braucht er ohnehin, um verpachten zu können. Stav soll in dem von ihm selbst gefundenen klassizistisch-kolonialen Stil bauen, ganz nach eigenem Geschmack und Zwecksinn. Unabhängig wie ein freischaffender Künstler soll er sich betätigen; der Nachlaß spielt dabei den Mäzen. Paulsen will, daß der Architekt den Bauern zeigt, was er kann, und erhofft sich daraus, daß die Genossen sich freiwillig dem Stavschen Baustil anschließen. Er möchte keinen Druck ausüben. »Mit dem Polizeiknüppel kann jeder regieren«, sagt er später einmal in der NS-Zeit beim Kampf um Deich und 18 Ruten.
Während der Architekt sich ans Werk macht, wird der Bautenausschuß, bisher bestehend aus Carl Ehlers, Landrat Dr. Clasen und Baumeister Sönke Matthiesen, Langenhorn, um drei weitere Mitglieder vergrößert. Es treten hinzu: Marx Wulff, Peter Volquardsen und Moritz Sattler. Dieser erweiterte Bautenausschuß führt fortan offenbar ein ziemliches Eigenleben. Über seine Sitzungen und Entscheidungen haben wir keine Protokolle; und in den diesbzüglichen Büchern von Vorstand und Generalversammlung finden wir über bauliche Fragen kaum etwas. Paulsen und vor allem Söhrnsen-Petersen halten aber offenbar engen Kontakt zum Bautenausschuß. Denn ihre persönlichen Aufzeichnungen hierüber sind so erschöpfend, daß wir die fehlenden Protokolle gar nicht entbehren; lediglich genaue Tagesdaten, wie wir sie bisher gewohnt sind, können wir hier nicht bringen.
Stavs Bauentwürfe für die vier verschiedenen Betriebsgrößen liegen zur Einsichtnahme aus und können schon soweit überzeugen, daß sich bereits im Jahre 1926 fünfzehn von vorläufig zwanzig Siedlern entschließen, mit Hilfe der vom Nachlaß angebotenen Kredite die Errichtung von Scheunen, wenigstens im Rohbau, nach Stavschem Konzept in Angriff nehmen. Als vorläufige Unterkunft für Mann und Pferd sollen behelfsmäßige Baracken dienen. Lediglich in zwei Fällen entstehen auf späteren weiteren Ausbau eingerichtete Wohnhausteile.
Dem Kulturamtsvorsteher muß die Gebäudeerrichtung besonders am

Nachlaßgehöft

Herzen gelegen haben. Die Männer vom Bautenausschuß scheint er sehr zu schätzen, denn er schreibt: »Mit diesem Bauten-Ausschuß, dem kein Architekt etwas hätte vormachen können, konnte schon etwas geleistet werden.«

Aus der Versammlung vom 18. Dezember 1925 wissen wir, welch ein eifriger Verfechter gemeinsamer Bauplanung Söhrnsen-Petersen ist. »Ich fühlte mich der Heimat verantwortlich, bauliche Verschandelungen zu vermeiden«, schreibt er, »es war mein Wunsch, zu helfen, etwas Großes zu schaffen.«

Der Entschluß des Nachlaßverwalters zur kompletten Errichtung der vorläufigen sechs Nachlaßgehöfte im Stavschen Stil kommt ihm daher recht gelegen. Die neu errichteten Gebäude, die noch im Jahre 1926 fertiggestellt werden, verfehlen ihre Wirkung nicht. Christian Paulsens Rechnung geht auf: Auch die letzten fünf Siedlergenossen entschließen sich, im kommenden Jahre 1927 ebenfalls Scheunen im Rohausbau nach Stavschem Muster mit Hilfe von Nachlaß-Krediten zu errichten.

Von den sechs errichteten Nachlaßgehöften liegt eines seitlich nach Westen hinausgeschoben am Schleusenweg, nur 250 m vom neuen Außen-

213

Vorstreichen der Blechtafeln bei der Bredstedter Firma Gebr. Carstens

deich entfernt. Der Koog hat hier die größte Breite, so daß sich im Hinblick auf die Arrondierung der einzelnen Betriebe nicht alle Gebäude am Hauptweg errichten lassen. Die anderen fünf Höfe aber stehen in einer Flucht an eben diesem Hauptweg, ein imponierendes Bild von architektonisch-landschaftlichem Einklang!
Die Krone jedoch erhalten diese wohlgeratenen Bauwerke erst durch den Farbanstrich. Bei noch so stil- und geschmackvoller Formung des Baukörpers hätte Pfannenblech, nicht farbig behandelt, das Landschaftsbild verdorben. So hören wir denn auch während der Errichtung der Gebäude heftigste Kritik. Besonders unsere altbekannten Mißvergnügten können sich nicht genug ergehen. »Blechkästen« und »landwirtschaftliche Fabriken« schimpfen sie die entstehenden Scheunen mit ihrem Grundriß von 30 mal 50 und einer Firsthöhe von 12 Metern. Als aber der Anstrich für die Seitenwände kommt und die mit grüner Farbe fertig vorgestrichenen Dachtafeln montiert werden, sind sie wesentlich ruhiger. Trotz aller Mißgunst können sie sich der starken Wirkung von Form und Farbe dieser Gebäude im Zusammenklang mit der Landschaft nicht entziehen.
Dabei ist es mit der farbigen Behandlung des Pfannenblechs gar nicht so einfach. Gewöhnliche Ölfarben können hier keine Verwendung finden. Denn bei Temperaturschwankungen treten wegen unterschiedlicher

Nachstreichen der montierten Tafeln

Ausdehnung von Blech und Farbe Abblätterungen ein. Für den unbedingt erforderlichen Anstrich kommen hier nur Zinkfarben in Frage, welche mit dem verzinkten Pfannenblech eine regelrechte chemische Verbindung eingehen, also ein homogenes Ganzes bilden. Bei diesen notwendigen Zinksulfid- oder Zinkcarbonatverbindungen sind, so will es die Chemie, allerdings nur vier Farben möglich, und zwar: weiß, grau, grün und bronze. Bei der zwingenden Notwendigkeit hinsichtlich der chemischen Zusammensetzung des Anstriches können wir uns vorstellen, daß dem Architekten für die Dächer die Auswahl unter den vier gegebenen Farben nicht schwer gefallen ist. Damit hat Marx Wulff durch seine groteske Feststellung, daß Pfannenblech in Nordfriesland ein bodenständiger Baustoff sei, auf dem Gebiet des Farbanstriches landwirtschaftlicher Zweckbauten geradezu eine Revolution ausgelöst.

Das Jahr 1927 bringt zunächst den bereits angekündigten Rohausbau fünf weiterer Scheunen für Siedlergenossen und im Norden des Kooges die Errichtung eines siebten Nachlaßgehöftes nach Ausscheiden eines Genossen, dessen Landabfindung dort vorgesehen war. Bei diesem Gehöft erhält das 1927 entstehende Wirtschaftsgebäude die gleichen Abmessungen wie die anderen sechs Nachlaßgebäude. Das Wohnaus hingegen wird 1928 wesentlich aufwendiger, nahezu herrenhausartig gestaltet. Das hat sei-

Nachlaßgehöft

nen guten Grund: Als Pächter für diesen Hof ist der Bruder der Witwe Nissen, Hans Rabe, vorgesehen, der 1927 die Bewirtschaftung übernimmt, und im ersten Jahre das Pionierdasein der Langenhorner Gruppe teilen muß.

Es ist selbstverständlich, daß irgendwo auf den sieben Nissenschen Höfen eine Bleibe für die Witwe und ihren damals noch minderjährigen Sohn geschaffen werden muß, sei es für diese als Sommersitz oder auch zum Empfang und zur Unterbringung von Verwandten und Freunden der Familie. Für Christian Paulsen steht es darüberhinaus außer jedem Zweifel, daß Sönke Nissen, wäre er noch am Leben, hier für sich, seine Frau und seinen Jungen eine geräumige und repräsentative Aufenthaltsmöglichkeit geschaffen haben würde. Was liegt da bei der nunmehrigen Konstellation näher als diese Möglichkeit für Sohn und Witwe im Haus von deren eigenem Bruder zu suchen und zu schaffen? Außerdem ist dabei an kulturelle Veranstaltungen und repräsentative Empfänge gedacht. Das sind Christian Paulsens Überlegungen zur Gestaltung dieses Wohnhauses, die Heinrich Stav natürlich gern übernimmt. Andere Versionen haben hier keine Grundlage. Vor allem sei bemerkt, daß weder die Witwe Nissen und noch viel weniger die Frau des Pächters Rabe in dieser Hinsicht irgendwelche Ansprüche gestellt haben.

Tatsächlich findet diese Maßnahme in der Folgezeit durch unzählige Besuche von Besichtigungsgruppen in- und ausländischer Landwirtschafts- und Siedlungsdelegationen ihre Bestätigung. Seinen Höhepunkt aber erlebt das Haus in dieser Hinsicht Anfang August 1939. Wir werden weiter unten lesen, wie dort eine diplomatisch-inoffizielle Verhandlung von weltgeschichtlicher Bedeutung stattfindet.

Nun aber zurück zu unseren bescheidenen Siedlungsbauten. Im Herbst 1927 kommen erstmals staatliche Siedlungskredite herein, u. a. auch zweckgebundene Gelder für die endgültige Gebäudeerrichtung. Die Mittel kommen von der Deutschen Rentenbank-Kreditanstalt. Dieses Institut ist ein Vorläufer der späteren Deutschen Landesrentenbank. Dem Kulturamt obliegt es, die zweckgebundene Verwendung dieser Gelder zu überwachen. Es ist daher kein Wunder, daß Söhrnsen-Petersen seinen Einfluß auf den Bautenausschuß noch stärker geltend macht.

Auf Anfrage der Berliner Zentralstelle der Rentenbank-Kreditanstalt hat der Kulturamtsvorsteher angegeben, daß die Gebäudeerrichtung für rd. 600 ha Siedlungsland nach einer Vorkriegs-Griffzahl von 1 000 RM je ha überschläglich 600 000 RM kosten würde. Nachdem der Sönke Nissen-Nachlaß bereits 250 000 RM kreditiert habe, seien für fehlende Bauten noch 350 000 RM erforderlich. 374 000 werden bewilligt. Es ist ein sogenannter Nachweisungskredit, den der Flensburger Siedlungsbeamte bestimmungsgemäß dem Bauten-Ausschuß zur Verplanung zuführt.

Da kommt es in der ersten diesbezüglichen Sitzung des Bauten-Ausschusses zu einer ernsten Kontroverse:

Marx Wulff macht geltend, daß er bereits ein fast komplettes Wohn- und Wirtschaftsgebäude für eigene Rechnung errichtet hat, sozusagen als Pionier mit gutem Beispiel vorangegangen ist. Jetzt will er seine hierfür gemachten Aufwendungen, für die er seine Stammstelle mit 12prozentigen Landschaftskrediten belastet hat, aus dem hereingekommenen Baukredit abdecken, da dieser wesentlich billiger ist. Dem Kulturamtsvorsteher ist solches Begehren zwar menschlich verständlich, er muß aber den um das Zustandekommen der gesamten Bedeichung hochverdienten Mann dahingehend belehren, daß so etwas nicht angängig ist. Es müssen mit diesem Geld wirklich »neue« Bauwerte geschaffen und dürfen nicht alte Bauschulden abgedeckt werden, stellt er hierzu fest.

Mit dem gleichen Recht, so fährt Söhrnsen-Petersen fort, könnten alle anderen Bauernsiedler verlangen, daß aus dem hier in Rede stehenden Geld ihre beim Sönke Nissen-Nachlaß aufgenommenen Baudarlehen abgedeckt werden. Die Folge würde sein, daß von dem Geld des Berliner Instituts kaum etwas übrig bleibt, um neue Bauwerte zu schaffen. Der Kulturamtsvorsteher stellt hierzu deutlich heraus, daß er sich in seiner Eigenschaft als Siedlungsbeamter im Falle einer Duldung solcher Transaktionen strafbar machen würde. Gleichzeitig jedoch verkennt er nicht, daß der vorliegende Fall für den Begründer der Deichbaugenossenschaft eine unbillige Härte bedeutet, zumal Wulff durch sein Bauen für eigene Rechnung mit gutem Beispiel vorangegangen ist. Denn wir wissen um den ausgesprochenen Widerwillen der übrigen gegen das Bauen schlechthin. Deswegen macht der Flensburger Siedlungsbeamte dem ersten Mann der Reußenköge die feste und verbindliche Zusage, einen Ausgleich herbeizuführen, sowie weitere Siedlungskredite allgemeiner, nicht zweckgebundener Art hereinkommen; mit diesen kann nämlich jetzt gerechnet werden. Alle Siedler sollen dann, ihren Anteilen entsprechend, gleiche Siedlungskredite erhalten. Als Marx Wulff die Durchführbarkeit einer solchen Maßnahme anzuzweifeln wagt, ist es mit Söhrnsen-Petersens Geduld zu Ende. Mit dem Ausruf: »Traut man meinem Wort nicht mehr?« verläßt er den Verhandlungsraum, seinen eigenen Aufzeichnungen zufolge innerlich erregt. Es ist Mitternacht; und nach vierstündiger Debatte muß die Bauten-Ausschußsitzung ergebnislos abgebrochen werden.

Aber damit nicht genug: Am folgenden Tage ist zufällig Generalversammlung. Söhrnsen-Petersen, der über den Auftritt vom Vorabend eine Nacht geschlafen hat, ist fest entschlossen, die gesetzestreue Abwicklung der Bautenangelegenheit durchzusetzen. Er steht kurz vor seinem Urlaub; da gibt es viel zu regeln, wenn alle Dinge während seiner Abwesenheit ihren richtigen Lauf nehmen sollen. In der vorstehenden Angelegenheit will er ein für allemal Schluß haben mit unmotivierten Anträgen. Deswegen sucht er die Generalversammlung auf, eine der wenigen, bei denen vom Bauen gesprochen wird, und stellt unter Punkt Verschiedenes den Antrag auf Neuwahl des Bauten-Ausschusses. Außer Marx Wulff schlägt er die übrigen bisherigen Mitglieder zur Wiederwahl vor. Auf die erstaunte Frage, was denn los sei, schildert er ohne Namensnennung den Ablauf des vorherigen Abends. Der Siedlungsbeamte erwähnt weiter, daß er nicht gewillt ist, sich wegen unvertretbarer Anträge strafbar zu machen. Er hält den Bauten-Ausschuß für zu groß und plädiert nochmals für die kleinere Zusammensetzung. Die hierauf stattfindende Abstimmung ergibt die Annahme dieses Vorschlages; und Marx Wulff verläßt unter allgemeinem Schweigen den Saal.

Es muß bitter gewesen sein für den »spiritus rector«, den geistigen Urheber, dieser großen Sache. Keiner der Anwesenden wünscht ihm in diesem Augenblick, daß er so hart getroffen wird. Lediglich die zwingenden Argumente des Kulturamtsvorstehers veranlassen sie, sich auf dessen Seite zu stellen, nicht zuletzt unter dem Eindruck der von ihm indirekt angedrohten Einstellung des Siedlungsverfahrens. Er wird also diktatorisch und gebraucht seine Machtstellung. –

Später tut es ihm leid; selbstkritisch und in echter Menschlichkeit

Stilgetreu erweitertes Wohngebäude

schreibt er darüber: »Seit diesem Vorfall sind achtzehn Jahre dahingegangen. Rückblickend muß ich sagen, daß ich heute eine andere Lösung gesucht und gefunden hätte. Ich bedaure, ihm (Wulff) damals weh getan zu haben. Aber ich war damals jünger und hatte nicht die Amts- und Lebenserfahrung wie heute. Wenn wir uns auch bald wieder versöhnten, wird die Angelegenheit mit Recht bei Marx Wulff einen Stachel hinterlassen haben.«

Noch in derselben Versammlung macht Söhrnsen-Petersen, offenbar nach dem Motto: »Schmiede das Eisen, solange es warm ist«, den Vorschlag, die Gesamtbauleitung einem bewährten Architekten zu übertragen. Auch hier kommt er zum Zuge. Die Versammlung beschließt Ausbau mit gemeinsamer Bauleitung, die unter dem Eindruck der wohlgeratenen Nachlaß-Gehöfte dem Kieler Architekten Heinrich Stav übertragen wird.

Man sollte glauben, daß Söhrnsen-Petersen jetzt beruhigt in seinen sicherlich wohlverdienten Urlaub nach Baden-Baden fährt. Aber er hält noch weitere Sicherungen für dringlich. Ihm ist in letzter Zeit nicht entgangen, daß Christian Paulsen immer wieder von den Siedlergenossen be-

Nachlaßgehöft im Bau

drängt wird, die Verpflichtung zum Bauen, wenn auch nicht abzuwenden, so doch wenigstens dahingehend abzumildern, daß schrittweise nach den jeweiligen Möglichkeiten des einzelnen, vielleicht unter nochmaliger teilweiser Hilfestellung des Sönke Nissen-Nachlasses, ohne Staatskredite und Einflußnahme des Kulturamtes, gebaut wird.

Zwar liegen keine Anzeichen dafür vor, daß Paulsen solchen Vorstellungen ein geneigtes Ohr geschenkt hätte. Aber immerhin hat er doch bisher als Nachlaßverwalter für seine Bauernsiedler so einiges auf sein Gewissen genommen. Mit der Durchfinanzierung des Deichbaues aus Nachlaßmitteln hat er sich zwar ohnehin schon eine starke Position geschaffen. Wer aber weiß, ob er diese nicht noch weiter auszubauen wünscht durch fortgesetzte Unterstützung der Gebäudeerrichtung? Damit könnte er bewirken, daß staatlicherseits nicht nur, wie bereits zugesagt, die auf die Rentengüter entfallenden, vom Nachlaß vorgeschossenen Deichbaukosten herausgelöst werden. Auch für die darüberhinaus geleisteten Hilfestellungen wäre dann vielleicht Entgegenkommen zu erhoffen. Denn nichts ist dem Nachlaßverwalter wichtiger als die Herauslösung möglichst aller Nissenschen Vermögenswerte, die er hier auf eigene Verantwortung über die vom Erblasser selbst gesetzten Grenzen hinaus eingesetzt hat; das weiß auch Söhrnsen-Petersen. Immerhin ist nicht auszuschließen, daß Paulsen versucht, hier zwei Fliegen mit einer Klappe zu schlagen. Die zweite wäre nämlich, daß er den Siedlern die ihnen äußerst lästige Bevormundung bei der Gebäudeerrichtung vom Halse schafft.

Unbestätigten Gerüchten zufolge sollen trotz der diesbezüglichen Beschlußfassung einige Dithmarscher sinngemäß etwa gesagt haben: »Wozu der schöngeistige Kram von diesem neumodischen Kieler Architekten? Das bringt nur noch höhere Belastungen. Erst das Brot, dann die Kultur, alles andere ist vom Übel!«
Die Situation ist hier ähnlich wie im zweiten Schiedsgerichtsprozeß: Trotz gefallener Entscheidung wollen einige versuchen, das Ruder doch noch herumzuwerfen. Wird Christian Paulsen dann ebenso standhaft sein wie das letztemal? Vermutlich ja; denn bei seinem Weitblick wird ihm der Spatz in der Hand lieber sein als die Taube auf dem Dach. Aber immerhin ist der im Bauten-Ausschuß so gewichtige Carl Ehlers auch Dithmarscher, und sein enges Vertrauensverhältnis zum Nachlaßverwalter ist nahezu sprichwörtlich. Söhrnsen-Petersen möchte in Ruhe seinen Urlaub verbringen und will deswegen jeglichem Ausbruchsversuch einen kräftigen Riegel vorschieben.
Deswegen unterbricht er seine Fahrt nach Baden-Baden noch einmal in Hamburg-Altona und bittet Christian Paulsen zu sich ins Hotel. Natürlich hat der Nachlaßverwalter Kenntnis von dem Zwischenfall mit Marx Wulff; aber jetzt ist er selbst an der Reihe:
»Lieber Herr Paulsen«, begrüßt der Flensburger Siedlungsmann seinen Gast und deutet mit einer Geste auf den Tisch in einem Verhandlungszimmer des Hotels, »hier habe ich zwei Briefe an die Deutsche Rentenbank-Kreditanstalt. Ich bitte Sie, einen davon als eingeschriebenen Brief zu befördern. Bei Ihnen liegt es, welcher es sein soll. Der eine Brief enthält eine Anweisung an die Rentenbank-Kreditanstalt, auf das Konto vom Sönke Nissen-Nachlaß vorläufig 1,35 Millionen Reichsmark zu überweisen. Diesen Brief kann ich Ihnen aber nur aushändigen, wenn Sie in Ihrer Eigenschaft als Testamentsvollstrecker vom Sönke Nissen-Nachlaß die selbstschuldnerische Bürgschaft dafür übernehmen, daß die Sönke Nissen-Koog-Siedler sich den Weisungen des Kulturamtes bei Errichtung der Gehöfte fügen. Der andere Brief ist kurz. Er enthält die Mitteilung an die Deutsche Rentenbank-Kreditanstalt, daß die Siedler die Anordnung der Siedlungsbehörde nicht befolgen, daher jegliche Kreditgewährung bis zur Klärung zurückgestellt werden müsse, und daß ich bei Rückkehr vom Urlaub auf die Angelegenheit zurückkommen werde. Bitte, entscheiden Sie sich in zehn Minuten!«
Christian Paulsen ist nahezu fassungslos. Was ist bloß in diesen Mann gefahren, fragt er sich. Seit mehr als zweieinhalb Jahren arbeitet er nun schon mit ihm zusammen, und das auf der Basis konziliant-kollegialer ge-

genseitiger Hochachtung. Wieviele schwierige, ja schier unlösbare Probleme hat er in der vergangenen Zeit schon in diesem Geiste mit seinem Landsmann gemeistert! – Und nun: Erst vor wenigen Tagen der unerfreuliche Auftritt mit Marx Wulff, den dieser, weiß Gott, nicht verdient hat; dazu jetzt diese diktatorisch-ultimative Forderung, welche nichts anderes bedeutet als jemandem die Pistole auf die Brust zu setzen. Der Mann scheint tatsächlich urlaubsreif. Paulsen antwortet: »Sie wissen doch selbst, daß es in schwierigen Situationen bei diesen zwanzig ebenso tüchtigen wie eigenwilligen, ja manchmal querköpfigen Dithmarschern und Friesen stets einundzwanzig Meinungen gibt. Und jetzt soll ich Bürgschaft für diese Leute leisten, sogar selbstschuldnerische Bürgschaft, was sie gemeinsam tun oder nicht tun sollen, und obendrein noch, wo ich nur Vertreter fremden Vermögens bin? Das ist doch ganz unmöglich! Gestatten Sie, daß ich mir das überlege.« – »Bitte!« heißt die schneidend kurze und knappe Antwort des Kulturamtsvorstehers.

Christian Paulsen kennt das Reichssiedlungsgesetz vom 11. August 1919 genauso gut wie sein Landsmann Theodor Söhrnsen-Petersen und weiß um die darin vorgeschriebene Einflußnahme auf die Baugestaltung und Bauausführung durch das Kulturamt. Auch kennt er die an das Pedantische grenzende haargenaue Gesetzestreue des Kulturamtsvorstehers, mit dem hier einfach nicht zu reden ist. Alle staatlichen Kredite gehen über den Schreibtisch des Flensburger Siedlungsmannes, der in dieser Situation der Mächtigste ist, wir sehen es. Darum bleibt keine andere Wahl als die des Einlenkens in der Hoffnung, daß damit eine gewisse Freiheit bei der Bauausführung und -gestaltung eingehandelt werden kann. Sicher werden die Siedlergenossen davon nicht sonderlich erbaut sein. Darüber ist Paulsen sich im klaren. Aber hier denkt er als Testamentsvollstrecker und beherzigt das Sprichwort von dem Spatzen in der Hand, Söhrnsen Petersens Annahme entsprechend. Wie gut kennen sich doch diese beiden Männer! Christian Paulsen hat kaum das Nebenzimmer betreten, in welchem er diese Überlegungen anstellt, da dreht er auch schon wieder um. »Sie haben recht«, sagt er zu Söhrnsen-Petersen, »anders kriegen Sie diese Brüder nicht! Ich unterschreibe die geforderte selbstschuldnerische Bürgschaft.« Da ist der Siedlungsmann nahezu beleidigt. »Unterschreiben?« fragt er vorwurfsvoll, »ich habe gar nichts zum Schreiben bei mir, bin bereits im Urlaub, Ihr Wort genügt mir.« Paulsen lacht, und wiederum entscheidet ein Handschlag über Millionen.

Hinsichtlich der Verärgerung seiner Siedlungsgenossen aber hat sich der Testamentsvollstrecker nicht getäuscht. Sie können und wollen einfach nicht einsehen, daß er jede sich nur bietende Gelegenheit nutzen muß, das weit über das vorgesehene Maß hier eingefrorene Nachlaßvermögen buchstäblich wieder loszueisen. Es wäre ihm doch ein leichtes, bei seinen unumschränkten Vollmachten weiter durchzufinanzieren. Keiner kann ihm dreinreden, so meinen sie. Aber Paulsen denkt an das Vormundschaftsgericht, dem er alljährlich einen von einem vereidigten Sachverständigen aufgestellten Rechenschaftsbericht vorzulegen hat. Das können die Genossen nicht wissen. Ihre bis zum guten glücklichen Ende der ganzen Sache anhaltende Kritik wegen des Bauens aber hinterläßt bei Christian Paulsen genauso einen kleinen Stachel wie bei Marx Wulff der Zusammenstoß mit dem Kulturamtsvorsteher. Noch im Januar 1945 schreibt er: »In großer Unzufriedenheit machte sich der allgemeine Unwille über die zwangsläufig entschwundene Möglichkeit eines schrittweisen Aufbaues mehr oder weniger Luft, die bessere Einsicht von der Zwangslage und der Wahl des kleineren Übels übertönend.« Wie sagten doch die alten Römer? – »Bene facere et male audire regium est!« (Gutes tun und üble Nachrede hören ist königlich.)

Das Verhältnis zu Söhrnsen-Petersen bleibt ungetrübt, wenn auch hier und da Schwierigkeiten zu überwinden sind. Dabei hilft der junge Regierungsrat Thomas Claus Schwede, heute Min.-Rat i. R., mit erstaunlichem Einfühlungsvermögen.

Paulsen wünscht angenehmen Urlaub; und Söhrnsen-Petersen hebt drohend seinen Zeigefinger: »Auch Sie sollten sich eine Ruhepause gönnen, Sie treiben Raubbau mit Ihrer Gesundheit!« »Erst muß alles unter Dach und Fach«, lautet die Antwort. –

Unmittelbar nach Rückkehr aus seinem Urlaub packt Söhrnsen-Petersen die Gebäudefrage an. Nun will er es wirklich wissen. Aufgrund der Erfahrungen aus der Gebäudeerrichtung für den Sönke Nissen-Nachlaß im Jahre 1926 und anhand der darauf aufgebauten Entwürfe des Architekten Heinrich Stav kommt der Bautenausschuß gemeinsam mit dem Kulturamtsvorsteher vorläufig zu dem Ergebnis:

Bei einer Durchschnittsgröße von 27 ha je Siedlerstelle sind folgende Mindestforderungen baulicher Art zur Errichtung einer selbständiglebensfähigen Wirtschaftseinheit zu stellen:

   eine Wohnküche,
   ein Schlafzimmer,
   ein Wohnraum,
   eine Kammer für landw. Gehilfen,
   eine Kammer für Hausgehilfin,

eine größere Diele,
eine kleine Geschirrkammer,
Stall für sechs Pferde,
Viehstände für 15 bis 20 Stück Vieh,
zwei Schweinebuchten,
Bansenraum von 635 qm Bodenfläche,
worin der Platz für den Speicher inbegriffen ist.

Die Kosten eines derartigen »Kernbaues«, bei dem der Wohnteil und Stall massiv gebaut sind, der Rest in Pfannenblech ausgeführt ist, werden auf 30 000,00 RM geschätzt.

Aber diese Rechnung geht nicht auf. Denn in den Jahren 1927/28 setzt im Baugewerbe neuerlich eine Lohn- und Preiswelle ein, die alle noch so sorgfältigen Vorausplanungen über den Haufen wirft.

Also weitere Abstriche. Die Fertigstellung eines Viehstalles entfällt mit der Begründung, daß während der ersten fünf bis zehn Jahre viehlose Wirtschaft die Regel sei. Das Gebäude müsse allerdings in der Anlage so errichtet werden, daß der Einbau des massiven Stalles mit Decke und außenwänden später möglich ist.

Auch andere Erfordernisse werden zurückgestellt, z. B. die Dielenverlegung in Wohnteilen, die vorläufig nicht benutzt werden sollen, oder die Inneneinrichtung von Pferdeställen u. a. m. Alles, was nach den besonderen Umständen im einzelnen Fall Zurückstellung auf eine spätere, günstigere Zeit verträgt, wird zurückgestellt, um einen allmählichen Auf- und Ausbau aus Überschüssen der Wirtschaft zu ermöglichen.

Der Kompromiß ist also bereits da: Paulsen hat erreicht, was er sich erhofft hat. Erst einmal nur das Allernotwendigste, alles andere später, nach Wunsch und Möglichkeiten.

Der Bautenausschuß ermittelt in gemeinsamer Arbeit mit dem leitenden Architekten die Gestehungskosten der Gebäude für die vier verschiedenen Besitzgrößen anhand des »Kernbaues« für die Durchschnittsgröße von 27 ha aufgrund der neuen Lage mit 1 270 RM je ha. Die veranschlagten 1 000 RM je ha reichen also trotz der gemachten Abstriche nicht. Also wäre die ganze Sache zum Scheitern verurteilt.

Aber hier geschieht etwas Außergewöhnliches: Die Bauernsiedler, abgeschreckt durch die bittere Erfahrung beim Deichbau mit seiner mehr als dreifachen Überteuerung, sagen sich, daß es zweckmäßiger ist, jetzt rd. 25 % Mehrkosten in Kauf zu nehmen als später vielleicht hundert oder noch mehr. Und als der Nachlaß sich bereit erklärt, mit weiteren Baudarlehen zur Verfügung zu stehen, nimmt die ganze Sache eine Wen-

dung. Es kommt zu einer neuen Verhandlung, in der Söhrnsen-Petersen sich zunächst von Paulsen die verbindliche Zusagen geben läßt, daß der Nachlaß mit weiteren Mitteln bereitsteht. Daraufhin erlaubt er, daß jeder Siedler seinen Bau, abweichend von dem für ihn in Frage kommenden Typenentwurf mit dem leitenden Architekten anderweitig vereinbaren kann. Eine gemeinsame äußerliche Einheitlichkeit aber muß gewahrt bleiben. Außerdem müssen die abgeänderten Entwürfe den wirtschaftlichen Bedürfnissen der Siedlungen genügen. Hierüber allein zu befinden, behält sich das Kulturamt vor. Der einzelne Siedler kann auch über die Mindesterfordernisse hinausgehen, wenn er den Nachweis erbringt, daß er vor Baubeginn die erforderlichen Geldmittel bereitstellt, d. h. also praktisch, daß er beim Nachlaß hierfür noch kreditwürdig ist.
Darauf gehen die Bauernsiedler natürlich gern ein. Sie denken um, fragen und sagen sich: »Was wird das Bauen in zwei bis fünf Jahren kosten? Wenn jetzt Geld zu haben ist, und das für 5 %, dann nimm, was du kriegen kannst!«
Als über die Mindesterfordernisse hinausgehend werden u. a. folgende Anlagen angesehen:

      Erd- und Hochwasserbassin,
      Hauswasserleitung,
      W.C. und Kläranlage,
      Tonrohrleitung für die Abwässerung,
      Kachelherd und Wandplatten,
      Betondiele in der Tenne,
      Gesamtunterkellerung.

Nachdem der Nachlaß hierfür das erforderliche Geld zur Verfügung stellt, belastet die Verpflichtung zum alsbaldigen Bauen die Landerwerber nicht mit der Sorge um die Geldbeschaffung, sondern nur mit der Verrentung des Baukapitals. Umgerechnet ergibt sie eine jährliche Hektarbelastung von rd. 63,00 RM, angepaßt an die Laufzeit der weiter unten noch zu behandelnden Landesrentenbankrente. Die später folgenden Staatsbeihilfen und Siedlungskredite, so berichtet Christian Paulsen, wären in *der* Höhe, wie sie nachher geflossen sind, niemals hereinzuholen gewesen, wenn man sich nicht eines Siedlungsverfahrens bedient und der damit verbundenen Verpflichtung zum Bauen unterworfen hätte.
Aber über all dieses Hin und Her vergeht auch der Bausommer 1927. Dadurch wird das Jahr 1928 das eigentliche Baujahr. Dem Zugeständnis des Kulturamtsvorstehers entsprechend, bemüht sich der leitende Architekt mit großer Geduld, auf die Sonderwünsche der einzelnen Bauernsiedler

Wohnhaus mit Aussichtsturm

einzugehen. In den meisten Fällen wird auch schnell Übereinstimmung erzielt. Es kommt aber auch vor, daß vier bis fünf neue Entwürfe vorgelegt werden müssen. Das letzte Wort hat dabei das Kulturamt. Die meisten Gebäude sollen am Hauptweg errichtet werden. Lediglich einer der Siedler, Martin Nissen, kein Verwandter von Sönke, will sein Haus abseits dieses Weges auf einer kleinen natürlichen Warft errichtet wissen. »Warum denn gerade dort?« fragt der erstaunte Architekt. »Ick will de See und de Hamborger Hallig sehn«, antwortet der Gefragte; und als der Architekt ihm klarmacht, daß das auch auf der Warft nur dann geht, wenn im Dach ein Aussichtsturm gebaut wird, sagt Martin Nissen: »Denn bu du man en Utsichtstorm.« Heinrich Stav entspricht mit seinem Entwurf diesem Wunsch und Willen, Söhrnsen-Petersen stimmt schmunzelnd zu. Denn er weiß, worum es hier geht. In den Jahren von 1902 bis 1908 hat Martin Nissen als Pächter der Hamburger Hallig den Wohlstand begründet, der es ihm nun ermöglicht, sich an dieser großen Sache zu beteiligen. Jetzt, am Ziel seiner Wünsche angelangt, will er die Stätte seines damaligen Wirkens von seiner neuen Behausung aus sehen können. Heinrich Stav meistert auch diese Aufgabe mit Geschmack und Eleganz.

Endlich ist es im Juni 1928, Söhrnsen-Petersen zufolge, nach neunmonatiger Planung soweit, daß mit der Komplettierung der vorläufig nur behelfsmäßig errichteten Gebäude begonnen werden kann.
Als alle Voraussetzungen für die zwingend notwendige Gebäudeerrichtung geschaffen sind, ganz besonders hinsichtlich der Restfinanzierung durch den Sönke Nissen-Nachlaß, geht Theodor Söhrnsen-Petersen mit der gleichen, nahezu sprichwörtlichen preußisch-deutschen Gründlichkeit vor wie beim sogenannten Planwunschtermin. In einer Verhandlung, die von vormittags um zehn Uhr bis Mitternacht dauert, läßt er von jedem Siedler, dem Bauten-Ausschuß und dem Vorstand der Genossenschaft für jedes einzelne Kolonat die Zeichnung, den Kostenvoranschlag und das Begleitprotokoll unterschriftlich anerkennen. Er bindet die Siedler förmlich an.
Wie sehr sich diese in der letzten Phase der Bauangelegenheit noch einmal dagegen aufbäumen und ihren Christian Paulsen damit bedrängen, sehen wir am deutlichsten aus dem eigenen Bericht des Kulturamtvorstehers. Paulsen bittet ihn während dieser ganzen umständlichen Prozedur nach draußen und fragt: »Könnten wir nicht doch ohne Bauleitung bauen?« — »Nein, dann stelle ich das Siedlungsverfahren ein!« Eine harte, ja despotische-diktatorische Reaktion auf diesen letzten Versuch des Geschäftsführers, seinen Genossen eine lästige Verpflichtung vom Halse zu schaffen. Aber diese erkennen sein Bemühen nicht an; es bleibt bei der harten Kritik an ihrem Efkebüller Landsmann, den sie sonst so hoch schätzen. Aber Paulsen muß sich hier fügen, ihm bleibt keine andere Wahl. Söhrnsen-Petersen, hier Sieger auf der ganzen Linie, schreibt darüber: »Hier hatte ich, wie ich damals glaubte, die kaum wiederkehrende Möglichkeit, einen ganzen Koog von 1 000 ha ausbauen zu lassen. — Ich stand mit meinem Wunschbild allein. Eine spätere Zeit und auch meine Freunde im Koog mögen entscheiden, ob ich recht hatte.«
Theodor Söhrnsen-Petersen hat eindeutig recht behalten: Nichts gibt unserem schönen Koog ein so einmaliges Gepräge wie eben gerade diese Gebäude mit ihrer Mannigfaltigkeit in der geschlossenen Einheit und ihrer Harmonie mit der Landschaft. Aber wir wollen uns keineswegs schöner machen als wir sind und müssen zugeben, daß die Gebäude der Bauernsiedler nicht die Vollkommenheit erreicht haben, wie diejenigen des Sönke Nissen-Nachlaß! »Das eine was man kann, das andere was man möchte«, schreibt Christian Paulsen quasi zu seiner eigenen Rechtfertigung darüber. Denn jetzt noch mehr Geld nur um der Schönheit willen aus dem Nachlaßvermögen in die Gebäude hineinzupumpen, kann er als Testa-

mentsvollstrecker einfach nicht vertreten. Hier muß es mit Zweckmäßigkeit sein Bewenden haben. Die Abnahme der Gebäude erfolgt Anfang 1929. –
Wie sehr der Kulturamtsvorsteher mit seinem beharrlichen Festhalten an einer einheitlichen Bauweise im Recht bleibt und darüberhinaus auch noch zum Erfolg für die Siedlergemeinschaft kommt, entnehmen wir, zeitlich noch weiter vorgreifend, seinem eigenen Bericht.
Anfang 1929 tritt an die Stelle von Ernst Articus als Leiter des reichsdeutschen Siedlungswesens Ministerialdirektor Bollert, bisher Landeskulturdirektor in Königsberg. Er verfügt ebenfalls über umfassende Kenntnisse und Erfahrungen auf dem Gebiete des Siedlungswesens und hat aus seiner letzten Tätigkeit gute Beziehungen zu seinen Fachkollegen in den baltischen Staaten. In seiner neuen Eigenschaft besucht er unseren Koog im Frühjahr seines Amtsantrittes. Als er die gewaltigen Gebäude sieht, bezweifelt er, daß die Scheunen je voll würden. Der Kulturamtsvorsteher bittet ihn, nach der Ernte wiederzukommen.
So geschieht es auch. Im Herbst kommt Bollert in Begleitung des estnischen Landwirtschaftsministers und des Präsidenten der Lettischen oder Livländischen Agrarbank. Die Scheunen sind bis zum First gefüllt, und neben jedem Siedler-Gehöft stehen draußen noch mächtige Diemen. Lediglich die gewaltigen Scheunen vom Sönke Nissen-Nachlaß können die gesamte Ernte unter ihren Dächern bergen. Ebenso staunend wie schweigend betrachten Bollert und seine ausländischen Gäste, von Norden hereinkommend, den prangenden Koog. Söhrnsen-Petersen berichtet über den neuen Ministerialdirektor: »Die gewaltige Fruchtbarkeit des Bodens, das wundervolle Vieh, die ureigene Stimmung in dieser Landschaft, das Besondere dieses Kooges packte ihn. Ich glaube, nicht zum wenigsten trugen zu der nachfolgenden Beurteilung die einzigartigen Gebäude bei, die neue Perspektiven des ländlichen Bauwesens eröffneten und mit denen Architekt Stav sich ein bleibendes Mal gesetzt hat. Als das Fuhrwerk im großen Mittelblock bei den mächtigen Nachlaß-Scheunen ankommt, kann Bollert sich nicht mehr halten, spontan bricht es auch hervor: »Das ist die schönste Siedlung Deutschlands, ja ganz Europas!«
Eine bessere Bestätigung kann Söhrnsen-Petersen sich einfach nicht wünschen. Aber geistesgegenwärtig packt er gleich die Gelegenheit beim Schopfe und bemerkt dem Ministerialdirektor gegenüber, daß bisher noch keine Beihilfe für die Regelung der öffentlich-rechtlichen Verhältnisse geflossen sei. »Reichen Sie sofort ein, Sie bekommen Geld, so etwas muß man unterstützen.«

In einer später folgenden Besprechung, bei der es u. a. auch wieder einmal um die Gebäude und den angeblich damit verbundenen Ärger geht, meint Peter Volquardsen etwas ironisch zum Kulturamtsvorsteher: »Sie legen Wert auf schöne Form der Gebäude; ich tue das lieber beim Vieh.« Söhrnsen-Petersen, der inzwischen bei Bollert zum Zuge gekommen ist, spielt förmlich einen Trumpf aus und präsentiert die Bewilligungsurkunde für eine Beihilfe von 225 000,00 RM zur Regelung der öffentlich-rechtlichen Verhältnisse. Dazu sagt er: »Ja, bezahlt macht sich beides.« Da fällt auch dem sonst so schlagfertigen »Peter Büttjebüll« nichts mehr ein. Er kann nur noch feststellen, daß der Kulturamtsvorsteher mit seiner Beharrlichkeit auf dem richtigen Weg gewesen ist. Diesmal ist Theodor Söhrnsen-Petersen der gefeierte Held des Abends.
Der spätere Ehrenprofessor Dr. E. Sauermann vom Landesverein für Heimatschutz würdigt mit einem Aufsatz im Schleswig-Holsteinischen Kunstkalender noch einmal die bauliche Ausgestaltung unseres Kooges. Abschließend schreibt er: »Hier liegen Aufgaben, die der Deutsche Bund für Heimatschutz im Interesse des deutschen Landschaftsbildes aufzugreifen wohl Veranlassung hätte.« Unser Koog, morgens von Osten her (Stolberg), abends von Westen (Nordstrand oder Hamburger Hallig) und am besten aus der Luft besehen, ist einmalig schön!
Wir verlassen hiermit zunächst das Gebäudethema und kommen weiter unten in einem anderen Zusammenhang darauf zurück.
Bleiben wir aber dennoch weiter bei der Erschließung des Kooges. Aufgrund der inzwischen bekannten Schwierigkeiten, die sich bei der Gebäudeerrichtung ergeben, kommt es tatsächlich dazu, daß man im Hinblick auf den zu erwartenden »Kornkoog« dem chausseemäßigen Ausbau der Wege Priorität vor der Gebäudeerrichtung gibt, wie wir es bereits für möglich erachtet haben.
Mit verständlicher Genugtuung bezeichnet es Christian Paulsen damals als »einzig dastehend in der Geschichte der Bedeichungen an der schleswig-holsteinischen Westküste«, daß schon im Jahre der Fertigstellung des Deiches die Befestigung der Wege in Angriff genommen wird. Noch erstaunlicher aber ist es, daß bereits mit Urkunde vom 4. Oktober 1926 vom hier zuständigen Wasserbauamt, seit 1936 mit dem Domänenrentamt zum Marschenbauamt vereinigt, die Genehmigung zum Bau von Deichdurchstichen, sogenannten »Stöpen» bzw. Deichüberfahrten erteilt wird (zur Definierung dieser Begriffe s. Anhang mit Erläuterung).
Darüberhinaus werden schon im Frühjahr 1926 mit Rücksicht auf die bereits erfolgte Bestellung des gesamten neuen Kooges mit Hafer und die In-

angriffnahme des behelfsmäßigen Scheunen- und Häuserbaues Abtragungen an den vorgesehenen Übergangsstellen zugelassen, welche die Verbindungsmöglichkeiten zum übrigen Wegenetz herstellen sollen.
Wir erinnern uns: Erst am 1. Dezember 1926 ist der Deich offiziell fertig, und noch später, im Februar 1927, wird er landespolizeilich abgenommen; aber schon am 4. Oktober davor kommen die erwähnten behördlichen Genehmigungen. Fürwahr, ein großzügiges Entgegenkommen, nicht zuletzt wohl auch eine Anerkennung für den Mut, mit welchem die Bauern- und Pachtsiedler hinter dem noch unfertigen Deich anfangen zu pflügen, zu säen und zu ernten. Unser z. Z. amtierender Oberdeichgraf Ingwer Paulsen weiß aus seiner Kindheit zu berichten: »Wie ich so als 10jähriger Junge hinter der Saategge herstolperte, kam es mir vor, als seien im Westen die Alpen«, und meint damit den noch im Bau befindlichen Deich.
Die Genossen handeln wieder entschlossen und vorausschauend. Kaum liegen die Genehmigungen vor, da gehen auch schon die Anträge auf Ausschreibungen heraus. Den Zuschlag erhalten für den Stöpen- und Überfahrtenbau die bereits vom Schleusenbau bekannten Firmen Matthiesen und Gerlach und außerdem die Bredstedter Firma Martin Sönnichsen.
Den Straßenbau bekommt vom Landesbauamt in Flensburg die Bredstedter Firma Momme Andresen, Hoch- und Tiefbau, in Betriebsgemeinschaft mit einem Hamburger Unternehmen, der Firma Hottenrodt. Zwar werden bei den Genossen böse Erinnerungen wach, als sie etwas von einer Betriebsgemeinschaft hören. Aber »Momme Hoch und Tief«, wie er im Volksmund genannt wird, zerstreut auch die letzten Bedenken: Kaum hat er den Auftrag in der Tasche, da geht er auch schon an vorausschauende Planung und tatkräftige Vorbereitung, ähnlich wie sein großer Kollege Dr. Rathjens.
Zwischen Bredstedt und Bordelum liegt ein kleiner Hügel, Gritshefer oder auch Christhever genannt. Für beide Namen gibt es in etymologischer Hinsicht eine Interpretation. Im ersten Fall bedeutet das Wort: größte Erhebung. Diese Version ist aber angesichts des hart nördlich gelegenen, wesentlich höheren Stolbergs nicht aufrechtzuerhalten. Christhever soll bedeuten: christlicher Hügel. Die Sage will wissen, daß hier im Zuge der vordringenden Mission der erste christliche Gottesdienst gehalten worden ist. Eine exakte Erklärung des Ursprungs beider Worte aber können wir ebenso wenig finden wie bei unserem »Koog«.
»Momme Hoch und Tief« ist es auch ziemlich gleichgültig, ob hier einst Heiden ihre Opfer geschlachtet oder Christen fromme Lieder gesungen

haben. Wesentlich wichtiger ist für ihn, daß er am Hang dieses kleinen Hügels eine wunderbare betriebseigene Kiesgrube hat. Ein fachkundiger Blick vom Hügel auf die westlich und vor allem tiefer gelegenen zukünftigen Baustellen löst bei dem Bredstedter Unternehmer förmlich eine Sofortentscheidung aus. Hier kann der Kies, so denkt er, bergab zu seinem Bestimmungsort rollen, im Hinblick auf die grundlosen Kleiwege natürlich nur mit einer Feldbahn. Diese muß fix und fertig stehen, wenn im nächsten Frühjahr das Wetter zum Straßenbau offen ist. Dann nämlich darf keine Zeit mehr mit Vorbereitungen vergeudet werden. Deswegen geht er sofort an den Bau einer Feldbahn. Die Genossen staunen nicht schlecht über dieses entschlossene Zupacken. »Das ist offenbar ein kleiner Rathjens«, freuen sie sich. Aber eben dieser Rathjens freut sich am meisten.

Als nämlich die Feldbahn fertig verlegt ist, macht der Naumburger Chefingenieur die Generalprobe auf deren Betriebssicherheit: Er befördert fast sein gesamtes Schwergerät auf dieser Bahn über den gefürchteten schwierigen Kleiboden hinweg an den ersten festen Weg in Bredstedt. »Ihre Bahn funktioniert ausgezeichnet, wünsche alles Gute beim Straßenbau«, bedankt sich Rathjens bei seinem Bredstedter Berufsgenossen, der hier ein schönes Beispiel kollegialer Hilfeleistung gibt.

Die Wünsche von Dr. Rathjens sind nicht vergeblich. Der Straßenbau geht planmäßig und reibungslos über die Bühne. Im diesbezüglichen Aktenwerk der Genossenschaft finden wir keinen Hinweis auf irgendwelche Störungen, Meinungsverschiedenheiten oder gar Beanstandungen. Allerdings muß darauf hingewiesen werden, daß die Situation hier völlig anders ist als beim Deichbau. Dort ist die Genossenschaft alleinige Auftraggeberin für eigene Rechnung und – wie wir leider haben sehen müssen – trotz anders lautenden Vertrages auch für völlig eigenes Risiko. Hier ist Auftraggeber das Landesbauamt; und Hauptgeldgeber sind die Provinz Schleswig-Holstein, der Kreis Husum mit je 40 % und die Gemeinde Reußenköge mit 10 % der entstehenden Kosten. In die letzten 10 % erst muß sich die Genossenschaft mit den für die Anschlußwege zuständigen Wegeverbänden teilen. Soweit diese sich dazu für außerstande erklären, springt die Stadt Bredstedt ein (vgl. S. 147). Vom Geld und vom Risiko her brauchen die Genossen sich kaum Sorgen zu machen. Dennoch haben sie es eilig; feste Wege sind neben anderen eine der elementarsten Voraussetzungen für die Rentabilität von Getreide- und Hackfruchtbetrieben.

Aber es gibt noch einen Mann mehr, der es eilig, ja brandeilig hat: Landrat Dr. Clasen sieht hier seine große Chance, ein von ihm seit langem geheg-

tes großzügiges Straßenbauprojekt zu verwirklichen, das durch den Sönke Nissen-Koog auch noch doppelt so groß wird, wie er ursprünglich vorgesehen hat. Immer hat es bisher an Geld gefehlt; aber jetzt hat er einen Geldgeber, der ihm die Aufbringung der vom Gesetz geforderten 40 Prozent spielend ermöglicht. Er weiß, daß Christian Paulsen Wort hält, und bekommt aus dem Nachlaßvermögen für den Kreis Husum ein sehr günstiges Darlehen von 260 000,00 RM. Aber auch Marx Wulff steht gleich hinter dem Landrat mit offengehaltener Hand für seine Gemeinde: »Was dem einen recht ist, ist dem anderen billig«, meint er und bekommt vom Nachlaß 70 000,00 RM ebenso vorteilhaft kreditiert wie der Kreis (vgl. S. 146).
Bei dieser günstigen Finanzierung kommt der Straßenbau gut voran. Landrat Dr. Clasen ist hier die treibende Kraft. Aber auch Landesbaurat Gätjens und sein Bauassistent Clausen haben ihre Verdienste. Insgesamt werden 24 km Wege chaussiert, davon fast die Hälfte im neuen Koog und der Rest als Zubringer in den benachbarten Kögen und Ortschaften. 1928 ist der Straßenbau beendet. –
Das letzte Deichbaujahr mit der gleichzeitig anlaufenden ersten Gebäudeerrichtung und Bewirtschaftung des Neulandes und die beiden folgenden Jahre 1927/28 werden für Handwerk, Handel und Gewerbe in Bredstedt und Umgebung zu einer Zeit mit Rekordumsätzen. Auch die Gastwirte kommen nicht zu kurz, wenn die Männer vom Deich-, Straßen- und Häuserbau sowie vom Mergelschacht und Lütjenholm am Wochenende mit gefüllter Lohntüte die Stadt besuchen. Dabei bleiben natürlich unschöne Zwischenfälle mit harten Auseinandersetzungen nicht aus. Im Mai 1926 ist sogar ein Toter zu beklagen.
Als weitere Erschließungsmaßnahme ist vorerst nur noch der Anschluß der Gehöfte an das Telefonnetz der Post zu verzeichnen. Im August 1926 hören die Genossen den Vortrag eines Postmeisters über das bereits fertig projektierte Netz. Hinsichtlich der Kosten für den Bau des Leitungsnetzes zeigt die Post sich sehr entgegenkommend. Es wird nur bedauert, daß der Nordteil des Kooges mit seinem Anschluß an das Amt Ockholm bezüglich einmaliger und laufender Kosten wesentlich höher belastet wird als der Süden mit seinem Anschluß an das Amt Bredstedt. –
Elektrifizierung, Eingemeindung und Bau einer Schule lassen noch Jahre auf sich warten. Wir behandeln sie weiter unten, um hier zeitlich nicht zu weit vorzugreifen. –
Wir erinnern uns, daß die mehr als dreifache Übervorteuerung und die daraus zu erwartende Hektarbelastung den Genossen erhebliche Kopfschmerzen

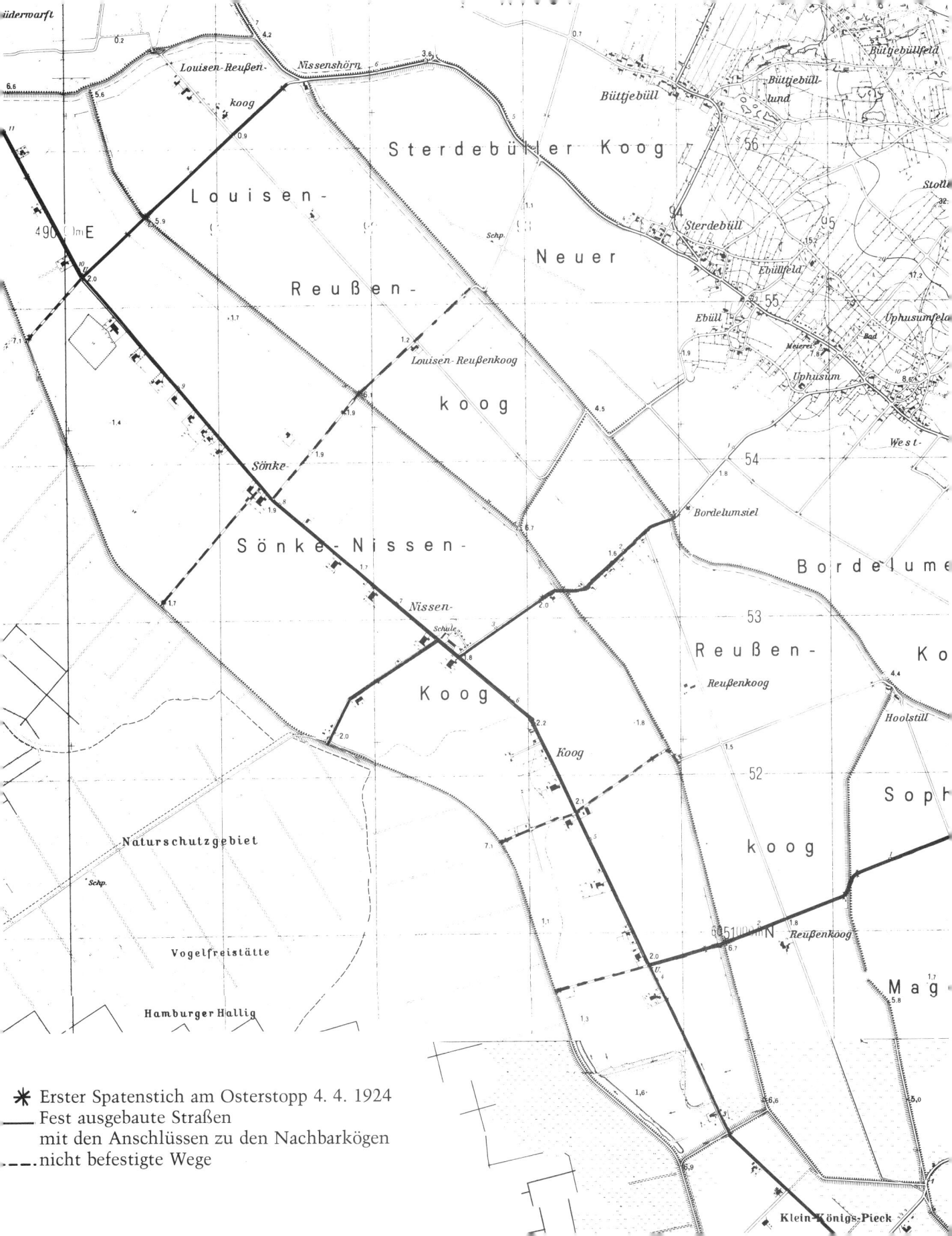

* Erster Spatenstich am Osterstopp 4. 4. 1924
— Fest ausgebaute Straßen
  mit den Anschlüssen zu den Nachbarkögen
--- nicht befestigte Wege

bereitet. Söhrnsen-Petersens Plan, in der Öffentlichkeit für das Kulturwerk zu werben, wird deswegen nicht fallen gelassen. Er wird nur durch den inzwischen angelaufenen Schiedsgerichtsprozeß aufgeschoben. Als dieser sich länger hinzieht als angenommen, hat man keine Ruhe mehr. Noch vor der Prozeßentscheidung gehen Einladungen an etwa dreißig maßgebende Persönlichkeiten des öffentlichen Lebens in der Provinz heraus, angefangen beim Kieler Oberpräsidenten bis herunter zum jüngsten Regierungsassessor. Für den 21. Juni 1926 wird zu einer Besichtigungsfahrt gebeten. Nach dem Bericht des Kulturamtsvorstehers verlaufen diese Fahrt und die anschließende Aussprache in angenehmer Atmosphäre und verfehlen später ihre Wirkung nicht. –

Inzwischen ist dem Testamentsvollstrecker ein Stein vom Herzen gefallen. Nach durchgeführter Vermessung kann der neue Koog am 14. Mai 1926 in das Kataster aufgenommen und die Genossenschaft als Eigentümerin in das Grundbuch eingetragen werden. Nach den bereits zugesagten Vorrangeinräumungen wird nun endlich das große zweite Darlehn vom Nachlaß, knapp zwei Millionen, an erster Stelle dinglich abgesichert, zweifellos ein Fortschritt; aber damit hat der Nachlaß sein Geld noch nicht zurück. Die in Aussicht gestellten Siedlungskredite müssen also unbedingt her. Deswegen: Weiter in der Werbeaktion! Nach dem Vergleich im Prozeß gehen weitere Einladungen heraus, diesmal vorwiegend an Reichs- und Landtagsabgeordnete sowie führende Männer aus Politik und Wirtschaft. Hierzu verfaßt Paulsen eine kleine Denkschrift, deren Tendenz unverkennbar ist: »Wir brauchen dringend Geld!« Auch diese Fahrt verläuft gut und bringt Erfolg. Der Kulturamtsvorsteher berichtet: »Die Aufnahme war so positiv, daß ich glaube, wir würden notfalls im Landtag und sogar im Reichstag eine Mehrheit für unsere Sache gefunden haben.«

Unmittelbar nach der zweiten Werbeaktion macht Christian Paulsen den ersten Versuch. Unter dem 30. August 1926 stellt er beim preußischen Landwirtschaftsministerium in Berlin für die Bauernsiedler Antrag auf Siedlungskredite. Daraufhin kommen am 30. September Ministerialdirektor Articus und Ministerialrat Boddin aus Berlin und sehen zum erstenmal den neuen Koog. Ernst Articus fordert vom Kulturamt eine Nachweisung, wie hoch für die Bauernsiedler die jährliche Hektarbelastung wird, und verspricht je Siedlerstelle 6 000,00 RM Hauszinssteuerkredit aus Geldmitteln, die von einer Art Vermögensabgabe von Hauseigentümern nach dem ersten Weltkrieg stammen. Darüber hinaus sagt er seine Unterstützung bei weiterer Kreditumstellung zu.

1-Anteil-Stelle

Das Kulturamt kann erst am 25. Januar 1927 die geforderte Nachweisung einreichen, da die Deichbaufirma ihre Abrechnungen verspätet vorlegt. Das Ergebnis ist erschütternd: Ohne Steuern und Abgaben ermittelt das Kulturamt eine jährliche Hektarbelastung von 408,23 RM!
Der Testamentsvollstrecker wird langsam ungeduldig. Schon wieder muß er an die Genossenschaftskasse heran, in welcher praktisch nur noch Geld von Sönke Nissen ist. Denn in Kürze sind 100 000,00 RM zur Rückzahlung auf den Erwerbslosenkredit fällig. Unter dem 27. Januar regt er deswegen als Vertreter des Hauptgläubigers beim Ministerium eine Generalbereinigung zur finanziellen Sanierung der Genossenschaft unter Hinzuziehung der übrigen Gläubiger an. Aber in Berlin kennt man nicht nur die Rentengutsache Sönke Nissen-Koog. Hier werden jährlich 50 Millionen für Siedlungszwecke verplant, wobei jeder meint, er habe das Geld am nötigsten und müsse als erster bedient werden. Dadurch kommt erst am 23. April die Weisung an das Kulturamt, ein Gutachten über die tragbare Rente im neuen Koog unter Beifügung einer Reinertragsberechnung anfertigen zu lassen. Söhrnsen-Petersen weiß, wie sehr es bei den Genossen brennt und beeilt sich, die Sache zu beschleunigen. Schon am 6. Mai hat

er die von seinem Präsidenten Engelkamp als hoch bewährte Schätzer empfohlenen Dithmarscher Bauern Friccius und Wiborg, Hedwigen-, bzw. Karolinenkoog, zur Stelle und setzt sie an. Das Urteil dieser beiden vereidigten Schätzer, Männer von seltenem Format, gilt als geradezu unfehlbar. Vier Tage lang prüfen sie die noch im Entstehen begriffenen Betriebe auf Herz und Nieren; dann bringen sie zusammen mit dem Kulturamtsvorsteher das Ergebnis zu Papier: Außer Steuern und Abgaben, die mit 69,50 RM je ha und Jahr angenommen sind, werden 245,00 RM Tilgungsrente als äußerste Belastungsgrenze angesehen, und das nur unter der Voraussetzung, daß die Siedlungen mit Gebäuden und Inventar ausreichend versehen sind.

Über dieses Gutachten wird am 12. Juli in Berlin unter Vorsitz von Ernst Articus verhandelt, der hier die wichtigsten Männer zusammengerufen hat. Entscheidungen von allergrößter Tragweite stehen bevor. Deswegen herrscht wieder einmal dramatische Hochspannung, als die Beteiligten das Dienstzimmer des Ministerialdirektors betreten. Aber Ernst Articus nimmt dieser Situation sofort das Prekäre. Lachend begrüßt er den Geschäftsführer der Genossenschaft; er weiß um die erfolgreiche Vorbereitung in der Öffentlichkeit und sagt: »Nun, Herr Paulsen, wir werden wohl nachgeben müssen, sonst drücken Sie auf den Knopf, und Schleswig-Holstein steht in Flammen.« Damit ist die Stimmung gut; und alle Vertreter der Reichs- und Staatsstellen helfen:

1. Die Domänenabteilung setzt bezgl. der Vorland-Kaufrente den Weizenpreis auf 10,00 RM/Ztr. und gewährt vier Renten-Freijahre.
2. Die DeBoKulAG- und Meliorationskredite werden langfristiger und niedriger verzinslich gestellt.
3. Die Reichsarbeitsverwaltung streicht von ihrem Kredit in Höhe von rd. 500 000,00 RM die Hälfte als verlorenen Zuschuß.
4. Hinsichtlich der Auseinandersetzung mit dem Nachlaß werden Verhandlungen mit der Rentenbank-Kreditanstalt vorgesehen, die auch kurz darauf stattfinden.

Articus muß allerdings hier eine Bedingung stellen: Wenn schon Siedlungs*kredite*, dann auch genügend Siedlungs*land*, damit ein ausreichender, sog. Siedlungseffekt erzielt wird. Er fordert 600 ha Siedlungsland und kann dem Nachlaß nur 400 ha zubilligen. Dieser hat aber bei der augenblicklichen Konstellation Anspruch auf rd. 450 ha. Die Verhandlung gerät ins Stocken. Paulsen überlegt einen Augenblick: Als Testamentsvollstrecker muß er darauf bedacht sein, den Nachlaß möglichst schnell aus seinem hohen Engagement herauszubekommen, als Genossenschaftsvor-

steher möchte er die Siedler gern in den Genuß des billigen Geldes bringen. Er selbst hat in der Gründungsversammlung zwar vier Anteile gezeichnet, aber nur, um Mut zu machen. Deswegen nennt er sie auch »pro forma-Anteile«, die er bisher dem Nachlaß offengehalten hat.
Um beide Ziele zu erreichen, muß jemand gefunden werden, der vom Nachlaß aus dessen z. Z. zustehender Landabfindung knapp fünfzig Hektar als Siedlungsland übernimmt. Aber welches Land soll das sein? Aus dem geschlossenen Block in der Mitte des Kooges kann man nichts herausnehmen. Diese sechs Höfe sind bereits verpachtet, und der im Norden gerade entstehende siebente Hof für den Nachlaß wird bereits von dem Bruder der Witwe Nissen als Pachtung bewirtschaftet. Also bleibt nur noch das im Südzipfel des Kooges gelegene sogenannte Baggerloch; und das will keiner von den übriggebliebenen zwanzig Siedlern haben, wie der Planwunschtermin gezeigt hat (vgl. S. 151). Deswegen bewirtschaftet es auch die Nachlaßverwaltung selbst durch Gräsen von Glinder Jungvieh. Um nun die Verhandlung, die so hoffnungsvoll begonnen hat, nicht in letzter Minute scheitern zu lassen, erklärt Christian Paulsen für sich selbst, als 21. Siedler im Kolonat »Baggerloch« auftreten zu wollen. Damit ist die Situation gerettet.
Zufrieden fahren Marx Wullf, Christian Paulsen und Aufsichtsratsvorsitzender Ludwig Lorenzen in Begleitung ihres Landrats und des Kulturamtsvorstehers nach Hause, natürlich nicht ohne die Erfolgsmeldung vorher telefonisch durchgegeben zu haben. –
Die vorgesehene Verhandlung wegen der Nachlaß-Kredite findet am 23. Juli im Gründungszimmer der Deichbaugenossenschaft statt. Für die Rentenbank-Kreditanstalt erscheint Oberregierungsrat Großpietsch, während das Ministerium seinen Ministerialrat Boddin entsendet. An der Verhandlung nehmen außer Söhrnsen-Petersen nur die beiden ersten Vorstandsmitglieder der Genossenschaft teil; die übrigen warten gespannt im Vorzimmer. Vor fast vier Jahren haben sie hier voller Mut und Unternehmungsgeist ihre Genossenschaft in der Hoffnung gegründet, daß alles glatt über die Bühne gehen würde. Und welchen Weg haben sie gehen müssen? – Wir kennen ihn, er ist dornenvoll genug und noch nicht zu Ende. »Was handeln die da drinnen jetzt wohl für uns aus?« So fragen sie sich mit bangen, erwartungsvollen Gesichtern.
Aber da drinnen geht es recht ordentlich zu. Die Männer aus Berlin zeigen sich sehr zugänglich. Als Paulsen nach einleitendem Kurzvortrag die Forderung des Nachlasses gegen die Siedler wegen der auf diese entfallenden Deichbaukosten mit 1,6 Millionen angibt, stellen sie einen Siedlungskre-

dit gleicher Höhe in Aussicht. Allerdings mit einer Einschränkung: Der Nachlaß soll mit 500 000 RM Gläubiger der Siedler bleiben. Dieses Geld soll für den Ausbau der Gehöfte und der Drainage sowie für die Beschaffung von Betriebsbesatz Verwendung finden. Das will dem Testamentsvollstrecker zwar nicht so recht schmecken, aber er »schluckt« es. »Besser als gar nichts«, denkt er bei sich.
Als die Männer aus dem Verhandlungsraum in das Vorzimmer kommen, blicken ihnen ängstlich fragende Gesichter entgegen. Diesmal ist es Söhrnsen-Petersen, der die Spannung löst. Im Vorübergehen beugt er sich zu Nis Boy Ingwersen und raunt ihm nur leise zu: »1,6 Millionen!« Fröhlich besteigen die anwesenden Deichbaugenossen ihre bereitstehenden Fuhrwerke und geleiten ihre Berliner Gäste zu einer Besichtigungsfahrt durch den neuen Koog.
Das Kulturamt wird nach dieser Verhandlung ermächtigt, einen Kreditantrag auf der Basis der getroffenen Absprache einzureichen.
Sofort holt der Kulturamtsvorsteher den Testamentsvollstrecker nach Flensburg, um mit ihm gemeinsam den Kreditantrag aufzustellen. Tagsüber wird fieberhaft im Amt gearbeitet, abends fährt man zur Übernachtung nach Glücksburg, wo vorher noch zur Entspannung ein Spaziergang am Strand gemacht wird. Bei einer solchen Gelegenheit sagt Paulsen eines Abends, daß ihm die Kreditangelegenheit nicht so ganz gefällt. Er bedauert, daß der Nachlaß nicht sein gesamtes, für den Deichbau vorgestrecktes Geld zurückbekommt. Da schlägt Söhrnsen-Petersen ihm ein regelrechtes Geschäft vor und bietet an, einen erweiterten Kreditantrag zu stellen. Geht dieser durch, so soll der Nachlaß den Gebäudekredit, der den Siedlern bereits mit 250 000 RM gewährt ist, langfristig und niedriger verzinslich stellen. Paulsen zögert nicht lange; und wieder einmal entscheidet ein Handschlag über Hunderttausende.
Tatsächlich gelingt dieser Streich, den Boddin einen Husarenritt nennt. Statt 1,6 kommen 2,1 Millionen herein. Jetzt kann der Nachlaß seine Gesamtforderung gegen die Genossen wegen deren anteiliger Deichbaukosten realisieren. Die dann noch verbleibende Differenz von rd. einer Million ist nun keine Forderung des Nachlasses gegen die Genossenschaft mehr, sondern verbleibt beim Nachlaß in Ausgabe als anteilige Bedeichungskosten für die ihm zugestandenen rd. 400 ha Koogsland. Der Nachlaß wird also nicht nach seinen Anteilen, die weit überzahlt sind, abgefunden, sondern entsprechend seiner effektiv verbleibenden Geldleistung nach Gegenrechnung der hereingekommenen 1,6 Millionen Siedlungskredite. Die sog. »Zinslandklausel« entfällt. Das Nachlaßgeld bleibt

ebenso unverzinst wie die ersten Eigenleistungen der Bauerngenossen. Die zusätzlichen 500 000,00 RM gliedern sich ihrer Herkunft nach in 374 000,00 RM Nachweisungskredit von der Rentenbank-Kreditanstalt und die von Articus zugesagten 6 000,00 RM Hauszinssteuerdarlehn je Siedlerstelle vom Staat Preußen. Nachdem wir durch Christian Paulsens Hinzutreten endgültig 21 Stellen haben, werden es 126 000,00 RM. Um auf die mehr beantragten 500 000,00 RM zu kommen, ergeben sich diese etwas krummen Zahlen.

Den Siedlern wird hier von staatlicher Seite eine wirksame Hilfe zuteil. »Ein gewaltiger Schritt vorwärts war getan«, schreibt Söhrnsen-Petersen, »die Mitwirkung des Kulturamtes hatte sich gelohnt.« Das ist zweifellos richtig. Wir wollen aber unseren Landrat mit seinem Kreis Husum nicht vergessen und erst recht nicht die Männer in Berlin, noch viel weniger den Regierungspräsidenten in Schleswig und seine Mitarbeiter.

Die Siedler stehen am ersten Meilenstein ihrer finanziellen Durststrecke und werden, wie wir eben gesehen haben, hilfsbereit aufgenommen. Aber wer hat sie bis hierher geleitet?

Ohne Sönke Nissen wäre es Marx Wulff nicht gelungen, die Deichbaugenossenschaft zum damaligen Zeitpunkt zu gründen, schon gar nicht in jener personellen Zusammensetzung. Und ohne Sönke Nissen-Nachlaß hätte dieses große Kulturwerk 1924 nicht begonnen und erst recht nicht bei all den aufkommenden Rückschlägen, Verlusten und Zubußen, besonders finanzieller Art, zu Ende geführt werden können. Es soll hierbei nicht verkannt werden, daß die Reichs- und Staatskredite ganz bestimmt mitgeholfen haben. Sie sind hereingeholt, ja zusammengekratzt worden, um das Nachlaßvermögen tunlichst zu schonen. Der Sönke Nissen-Nachlaß hat bis zu diesem Zeitpunkt unbestreitbar die Hauptlast des Geschehens getragen. Ohne die Aufwendungen für die Errichtung der sieben eigenen Gehöfte hat der Nachlaß den Deichbaugenossen einzeln persönlich, der Genossenschaft insgesamt, der Gemeinde Reußenköge und dem Kreise Husum den Betrag von rd. 3 320 000,00 RM vorgeschossen. Zu vertreten hat dies einzig und allein Christian Paulsen. Für ihn als Testamentsvollstrecker kommt sogar noch hinzu, was der Nachlaß für eigene Gehöfteerrichtung ausgegeben und mit der anteiligen Domänen-Kaufrente an Verpflichtungen übernommen hat, nämlich, vorsichtig geschätzt, 1,2 Millionen RM, so daß Sönke Nissen-Nachlaß kurz vor Hereinkommen der Siedlungskredite dasteht mit einem Gesamtengagement von
rd. 4 540 000,00 RM.

Ein ebenso stolzer wie erschütternder Betrag. »Unglaublich, ja unverant-

Pferdegezogener »Selbstbinder«

Dreschsatz mit Dampfmaschinenantrieb

Pflügen einst

Pflügen heute

wortlich«, würde jeder realistisch-merkantil denkende Industriekaufmann sagen, dessen Sinn auf Rendite und Kapitalertrag gerichtet ist. Der Vormundschaftsrichter wiegt zwar mit ernstem Gesicht den Kopf hin und her, sagt aber nichts. Das am meisten gefährdete Geld ist ja schon wieder hereingekommen. Was die Siedler dann noch einzeln, nicht als Genossenschaft, dem Nachlaß für Gebäudekredite und Einzahlungen auf Anteile schulden, kann nach Ablösung der ersten Darlehn erneut auf den Altbesitzen abgesichert werden, und zwar wiederum an erster Stelle. Dabei sind die neuerlichen Einzelkredite nur zwei Drittel so hoch wie die ersten. »Also keine Gefahr«, denkt der Vormundschaftsrichter, und Kreis und Gemeinde sind ihm für die Straßenbaukredite hinreichend gut. –
Jetzt muß es aber gehen, möchte man sagen, nach diesem förmlichen »Befreiungsschlag« von 2,1 Millionen und den Erleichterungen und Abstrichen bei den Reichs- und Staatskrediten. Das haben die Genossen beim Deichbau wiederholt gesagt. Wie ist es dann gekommen? Warten wir also lieber ab, wie es den Siedlern in den nun folgenden Jahren mit ihrem Neuland ergeht, das sie schon seit dem 1. Januar 1926 in Händen haben. –

Aller Anfang ist schwer, auch hier. Da liegen sie nun, die tausend Hektar Neuland im Schutze eines dreiviertelfertigen Deiches, zerrissen durch Kolke und Priele. Denn es gibt hier nicht etwa nur den großen Bordelumer Priel, sondern eine beachtliche Zahl kleinerer Wasserläufe, die sich wie ein Adergeäst durch das ehemalige Vorland ziehen. Als Passiermöglichkeit für Fuhrwerke und Gespanne mit Ackergerät zu den einzelnen Kolonaten gibt es nur Kleiwege. An ihnen entlang sind zwar Hauptentwässerungsgräben ausgehoben. Das ist aber auch alles, was bisher geschehen konnte; und das ist nach den gegebenen Umständen sehr viel. Jetzt muß jeder allein sehen, wie er es hält.
Die Bauern- und Pachtsiedler sehen sich auf ihren neuen Stellen um: kein Haus, keine Hütte, keine Bleibe. Baracken werden als Notunterkünfte für Mann und Pferd zusammengezimmert. Die Pachtsiedler wohnen schon ganz dort mit ihren Familien in Baracken.
Wo erforderlich, wird das Gelände in härtester Hand- und Gespannarbeit eingeebnet. Es folgt das Ausheben der Grenzgräben und, wenn es die Zeit erlaubt, das Drainieren des Neulandes – keine Planierraupe, kein Grabenbagger, keine Drainiermaschine!
Während die Reußenköger Gruppe im Süden Entfernungen von zwei bis sechs Kilometern zu überwinden hat, sind es im Norden für die Langenhorn-Efkebüller sechs bis zehn Kilometer und mehr. Da lohnt sich in der

arbeitsreichen Zeit – Frühjahr, Ernte und Herbst – kein Zwischenfahren. Unter primitivsten Umständen hausen da die Männer in ihren Baracken; und die Frauen kommen mit dem Fahrrad, um ihnen das vorbereitete Essen zu bringen, das dann auf einer behelfsmäßigen Kochstelle aufgewärmt wird. Ein Fuhrwerk kann man den Frauen nicht zugestehen; denn jedes Pferd wird auf dem Feld gebraucht. Das Fahrrad haben sie eigentlich nur zum Aufhängen der Körbe, im übrigen schieben sie es auf den schwer passierbaren Kleiwegen, manchmal lassen sie das Rad von vornherein zu Hause. Wahrlich, das ist echte Pionierarbeit von Mann *und* Frau!

Nach Abschluß dieser Vorbereitungsarbeiten hält der Motor Einzug in den neuen Koog. Mit zwölf, teilweise sogar neunzehn Treckern pflügen die Siedler das Neuland und bestellen es mit Hafer.

Der Boden enttäuscht nicht. Unter günstigen Witterungsbedingungen wächst ein geradezu kraftstrotzender Hafer heran. Kurz vor der Ernte besucht Regierungsrat v. Hedemann den Koog. Ihm gehört das Gut »Deutsch-Nienhof« am Westensee zwischen Kiel und Rendsburg. Regieren ist für ihn Ehrensache, kein Broterwerb. Beim Anblick des Hafers, dessen Halme wie Schilf stehen, sagt er: »Ach, Herr Paulsen, lassen Sie mich doch ein Bündel davon mitbekommen. Mein Verwalter soll mal raten, was das ist!«

Die Ernte bringt einige Schwierigkeiten. Nicht alle Flächen lassen sich mit dem damals üblichen pferdegezogenen Selbstbinder mähen. Beachtliche Teile müssen, weil der Hafer ungünstig liegt, von Hand genommen werden.

Mit dem Einbringen der Garben in die z. T. noch unfertigen Scheunen geht es dank des guten Erntewetters einigermaßen. Als aber die Zeit zum Dreschen gekommen ist, sind die ersten Regenfälle gewesen, und es gibt ungeheure Schwierigkeiten beim Heranbringen der hierzu erforderlichen schweren Maschinen. Eine Dreschmaschine z. B., die unter normalen Verhältnissen mit vier Pferden bewegt werden kann, erfordert hier auf den grundlosen Wegen die Zugkraft von 12 Pferden. »Man muß es gesehen haben, um sich ein Bild davon machen zu können«, schreibt Christian Paulsen dazu. Es gibt zwar keine Rekordernte, aber mit 80 Ztr. Korn und ebensoviel Stroh vom Hektar fühlen die Siedler sich für alle Mühe, Arbeit und Entsagung entschädigt. Auch mit ihrer guten Ernte sind sie bei den Wegeverhältnissen dennoch Gefangene im eigenen Land. Zur Geburt des ersten Kindes muß die Hebamme mit einem sechspännigen Ackerschlitten herangeholt werden. –

Im Herbst 1926 können die Pachtsiedler massive Wohnungen beziehen.

Die Bauernsiedler und Hans Rabe aber müssen bis auf drei Ausnahmen in den Jahren 1927/28 weiterhin das Pionierleben auf sich nehmen. –
Das Jahr 1927 ist eines der schlimmsten, ganz besonders im Hinblick auf das Wetter. Sönke Paulsen, dessen Tagebuch wir alle diesbezgl. Angaben entehnen, schreibt wörtlich: »Erntewetter: saumäßig.« Noch schlimmer ist es mit den Erträgen. Sie liegen gerade bei der Hälfte einer normalen Ernte. Das ist besonders für einen im Aufbau begriffenen Betrieb ein harter Schlag. Der einzige Lichtblick ist in diesem Jahr, daß der Straßenbau beginnt und zügig vorankommt.
Unter dem Eindruck dieses ungünstigen Jahres halten es einzelne Pacht- und auch Bauernsiedler für angezeigt, sich aus dem Unternehmen zurückzuziehen. Ganz gewiß handeln diese Männer vor sich und ihren Familien, aber auch vor dem Nachlaß, bzw. der Genossenschaft korrekt und verantwortungsbewußt. Es wäre ungerecht, sie vor denen herabzusetzen, die sich nach wie vor stark genug fühlen, weiterzumachen. Für die beiden ausscheidenden Pachtsiedler kann der Testamentsvollstrecker so schnell keinen Ersatz finden. Deswegen holt er kurzerhand zwei bewährte Gutsbeamte von Glinde und setzt sie als Verwalter auf den beiden verwaisten Pachtsiedlungen ein. Auch bei den Bauernsiedlern wird bezgl. der Übernahme von Anteilen eine Regelung gefunden. Deswegen wird erst jetzt bekanntgegeben, in welch personeller Zusammensetzung der Sönke Nissen-Koog mit seinen 28 Betrieben in das Wirtschaftsjahr 1928/29 geht. (s. Anhang)
Die Rückschläge aus dem Jahr 1927 können trotz normaler bis guter Ernte 1928 nicht aufgefangen werden. Das Einbringen selbst ist wegen des vielen Regens schwierig. Die Stimmung ist dementsprechend. Aber man läßt sich nicht entmutigen.
In diesem Jahr bekommt der Koog wieder einmal hohen Besuch. Der Siedlungsausschuß des Deutschen Reichstages gibt sich unter Führung von Ernst Articus die Ehre. Eines der Ausschußmitglieder ist der Sohn des ersten deutschen Reichspräsidenten Ebert. Articus hat hier Siedlungen in einer Größenordnung zugelassen, wie sie von den Linksparteien im allgemeinen abgelehnt wird, wenn auch nicht in Schleswig-Holstein, wo man die Verhältnisse in der Marsch kennt. Wir erinnern uns an Peters-Hochdonn. Söhrnsen-Petersen, der nach der Rundfahrt in einer Scheune Kurzvortrag halten soll, bekommt von Articus Weisung: »Sie haben nicht über Siedlungskredite zu sprechen. Werden Sie gefragt, so erzählen Sie so lang und breit wie möglich über die kleinen und Hauszinssteuerkredite!«
Die Fahrt beginnt. Ebert jun. hat noch keine drei Höfe gesehen, da geht es

auch schon los. In waschechtem Berliner Jargon ruft er: »Das sind ja lauter Rittergüter, ich will Arbeitersiedlungen sehen.« Gerhard Volquardsen, der auf dem Fuhrwerk hinter ihm sitzt, stößt ihm mit der Krücke seines Handstockes sanft in den Rücken und weist auf ein Pfluggespann mit drei Pferden davor. Dabei erklärt er ihm ruhig und sachlich, daß eine Arbeitersiedlung nicht einmal diese drei zum Pflügen erforderlichen Pferde ernähren könnte. Der Berliner ist zunächst skeptisch. Als er aber weiterhin zu hören bekommt, daß seine hiesigen Parteifreunde aus dieser Erkenntnis im vorliegenden Falle auf Arbeitersiedlungen verzichtet haben, ist er zufrieden.

In der vorgesehenen Scheune schwingt sich der Kulturamtsvorsteher auf einen Ackerwagen, tut, wie ihm befohlen, und möchte am Ende seiner Ausführungen möglichst schnell vom Wagen herunter. Aber der oldenburgische Ministerpräsident Tantzen, ein demokratischer Reichstagsabgeordneter, hindert ihn daran, indem er sich äußerst wißbegierig zeigt. »Ihre Ausführungen haben sehr gefallen; aber sagen Sie doch bitte, lieber Herr Regierungsrat, welche Siedlungskredite sind bisher gegeben?« Der Regierungsrat antwortet ausweichend; aber Tantzen läßt nicht locker. Mehrmals wiederholt sich dieses Frage- und Antwortspiel. Der Flensburger wird in die Enge getrieben. Im Halbdunkel der Scheune stehen Paulsen und seine Genossen und amüsieren sich köstlich. Sie schlagen sich vor Lachen auf die Knie, wie sie ihren Flensburger Freund sich winden sehen wie ein Aal, bis ihn Articus durch sein Eingreifen aus dieser mißlichen Lage befreit. »Das war was für die Nachkommen einstiger Seeräuber«, schreibt Söhrnsen-Petersen. –

Im Herbst 1928 können auch die Bauernsiedler feste Wohnungen beziehen. Welch ein Glück! Denn es folgt der harte Winter 1928/29. Wie froh sind doch alle, daß sie Zentralheizung haben! Das Straßennetz ist auch fertig. Jetzt sind die Siedler nicht mehr Gefangene im eigenen Land.

Damit sind aber noch längst nicht alle Schwierigkeiten überwunden. Die Lage der Siedler bleibt äußerst angespannt. Zu allem Überfluß hinterläßt der harte Winter unerfreuliche Spuren. Sönke Paulsen muß seine gesamte Wintersaat umpflügen. Bei den übrigen wird es nicht viel anders gewesen sein. Die Pachtsiedler haben es schwer, ihren Verpflichtungen nachzukommen.

Indessen arbeiten Söhrnsen-Petersen und Christian Paulsen fieberhaft auf den Rentengutsrezeß hin. Dem Testamentsvollstrecker brennt es förmlich unter den Nägeln, daß der Nachlaß endlich zu grundbuchlichem Eigentum kommt. Darüberhinaus will er ebenso gern seine Siedler im trok-

kenen haben. Das Kulturamt hat Kummer mit Vermessungspersonal; und dabei sind nur noch kleine Korrekturen erforderlich. Genauso ärgert Paulsen sich mit Kleinkram herum. Um nur ein Beispiel zu nennen: Da wird hin- und herkorrespondiert, ob eine als Stützpunkt für die Domänenverwaltung vorgesehene Parzelle, ganze 0,25 ha groß, in deren Eigentum übergehen oder ihr nur bis zu einer Weiterbedeichung zur Nutzung zugewiesen werden soll. Darüber vergehen Wochen und Monate.
Dennoch gibt es etwas Erfreuliches: Mit Satzung vom 20. März 1929 etabliert sich der Deichverband Sönke Nissen-Koog als Körperschaft des öffentlichen Rechtes. Landrat Dr. Clasen bestätigt die Satzung und die einstimmige Wahl Paulsens zum Deichvogten, Stellvertreter wird Moritz Sattler. Das ist ein Schritt voran! Kurz darauf folgt der zweite: die neu errichteten Gehöfte werden baupolizeilich abgenommen. Straßen, Stöpen und Überfahrten an Deichen sind bereits freigegeben. Von dieser Seite ist also nichts mehr im Wege; aber das Kulturamt kommt trotz besten Willens seines Vorstehers nicht voran. Es ist einfach zu viel zu tun.
Wie zumeist nach einem harten Winter, ist der Sommer 1929 schön, fast ohne Regen. Aber was nützt das beste Wetter, wenn man auch bei relativ guter Ernte nur Sommerkorn hat. Man kommt nicht weiter, bestenfalls tritt man auf der Stelle.
Das ist nicht nur in unserem Koog, sondern in der gesamten deutschen Landwirtschaft so. Die ersten Anzeichen einer lähmenden Depression werden erkennbar. Die später folgende Weltwirtschaftskrise zeichnet sich ab. Der Rentengutsteil unseres Kooges hat wirtschaftlich eine harte Jugend: von der Inflation in diese große Krise. Dabei geht man von vornherein krumm und hält sich nur, weil man laufend Korsettstangen eingezogen bekommt. Nicht ganz ohne Grund nennen die Nachbarköge uns damals den »Kängeruh-Koog«, weil er mit leerem Beutel große Sprünge macht. Wir nehmen das keineswegs übel, weil wir zweierlei wissen: Es ist zum ersten nicht neidvoll-gehässig gemeint, und zweitens wird voll anerkannt, was unsere Alten leisten und durchstehen müssen.
In seiner Eigenschaft als Testamentsvollstrecker merkt Paulsen ebenfalls, daß es schwierigen Zeiten entgegengeht. Da muß man auf der Hut sein, besonders bei diesem Vermögen, welches so außerordentlich kompliziert angelegt ist. Er hat mit den verschiedensten Leuten zu tun. Söhrnsen-Petersen schreibt: »Er mußte mit Kaufleuten verhandeln, die ihren Vorteil suchten.« In solcher Zeit gibt es deren viele. –
Seit Sönke Nissens letztem Krankenlager, also genau sechs Jahre hindurch hat Paulsen keinen Urlaub mehr gehabt. Das hält auch der Stärkste

nicht aus, schon gar nicht bei dieser Arbeits- und Nervenbelastung. Söhrnsen-Petersen berichtet über ihn: »Nie nahm er Ferien, kaum gönnte er sich eine Stunde Freizeit. Nur wenn er in seine friesische Heimat kam, atmete er auf. Gewiß, auch da war genug zu tun. Aber wenn es geschafft war, blieb er zusammen mit Carl Ehlers, Marx Wulff und den anderen. Behaglich saßen sie bei ihrem Teepunsch, wie das in Friesland so ist. Dann glättete sich seine Stirn. Er war froh, scherzte und lachte mit ihnen, und keiner mochte sich vom schönen Augenblick trennen. Unser gemeinsamer Freund, Ministerialrat Ossig, erzählte immer gerne, wie er mit dem Nachtzug von Berlin kommend abends spät im »Landschaftlichen Haus« in Bredstedt Christian Paulsen begrüßt hatte. Als ich dann am Morgen um 8 Uhr zum Kaffee runterkam, so sagte er, saßen sie noch da. Paulsen begrüßte mich wie ein Diplomat alter Schule, bei Carl Ehlers hätte der Schnurrbart leicht gewippt, als er lächelnd guten Morgen wünschte, und bei Marx Wulff hätte lediglich eine sanfte Röte des Gesichtes verraten, daß er nicht geschlafen hatte.«

Gewiß, so etwas lockert auf, entspannt und macht Freude, aber nur für den Augenblick. Frische Arbeitskraft läßt sich daraus nicht schöpfen. Der Kulturamtsvorsteher hat mit seinem drohenden Zeigefinger schon recht gehabt: Christian Paulsen ist reif für einen längeren Urlaub, ja, der ist überfällig! Wie immer in solchen Situationen gibt es Gegenargumente: Der Rezeß, die Nachlaßverwaltung. Das hat Söhrnsen-Petersen erwartet. Er kennt seinen Christian Paulsen und holt deswegen ganz weit aus: Ein Vorstoß beim Vormundschaftsrichter, und der Testamentsvollstrecker wird zu sechs Wochen Sanatorium »verurteilt«.

Söhrnsen-Petersen verspricht ihm, sich um die Belange der Genossen zu kümmern, und der Vormundschaftsrichter nimmt ihm die Verantwortung für die Nachlaßverwaltung ab.

In Braunlage dauert es eine Weile, bis sich Paulsen von seiner jahrelangen Überlastung erholt. Dann hat er wieder seinen klaren Kopf. Nur das Herz will nicht mehr so recht. Er besinnt sich auf den von Anfang an gehegten Wunsch, nur noch in Koogsangelegenheiten tätig zu sein (s. S. 36). Sein Verlangen danach ist jetzt noch stärker; denn er hat inzwischen selbst eine Siedlerstelle im Koog, und seine Genossen haben ihn zum Deichvogt gewählt. Das Siedlungsverfahren ist so gut wie abgeschlossen, der Rezeß ist nur noch eine Formalität. Die Trennung der Genossenschaft vom Nachlaß ist mit der Hereinnahme der Siedlungskredite bereits vollzogen. Die noch bestehende finanzielle Bindung einzelner Siedler an den Nachlaß hat damit nichts zu tun. Jetzt ist also der Zeitpunkt gekommen. In diesem Sinne schreibt Paulsen an das Vormundschaftsgericht. Dort wird sein Entschluß begrüßt. Denn damit ist der Weg frei, dem Willen des Testators zum Zuge zu verhelfen und erneut zwei Testamentsvollstrecker einzusetzen.–

Jeden Morgen findet Paulsen auf seinem Frühstückstisch einen Brief oder Kartengruß von einem der Deichbaugenossen, und einmal in der Woche hat er Besuch aus diesem Kreise. Carl Ehlers teilt ein. »Peter Büttjebüll« schreibt einmal (Auszug): »Hier ist eine kleine Gemeinschaft, wenn es auch nur einfache Bauern sind, in deren Herzen ist Dein Name mit goldenen Buchstaben geschrieben.«

Auf diese Weise erholt der Sanatoriumsgast sich schnell und kann nach Rückkehr von Braunlage mit frischer Kraft für die Belange seiner Siedlergenossen tätig werden. Sie haben es bitter nötig. –

Das Jahr 1930 bringt bei durchschnittlichen Erträgen sehr schlechtes Erntewetter. Die wirtschaftliche Depression nimmt weiter zu. So ist z. B. Stroh überhaupt nicht abzusetzen; man hat noch Stroh aus dem Vorjahre liegen. Allen Ernstes wird die Errichtung einer Strohpappenfabrik erwogen. Der Plan muß aber wegen der zu erwartenden schlechten Rentabilität wieder fallen gelassen werden.

Im März dieses Jahres werden erste Kontakte mit der Schleswig-Holsteinischen Stromversorgungs-A.G. wegen Elektrifizierung des Kooges aufgenommen. Im Mai nehmen diese Dinge konkrete Formen an. Direktor Andresen von der »Schleswag« läßt ein Projekt aufstellen, das von Vorstand und Aufsichtsrat gebilligt wird. Außerdem legt unter dem 9. Mai der Dipl.-Ing. Hahne, Direktor der Elektizitätsversorgung im Landkreis Flensburg, ein Gutachten über die Versorgung des Kooges mit elektrischer Energie vor. Zwei Vertragsarten kommen in Frage:

a) ein Stromlieferungsvertrag,
b) ein Konzessionsvertrag.

Im Falle a) bezieht die Genossenschaft insgesamt als Großabnehmer, wobei die gelieferte Energie vor dem Transformator gemessen wird.

Im Falle b) bezieht jeder Verbraucher für sich, wobei hinter dem Zähler im Hause gemessen wird.

Die zweite Lösung erweist sich als die weitaus günstigere, und man entschließt sich auf der Generalversammlung vom 23. Mai 1930 für sie. Auf derselben Versammlung wird Richard Peters Aufsichtsratsvorsitzender für den zurückgetretenen Ludwig Lorenzen.

Die neue Nachlaßverwaltung trägt Bedenken, ihre 6 Höfe im Mittelblock an das Stromnetz anschließen zu lassen. Der Nachlaß hat gerade zu die-

sem Zeitpunkt hohe Ausgaben für den Ausbau der Ställe auf allen 7 Höfen. Außerdem können, wie mitgeteilt wird, sowohl die Nachlaßverwaltung als auch ihre Pächter sich zu bestimmten Ausbau- und Stromlieferungsbedingungen nicht verstehen. Die Sache soll zunächst zurückgestellt werden. Direktor Andresen macht aber ein Teilprojekt möglich. Allerdings müssen dann aus technischen Gründen die Gehöfte Martin Nissens und Ludwig Lorenzens ausgeklammert bleiben, bis der Nachlaß sich anschließt. Dafür werden dem Nachlaß die später entstehenden anteiligen Ausbaukosten für diese beiden Gehöfte auferlegt.
Nach dem nunmehr neu aufgestellten Teilprojekt entfällt auf die Genossenschaft ein Baukostenzuschuß von 28 850 RM. Da Söhrnsen-Petersen sehr schnell gehandelt und bereits Antrag auf Beihilfe für das Gesamtprojekt gestellt hat, liegt schon am 8. Juli eine Beihilfebewilligung des Landwirtschaftsministers in Höhe von 29 600 RM vor. Es gelingt dem Kulturamtsvorsteher, den gesamten Betrag für die Genossen hereinzubekommen. Nachlaßpächter Hans Rabe im Norden des Kooges schließt sich auf eigene Kosten an.
In der Generalversammlung vom 22. August 1930 steht das Teilprojekt zur Diskussion und wird einstimmig angenommen. Die Genossen zeigen sich wieder einmal genauso entschlußfreudig wie in der Deichbauzeit: Unmittelbar im Anschluß an diese Versammlung wird an Ort und Stelle ein diesbezüglicher Vertrag mit Direktor Andresen geschlossen, den in altbewährter Weise Söhrnsen-Petersen beurkundet. –

Das Jahresende bringt ein erfreuliches Ereignis, das wichtigste im ganzen Rentengutsverfahren, den sogenannten Rezeßvollziehungstermin. Wie schon so oft in der Geschichte unserer Genossenschaft, ereignet sich so etwas kurz vor Weihnachten. Am 23. Dezember 1930 hat Regierungsrat Theodor Söhrnsen-Petersen im »Landschaftlichen Haus« zu Bredstedt seinen großen Auftritt; er ist so recht in seinem Element. Mit diesem Akt werden die Bauernsiedler rechtmäßige Grundeigentümer der Kolonate, die ihnen seit dem 1. Januar 1926 bereits zur Nutzung zugewiesen sind. Genau genommen hätten sie dafür Pacht entrichten müssen, und zwar an die Genossenschaft, welche bis dahin grundbuchliche Eigentümerin des Landes ist. Da die Genossenschaft aber der Zusammenschluß desselben Personenkreises ist, der jetzt wirtschaftet, würde das Pachtgeld nur im Kreise laufen. Man hat deswegen darauf verzichtet.
Die Deichbaugenossenschaft erfüllt an diesem Tage ihren eigentlichen Auftrag. Nach Bedeichung und Erschließung des Kooges sowie nach Rege-

lung der öffentlich-rechtlichen Verhältnisse tritt sie als Siedlungsausgeberin auf. Die 21 Siedlungen werden in Abteilung II ihrer Grundbücher an erster Stelle mit einer jährlichen Rente bei einer Laufzeit von 60 1/2 Jahren beschwert. Kapitalisiert ergibt sie den auf die einzelnen Siedlungen, je nach Größe, entfallenden Anteil an dem Siedlungskredit von 1927. Es ist der Ankaufs*kredit* für das bedeichte Land und für 65 % der Gebäude. Im Range danach folgt eine weitere jährliche Rente mit einer Laufzeit von 31 Jahren. Diese ergibt, kapitalisiert, den Vorland-Kaufpreis. Es ist der Ankaufs*preis*. In Abteilung III der Grundbücher wird unabhängig von der Größe bei jeder Siedlung erststellig ein Hauszinssteuer-Darlehn von 6 000,00 RM eingetragen. Der Kapitaldienst für alle drei Eintragungen zusammen macht die von den Schätzern ermittelte tragbare Rente von 245,00 RM je ha und Jahr aus.

Damit sind aber die sogenannten kleinen Kredite noch nicht aus der Welt, für welche immer noch Landrat Dr. Clasen mit seinem Kreis den Kopf hinhält. Jetzt kommt Christian Paulsens geplanter Schachzug zum Tragen. Nach den in Berlin gemachten Abstrichen und den inzwischen über den Zinsen- und Treuhandfond erfolgten Tilgungen haben die kleinen Kredite gerade eine Höhe, die sich mit der Forderung der Genossenschaft gegen die zweite Deichbaufirma deckt. Gemäß Vertrag von 1923 überträgt die Genossenschaft mit diesem Rezeß das Eigentum – nicht die Nutzung! – an Deich und 18 Ruten auf den gebildeten Deichverband. Dieser übernimmt als öffentlich-rechtliche Körperschaft die Schulden aus den kleinen Krediten und bekommt dafür die Forderung der Genossenschaft gegen die zweite Deichbaufirma abgetreten. Deswegen nennt Paulsen diese Schulden eine »kompensierte« Belastung. Die Abwicklung über die Firma Polensky und Dr. Rathjens erfolgt später reibungslos.

Das Wattland mit einer Fläche von rd. 27 ha wird vorerst nicht aufgeteilt, sondern bleibt Gemeinschaftseigentum der Genossenschaft.

Jetzt ist noch der Sönke Nissen-Nachlaß übrig, er ist nicht am Rentengutsverfahren beteiligt, nur mittelbar durch die Vermessung und die Beurkundungen des Kulturamtes. Dennoch wird er in diesen Rechtsakt als Restgutkäufer einbezogen. Seine sieben als Pachtsiedlungen deklarierten Höfe werden lediglich mit dem Ankaufs*preis*, der Domänenkaufrente, beschwert, nicht aber mit dem Ankaufs*kredit*, der Landesrentenbankrente. –

Genau genommen hätte jetzt die Genossenschaft ihren Auftrag erfüllt und könnte aufgelöst werden. Aber da sind noch das Wattland und vor allem die leidigen Berliner Grundstücke, die der Genossenschaft insgesamt gehören. Außerdem hat die Genossenschaft noch die Nutzungsrechte an Deich und 18 Ruten. Das Eigentum ist zwar mit diesem Rezeß auf den öffentlich-rechtlichen Deichverband übergegangen. Das hat lediglich den Zweck, den Deich als öffentliche Sicherheitsanstalt dem privaten Rechtsverkehr zu entziehen. Die Nutzungen aber haben Marx Wulff und Christian Paulsen nach althergebrachtem Gewohnheitsrecht für die Genossenschaft beansprucht, ohne daß diese Eigentümerin des Grundstückes ist. Dabei stoßen sie in Berlin beim Finanzministerium auf Widerstand (s. S. 55). Man zwingt sie, dieses Grundstück käuflich zu erwerben, um die Nutzungsrechte beanspruchen zu können. Damit sind die Nutzungen für die Genossenschaft ein privates Recht geworden, welches sich nun nicht mehr herleitet aus der künftigen Verpflichtung zur Deichunterhaltung. Die Genossenschaft überläßt dieses Recht selbstverständlich ohne besonderen Vertrag dem Deichverband, der ja damals nichts anderes ist als der Auch-Zusammenschluß desselben Personenkreises wie in der Genossenschaft, nur in anderer Rechtsform. Hier eine private Gesellschaft, dort eine öffentlich-rechtliche Körperschaft. Für den Fall der Inanspruchnahme der Nutzungen durch Dritte, evtl. den II. Schleswigschen Deichband, behalten es sich die Männer des Sönke Nissen-Kooges vor, die Nutzungen als privates Recht der Genossenschaft für sich zu behalten. Um nun ganz sicher zu gehen, geben die beiden Vorstandsmitglieder gemeinsam mit der Regierung, vertreten durch Regierungsrat Dr. Schaper, zu Protokoll des Kulturamtsvorstehers die dahingehende Erklärung ab, daß der Vertrag vom 26. Oktober 1923 in allen Punkten in Kraft bleibt, sofern er nicht durch den soeben vollzogenen Rentengutsrezeß abgeändert ist. Das bedeutet: Formeller Eigentumsübergang auf den Deichverband aus dem vorerwähnten Grund (gemäß § 5,2 des Vertrages von 1923) und Verbleib der Nutzungen bei der Genossenschaft (gemäß § 4,3 desselben Vertrages. Vgl. hierzu auch S. 60/61). Hierzu stellt Dr. Hennings fest: »Der Rentengutsrezeß hat nichts ändern wollen und nichts ändern können an dem Recht aller Deicherbauer auf Behalt der rechtlichen Nutzungen an Deich und Achtzehnruten.«

Der Rentengutsrezeß ist vollzogen und wird am 31. Dezember 1930 von Landeskulturamtspräsident Engelkamp bestätigt.

Wiederum ist ein wesentlicher Schritt getan: Die Bauernsiedler und der Sönke Nissen-Nachlaß sind nunmehr direkt grundbuchliche Eigentümer ihrer einzelnen Kolonate. Dem Testamentsvollstrecker, Genossenschaftsgeschäftsführer und neuerdings auch Siedler Christian Paulsen fällt wieder einmal ein Stein vom Herzen: »Ich habe mich gefreut wie ein

kleiner Junge auf den Weihnachtsmann«, schreibt er an Ministerialrat Ossig.
Wie aber ist er selbst zu seiner Siedlung gekommen? Nach Absprache zwischen ihm und der Witwe Nissen im Beisein eines ihrer Berater auf dem Herrenhaus in Glinde, am 17. Oktober 1928 nehmen die bekannten Schätzer Friccius und Wiborg am 24. November eine Wertfestsetzung des Baggerloch-Kolonates vor. In dieser Höhe bekommt Paulsen einen Siedlungskredit, mit dem er an den Nachlaß zahlt. Er kauft also nach der Taxe neutraler, vereidigter Schätzer vom Nachlaß und wird damit Siedlungsschuldner der Deutschen Landesrentenbank. Jede andere Darstellung gehört in das Reich der Fabel. –

Söhrnsen-Petersen kann einen Schlußstrich ziehen. Dennoch behält er ein wachsames Auge auf seine Schützlinge, und er tut gut daran. Wenn den Siedlern von nun an auch ihr neuer Grund und Boden gesichert ist, so befinden sie sich aufgrund der Zeitverhältnisse trotzdem in Gefahr.
Nach Schluß des offiziellen Teiles sitzt man noch eine Weile gemütlich beim Punsch. Das Siedlungsverfahren ist abgeschlossen. Rückblickend sagt Söhrnsen-Petersen: »Ich glaube nicht, daß das Werk als reine Staatsaufgabe, oder von anderen Privaten in die Hand genommen, besser hätte gelingen können, als im Zusammenstehen der wackeren Deichgenossen.«
Es ist nicht verwunderlich, daß an diesem Abend, nach vollzogenem Rezeß, die Frage aufgeworfen wird: »Was hat unser Koog nun effektiv gekostet?« – Aller Augen richten sich auf Söhrnsen-Petersen. »Ich schätze«, sagt dieser, »rd. sieben Millionen Goldmark« und meint damit »Reichsmark (Hamburger Gold)«, das ist ein Begriff aus der ersten Reichsmarkzeit. –
Ja, der Flensburger kann nur schätzen; denn seit der finanziellen »Zweigleisigkeit« von 1927 an, fehlen Zahlen vom Nachlaß, z. B. über die Kosten für die Komplettierung der Gebäude (massive Ställe), für Drainage oder für den Betriebsbesatz der beiden in eigener Regie stehenden Höfe. Auch bei den Bauernsiedlern sind Lücken hinsichtlich der Drainagekosten. Aber es lassen sich Vergleichswerte errechnen, und das kann dieser alte Siedlungsexperte. Wir dürfen also annehmen, daß er richtig liegt.
Bei 1 033 ha reiner Nutzfläche ergeben sich Gestehungskosten für den Hektar Land in Höhe von rd. 7 000 RM (Hamburger Gold).
Verlassen wir im Geiste schnell einmal die gemütliche Runde und sehen wir uns im Lübke- und Hauke-Haien-Koog um. Hier hat der fertige Hektar

zwischen 40 und 42 000 D-Mark gekostet. Den Umrechnungsfaktor von 1:6 bis 1:6,5 haben wir bereits beim zweiten Schiedsgerichtsprozeß unter der Voraussetzung ermittelt, daß es überhaupt möglich ist, eine Geldwertrelation zwischen damals und heute herzustellen. Demnach sind die Alten nicht besser und nicht schlechter, ja vielleicht sogar ein bißchen besser gefahren als unsere Zeitgenossen, jedenfalls hinsichtlich der Gestehungskosten. Diese Rechnung kann natürlich aus verschiedenen Gründen nicht ganz durchstehen.
Aber nun wieder zurück in unsere gemütliche Runde.
Wie es der Zufall will, kommt noch am selben Abend telefonisch die Nachricht, daß der Nordteil des Kooges an das Stromnetz angeschlossen worden ist und daß der Süden Mitte Januar folgen wird. Darauf gibt es noch eine Runde; aber dann ist Schluß. In dieser ernsten Zeit feiert man eben keine rauschenden Feste. Außerdem steht Weihnachten vor der Tür. Nach den Feiertagen beschließt der Vorstand in Sitzungen vom 4. Februar und 27. März 1931, der Generalversammlung folgende Empfehlung zu geben: Christian Paulsen soll ein Ehrenhonorar erhalten und Marx Wulff soll Ehrenvorsitzender der Genossenschaft werden. Die Generalversammlung stimmt zu. Die Genossen glauben, alles hinter sich zu haben und ahnen noch nicht, daß sie jetzt erst ihren schwersten Weg gehen müssen.
Die Weltwirtschaftskrise treibt ihrem Kulminationspunkt entgegen. Die ersten Großbanken stellen ihre Zahlungen ein. An den Börsen kommt es zu verheerenden Kurseinbrüchen. Natürlich wird die Landwirtschaft in diesen Strudel mit hineingerissen. Die Preise für ihre Erzeugnisse fallen auf die Hälfte und tiefer. Zu allem Überfluß tobt vom 5. bis 8. Juli auch noch ein fürchterliches Unwetter über der Westküste, das schwere Schäden an den Feldfrüchten verursacht. Bis zur Ernte gibt es keinen Sonnenschein. Zu halben Preisen kommt eine halbe Ernte. Da nützt auch gutes Erntewetter nichts. Wie soll das aufgefangen werden?
Die Gestehungskosten für Land und 65 % der Gebäude sind mit den Siedlungskrediten bei Sicherheit aus den Neubesitzen abgedeckt. Die weiteren 35 % Gebäudekosten sind mit Leihkapital bei Sicherheit aus den Altbesitzen bezahlt. Das sind sozusagen die »privaten« Kredite, welche die einzelnen Siedler direkt und nicht über die Genossenschaft beim Nachlaß bekommen haben.
Das noch fehlende lebende und tote Inventar sollen die Siedler selbst beschaffen. Aber woher jetzt Geld nehmen? Eine kleine Beleihungsmöglichkeit besteht noch auf den Altbesitzen, weil die neuerlichen Nachlaß-Kre-

dite nur zwei Drittel so hoch sind wie die vorher abgelösten. Letzte Chance bieten die Grundbücher, Abt. III, der Neubesitze. Hier stehen erststellig nur die 6 000,00 RM Hauszinssteuerdarlehen. Wer schnell handelt, bekommt auf diese Weise noch etwas. Wer den Anschluß verpaßt, weil die Banken nichts mehr geben, versucht, sich mit Wechseln und Bürgschaften hindurchzujonglieren. Aber aus der Komplettierung des Inventars wird nichts. Das auf diese Weise zusammengekratzte Geld reicht mit Ach und Krach, die schlimmen Lücken dieses Katastrophenjahres zu schließen.

Die Lage ist zum Verzweifeln, kaum eine Hoffnung auf Besserung. In der übrigen Wirtschaft sieht es nicht anders aus. Auf den Kultur-Ämtern häufen sich die Stundungsanträge von allen Rentengütern, auch von unseren.

Den Siedlern, Bauern wie Pächtern, bleibt nichts anderes als arbeiten, hart arbeiten zusammen mit ihren Frauen, bei bescheidenster Lebenshaltung. Was die Frauen in diesem Jahr leisten, ist kaum zu beschreiben und kann hier nicht genug gewürdigt werden. Sie haben aber auch nicht ein Jota weniger Anteil an der Überwindung dieser bösen Jahre als die Männer.

Damals gab es noch nicht all die schönen Errungenschaften moderner Technik und Zivilisation; keine vollautomatische Waschmaschine, keinen Geschirrspülautomaten, keine Ölheizung, keine Melkmaschine und keinen selbstfahrenden Rasenmäher. Hinzu kommt, daß die Frau im Stall außer zum Melken auch weitgehend zum Füttern mit herangezogen werden muß. Zur Zeit des Einfahrens und Dreschens ist ihr Tag oft länger als der des Mannes. Zweimal im Jahr wird auf Vorrat eingeschlachtet, Schwein und Rind mit Pökeln, Räuchern, Einkochen usw. Das gleiche gilt für Obst und Gemüse. Den Tiefgefrierschrank gibt es ebenfalls noch nicht. Die Folgen bleiben nicht aus: Mit 40 bis 45 Jahren sind diese Frauen alt. Man sieht es ihren Gesichtern und ihren verarbeiteten Händen an. Sie leisten in diesen Jahren schier Übermenschliches. Wir wollen es nicht vergessen! –

In äußerst angespannter wirtschaftlicher Lage quält man sich förmlich hinüber in das Jahr 1932. Es bringt zwar eine gute Durchschnittsernte kann aber über die gesamte Misere nicht hinweghelfen. Neben vielen anderen Rentengütern sind die ersten Siedlungen auch in unserem Koog mit ihren Renten mehr als zwei Jahre im Rückstand. Die Landesrentenbank wendet sich beschwerdeführend an den Landeskulturamtspräsidenten. Dieser erteilt dem Kulturamt Flensburg die Weisung, u. a. in drei Fällen auch im Sönke Nissen-Koog die Zwangsversteigerung zu betreiben.

Aber Söhrnsen-Petersen setzt sich zur Wehr: Diese Männer dürfen nicht an den Bettelstab oder gar in das Armenhaus! Nein, und abermals nein! Sie haben keine Schuld an diesem Unglück, es sind vielmehr die bösen Zeitverhältnisse. Mehrfach widersetzt sich der Kulturamtsvorsteher förmlich seinem Präsidenten, kämpft wie ein Löwe um »seine« Deichgenossen und bleibt tatsächlich Sieger, d. h. er kann seinen Präsidenten überzeugen. Denn wenn es so weitergeht, ist über kurz oder lang die gesamte deutsche Landwirtschaft ruiniert. Die Lage ist so desperat, daß selbst ein Mann wie Marx Wulff, sonst nie um einen Ausweg verlegen, hier das Wort prägt: »Wenn nicht bald Hilfe kommt, können sämtliche Siedler am weißen Stab von der Scholle ziehen!«

VII. Kapitel

Der politische Umschwung
Kriegs- und erste Nachkriegszeit

Die Mißvergnügten haben nach dem Vergleich im zweiten Schiedsgerichtsprozeß, nach glücklicher Beendigung des Deichbaues und der unmittelbar darauf folgenden Erschließung des Kooges resigniert. Die gute Ernte von 1926 hinter dem noch unfertigen Deich und die Siedlungskredite von 1927 haben keine neuen Hoffnungen bei ihnen aufkommen lassen. Hätte es denn nicht wenigstens einmal eine »anständige« Sturmflut geben können, so eben vor der Ernte? – Der blanke Hans hat ihnen den Gefallen nicht getan.
Aber trotz allem lugen sie immer noch aus dem Hinterhalt mit einem Auge auf den neuen Koog. Es könnte ja doch sein und siehe da, sie täuschen sich nicht. Mit schadenfroher Genugtuung nehmen sie die sich zunehmend verschlechternde Lage der Siedler 1927 bis 1932 zur Kenntnis. Das Zitat von Marx Wulff bleibt nicht unbekannt, und als sogar von Zwangsversteigerungen die Rede ist, so etwas spricht sich herum, sind diese lieben Mitmenschen wieder ganz obenauf: Jetzt kommen wir doch noch zum Zuge, denken sie triumphierend über die Siedler, das hier ist nur der Anfang vom Ende, nach und nach kommt ihr alle, samt und sonders, unter den Hammer. Ihr werdet Eure Altbesitze los. Unsere Jungens suchen sich dann die Höfe im neuen Koog aus.
Unter dem Eindruck dieser freundlichen Grüße leitet Christian Paulsen eine Entlastungsaktion für die Siedler ein: Am 25. Januar 1933 schreibt er an den Regierungspräsidenten und den Landeskulturamtspräsidenten. Sein Hauptanliegen dabei ist es, klarzustellen, daß man 1927 bei der Bemessung der tragbaren Rente in verschiedenen Punkten von nicht eingetroffenen Annahmen ausgegangen sei, wie die Entwicklung der wirtschaftlichen Verhältnisse gezeigt habe. Die tragbare Rente bedürfe einer Überprüfung.
Beide Männer machen sich Paulsens Standpunkt zu eigen, werden in seinem Sinne tätig und erwirken beim Landwirtschaftsminister in Berlin die Weisung an das Kulturamt Flensburg zur Erteilung einer allgemeinen

dienstlichen Auskunft über die Renten- und Rentabilitätsverhältnisse im Sönke Nissen-Koog. Damit hat der Kulturamtsvorsteher die Handhabe zu einer offiziellen Überprüfung des Gutachtens von 1927.

Während Söhrnsen-Petersen sich um die sachliche Vorbereitung der Aktion kümmert, will Paulsen, genau wie 1926/27, für günstige Aufnahme des Vorhabens in der Öffentlichkeit sorgen. Das ist aber diesmal wesentlich schwieriger, weil die politische Konstellation seit dem 30. Januar 1933 völlig anders geworden ist. Graf zu Rantzau-Rastorf, Dr. Schifferer, Geheimrat Thomsen, Milberg-Quarnbeck u. a. m., Paulsens bewährte Verbündete von früher, sind von der politischen Bühne abgetreten. Es kommt jetzt darauf an, gute Fühlung mit maßgebenden Männern der NS-Partei zu bekommen. Das ist nun gar nicht so einfach, denn Christian Paulsen ist, wie fast alle seine Koogsgenossen, ein erklärter Gegner der Partei und ihrer Ideologie. Natürlich hütet er sich, den neuen Machthabern auf die Nase zu binden, daß man im Koog vorwiegend konservativ-liberal denkt. Nur einer von den Siedlern ist Parteimitglied: Peter Volquardsen. Also muß »Peter Büttjebüll« her; der tut, was er kann, und macht seinen Christian mit dem Husumer Kreisbauernführer Harm Jensen, Wittbek, und dem Landesobmann für Schleswig-Holstein, Martin Mathießen, Auhof, gut bekannt und empfiehlt ihn seinen Parteigenossen wärmstens.

Die NS-Partei hat ganz besonders der Landwirtschaft viel versprochen. Ihre Zielsetzung ist bekannt: Deutschland soll ernährungswirtschaftlich unabhängig werden, die »Erzeugungsschlacht« wird proklamiert. Die Landwirtschaft soll auf Hochtouren laufen; das hat die finanzielle Sanierung aller Betriebe zur Voraussetzung.

Zum Beweis ihrer Glaubwürdigkeit ordnet die neue Regierung als Sofortmaßnahme 2 1/2 Renten-Freijahre für alle Siedlungen im gesamten Reichsgebiet an. Das gibt auch für unsere Siedler eine spürbare Erleichterung. Sie können etwas aufholen, und Christian Paulsen braucht mit der eingeleiteten Entlastungsaktion nicht so sehr zu drängen, sondern kann in Ruhe die neue Lage sondieren. Es gelingt ihm, die beiden Parteimänner für seine Pläne zu gewinnen.

Nun geht es nur noch darum, wie man taktisch am klügsten vorgeht. Soll eine Senkung der tragbaren Rente angestrebt werden, so daß alle drei Grundbuchbelastungen zu reduzieren sind, oder soll man versuchen, eine von ihnen, die Domänenkaufrente nämlich, ganz zu beseitigen? Als Paulsen in seinen nun schon Monate dauernden Verhandlungen heraushört, daß der Reichsnährstand auf lange Sicht eine Entschuldung der gesamten deutschen Landwirtschaft anstrebt, entschließt er sich, zunächst der Domänenrente zu Leibe zu rücken, um dann später den Anschluß an die allgemeine Entschuldung der Landwirtschaft zu suchen. Die Parteileute heißen dieses Vorgehen gut, sie meinen nämlich, daß es noch ein bis zwei Jahre dauern wird, bis der »Reichsnährstand« sich soweit etabliert und vorbereitet hat, daß die von ihm beabsichtigte Aktion im ganzen Reichsgebiet gestartet werden kann. In diesem Sinne nimmt Mathießen, Auhof, mit seinem Parteigenossen, Ministerialdirektor Dr. Runte im Landwirtschaftsministerium Verbindung auf.

Am 9. März 1934 ist es dann soweit. Christian Paulsen hat Zutritt zu dem Zimmer, in dem einst Articus und später Bollert gesessen haben. Peter Volquardsen und Harm Jensen begleiten ihn, es muß eben sein. Paulsen schreibt dazu: »Harm Jensen ist mit mir zur ersten grundlegenden Verhandlung ins Landwirtschaftsministerium gegangen, von mir aus gesehen als ein notwendiger lebender Beweis für den mir gegenübertretenden neuen parteigebundenen Ministerialdirektor für meine Vertrauenswürdigkeit; auf den Gang der Verhandlung hat er keinen Einfluß genommen – sollte er auch nicht (!). Die Ministerialräte Ossig und Dr. Neumann sind ebenfalls zugegen.«

Dr. Runte, der sich selbst als Neuling in dieser weitläufigen Sache bezeichnet, fordert Paulsen auf, ihn über die Geschichte und die Verhältnisse des Sönke Nissen-Kooges in kurzen Zügen ins Bild zu setzen.

In seinem nun folgenden Kurzvortrag legt Paulsen es ganz bewußt darauf an, ohne Übertreibung die Unhaltbarkeit eines Vorlandkaufpreises und damit die Notwendigkeit der Beseitigung der Domänenrente herauszustellen. Er verweist zunächst auf die Veröffentlichungen von Regierungs- und Baurat Dr. Heiser, Schleswig, über die Kosten der in Angriff genommenen Bedeichungen der Dieksander- und der Tümlauer Bucht, wo allein die Deichbaukosten sich so hoch stellen, daß sie den Verkaufswert des Landes für Siedlungszwecke schon übersteigen. Die Domänenverwaltung muß hier auf jeglichen Kaufpreis für das von ihr zur Bedeichung und Besiedlung zur Verfügung gestellte Vorland verzichten. Sofern sie als Siedlungsausgeberin auftritt und die Bedeichungskosten zu ihren Lasten gehen, muß sie sogar Geld drauflegen.

Dieses vorausgeschickt, spielt Paulsen jetzt diejenigen Trümpfe aus, welche er sich wohlweislich aufgespart hat: Der vertraglich festgelegte Vorland-Kaufpreis von 1 200 RM je ha ist lediglich als Schutzpreis gegen Spekulation mit Grund und Boden anzusehen. Dieser Gefahr ist man inzwischen durch Einleitung eines Rentengutsverfahrens begegnet. Der Gestehungspreis von Vorländereien liegt nach Wilhelm Hinrichs bei 500 RM je ha, wobei vom Ertragswert, der Schäfereipacht, noch die laufenden Kosten zur Erhaltung des Vorlandes, die Grüppel- und Lahnungsarbeiten, abzuziehen sind. Demnach ist auch dieser Preis noch zu hoch gegriffen. Außerdem ist man beim Vertrag von 1923 davon ausgegangen, daß Vorlandkaufpreis und Bedeichungskosten, die erfahrungsgemäß mit 100 000 RM je km angenommen sind, für den Hektar Land zusammen den Betrag ausmachen, für welchen seinerzeit das bedeichte Cecilienkoogsland verkauft worden ist, nämlich 2 500 bis 2 600 Mark. Das ist zurückzuführen auf die staatlicherseits vorgeschriebene Bauweise und außerdem auf die Lohn- und Preispolitik der früheren Regierung, an welcher Paulsen hier ganz bewußt Kritik übt. Nach dem Rechtsgutachten eines Hamburger Anwalts bleibt unter diesen Umständen für einen Vorlandkaufpreis kein Raum, im Gegenteil, die Genossenschaft könnte vom Vertrag von 1923 und vom Rentengutsrezeß von 1930 zurücktreten. Daran hat natürlich keiner ein ernstliches Interesse; aber solches Vorbringen stärkt in diesem Augenblick die Position der Genossenschaft. Abschließend weist der Vortragende noch darauf hin, daß die vorgeschriebene Bauweise inzwischen auch von der Regierung verlassen worden ist.

Der neue Ministerialdirektor trägt all diesen Argumenten objektiv Rechnung, vertritt aber die Auffassung, daß die Domänenverwaltung als werbende Behörde auf einen angemessenen Kaufpreis nicht werde verzichten können. Da schaltet sich Ossig ein und weist darauf hin, daß die Genossenschaft bisher außer zur Regelung der öffentlich-rechtlichen Verhältnisse noch keine Staatsbeihilfe erhalten habe, die doch bei solchen Vorhaben üblich sei. Das führt zum Erfolg, und Dr. Runte richtet nun an Paulsen die Aufforderung, einen eingehend begründeten Beihilfeantrag unter Vermeidung von Hinweisen auf frühere Aktenvorgänge einzureichen.

Das bedeutet eine ungeheure Fleißarbeit für den Geschäftsführer, der sich dieser aber gern unterzieht. Seine Arbeit umfaßt über vierzig Schreibmaschinenseiten. Kernstück ist dabei eine Gegenüberstellung der Wirtschaftlichkeitsberechnung von 1927 und 1933. Der Anschaulichkeit halber stellt er die Zahlen von 1933 denen von 1927 in Rot gegenüber. Außerdem werden die im Vortrag ausgespielten Trümpfe noch einmal auf den Tisch gelegt.

Auch wird der Hinweis nicht versäumt, daß nach Beseitigung der Domänenrente eine weitere Senkung der Belastung erforderlich wird. In seinen Aufzeichnungen bemerkt Christian Paulsen dazu: »Ich wollte mir damit den Anschluß sichern an die auf Entschuldung der Landwirtschaft gerich-

teten Bestrebungen des Reichsnährstandes.« Unter dem 22. Mai 1934 geht der Beihilfeantrag durch die Hand des Regierungspräsidenten und des Landeskulturamtspräsidenten an den Landwirtschaftsminister.
Man sollte annehmen, daß dieser Antrag nach so gründlicher Vorbereitung glatt durchgehen würde, ganz besonders bei der positiven Einstellung der neuen Regierung zur Landwirtschaft. Aber Kreisbauernführer Harm Jensen fordert seinen Zoll. Offenbar hat er seinen Parteigenossen Peter Volquardsen ein wenig ausgefragt und dabei erfahren, daß 27 ha Land noch nicht verteilt sind. Sofort bringt er einen Antrag an das Landwirtschaftsministerium auf den Weg, die Beihilfegewährung von der Hergabe von Land für Arbeitersiedlungen abhängig zu machen. Während Christian Paulsen bemüht ist, die Bearbeitung seines Antrages bei allen beteiligten Behörden zu sichern und nach Möglichkeit zu beschleunigen, schießt der Kreisbauernführer quer. Erst in langwierigen und schwierigen Verhandlungen gelingt es, die Zurücknahme dieses Antrages zu erreichen.
Auf diese Weise vergehen fünf Monate, bis der Erlaß des Landwirtschaftsministers vom 18. Oktober 1934 bestimmt:
»Der Genossenschaft, bzw. den Genossen wird im Ganzen eine Beihilfe bis zu 948 978,00 RM zur Verfügung gestellt. Aus dieser Beihilfe sind in der unten angegebenen Reihenfolge die nachstehenden Beträge zu decken:
1. die restliche Domänenrente
2. die Rückstände an Landesrentenbankrenten
3. die rückständigen Steuern und Abgaben
4. die Schulden der Siedler an den Deichverband und an die Deichbaugenossenschaft Sönke Nissen-Koog
5. die laufenden Wechsel und Bankkredite und Verbesserungen der Rentengüter, die notwendig sind, um die Besitzer zur Aufbringung der laufenden Lasten zu befähigen.«
Die finanztechnische Abwicklung dieser Beihilfeaktion sieht praktisch folgendermaßen aus:
Der bewilligte Gesamtbetrag von 948 978,00 RM fließt der Deichbaugenossenschaft zu. Sie verfügt darüber in nachstehender Weise:
1. Abdeckung des Kapitalbetrages der restlichen, auf die Bauernsiedler entfallenden Domänenrente in Höhe von   692 435,53 RM

2. Rückerstattung des an Kaufrenten von den einzelnen Genossen bisher gezahlten, mit im Ganzen   88 542,39 RM

3. Rückvergütung von Bareinzahlungen zur Deichbaukasse (je 3 500 RM
auf 48 Siedleranteile) mit im Ganzen   168 000,00 RM

zusammen 948 977,92 RM

Jeder einzelne Genosse hat dann mit den ihm hierdurch verfügbar werdenden Barmitteln seine etwaigen Rückstände an Landesrentenbankrenten sowie an Steuern und Abgaben und die anderen, oben unter 1. bis 5. aufgezählten Verbindlichkeiten abzudecken. Der Kulturamtsvorsteher hat darüber zu wachen, daß danach evtl. noch freibleibende Beträge zur Verbesserung der Rentengüter verwendet werden.
Die Genossen sind damit am zweiten Meilenstein ihrer finanziellen Durststrecke.
Der Sönke Nissen-Nachlaß kann in diese Beihilfeaktion nicht einbezogen werden, da die Errichtung seiner sieben Pachtsiedlungen nicht der Schaffung neuen bäuerlichen Eigenbesitzes dient, sondern nach Auffassung der damaligen Machthaber »nur wertbeständige Kapitalanlage einer Vermögensmasse bleibt«. Es wird dabei geflissentlich übersehen, daß diese »Vermögensmasse« in der Zeit tiefster Ohnmacht eines Staates dazu beigetragen hat, 21 neue Familienexistenzen zu begründen. Wäre in solchem Falle eine kleine Geste der Erkenntlichkeit nicht angebracht gewesen? — Man hätte dem Sönke Nissen-Nachlaß das Vorland wenigstens zu dem von Wilhelm Hinrichs ermittelten echten Gestehungspreis überlassen können.
Anfang 1935, also nur ein Vierteljahr nach der Beihilfeaktion, fordert die Kreisbauernschaft eine Aufstellung über die Belastung der Rentengüter im Sönke Nissen-Koog ein. Es geht offensichtlich um die vom Reichsnährstand angestrebte Entschuldung der Landwirtschaft. Christian Paulsens Hinweis im Beihilfeantrag, daß nach Beseitigung der Domänenkaufrente eine weitere Senkung der Belastung erforderlich werden würde, hat sich offenbar gelohnt. Erstaunlich, denkt er, daß das so schnell geht. Sind die so besorgt um uns? — Eine Rücksprache mit Söhrnsen-Petersen klärt die Sachlage.
Der Kulturamtsvorsteher nämlich ist derjenige, welcher dahintersteckt. Auch er weiß um die Absichten des Reichsnährstandes hinsichtlich der Entschuldung der gesamten deutschen Landwirtschaft. Er weiß aber auch, daß es mit Christian Paulsen und den Parteigewaltigen auf die Dauer nicht gutgehen wird. Das könnte zum Schaden aller Bauernsiedler werden. Deswegen gibt er dem Kreisbauernführer den »Rat«, sich rechtzeitig Unterlagen vom Sönke Nissen-Koog zu beschaffen. Dieser werde auf-

grund der hervorragenden Qualität seines Bodens mit Sicherheit die höchste tragbare Rente angelastet bekommen müssen und könne damit Modell stehen für alle übrigen Rentengüter im Reichsgebiet. Auf diesen kleinen Trick ist die Kreisbauernschaft dann hereingefallen, und Christian Paulsen amüsiert sich köstlich über seinen listenreichen Kampfgefährten. Vorbeugend hat er schon mit Mathießen, Auhof, bezüglich dessen Auffassung von einer tragbaren Rente aufgenommen. »Unter normalen Wirtschaftsverhältnissen für einen normalen Marschensiedler«, meint dieser, »140,00 RM je ha und Jahr, heute die Hälfte.« Damit ist Paulsen im Bilde und macht sich an die Arbeit.

Gestützt auf die erhaltene Auskunft rechnet er nun den Parteileuten von der Kreisbauernschaft vor, daß 70,00 RM je ha und Jahr zu jener Zeit für die Rentengüter im Sönke Nissen-Koog die zumutbare Belastung ist. Er schreibt in seinen Aufzeichnungen dazu, daß das natürlich durch die Brille der wirtschaftlichen Depression gesehen sei. »Schließlich«, so fährt er fort, »will in solchen Fällen ja auch immer gehandelt werden.« Mitte Februar 1935 legt er seine Aufstellung vor.

Es dauert dann noch ein gutes Jahr, bis unter dem 16. Mai 1936 im Reichsministerialblatt der Landwirtschaftlichen Verwaltung ein Erlaß erscheint, der die Durchführung der Einzelnachprüfung der Belastung aller in der Zeit vom 1. April 1924 bis 31. Dezember 1933 gebildeten Rentengüter regelt. Hierbei wird die Bildung von Ausschüssen bei den Landeskulturabteilungen der Oberpräsidenten angeordnet. Diesen Ausschüssen gehören neben den Persönlichkeiten der vorbezeichneten Stellen der jeweils zuständige Kreisbauernführer und der in Frage kommende Kulturamtsvorsteher an, allerdings nur mit beratender Stimme. Dennoch liegt das Schwergewicht bei diesen Männern, weil sie allein jede Siedlung kennen und gemeinsam festzustellen haben, welche Rente als tragbar vorzuschlagen ist.

Söhrnsen-Petersens Rechnung geht auf: Die Rentengüter des Sönke Nissen-Kooges werden als erste im ganzen Reichsgebiet auf die tragbare Rente hin überprüft. »Mit großer Spannung«, so berichtet der Kulturamtsvorsteher dem Verfasser mündlich, »wurde das Ergebnis erwartet; denn man wußte, daß hier die höchstmögliche Belastung auferlegt wird.«

Auf durchschnittlich 111,00 RM je ha und Jahr bei gleichbleibender Laufzeit wird die tragbare Rente endgültig festgesetzt, also fast auf der Mitte der von Landesobmann Mathießen angegebenen Grenzwerte.

Mit 408,23 RM je Hektar und Jahr wären nach den Ermittlungen des Kulturamtes Flensburg die Gestehungskosten des Kooges abgedeckt, und jetzt kommt man auf 111,00 RM bei nicht längerer Laufzeit. Es drängt sich die Frage auf, ob sich unter solchen Umständen das Deichen noch lohnt. Für den damaligen Staat war es sicher noch rentabel. Denn was er an Renten erläßt, bekommt er an direkten und indirekten Steuern mehrfach wieder herein. Man denke allein an die Umsatzsteuern des Landhandels. Aber eben nur der Staat kann sich eine so kostspielige Finanzierung einer Bedeichung leisten. Deswegen ist Christian Paulsen auch so sehr darauf bedacht gewesen, Sönke Nissens Geld durch staatliche Siedlungskredite zu ersetzen. Wir erinnern uns an sein erstes Gespräch mit dem Anführer der Rivalengruppe, der verlangte, Sönke Nissen möge für eigene Rechnung den Deich bauen und die Höfe mit allem Drum und Dran ohne Nutzen für sich selbst errichten.

Dann müßte man ihm auch das Steueraufkommen aus den neugeschaffenen Betrieben und dem beteiligten Landhandel zukommen lassen. Wir sehen hier, daß private Bedeichungen äußerst problematisch sind. In neuester Zeit sieht man sogar staatlicherseits keinen Vorteil mehr darin, wenn auch andere Überlegungen mitspielen, die wir hier nicht erörtern wollen. Mit der Festsetzung dieser tragbaren Rente sind die Höfe im Sönke Nissen-Koog endgültig lebensfähig und gesichert. Es ist ein langer, harter und gefahrvoller Weg gewesen. Die finanzielle Durststrecke ist endgültig überwunden. – Und unsere Mißvergnügten? – »Ja, wenn man Land geschenkt bekommt!« sagen sie jetzt.

Wir wollen an dieser Stelle die Arbeitsmänner nicht vergessen, welche mit Schaufel und Spaten an den Förderbändern und Lorenzügen gestanden haben. Mit ihrer Hände Arbeit ist in pausenlosen Tag- und Nachtschichten, 300 000 Tagewerken, bei Wind und Wetter, der Deich geschaffen worden. Im übrigen ist es hier sicher nicht fehl am Platze, das Schlußwort des nunmehrigen Oberregierungs- und Kulturrates Theodor Söhrnsen-Petersen zu zitieren.

Er schreibt: »Ja, der Koog stand. Das Werk war getan. Es ist wahr, große Mittel sind gebraucht worden. Nicht umsonst. Sie wurden zunächst vom Sönke Nissen-Nachlaß gegeben und später vom Reich und Staat abgelöst, mit Steuergroschen des deutschen Volkes und dann, als die Rentenbriefe aufkamen, mit seinen Spargroschen. Wenn auch die Siedler gewiß ihr Vermögen eingesetzt haben, auch die Nation hat an diesem Werk mitgewirkt. Und dennoch, Geld allein hat den Koog nicht gebaut. Mächtiger waren die heißen Herzen, war die Kraft der Liebe. Und wo war die Liebe am stärksten? Deine Heimat Nordfriesland, Christian Paulsen, wird sagen, bei Dir, dem Deichvogt vom Sönke Nissen-Koog.«

Landarbeiter-Siedlung (1936)

Nach der Beihilfeaktion ist sehr bald erkennbar, wie klug und vorausschauend Söhrnsen-Petersen mit der möglichst schnellen Rentennachprüfung in unserem Koog gehandelt hat.
Als nämlich nach durchgeführter Sanierung und Sicherung der Betriebe die Parteileute ihre Gegenrechnung präsentieren, kommt es zum offenen Gegensatz zwischen ihnen und den Koogsgenossen. Diese sollen nach dem Willen der Kreisleitung nun endlich Land für Arbeitersiedlungen hergeben, und zwar für 1 400,00 RM je Hektar. Gegen die Landhergabe ist nichts einzuwenden; aber der Preis will den Koogsleuten nicht in den Kopf, denn er liegt weit unter dem eigenen Gestehungspreis. Deswegen wird das noch nicht verteilte Wattland angeboten. Das wiederum wird als Beleidigung empfunden. Zu einem diesbezüglichen Termin des Kulturamtes erscheinen vier höhere Beamte des Oberpräsidiums aus Kiel in Bredstedt. Sie wollen die Bauern dazu bewegen, gutes Siedlungsland gegen Watt einzutauschen. Als auch da sich noch einige weigern, werden diese kurz nach Kiel beordert, wo man ihnen mit den Machtmitteln des Polizeistaates droht. Jetzt wird es Christian Paulsen zu gefährlich. »Die schrekken vor nichts zurück«, sagt er und rät seinen Genossen zum Nachgeben.

Auf die Frage, ob die Arbeitersiedler dann auch verpflichtet würden, in der Landwirtschaft zu arbeiten, gibt es keine verbindliche Zusage.
Auf diese Weise entstehen 1936 im südlichen Drittel des Kooges acht Arbeitersiedlungen zu 2 bis 2 1/2 Hektar. Bei der Gebäudeerrichtung hierfür gibt es neuen Ärger. Dem parteigebundenen Bauberater des Oberpräsidiums wollen unsere Gebäude, vor allem die grünen Blechdächer nicht gefallen. Für ihn sind sie Ausdruck einer »liberalistisch-kapitalistischen Seelenverfassung«. Also wird schon aus diesem Grunde um jeden Preis anders gebaut, leider zum Schaden unseres Landschaftsbildes.
Der Kulturamtsvorsteher schreibt darüber: »Gegen diese Häuser ist an sich nichts zu sagen, im Gegenteil, sie sind schön und zweckmäßig. Sie haben nur den einen Fehler, daß sie in dieser Umgebung störend wirken.« Nachher wird das auch seitens der Partei eingesehen. Aber da ist es schon zu spät. Als nämlich der Kieler Gauleiter 1939 die Anregung gibt, die Arbeitersiedlungen neu zu decken, um die einheitliche Wirkung des Kooges wieder herzustellen, steht bereits der Zweite Weltkrieg vor der Tür.
Wir haben uns inzwischen an den Anblick der anders gearteten Häuser gewöhnt und uns damit abgefunden. Vor allem sei hier bemerkt, daß wir unseren Arbeitersiedlern deswegen keinen Vorwurf machen wollen und dürfen.
Seit 1936 zählen wir folgende Männer und deren Familien zu unseren Koogsgenossen:

Martin Jessen,
Peter Marquardsen,
Ernst Oettel,
Willi Petersen,
Johannes Runge,
Carsten Hansen,
Hans Hansen,
August Jensen.

Die »Land«-arbeiter entwickeln in dieser Eigenschaft keine Tätigkeit. Der Tarif-Barlohn für Landarbeiter liegt zu jener Zeit gerade halb so hoch wie beim Tiefbau oder bei den Landgewinnungsarbeiten des Staates im Vorland, welches ihnen buchstäblich vor der Tür liegt. Keiner kann und will es ihnen verübeln, daß sie in dieser Situation zugreifen. Denn das Deputat, das sie, genau genommen, ihrem Barlohn in der Landwirtschaft noch hinzurechnen müßten, bringt ihnen ihre Kleinsiedlung ja von selbst. Deswegen ist es völlig verständlich, daß sie diesen Weg wählen. Die Landwirtschaft hinkt eben immer hinterher.

Wir wollen aber an dieser Stelle nicht versäumen, hervorzuheben, daß die Arbeitersiedler, jedenfalls sofern sie Beschäftigung am Außendeich haben, in der arbeitsreichen Zeit noch nach ihrer Schicht im Vorland auf den benachbarten Bauernhöfen stets zur Stelle sind. Hier wäscht eine Hand die andere. Denn die Bauernsiedler haben jetzt gute Jahre. Wenn sie auch noch nicht in der Lage sind, die Arbeitersiedler mit interessanten Lohnzahlungen an sich zu binden, so können sie doch nach Komplettierung ihrer Gebäude und ihres Betriebsbesatzes die relativ kleinen Flächen der Arbeitersiedler nebenher mitbestellen und abernten. Ein Kompromiß, eine Zwischenlösung ist gefunden.

Auf den meisten Pflugbetrieben läuft bereits ein Trecker. Er nimmt den Pferden zunächst nur die schwerste Arbeit beim Pflügen ab. Das Zuchtziel beim Schleswiger Kaltblutpferd verlagert sich dadurch später vom robusten schweren zu einem etwas leichteren Typ. Damals denkt noch kein Mensch ernstlich daran, daß das Pferd einmal ganz durch die Maschine ersetzt wird. Im Gegenteil: nur nicht mehr als notwendig mit dem Trecker auf dem Land herumfahren! Das gibt zu viel Bodendruck und bedeutet eine Gefahr für die Drainage. Im übrigen darf so ein Monstrum auch nicht zu schwer werden. Mit Motoren von 30 bis 35 PS ist das höchst vertretbare Gewicht erreicht. Was darüber ist, ist vom Übel. So ist zu jener Zeit die vorherrschende Auffassung. Die deutsche Industrie läuft auf Hochtouren; zu welchem Zweck, braucht hier nicht weiter untersucht zu werden. Jedenfalls kommt die Landmaschinenindustrie im Zuge dieser Entwicklung außer mit neuen Schleppertypen auch mit anderen interessanten Maschinen und Geräten auf den Markt, welche der verbesserten Zugkraft angepaßt sind. Man erkennt hier die ersten Anzeichen des Umbruches in der Landwirtschaft zur Vollmechanisierung. Diese Entwicklung wird bei Kriegsausbruch und auch schon früher infolge des Vorranges der Rüstungsindustrie unterbrochen, ein Umstand, der uns später vor der konkurrierenden ausländischen Landwirtschaft um zwölf, ja fast fünfzehn Jahre zurückfallen läßt. Wir lesen darüber weiter unten.
Wie auf allen Gebieten, man kann es nicht bestreiten, entwickeln die neuen Machthaber auf dem Gebiet der Landgewinnung an unserer Küste eine beachtliche Aktivität. In der Tümmlauer- und Dieksanderbucht wird oder ist schon gedeicht. Der Damm von Husum nach Nordstrand wird gebaut. Auch liebäugelt man damals schon mit dem Vorland vor der Wiedingharde, südlich des Hindenburg-Dammes, dem heutigen Friedrich Wilhelm Lübke-Koog. Er soll nach dem damaligen Gauleiter in Kiel be-

nannt werden. Alles in allem sollen nach einem sogenannten Zehnjahresplan mehrere tausend Hektar Land gewonnen werden. Natürlich kommen als Siedler nur bewährte, linientreue Parteigenossen in Frage und nicht so verkalkte, verstockte Figuren wie im Sönke Nissen-Koog, die obendrein noch renitent sind.

Am 14. März erfolgt die Namensgebung für die sieben Nissenschen Höfe. Sie werden benannt nach Bahnstationen in Südwestafrika und heißen seitdem:
Elisabethbay, Lüderitzbucht, Kolmannskuppe, Kalkfontain, Karrasland, Keetmannshoop und Seeheim.
In einer schlichten Feierstunde werden den Pächtern und Verwaltern entsprechende Dokumente übergeben.
Wie Peter Volquardsen berichtet, ärgert man sich in Parteikreisen, dem Sönke Nissen-Koog so prompte und großzügige staatliche Hilfe verschafft zu haben. »Wir hätten erst bei jedem einzelnen die Gesinnung prüfen sollen«, meint ein Parteiführer, »jetzt ist es zu spät.« Dennoch fordert ein anderer die Zurücknahme der staatlichen Hilfsaktion in unserer Rentengutssache, kann aber damit nicht durchdringen, hat doch unser Koog für die Entschuldung aller Rentengüter im gesamten Reichsgebiet Modell gestanden. »Aber wartet nur, wir kriegen euch doch«, rufen sie im Geiste den Koogsgenossen zu, »irgendeinen Grund finden wir schon, Euch zur Kasse zu bitten!« Ein Anlaß wird bald gefunden, und der Krach ist da.

Es fängt zunächst ganz harmlos, ja erfolgversprechend an: Nicht nur neue Köge sollen eingedeicht werden, sondern man will gleichzeitig in der alten Marsch die Ertragslage durchgreifend verbessern. Das bedeutet u. a. großzügige Maßnahmen für die Binnenentwässerung, besonders in der älteren Marsch. Soll eine solche Planung Erfolg haben, so sind eine Straffung in der staatlichen Lenkung und gut funktionierende Verbände in der bestehenden Selbstverwaltung erste Voraussetzung.
Eine der ersten Maßnahmen staatlicherseits im Jahre 1936 ist die bereits bekannte Zusammenlegung der Wasserbauämter mit den Domänenverwaltungen zu Marschenbauämtern. Hiermit sollen die wasserwirtschaftlichen Aufgaben mit den Deichschutzaufgaben zusammengefaßt werden. Die notwendige Folge ist, daß in der Selbstverwaltung entsprechende Maßnahmen zu treffen sind.
Wir haben bisher die Deichbände mit untergeordneten Deich*ver*bänden, einzelnen Kögen, für den Hochwasserschutz. Daneben gibt es die Wasser-

lösungen mit ihren Sielverbänden, ebenfalls einzelnen Kögen, für die Binnenentwässerung. Vielfach decken sich aber beide Organisationen örtlich nicht, daher die Zweigleisigkeit der Verbände. Häufig weiß der eine nicht was der andere tut. Hier muß dafür gesorgt werden, daß lücken- und reibungslos Hand in Hand gearbeitet wird. Die »buntscheckigen Deichreglements«, wie Söhrnsen-Petersen sie nennt, mit ihren vielen Sonder- und Gewohnheitsrechten aus altem Herkommen bedürfen bestimmt einer Vereinheitlichung unter Anpassung an die veränderten Zeitverhältnisse, besonders bei der hier vorliegenden Zielsetzung.

Man denke nur an das Tauziehen um die Begriffe »Eigentum und Nutzung an Deich und 18 Ruten« beim Abschluß des Kaufvertrages von 1923 (s. S. 55/56 u. 60/61). Der grundlegende Gedanke bei der geplanten Umorganisation ist zweifellos gesund und zu billigen. Es soll hier keineswegs vorbehaltlos alles verdammt werden, was auf diesem Gebiet zu jener Zeit in Angriff genommen wird. Es ist nur zu bedauern, daß hierbei die neuen Herren im Lande, von einem Extrem in das andere fallen.

Aber zunächst herrscht noch Ruhe und Frieden, die Ruhe vor dem Sturm. –

Christian Paulsen ist durch die Vollendung des von Marx Wulff inspirierten und erst durch das Hinzutreten von Sönke Nissen realisierbar gewordenen Werkes in seiner nordfriesischen Heimat ein bekannter und angesehener Mann geworden. Auch in der übrigen Provinz und in Berlin hat er sich einen wohlklingenden Namen errungen. Außerdem ist er in seiner Eigenschaft als Deichvogt eine anerkannte Kapazität auf dem Gebiet des Deich- und Sielverbandswesens. Politisch ist er noch nicht direkt unangenehm aufgefallen, im Gegenteil: Die Tatsache, daß er in Sachen Arbeitersiedlungen seinen Koogsgenossen empfohlen hat, nachzugeben, hat ihm sogar einige Pluspunkte eingebracht.

Es ist daher kein Zufall, daß der Deichvogt vom Sönke Nissen-Koog Mitte 1936 – das genaue Datum ist nicht mehr feststellbar – vom Oberpräsidium in Kiel die Aufforderung erhält, sich auf ein Referat vorzubereiten, welches er gelegentlich einer Ministerialbereisung der Westküste mit dem Thema halten soll:

1. Geschichtliche Entwicklung des Deich- und Sielverbandswesens im hiesigen Raum, insbesondere im Hinblick auf das Eingreifen der Landesherrschaft in den letzten 100 bis 130 Jahren;
2. eigene Gedanken zu diesen Problemen und Vorschläge zu ihrer Lösung unter Berücksichtigung der angekündigten Zielsetzung.

Der Deichvogt macht sich an die Arbeit. Seinem Entwurf entnehmen wir nur die wesentlichsten Punkte.

Zu 1. Geschichtliche Entwicklung:

Die Landesherrschaft hat zwar im Laufe der Jahrhunderte mehr und mehr Einfluß auf die Geschicke der Marschenbewohner genommen, sich dabei zunächst aber auf die Deichangelegenheiten, die Hochwasserschutzaufgaben und deren Regelung also, beschränkt. Der Grund hierfür ist darin zu suchen, daß die Landesherren von den Marschenbewohnern, die sonst ein ziemliches Eigenleben führen, immer erst dann etwas hören, wenn ein Unglück geschehen ist, eine Sturmflut die Deiche zerstört hat (vgl. S. 28). Klappt die Entwässerung aus irgendeinem Grunde nicht, so ist dies für die Landesherren von sekundärer Bedeutung. Die Marschenbewohner haben dann eben geringere Erträge, gehen aber noch nicht unter und müssen sehen, wie sie es haben. Deswegen führen die Entwässerungsverbände vorläufig weiterhin ihr Eigenleben, unbeeinflußt von den Deichbänden, die sich wohlweislich hüten, sich mit den Wasserlösungen zu »verheiraten«, besonders in finanzieller Hinsicht. Im einzigen Berührungspunkt, der Schleuse im Deich nämlich, verständigt man sich in freier Absprache ohne landesgesetzliche Reglementierung. Beweis: Dem Deichreglement von 1803 folgt erst 1913 das Preußische Wassergesetz. Nach Auffassung des Deichvogten sind dadurch die Sielverbände im Laufe der Geschichte dank behördlicher Vernachlässigung »in Siechtum verfallen«.

Zu 2. Lösung des Problems:

Die Urzelle in der Hochwasserschutz- und Binnenentwässerungsorganisation ist der einzelne Koog. Er ist Deich- *und* Sielverband zugleich. Es muß erreicht werden, daß auf höherer Ebene Deichbände und Wasserlösungen sich gebietsmäßig genau so decken wie die einzelnen Köge. Zu diesem Zweck ist organisatorisch von den Einzugsgebieten bei der Binnenentwässerung auszugehen. Die Gliederung der Deichbände ist gebietsmäßig diesen örtlichen Gegebenheiten anzupassen. Dann können Hochwasserschutz- und Binnenentwässerungsaufgaben sinnvoll koordiniert werden, auch in finanzieller Hinsicht. Jedem Koog sein Deichvogt, diesem zur Seite, gleichzeitig als Vertreter, der Sielrichter. Auf der höheren Ebene soll es dann nur noch den Deich- und Hauptsielverband geben, dem der Oberdeichgraf und sein Stellvertreter, der Obersielrichter, vorstehen. Nach Bildung der Marschenbauämter sieht Christian Paulsen nach dieser Umgliederung in der Selbstverwaltung ein baldiges Ende der Zersplitterung in der technischen Staatsaufsicht, hält es aber darüberhinaus noch für nötig, daß neben der technischen auch die verwaltungsmäßige

Aufsicht über die Deich- und Hauptsielverbände auf die Marschenbauämter übergeht, deren Ansprechpartner die Oberdeichgrafen sein sollen.
An dieser Stelle bricht der Entwurf ab. »Unfertig« steht mit Christian Paulsens Handzeichen darunter. Der in Aussicht genommene Vortrag wird nicht mehr gehalten. Was ist geschehen?
Im Februar 1937 erscheint die Wasser- und Bodenverband-Verordnung. In der Präambel dieses Gesetzes heißt es wörtlich, daß die Verfahrensordnung und die Aufgabenverteilung in den Deich- und Sielverbänden nunmehr »nach den Grundsätzen des nationalsozialistischen Staates« gehandhabt werden. Es ist wirklich ein Gesetz in NS-Reinkultur, superstaatsautoritär, diktatorisch, despotisch. Der Staat ist alles, der Bürger nichts. Die Beauftragten der Selbstverwaltung, die man zum Schein noch bestehen läßt, sind nichts anderes als Befehlsempfänger, Kommandopuppen der Aufsichtsbehörde.
Nehmen wir nur zwei Beispiele aus diesem Musterwerk der Rechtsbrechung: Private Rechte an Deichen können »im Interesse der Allgemeinheit« beseitigt werden, notfalls durch entschädigungslose Enteignung! – Die Aufsichtsbehörde kann ohne Anhören der Beteiligten bestehende Verbände auflösen und zur Neugründung und Neuverteilung der Aufgaben schreiten (§ 176,2). Damit ist der Willkür Tür und Tor geöffnet, und schon ist es soweit: »Hier ist das Instrument!« frohlockt ein hoher Wasserwirtschaftsbeamter in Kiel. »Jetzt haben wir die Leute vom Sönke Nissen-Koog endlich zu fassen; diese ehemaligen Schützlinge eines Großkapitalisten, denen unser Staat zu allem Überfluß auch noch Geld gegeben hat.« Schnell ist der Plan geschmiedet:
Das südlich an uns anschließende Entwässerungssystem, das Arlaugebiet, benannt nach dem Arlau-Strom, welcher die Entwässerung führt oder jedenfalls führen soll, ist ein Sorgenkind. Bei seiner Tieflage kann dieses Areal mit einem Einzugsgebiet von 245 qkm auf natürliche Weise durch die Arlau-Schleuse nicht dergestalt entwässert werden, daß hier erfolgreich gewirtschaftet werden kann, jedenfalls nicht im Sinne der »Erzeugungsschlacht«. Die Seedeiche in diesem Gebiet, das auch die Hattstedter Marsch genannt wird, geben ebenfalls Anlaß zur Besorgnis. Sie haben aufgrund ihres Alters ungünstige Profile, sind nicht hoch genug, vermutlich abgesackt und bedürfen der Erhöhung und Verstärkung. Hier muß einfach etwas geschehen. Dem Entwässerungsproblem ist nur mit einem großzügig angelegten, modernen Schöpfwerk beizukommen. Aber das wird ein Millionenprojekt. Der betroffene Verband kann das aus eigener Kraft niemals finanzieren.

Nördlich angrenzend, steht unser starker, selbständiger Deichverband, selbständig geblieben, weil der II. Schleswigsche Deichband es vorläufig abgelehnt hat, ihn aufzunehmen. Das ist sein gutes Recht. Denn nach altem Herkommen muß erst abgewartet werden, wie standhaft der neue Deich ist und wieviel Vorland er hat. Der Sönke Nissen-Koog hat waghalsig durch das Wattland gedeicht, da ist Vorsicht am Platze.
Landrat Dr. Clasen akzeptiert das und erklärt den Sönke Nissen-Koog zum selbständigen Deichverband. Diesem Deichverband geht es hinsichtlich der ihm zufallenden Aufgaben ausgezeichnet. Dank der formlosen Überlassung der Pachteinnahmen aus Deich und 18 Ruten durch die Deichbaugenossenschaft kann der Deichverband Sönke Nissen-Koog, Zusammenschluß desselben Personenkreises wie in der Deichbaugenossenschaft, nur in öffentlich-rechtlicher Form die Deichunterhaltung nicht nur bestreiten, sondern hat sogar noch einen Überschuß dabei; auch nach Übernahme der eigentlich zu Lasten der Genossenschaft gehenden Kosten für Grüppel- und Lahnungsarbeiten am 18 Ruten-Streifen. Sönke Nissens Rechnung ist aufgegangen: Den Deicherbauern erwächst aus ihrer herkömmlichen, gewohnheitsrechtlichen Deichunterhaltungspflicht keine zusätzliche Hektarbelastung. Soviel zum Hochwasserschutz.
Nicht anders sieht es bei der Binnenentwässerung aus. Am 23. Juli 1935 hat sich ohne staatliche Einflußnahme die Wasserlösungskommune Sönke Nissen-Koog-Schleuse gebildet. Sie umfaßt diejenigen Köge, welche bisher durch »Bordelumsiel« entwässert haben und den Sönke Nissen-Koog, der sich davorgelegt hat. Auch hier kommt altes Gewohnheitsrecht zum Zuge: Wer »abdeicht«, hat das Wasser der Dahinterliegenden abzunehmen. Es klappt vorzüglich. Die neue Sönke Nissen-Koog-Schleuse kann die Entwässerungsaufgabe auf natürlichem Wege mit ihren Stemmtoren ohne Schwierigkeiten bewältigen (vgl. S. 75/76). Hier werden Hochwasserschutz- und Binnenentwässerungsaufgaben geradezu spielend gemeistert. Das ist nicht zuletzt auf die Anstrengungen zurückzuführen, welche die Genossenschaft 1923 beim Vorlandkauf, Grundstück für Deich und 18 Ruten zusätzlich, gemacht hat.
So ist die Situation beim Erscheinen der Wasser- und Bodenverbandsordnung.
Jetzt kommt die Katze aus dem Sack. Nach dem alten Bibelspruch: »Wer zween Röcke hat, der gebe dem, der keinen hat«, soll der Sönke Nissen-Koog mit seinem Einzugsgebiet zum Arlau-Verband geschlagen werden, um diesen für die geplanten Maßnahmen stark zu machen. Dieses ganze Gebilde wird Haupt- oder auch Oberverband genannt, in dessen Kasse alle

anfallenden Einnahmen fließen sollen, also auch die Pachteinnahmen des Sönke Nissen-Kooges aus seinem Deich nebst 18 Ruten. Darüber hinaus werden alle weiteren anfallenden Kosten auf diesen Oberverband, Hektar-Hektar gleich, umgelegt, bis zu einer Grenze von 25 oder sogar 28 RM je ha und Jahr; dabei steht im Hintergrund das Gespenst des Millionenprojektes von einem Schöpfwerk.

Die Männer vom Sönke Nissen-Koog fühlen sich ungerecht behandelt und benachteiligt. Sie haben sich unter großen finanziellen Opfern einen eigenen, starken Deich und eine gute Entwässerung geschaffen und sollen jetzt anderen Leuten, bei denen diese Dinge im argen liegen, finanziell beispringen. Das ist das Gegenteil von dem, was Sönke Nissen gewollt hat, als er die Nutzungsrechte an Deich und Achtzehnruten für die Genossenschaft beansprucht hat. Deswegen ist doch das Grundstück hierfür zusätzlich gekauft und bezahlt worden. »Ihr habt ja gar nichts bezahlt, habt vielmehr sogar zum Bezahlen eine Staatsbeihilfe bekommen«, hält man ihnen entgegen, »nun liefert mal schön wieder ab!« Da wird es Christian Paulsen zu bunt. »Erst etwas geben und dann wieder wegnehmen, das wird ja immer schöner!« sagt er und geht auf die Barrikaden.

Der Deichvogt verweist darauf, daß die Staatsbeihilfe von 1934 kein Grund ist, den Sönke Nissen-Koog zu Lasten heranzuziehen, mit denen er aber auch ganz und gar nichts zu tun hat. Über den Anspruch auf die Pachteinnahmen aus Deich und Achtzehnruten, die sogenannten Nutzungsrechte, kann die Aufsichtsbehörde sowieso nicht verfügen; denn sie sind nach wie vor ein privates Recht der Deichbaugenossenschaft. Daran hat auch der Rentengutsrezeß nichts geändert. Im Gegenteil: Durch die zusätzliche Erklärung zum Rezeß, daß der Vertrag von 1923 in allen Punkten in Kraft bleibt, sofern er nicht durch den Rezeß abgeändert ist, haben Marx Wulff und Christian Paulsen den privaten Charakter dieser Nutzungsrechte noch einmal besonders herausgestellt (Rezeß). Eine diesbezügliche Eintragung im Grundbuch des öffentlich-rechtlichen Deichverbandes als Grunddienstbarkeit ist deswegen nicht möglich, weil § 2 des Rezesses bestimmt, daß der Eigentumsübergang frei von privatrechtlichen Belastungen zu erfolgen hat. Das Reichssiedlungsgesetz geht hier offenbar weiter als das damals geltende Deichreglement.

Rechtsanwalt Dr. Kähler schreibt in seinem 1922 erschienenen bedeutenden Werk »Schleswig-Holsteinisches Landesrecht« zu dem Thema »Privatrechte an den Deichen« u. a. (S. 336 – 37): »Die Deiche werden zu den öffentlichen Sachen gezählt und gelten für res extra commercium (Sachen außerhalb des Handels). Sie sind stets als besonders befriedete Sachen be-

handelt worden, was auch im § 36 Allg. Deichreglement zum Ausdruck kommt. Sie sind aber dem privaten Rechtsverkehr nicht völlig entzogen. Der Rechtsverkehr ist nur insoweit unstatthaft, als er dem öffentlichen Schutzzwecke der Deiche widerspricht. Es sind daher innerhalb dieser Grenze servitutische und superfiziarische Rechte am Deichlande und Deichkörper möglich.« Weiter heißt es in demselben Werk: »Am Deiche ist auch ein Eigentum Dritter denkbar.« Schließlich schreibt Dr. Kähler: »Die Privatrechte an Deichen können aus Gründen des öffentlichen Wohls beseitigt werden, aber nur gegen Entschädigung.«
Das sind die Grundgedanken, von denen Christian Paulsen sich leiten läßt. Er will, um es kurz zu sagen, verhindern, daß andere Leute als diejenigen, die 1923 das Vorland gekauft und den Deich darauf errichtet haben, in den Genuß der damals wohlerworbenen Rechte kommen.
Der Deichvogt gerät aber auch noch in anderer Hinsicht in scharfen Gegensatz zum NS-Staat: Die Verbandsgliederung nach Einzugsgebieten ist für ihn der größtmögliche Zusammenschluß. Was darüber hinausgeht, ist nach seiner Auffassung autoritärer Zentralismus. In einer ausführlichen Denkschrift, die er an alle führenden Männer der Selbstverwaltung verteilt, übt er offene Kritik an dem neuen Gesetz. In einer auf seine Einladung hin stattfindenden Versammlung, an welcher Vertreter der gesamten Westküste, Ostfrieslands und des Landes Hadeln teilnehmen, legt er seinen Standpunkt noch einmal offen dar.
Damit wird die Sache zu einer hochpolitischen Angelegenheit. Die Partei schaltet sich ein. Versammlungen dürfen nur noch im Beisein eines Vertreters der Kreisleitung stattfinden. Es wird gefährlich für Christian Paulsen. Nach Inkrafttreten des neuen Gesetzes wäre es nun ein leichtes, den widerspenstigen Deichvogt zur Raison oder sogar hinter Schloß und Riegel zu bringen. Aber so einfach ist das auch wiederum nicht. Christian Paulsen läßt sich nicht bange machen; denn er hat einen »großen Bruder«.

Sönke Nissens Witwe hat im März 1936 wieder geheiratet. Ihr zweiter Ehemann ist der schwedische Industriekaufmann Birger Dahlerus aus Stockholm. Außer in seiner nordischen Heimat hat er die meiste Zeit seiner Berufsausübung in technischer wie kaufmännischer Hinsicht in England und Deutschland verbracht. Beiden Nationen bringt er große Achtung entgegen.
Mit der Heirat hat es einige Probleme gegeben. Der schwedische Staatsbürger befindet sich sehr schnell im Paragraphenwald der Büokratie deutscher Vormundschaftsgerichte. Birger Dahlerus sieht sich das eine Weile

273

mit an; dann wird es ihm zu dumm. Deswegen wird er bei Hermann Göring vorstellig, der zu jener Zeit u. a. auch Ministerpräsident von Preußen ist. Guter Kontakt ist schnell hergestellt; denn Görings verstorbene erste Frau Carin war Schwedin. Ehrlich bemüht um gutes Ansehen des »Dritten Reiches« im Ausland, besonders in Schweden, ist Göring behilflich, formaljuristische Schwierigkeiten zu beseitigen, so daß die Heirat stattfinden kann.

Diese Verbindung kommt dem Deichvogt vom Sönke Nissen-Koog bei den NS-Neuregelungsplänen im Deich- und Sielverbandswesen sehr gelegen. Der Sönke Nissen-Nachlaß hat nämlich, wie wir wissen, 1934 keine Staatsbeihilfe erhalten; aber diese ist es doch gerade gewesen, welche dem Koog immer wieder vorgehalten wird und mit der man das Ansinnen motivieren will, der Sönke Nissen-Koog möge den Arlauverband mitfinanzieren. Immerhin entfallen auf den Nachlaß zwei Fünftel der Beitragsfläche.

Im besten Einvernehmen verständigt sich Christian Paulsen mit dem einen seiner beiden Nachfolger im Testamentsvollstrecker-Amt, dem Hamburger Rechtsanwalt Dr. Walter Siemers. Dieser macht gerade den ersten Versuch, die Domänenkaufrente zu beseitigen. Als er vom Deichvogt erfährt, was dem Nachlaß in Zukunft an Beitragszahlungen für den Arlauverband blüht, steht er spontan auf Paulsens Seite. Schulter an Schulter kämpfen beide Männer gegen die »Neuregelung«, wobei Dr. Siemers äußerst geschickt, teils offen, teils versteckt, mit dem Namen Görings operiert. Dadurch fühlt der Deichvogt sich wesentlich sicherer, und die »kleinen Hitlers« von der Gau- bzw. Kreisleitung in Kiel und Husum treten erheblich kürzer; sie wagen es aufgrund dieser Konstellation nicht, die inzwischen in Kraft getretene Wasser- und Bodenverband-Verordnung von 1937 konsequent anzuwenden. Sie überlassen es den Ressortbearbeitern des Reichsministeriums in Berlin, mit dem Deichvogt bzw. dem neuen Testamentsvollstrecker zu verhandeln. Diese beiden Männer taktieren nach dem Napoleonischen Grundsatz: »Getrennt marschieren, vereint schlagen«, und das klappt vorzüglich. Von 1937 bis 1939 halten sie das Spiel nun schon hin.

Inzwischen steht der Zweite Weltkrieg vor der Tür. Am 7. August 1939 rollt Hermann Görings Wagenkolonne vom Bahnhof Bredstedt, wo man den Bäderzug Hamburg-Westerland hat halten lassen, durch die kleine Landstadt in Richtung Sönke Nissen-Koog. Dort hat Birger Dahlerus auf dem Pachthof seines Schwagers Hans Rabe teils aus Eigeninitiative, teils auf Wunsch von Göring ein inoffizielles Treffen mit einer englischen De-

legation vorbereitet. Er revanchiert sich damit für Görings Hilfsbereitschaft im Jahre 1936. Die Verhandlung führt nicht zu dem erhofften Erfolg. Wir dürfen aber feststellen, daß es dem Schweden Birger Dahlerus ehrlich darum gegangen ist, zwischen den beiden Nationen, die er so hoch achtet, einen Ausgleich herbeizuführen.
Der hohe Besuch bleibt schon allein mit seiner optischen Wirkung nicht ohne Einfluß auf die Neuregelung des Verbandswesens. In Berlin hütet man sich, dem Sönke Nissen-Koog und damit dem Nachlaß Gewalt anzutun. Göring, der zweitmächtigste Mann im »Dritten Reich«, ist, vermutlich unbewußt, zum Schutzpatron des Kooges und seines Deichvogten geworden, sehr zu dessen Belustigung. Auf diese Weise kann der hinhaltende Kampf ohne ernstliche Gefahr weitergeführt werden. Auf rechtsstaatlicher Grundlage ist dem Koog einfach nicht beizukommen. Der Generalinspektor für Wasser und Energie läßt sich Mitte 1942 noch einmal alle erreichbaren, staatlicherseits beteiligt gewesenen Akteure nach Berlin kommen. Unter ihnen ist natürlich auch der Flensburger Kulturamtsvorsteher. Aus seiner streng vertraulichen mündlichen Mitteilung, welche Christian Paulsen handschriftlich in seiner persönlichen Akte »Nutzungsrechte« festhält, erfahren wir: Alle Beteiligten treten für die Belange des Kooges ein. Nach ihrer Auffassung liegt der Fehler im Vertrag von 1923; die Regierung würde in jedem Rechtsstreit unterliegen, sei es beim Schiedsgericht, Zivilgericht oder im Verwaltungsstreitverfahren.
Am 12. Dezember macht daher der Generalinspektor dem Sönke Nissen-Koog durch den Regierungspräsidenten über den Landrat folgendes Vergleichsangebot: Der Koog verkauft Deich und Achtzehnruten an den Staat zurück, gegen angemessene Bezahlung und Erstattung der inzwischen gemachten Aufwendungen für die Anlandung.
Kurz darauf, Paulsen schickt sich gerade an, auf den Vergleich einzugehen, kommt Anfang 1943 von höchster Stelle die Weisung, daß die »Neuregelung« bis Kriegsende zurückzustellen ist; der Vergleich kommt also nicht zustande.
Es ist nicht erwiesen, aber anzunehmen, daß Parteileute aus lauter Mißgunst gegen die Entscheidung des Generalinspektors Sturm gelaufen sind. Der zu jener Zeit amtierende Landrat Kalmus hat dem Verfasser später, Anfang der fünfziger Jahre, dahingehende Andeutungen gemacht. Er will auch einer parteiseitigen Aufforderung, den Deichvogt abzusetzen, nicht nachgekommen sein. Peter Volquardsen hat sich ähnlich geäußert. Aber es lohnt nicht, diesen Dingen nachzugehen. Die beiden Genannten sind nicht mehr am Leben und die Urheber vermutlich auch nicht.

Die Deichangelegenheit findet damit ein vorläufiges Ende. Wir haben auch hier aus Gründen der Übersichtlichkeit zeitlich etwas vorgegriffen. –
In den Herbstmonaten der Jahre 1936 und 1938 kann unser Deich bei zwei außergewöhnlichen Sturmfluten seine Standhaftigkeit beweisen, während die benachbarten Deiche z. T. sogar erheblichen Schaden nehmen. Deich und Schleuse machen im Sönke Nissen-Koog in den ersten 20 bis 25 Jahren seines Bestehens keine Sorgen. Es kommt allerdings vor, daß sich die Schleusentore bei bis zu drei Tagen anhaltenden Stürmen nicht öffnen. Dann bleibt es nicht aus, daß die tiefer gelegenen Ländereien des Kooges unter Wasser stehen; das ist aber nur vorübergehend. –
Als letzten Punkt hinsichtlich der Regelung der öffentlich-rechtlichen Verhältnisse haben wir noch die Schulfrage zu besprechen. Sie ist eigentlich eine Angelegenheit der Gemeinde Reußenköge und wird hier nur behandelt, soweit sie die Einwohner unseres Kooges direkt betrifft.
Bei Übernahme der Kolonate im Jahre 1926 gibt es im Koog nur vier schulpflichtige Kinder. Sie werden vorerst bei Verwandten in den Nachbardörfern untergebracht und dort eingeschult. Im Jahre 1928 sind es acht Kinder, die schulisch zu betreuen sind. Sie werden mit einem Bus zur Schule im Sophien-Magdalenen-Koog und zurück gefahren.
Am 17. Dezember 1928 wird im Wohnhaus der Siedlung von Dr. Carl Hennings, dessen Land an Nachbarn verpachtet ist, ein regelrechter Schulbetrieb mit einem hauptamtlichen Lehrer eingerichtet. Ein Raum dient als Klassenzimmer, das übrige Haus als Lehrerwohnung. In den folgenden Jahren steigt die Schülerzahl auf reichlich zwanzig.
Im Jahre 1937 errichtet die Gemeinde auf der ihr hierfür überlassenen Parzelle ein reguläres Schulgebäude mit Lehrerwohnung. Im darauffolgenden Jahr wird der Schulbetrieb in das neue Gebäude verlegt. Die Geschichte dieser zweiten Schule der Gemeinde Reußenköge ist in den Kriegs- und Nachkriegsjahren dann recht bewegt. Wir kommen später darauf zurück.

In den letzten Vorkriegsjahren laufen die Betriebe in jeder Hinsicht gut, vor allen Dingen erholen sie sich, ganz besonders finanziell. Solange es noch Baumaterial im freien Handel gibt, erweitert eine ganze Reihe von Siedlern die Wohnhäuser oder vervollkommnet die Wirtschaftsgebäude. Als sich Ende 1938 die konkrete Möglichkeit abzeichnet, daß die unglückseligen »Berliner Grundstücke« als nunmehr wertvolles Industriegelände verkauft werden können, geht die Deichbaugenossenschaft in Liquidation, löst sich aber wohlweislich nicht auf, solange die Frage der

Nutzungsrechte an Deich und 18 Ruten noch ungeklärt ist. Der Verkaufserlös des Berliner Industriegeländes wird im Mai 1939 an die Genossen, nach Maßgabe ihrer Beteiligung, ausgeschüttet. Damals, im zweiten Deichbaujahr, hätten sie das Geld so bitter nötig gehabt. Jetzt können sie es kaum anlegen. Wo es noch möglich ist, wird es in die Gebäude oder den Maschinenpark gesteckt oder zum Betriebskapital genommen. –
In das Jahr 1939 fällt auch der Anschluß der noch nicht mit elektrischer Energie versorgten Gehöfte an das Stromnetz.

Mit Ausbruch des Krieges bietet sich auf unseren Betrieben das gleiche Bild wie auf allen deutschen Bauernhöfen. Durchweg wirtschaften zu dieser Zeit bereits die Söhne bzw. Schwiegersöhne der ursprünglichen Deichbaugenossen. Auf den meisten Höfen steht jetzt die Frau allein vor dem Betrieb. In einer Reihe von Fällen springen die Altenteiler wieder ein. Auch an sonstigen Arbeitskräften mangelt es. Nicht nur Männer, auch Pferde werden eingezogen. Treibstoff, Feuerung und fast alle betriebswichtigen Handelsgüter werden unter Bewirtschaftung gestellt. Ein Nachlassen in der Intensität der Bodenbearbeitung ist die Folge, wirkt sich aber auf unserem verhältnismäßig jungen Boden noch nicht so folgenschwer aus. Pferdezucht und -handel treten wieder in den Vordergrund.
Hinsichtlich der Arbeitskräfte gibt es durch die ersten Gefangenen aus dem Polenfeldzug eine spürbare Entlastung. Es handelt sich vorwiegend um Landleute, die auch handwerklich sehr geschickt sind. Sie werden zunächst auf einem Hof geschlossen untergebracht, morgens zur Arbeit geführt und abends wieder abgeholt; später, nachdem sie sich als gute und willige Arbeiter erwiesen haben, beläßt man sie auf den einzelnen Höfen. So gehen die Kriegsjahre dahin. Wie in allen deutschen Familien, reißen sie auch bei uns ihre Lücken. –
Selbst wenn die Intensität in der Bodenbearbeitung nachläßt, so werden noch weiterhin gute Erträge von den Feldern geholt. Der von den Dithmarschern bei uns eingeführte Kohl- und sonstige Gemüseanbau tritt zeitbedingt mehr in den Vordergrund. Das gleiche gilt für Raps als Ölfrucht zur Margarineherstellung. Runkelrüben für das Milchvieh und die genauso wichtigen Zuckerrüben tun ein übriges für die richtige Behandlung unseres Bodens. Wir wollen hier die Schulkinder nicht vergessen, die zu jener Zeit mit dem Hacker in der Hand teilweise die Arbeit von Trecker und Pferd ersetzen und den Hackfruchtanbau möglich machen, der neben dem üblichen Anbau von Hafer, Weizen und Gerste den Sönke Nissen-

Koog in die Lage versetzt, eine Stadt von 35 bis 40 000 Einwohnern zu ernähren.
Wenn auch die Bewirtschaftung unserer Höfe gegen Kriegsende mehr und mehr improvisiert werden muß, so ist doch das rein geldliche Ergebnis keineswegs uninteressant. Man ist sich klar darüber, daß der Krieg einen unglückseligen Ausgang nimmt und folgert daraus, entsprechend den Erfahrungen nach dem Ersten Weltkrieg, eine unweigerliche Geldentwertung. Genauso weiß man aber auch, daß Grund und Boden in seiner Wertbeständigkeit noch immer alle Zeiten überdauert hat. Deswegen schikken sich die Siedler unseres Kooges in den letzten Kriegsjahren an, mit dem Geld, für das sie sich sonst ohnehin nichts kaufen können, Schulden abzudecken. Die ersten Kapitalabträge auf die Landesrentenbank-Rente werden getätigt. Was später kommt, so sagen sich die Siedler, bzw. deren Kinder, muß abgewartet werden. Die Hauptsache ist, Grund und Boden bleibt fest in der Hand. –

Was zunächst kommt, ist sehr bald in aller Deutlichkeit zu erkennen: Nicht wissend, wie sich der von der NS-Staatsführung selbst gewählte und angegriffene Gegner im Osten bei seinem harten Zurückschlagen gegenüber der deutschen Zivilbevölkerung verhält, zieht diese es in der Masse vor, Anfang 1945 ihre zum Kriegsgebiet gewordene Heimat zu verlassen. Erste Erfahrungen lassen dies angezeigt erscheinen. Bei uns suchen vorwiegend Deutsche aus Pommern und der Mark Brandenburg, z. T. auch Ostpreußen und Schlesier, eine Bleibe. Sie haben Hab und Gut zurücklassen müssen, nur um das nackte Leben zu retten. Es ist nicht ihre Schuld, auch nicht unsere, sondern ein nationales Unglück, das hier gemeinsam ertragen werden muß.
Das ist ganz gewiß nicht einfach. Unsere Häuser müssen notgedrungen eng belegt werden; wie überall, wo Menschen dicht beieinanderhocken, gibt es Schwierigkeiten und Reibereien. Fehler werden sicher auf beiden Seiten gemacht. Der einzige Trost in dieser schier ausweglosen Lage: Auf unseren Höfen gibt es wenigstens noch satt zu essen! –
Die deutsche Kapitulation vom 8. Mai 1945 bringt bekanntlich die größte Katastrophe in der Geschichte Deutschlands, seines Volkes und seiner Wirtschaft. Wir wollen sie hier nicht noch einmal ausbreiten, sondern dankbar sein, daß wir sie letzten Endes schlecht und recht überstanden haben, und uns auf den Gang der Dinge im Koog beschränken. –
Problem Nummer eins bleibt vorerst die Unterbringung der zu uns gekommenen Deutschen aus dem Osten. Gewiß, die Scheunen sind groß ge-

nug, man könnte wenigstens Behelfswohnungen ausbauen. Aber das hierfür erforderliche Material ist einfach nicht zu haben. Fast alle Handels-, Wirtschafts- und Verbrauchsgüter stehen bei strenger Aufsicht der Militärregierung unter schärfster Bewirtschaftung. Nur mit Marken und Bezugsscheinen kann man für die Reichsmark noch etwas kaufen. Ansonsten gibt kein Mensch mehr etwas auf diese Währung.

Es bleibt also bei dem beengten Unterkommen. Zwar wird hier und da eine Kammer frei, als die Militärregierung die Polen von den Höfen abzieht, um sie in ihre Heimat zurückzuführen. Aber das bringt nicht viel. Man muß Geduld haben. An die Stelle der Polen treten auf den Höfen in vielen Fällen die Männer und z. T. auch Frauen aus dem Osten, wo sie vorwiegend Landarbeiter auf den dortigen Gütern gewesen sind.

Arbeitskräfte sind also da; indessen liegt die Bewirtschaftung noch ziemlich im argen. Der durch die Kriegsjahre mit ihren ganzen Begleit- und Folgeerscheinungen eingetretene dringende Nachholbedarf kann in den ersten Nachkriegsjahren noch nicht gedeckt werden. Kunstdünger ist kaum zu haben, Treibstoff steht unter scharfer Bewirtschaftung. Außerdem sind die Trecker alt und bedürfen einer Grundüberholung, genauso wie alle anderen Maschinen und Geräte. Aber es gibt keine Ersatzteile. Man packt sich, gut getarnt natürlich, eine Tasche voll Butter, Wurst, Speck und Schinken ein. Das sind z. Z. die zugkräftigsten Zahlungsmittel. Dann geht es mit irgendeinem Kohlen- oder sonstigen Güterzug, der ein paar Personenwagen mitführt, nach Hamburg auf den schwarzen Markt. Dort hat sich eine ganz bestimmte Sorte von »Maklern« herausgebildet, die einfach mit allem handeln. Bei der nächsten Fahrgelegenheit kehrt man dann mit Ersatzteilen und Werkzeug wieder zurück.

Anfang 1946 erfährt Christian Paulsen, daß sich langsam wieder, jedenfalls regional, eine Verwaltung mit regulärer Behördenarbeit aufbaut. Sofort ist er auf dem Plan, um die Möglichkeiten einer Beseitigung des NS-Gesetzes zu prüfen. Er kommt aber ein wenig enttäuscht zurück: »Wir müssen noch etwas warten«, sagt er zu Hause, »ich glaube, die Garnituren wechseln da noch ein paarmal.« –

Christian Paulsen kann sein letztes Ziel, die Sicherung der wohlerworbenen Rechte der alten Genossen an Deich und Achtzehnruten, nicht mehr erreichen. Am 10. Juli 1946 stirbt er an dem Herzleiden, das er sich durch die Überbeanspruchung in der urlaubslosen Zeit von 1923 bis Anfang 1930 zugezogen hat (s. S. 220). Ein großes Gefolge gibt ihm das letzte Geleit. Atlantisforscher, Pastor Jürgen Spanuth, Bordelum, hält die Trauerfeier. In einem der vielen Zeitungsnachrufe wird Christian Paulsen als eine der markantesten Persönlichkeiten der Westküste gewürdigt. –

An der immer noch improvisierten Wirtschaftsweise mit unzulänglichen Betriebsmitteln ändert sich vorläufig kaum etwas. Der harte Winter 1946/47 bereitet bei der Feuerungsknappheit erhebliche Sorge. Die Schule, nach der Kapitulation geschlossen und 1946 wieder eröffnet, hat neue Probleme. Durch den Zuzug ist die Schülerzahl auf 120 gestiegen. Bei der starken Belegung des Gebäudes muß der Unterricht in drei Schichten gehalten werden, Lehrbücher gibt es noch nicht. Als nach dem langen, harten Winter teilweise erst im Mai die Schneeschmelze einsetzt, kommen die meisten Kinder gar nicht mehr zur Schule; sie haben kein geeignetes Schuhzeug.
Auf den Feldern gibt es Schwierigkeiten: die tiefliegenden Siele sitzen noch voll Eis, und oben darüber taut der Schnee. So kommen einige zur Feldbestellung erst zu einer Zeit, zu der man in günstigen Jahren ins Heu geht. Natürlich wird weiterhin, aus den gleichen Gründen wie in den Kriegsjahren, viel Hackfrucht und Raps gebaut. Die Felder sind jedoch schon nicht mehr so in Kultur, wie sie es eigentlich sein sollten. Dennoch bringen sie gute Gelderträge. Aber was nützt die Reichsmark? –
Seit Ende 1947 gibt es erste Anzeichen für eine zunehmende Normalisierung in Wirtschaft und Verwaltung.
Als dann das Thema »Währungsreform« akut wird, hat man in wirtschaftlich-finanzieller Richtung einen ersten realen Orientierungspunkt, der zu Hoffnung und Zuversicht berechtigt. Schon im nächsten Jahr, 1948, soll es soweit sein!

VIII. Kapitel

Die neue Zeit

Es ist soweit: Als Stichtag für die Währungsreform wird der 20. Juni 1948 festgesetzt. Man hat aus den Erfahrungen nach dem Ersten Weltkrieg gelernt und kann vermeiden, daß die unausweichliche Geldentwertung so verheerende Folgen hat wie damals. Es kommt hinzu, daß sich 1948/49 in dem von den Westmächten besetzten ehemaligen Reichsgebiet mehr und mehr selbständige Länderregierungen bilden, die eine zielstrebige Aktivität entfalten, besonders auf dem Gebiet von Wirtschaft und Verkehr. Schließlich zieht sich im Mai 1949 die Militärregierung ganz zurück, und es etabliert sich in Bonn die Regierung der Bundesrepublik Deutschland unter der Ägide der westlichen Siegermächte.

Bis zur Währungsreform tätigt ein großer Teil unserer Rentengutserwerber noch Kapitalabträge auf die Landesrentenbankrente. Sie gehen dabei von den gleichen Überlegungen aus, die auf S. 249 geschildert sind. Man ist sich dabei klar darüber, daß die Besitzer von erhalten gebliebenem Grund und Boden weitgehend dazu herangezogen werden, an dem gemeinsamen Unglück mitzutragen.

Hat die Militärregierung sich bisher darauf beschränkt, für Ruhe, Ordnung und Sicherheit zu sorgen, so beginnt die nunmehr gebildete westdeutsche Regierung mit großer Aktivität, ein neues Wirtschaftsleben aufzubauen. Das Soforthilfegesetz wird erlassen, dem später das sehr sorgfältig ausgearbeitete Lastenausgleichsgesetz folgt. Man geht davon aus, daß die Hälfte des erhalten gebliebenen Vermögens abzugeben ist, prüft dabei aber in unserem Falle, welche jährliche Hektarbelastung zumutbar ist. Es kommt zu einer Verrentung der Vermögensabgabe über einen Zeitraum von 31 Jahren. Man kann also wieder von einer tragbaren Rente sprechen, die allerdings mit der Zielsetzung angelastet wird, ein neues Wirtschaftsleben aufzubauen. Hierbei steht die Eingliederung unserer ost- und mitteldeutschen Landsleute in den Wirtschafts- und Arbeitsprozeß im Vordergrund.

Die neue Bundesrepublik ist fast ausschließlich ein Industriestaat. Dementsprechend werden auch die Schwerpunkte gesetzt; die Landwirtschaft muß erst einmal warten, wird aber nicht vergessen; sie hinkt nur wieder hinterher.

Die Anfang der Fünfziger Jahre anlaufende Umsiedlung unserer Landsleute, vorwiegend in das wiedererstehende westdeutsche Industriegebiet, bringt eine wesentliche Entlastung hinsichtlich der Belegung unserer Höfe. Auch wird um diese Zeit eine zunehmende Normalisierung im gesamten Wirtschaftsleben spürbar. Die Bewirtschaftung von Handels- und Versorgungsgütern wird weitgehend abgebaut; man kann sie jetzt wieder für neue Währung im freien Handel kaufen. Es kommen sogar die ersten neuen Landmaschinen auf den Markt. Damit stehen wir am Anfang einer Entwicklung, die einmalig in der Geschichte der deutschen Landwirtschaft ist und bleiben wird.

Im Sommer 1949 wird auf dem Nachlaß-Pachthof »Karrasland« eine vorläufig-provisorische Bullenstation für künstliche Rinderbesamung eingerichtet. Eine kleine örtliche Genossenschaft bildet sich zunächst um sie herum. Unser Koog marschiert auf der Straße des Fortschritts. Natürlich gibt es viele Kritiker, die erhebliche Bedenken gegen diese Methode anmelden. Aber Tierarzt Dr. Dünemann, der die Station aufbaut, leistet hier wahrhafte Pionierarbeit, kann alle Bedenken zerstreuen und auch den größten Skeptiker überzeugen. Heute steht in Bredstedt eine mustergültige Rinderbesamungsstation, die aus der unsrigen hervorgegangen ist. Sie versorgt den Raum der früheren Kreise Husum und Eiderstedt!

In das Jahr 1949 fällt auch der Erweiterungsbau der Koogsschule.
Bei der Ernte 1951 läuft auf »Karrasland« der erste Mähdrescher in den Reußenkögen und Umgebung. Nach anfänglichen Schwierigkeiten zeigt sich, daß auch bei uns der Mähdrusch möglich ist. Mit nahezu atemberaubendem Tempo treibt die Landmaschinenindustrie die Entwicklung voran, als wolle sie nachholen, was Kriegs- und Nachkriegsjahre verhindert haben. Heute gibt es Mähdrescher, die an Vollkommenheit kaum noch etwas zu wünschen übrig lassen. Mit einer selbstfahrenden, frontschneidenden Maschine von vier und mehr Meter Schnittbreite bewältigt ein Mann an einem Tage das, wozu früher 32 bis 35 Mann alles in allem etwa eine Woche unter Zuhilfenahme von Pferdegespannen, Selbstbindern und Dreschmaschinen gebraucht haben. Genau genommen müßte allerdings der Mann berücksichtigt werden, der die Anhänger mit losem Korn, Säcke gibt es nicht mehr, zum Silo fährt; aber das machen jetzt unsere Frauen. Sie fahren auch die Strohpresse, die Drillmaschine oder irgendein anderes

Ackergerät. Nachdem sie es in Haushalt und Garten nicht mehr so mühsam haben wie die vorige Generation, springen sie hier tapfer ein und stehen »ihren Mann«. An der notwendigen Zusammenarbeit von Mann *und* Frau hat sich also nichts geändert; sie ist unabdingbar wie eh und je; dieser Lebensinhalt ist geblieben. Nur die Form ist eine andere geworden, eine bessere, meinen wir. Um es noch einmal deutlich zu machen: Unser heutiger Mähdrescher, man möchte ihn fast ein Wunderwerk moderner Landtechnik nennen, bewältigt in einer Stunde das Vierfache von dem, was früher der Selbstbinder und die Dreschmaschine haben leisten können, wobei letztere eine Besatzung von 25 Mann benötigt hat. Das kann man wohl Fortschritt nennen! –
Aber zurück zu unseren ersten Anfängen. Kaum ist die Sonderschau mit dem ersten Mähdrescher vorbei, da läuft zur Herbstbestellung desselben Jahres im Süden des Kooges der erste Schlepper mit Allradantrieb.
»Was soll denn dieser Spielkram?« fragen einige. Aber der Betriebsführer freut sich, daß er jetzt endlich in seinem niedrig liegenden schweren »Osterland« zweischarig pflügen kann, ohne den Schlepper auf das Äußerste zu belasten. Er hat sich nämlich eine weitere »Spielerei« erlaubt und den Dieselmotor von 1 500 auf 1 800 Umdrehungen in der Minute hochgezogen. Damit sind dem 30-PS-Schlepper weitere fünf PS entlockt, ohne sein Gewicht zu vergrößern. Eine nutzbringende Spielerei, wie der Erfolg zeigt.
Die Umsiedlung hat zwar wohnungsmäßig Erleichterung gebracht; auf der anderen Seite wird indessen eine Verknappung an Arbeitskräften spürbar. Im Rhein- und Ruhrgebiet vollzieht sich das sogenannte deutsche Wirtschaftswunder. Die westdeutsche Industrie läuft auf Hochtouren und absorbiert alles, was nur arbeiten kann und will. Man hört von für damalige Verhältnisse phantastischen Löhnen, die dort gezahlt werden. Es ist eine ähnliche Entwicklung wie nach der Inflation 1923: Eine Lohn- und Preissteigerung setzt ein. Aber wie bei der Währungsreform selbst, kann man auch hier jedenfalls vorläufig die Sache im Griff behalten. Mit diesen Erscheinungen geht eine beachtliche Hebung des Lebensstandards einher.
Alle Deutschen haben die Jahre des Leidens, der Trauer und der Entbehrungen satt. Man ist nicht mehr damit zufrieden, daß es genug zu essen gibt und man ein Dach über dem Kopf hat. Man möchte bei wirtschaftlich gesicherten Verhältnissen zurück in ein geordnetes zivilisiertes Kulturleben.
Dieser Hinweis mag genügen; denn es kann und soll nicht Aufgabe unse-

rer Abhandlung sein, wirtschafts- und gesellschaftspolitische Betrachtungen anzustellen. Das wird hier nur erwähnt, weil es uns indirekt betrifft. Löhne und Preise steigen, aber unsere Erzeugnisse dürfen nicht proportional zu den auch hier steigenden Betriebskosten teurer werden. Lebensmittel müssen möglichst billig bleiben. Das ist verständlich. Denn wäre es nicht so, dann müßte man sich ja bei Genußmitteln und all den anderen schönen, teuren Errungenschaften moderner Zivilisation einschränken. Was nützt da noch das viele mehrverdiente Geld!

Das bedeutet eine Verschlechterung der Ertragslage unserer Betriebe. Die Lohn- und Preissteigerung ist hier nicht die alleinige Ursache. Außer dem Lastenausgleich kommt der Nachholbedarf hinzu und neuerdings das zwangsweise Schritthalten mit der Mechanisierung. Arbeitskräfte werden knapp, sind kaum noch zu bezahlen, und Maschinen sind teuer. An die Stelle des Lohnkontos ist das Maschinenkonto getreten, über das wir jetzt indirekt die Arbeitskräfte bezahlen, die früher auf unseren Betrieben gewirkt haben (Umsiedlung!).

Nach Währungsverfall und -konsolidierung sowie Lohn- und Preissteigerung mit ihren Neben- und Folgeerscheinungen erkennen wir nunmehr die dritte Parallele zu den Ereignissen nach dem ersten Weltkrieg: Die Landwirtschaft gerät ins Hintertreffen.

Ähnlich wie 1927 bei der Festsetzung der tragbaren Rente ist man 1948 beim Bemessen der zumutbaren Belastung durch die Vermögensabgabe von den jeweils derzeitigen wirtschaftlichen Gegebenheiten ausgegangen, die sich später zu unseren Ungunsten ändern.

Eine Überprüfung der Verhältnisse und ein Vergleich mit den ursprünglichen Gegebenheiten wäre also am Platze, so wie 1936 die Nachprüfung der tragbaren Rente.

Aber das geht nicht. Bei der Rentennachprüfung 1936 handelte es sich um eine Sache, welche ausschließlich die Landwirtschaft betraf. Der Lastenausgleich aber geht das gesamte westdeutsche Staatsvolk und seine Wirtschaft an. Für einen einzelnen Berufsstand läßt sich da keine Ausnahme machen. Auch mit dem Kunstgriff einer Herabsetzung des Einheitswertes, an dem die Vermögensabgabe ermittelt wird, ist hier nicht weiterzukommen; denn die Gemeinden, die sich u. a. mit ihrer Grundsteuer ebenfalls am Einheitswert orientieren, würden davon in Mitleidenschaft gezogen.

Die staatlichen Stellen aber bleiben nicht untätig. Man läßt sich etwas einfallen. Mit den Aktionen »Grüner Plan«, »Programm Nord« und »Küstenplan« kommen für unsere Betriebe indirekte Hilfen, die uns das brin-

gen sollen, was wir auf direktem Wege nicht bekommen können: einen kostendeckenden Preis für unsere Erzeugnisse.
Aber für einige von uns ist es schon zu spät. Denn das Jahr 1954 teilt gefährliche Schläge aus. Im Sommer und Herbst dieses Jahres regnet es von Anfang Juli bis November fast ununterbrochen. Hinzu kommen tagelang anhaltende Stürme. Die Schleusentore öffnen sich nicht, das Wasser von der höher gelegenen Geest kommt dazu. Straßen und Felder stehen unter Wasser. Die Betriebe mit tiefliegendem Land werden am härtesten getroffen. Während der Ernte ist in der Zeitung ein Bild aus unserem Koog zu sehen. Es zeigt einen Selbstbinder auf dem Feld, im Wasser stehend. Schneidwerk und Förderlaken sind nicht zu sehen. Kinder fahren mit Booten über die Felder.
Wenn sich nach den häufigen Stürmen die Schleusentore öffnen, sind die Felder noch lange nicht passierbar; denn das Land ist wie ein Schwamm voll Wasser gesogen. Erst wenn der Wasserstand in den Gräben soweit gefallen ist, daß die Drainage laufen kann, ist daran zu denken, auf die Felder zu kommen. Auch dann muß die »Ernte« noch förmlich vom Feld gestohlen werden.
Dabei waren die Früchte bis zum Beginn der Regenkatastrophe so wunderbar herangewachsen, daß noch Ende Juni gesagt wurde: »Es müßte schon eine Katastrophe kommen, wenn wir dieses Jahr nicht ganz großartig ernten sollten.« –
Und die Katastrophe ist gekommen! –
Ihre wirtschaftlich-finanziellen Auswirkungen sind deswegen um so schlimmer, als einige Betriebsführer sich nach Deckung ihres Nachholbedarfes zu weiteren Investitionen entschlossen haben.
Noch vor der Ernte kaufen sich diese Männer auf Abzahlung Maschinen, vornehmlich Mähdrescher und Schlepper. Diese wollen sie einmal aus der anscheinend zu erwartenden sehr guten Ernte bezahlen, und zum anderen aus den beim Einsatz eben dieser Maschinen ersparten Löhnen.
Aber die Rechnung geht in beiderlei Hinsicht nicht auf.
Von der »sehr guten Ernte« brauchen wir nicht mehr zu sprechen.
Der Einsatz der Maschinen gestaltet sich wegen der katastrophalen Witterungsverhältnisse außerordentlich schwierig. Außerdem sind diese Maschinen noch keineswegs bis zu derjenigen Vollkommenheit entwickelt, die wir heute gewohnt sind. Die Betriebsführer von damals zahlen das Lehrgeld für die von heute. Damit sind letztere aber nicht ins warme Nest gesetzt. Sie haben andere Probleme zu bewältigen. Wir werden es noch sehen.

Nach Anlaufen der Aktion »Grüner Plan« stehen vorerst weitere staatliche Mittel nicht zur Verfügung, um bei uns die finanziellen Lücken von 1954 schließen zu helfen. Es bleibt bei einer staatlichen Empfehlung an den Landhandel, fällige Dünger- und Maschinenwechsel tunlichst zu verlängern. Ebenso wird den Kreditinstituten nahegelegt, zu helfen.
Aber beide Branchen üben äußerst vorsichtige Zurückhaltung. Gerade diejenigen, die Hilfe am nötigsten haben, bekommen kaum etwas; denn sie sind die Unsichersten. Wer nun in diesem Katastrophenjahr wegen der Nässe zum Herbst keine Wintersaat in die Erde bekommt, erhält im folgenden Jahr einen weiteren Rückschlag. Denn bei einer Ernte ausschließlich von Sommerkorn ist ein Minderertrag von dreißig Prozent sicher nicht zu hoch angegeben.
Anstatt mit dieser Ernte (1955) die Lücken aus der vorigen schließen zu können, rutschen solche Betriebe noch tiefer in eine immer gefährlicher werdende kurzfristige Verschuldung. Verzweifelte Anstrengungen werden gemacht, sich dort buchstäblich wieder »herauszurangeln«. Das ist ungeheuer schwierig denn: Das Vieh im Stall bekommt abends sein letztes Futter; aber die Schuldenzinsen auf der Bank und beim Landhandel fressen Tag und Nacht. Es kommt zu ersten Landverkäufen. Bitter für die Söhne derjenigen Männer, welche dieses Land unter so viel Mühen und Gefahren erkämpft haben. Aber das Schicksal ist stärker.
Und dennoch: Keine Sache ist so dumm, als daß nicht irgend etwas Vernünftiges dabei herauskommt! Bei einem dieser Notverkäufe gelingt es dem Schäfermeister Herbert Hackbart, – wir kennen ihn bereits aus seiner Begegnung mit Christian Paulsen am Außendeich –, mit Hilfe eines Siedlungskredites reichlich drei ha Land zu erwerben. Es ist ein vorwiegend tiefliegendes, schiefwinkliges Stück, durch das sich auch noch ein alter Priel schlängelt, zum Pflugbetrieb mit modernen Maschinen ungeeignet. Der abgebende Betriebsführer weint diesem Land keine Träne nach. Er freut sich vielmehr, hier das Gute mit dem Nützlichen verbinden zu können. Hackbarth errichtet eine vorbildliche Schäfereisiedlung.
Verlassen wir aber jetzt dieses bittere Katastrophenjahr und wenden wir uns erfreulicheren Dingen zu.
Die Stützungsaktion »Programm Nord« kommt zunächst nur im absoluten Grenzgebiet zur Anwendung als Gegengewicht zu unserem dänischen Nachbarn, der uns in der Strukturverbesserung als reiner Agrarstaat schon seit Jahren um Längen voraus ist. Erst später werden diese Maßnahmen (Programm Nord) teilweise auf unseren damaligen Kreis Husum ausgedehnt.

Während der Küstenplan die ganze Westküste unseres Landes Schleswig-Holstein betrifft, wendet sich der Grüne Plan an die gesamte deutsche Landwirtschaft.

Unserem Koog ist aus diesen drei Vorhaben mancher Vorteil erwachsen. Alle drei Aktionen gehen z. T. von der Bundes-, hauptsächlich aber von der Landesebene aus. Der Kreis, und allenfalls unsere Landgemeinde, werden bei Planung und Beratung gehört, nicht aber der einzelne Koog. Deswegen können wir über Finanzierung und chronologischen Ablauf der einzelnen Maßnahmen hier nicht mit der gleichen Akribie berichten, wie aus der Zeit des Deich- und Koogbaues.

Ein großer Gewinn ist für uns im Zeitalter der Mechanisierung die Anfang der fünfziger Jahre beginnende Asphaltierung der Schotterstraßen im Koog. Als dann bald darauf alle Kleiwege, die es zu jener Zeit noch gibt, geschottert und ebenfalls asphaltiert werden, vervollkommnet sich das Bild. Die Auswirkungen lassen nicht auf sich warten. Eine Reifenpanne ist heute ein Ausnahmefall, und der Reifenverschleiß wird auffallend geringer. Bei den modernen, komplizierten Maschinen geht die Zahl der Schadensfälle durch Erschütterung sehr stark zurück. Wenn dieses auch nicht gerade nachhaltig zu Buch schlägt, so ist es doch zu merken.

Von Wichtigkeit sind ebenso die Katastrophenwege, die von der großen Hauptstraße nach Westen an den Außendeich führen. Nun ist es möglich, an fünf verschiedenen Stellen, die voneinander einen nahezu gleichen Abstand von zwei Kilometern und weniger haben, schnellstens auch mit Schwerfahrzeugen an den Deich zu kommen. Nachdem dann die Deichüberwegungen befestigte Fahrspuren bekommen, können heute beinahe zu jeder Gefahrenstelle Hilfskräfte und Ausbesserungsmaterial geschafft werden.

Beim Bau der Katastrophenwege ist es vor allem der damalige Regierungs- und Baurat, heutige Oberbaudirektor i. R. Gottfried Puls vom Marschenbauamt Husum, der sich für diese Belange einsetzt. Er ist einer der Nachfolger von unserem altbekannten Rentmeister Hinrichs. Seit der Zusammenlegung von 1936 verwaltet er aber als neue Abteilung auch das vorherige Wasserbauamt. Von seinen weiteren vorausschauenden Maßnahmen, besonders im Küstenschutz, soweit sie unseren Koog betreffen, werden wir weiter unten lesen, wenn wir abschließend die endgültige Entwicklung im Deich- und Sielwesen behandeln.

Ähnlich wie beim ersten Straßenbau 1927/28 ist auch diesmal das Kreisoberhaupt von Husum die treibende Kraft, der zu jener Zeit amtierende Landrat Borzikowsky, heute Präsident des Landesrechnungshofes in Kiel.

Mit dem gleichen Elan wie sein großer Vorgänger Dr. Clasen packt er die Sache an. Auch er möchte seiner Landgemeinde Reußenköge ein komplettes Straßennetz bescheren; und war es damals Schotter, so muß es jetzt eben Asphalt sein. Die Entwicklung im modernen Straßenverkehr verlangt es einfach. Aber mit dem Geld geht es nicht so mühelos wie damals. Denn Landrat Borzikowsky kann nicht, wie Dr. Clasen, beim Sönke Nissen-Nachlaß vorstellig werden und sagen: »Ich habe mit meinem Kreis im Interesse der Genossenschaft für die kleinen Kredite den Kopf hingehalten und damit dem Nachlaß noch höhere finanzielle Opfer erspart. Darf ich jetzt bitten?«
Außerdem ist der Straßenneubau von 1927/28 der krönende Abschluß von Bedeichung und Erschließung eines einzelnen Kooges gewesen, während es sich im zweiten Falle um eine Verbesserungsmaßnahme für ein weitaus größeres Gebiet handelt. Das Geld fließt in unregelmäßigen Raten. Nie weiß man, wann das nächste kommt. Aber Landrat Borzikowsky ist auf der Hut und bemüht sich, daß er bei jeder Gelegenheit möglichst viel für seinen Kreis abbekommt. Mit geradezu diplomatischem Geschick gelingt ihm dieses vortrefflich.
Nachlaßpächter Walter Beckmann, Bürgermeister der Reußenköge mit insgesamt 10jähriger Amtszeit, sagte gelegentlich einer Freitagsrunde im »Landschaftlichen Haus«: »Es ist mir einfach schleierhaft, wo und wie dieser Mann immer erneut Geld für unseren Kreis herzaubert.«
Mit dem Ausbau der Straßen werden gleichzeitig einige der Deichstöpen verbreitet und zum Teil tiefer gelegt, um auch hier dem modernen Straßenverkehr Rechnung zu tragen.
Diese Gesamtaktion bringt unseren Koog der Kultur und Zivilisation wieder einen Schritt näher. Der Landrat meint es bei seinen Bestrebungen wirklich gut mit uns.
Der Straßenbau ist noch nicht beendet, da meint er es sogar noch besser. Diesmal will er uns die Zivilisation sogar ins Haus bringen. Wir sollen eine Wasserleitung bekommen!
Während der Straßenbau ohne Widerspruch freudig aufgenommen wird, gibt es bei diesem Vorhaben erste Gegenstimmen.
»Wozu etwas kaufen, was wir selbst haben?« wird mit einem Hinweis auf die Blechdächer sowie die Hoch- und Tiefbassins gefragt. Es war doch auch ein Grund, diese Bedachung zu wählen, um Regenwasser möglichst sauber aufzufangen, dieses schöne weiche Regenwasser, das beim Waschen so wunderbar schäumt! Tee, mit diesem Wasser zubereitet, ist ein Hochgenuß, und erst der Punsch, unser Nationalgetränk! –

»Nein, Wasserleitung brauchen wir nicht, wollen wir nicht!«
Landrat Borzikowsky ist gewappnet. Er hat sich gründlich informiert und verweist zunächst auf die immer wieder vorkommenden langen Frostperioden im Winter sowie die Trockenzeiten im Frühsommer. Dann untersucht er die Frage der Reinlichkeit und kommt zu dem Ergebnis, daß im Herbst das verwelkte Laub von den Dächern in die Rinnen gleitet und bis zum nächsten starken Regen fault. Dieser spühlt es dann in die Bassins, wo es eine regelrechte Schlammschicht bildet. Wenn eines Tages, so meint der Landrat, aus der Wasserleitung »Tee« zu kommen scheint, muß gereinigt werden. Dabei kommen auch noch tote Ratten zum Vorschein.
»Stimmt«, sagen die anderen, »aber daran ist in Jahrzehnten noch keiner gestorben.«
Unsere Bassins sind nämlich keine stehenden Gewässer. Bei den häufigen Regenfällen ist in ihnen durch die Überlaufrohre stets Bewegung, die, jedenfalls bis zu einem Grade, Selbstreinigung bewirkt.
Aber so sehr unrecht hat Landrat Borzikowsky natürlich nicht und findet nach und nach geneigte Ohren. Langsam und vorsichtig tastet er sich weiter vor. Was bei der einen Versammlung nicht gehen will, klappt vielleicht bei der nächsten. Nur nicht ungeduldig werden, bei freundlich-verbindlichen Umgangsformen immer die Ruhe bewahren. Das ist seine Verhandlungstaktik. Eines Tages ist der Landrat am Ziel.
Im Sommer 1955 beginnt der Wasserleitungsbau. Die Ausführung erfolgt in Etappen, aus den gleichen Gründen wie beim Straßenbau. Zunächst werden die Gehöfte nach und nach angeschlossen. Später zieht man sogar Leitungen zu den verschiedenen Schaftränken am Außendeich.
Landrat Borzikowsky hat gesiegt. – Wer möchte wohl heute die Wasserleitung missen? –
Bevor wir die weitere Entwicklung auf unseren Betrieben verfolgen, sind noch einige neue Koogsgenossen zu begrüßen.
Neben anderen Maßnahmen wird nach der Währungsreform auch großes Gewicht auf den Wohnungsbau gelegt. Die allgemeine Raumnot gebietet das einfach.
Schon Anfang 1949 entstehen an der Nordspitze unseres Kooges beiderseits der Straße zwei Siedlungshäuser. Sie stehen am Fuße des alten, von uns abgedeichten Teiles des Ockholmer Deiches. Theoretisch gehören demnach ihre Bewohner Willi Geertz und Johannes Brodersen, zur dortigen Gemeinde. Dennoch fühlen sie sich zu uns gehörig, und wir zählen sie auch zu den Unseren. Gegen die See schützt sie *unser* Deich.
Im Jahre 1952 errichtet Ewald Krieger auf einem Trennstück der Schulpar-

zelle ein Siedlungshaus mit Gemischtwarenladen und Gastwirtschaft. Nach und nach entstehen in den dann folgenden Jahren auf der Schulparzelle weitere Siedlungshäuser. Später kommt ein Getreidesilo hinzu; wir werden noch davon lesen. Oft herrscht dort geschäftiges Treiben, auch in der Gastwirtschaft! Die Schulparzelle mit ihren Gebäuden und Bewohnern wird deswegen im Scherz auch »das Dorf« genannt, im Unterschied zum Charakter des Kooges als offene Landsiedlung.
Heute wohnen dort, teils alleinstehend, teils mit ihren Frauen oder auch mit ihren Familien:

>Emil Ahrens,
>Robert Heyn,
>Herm. Knies,
>Walter Kiekow,
>Helmut Teschner,
>Karl A. Paulsen,
>Heinz P. Hasche,
>Otto Krahn,
>Dag Finn Werner,
>Otto Hindrichsen,

dieser als Nachfolger des Kaufmanns.

Während der Entstehung des »Dorfes« siedelt sich 1956 auf der Schleusenparzelle Paul Schulz an, dem sich 1959 Bruno Clausen hinzugesellt, er ist unser Schleusenwärter.
Die Darlehnshergabe für diese Siedlungshäuser bedingt eine fest vorgeschriebene, genormte Bauweise. Sie ist leider wiederum anders als bei den Landarbeiterhäusern von 1936. Das schöne, geschlossene Bild der Koogslandschaft mit unseren in sie hineingepaßten Gebäuden und deren Mannigfaltigkeit in der Einheit ist nun endgültig dahin.
Wie bei den Landarbeitersiedlungen von 1936 können auch in diesem Falle die Betroffenen nichts dafür. Sie sind uns genau so liebe Koogsgenossen wie alle anderen, die hinter unserem Deich Schutz finden.
Zu den Unseren zählen wir auch Schäfermeister Walter Hecker und Familie. Mit seiner Schäferei auf »unserer« Hamburger Hallig ist er sozusagen der Vorposten des Kooges. Zieht er sich mit Frau und Kindern in sein kleines Notquartier auf der Schleusenparzelle zurück, so wissen wir: »Periculum in mora!« (Gefahr im Verzuge!) Dann ist es für unsere Männer der Selbstverwaltung an der Zeit, mit Bauingenieur Johannes Dethlefsen vom Marschenbauamt Verbindung aufzunehmen. Er ist unser Ansprechpart-

Altenteilerhaus im Stil von Heinrich Stav

Haus im herkömmlichen Stil, aber mit grünem Dach

Kein grünes Dach, aber das Haus ist weiß und im Stil Heinrich Stav angepaßt (Joh. Peters)

ner in Sachen Deich und Vorland. Die Zusammenarbeit klappt nun schon seit 25 Jahren vorzüglich.

Was aber den Baustil anbelangt, so beweist uns der Nachlaß, daß es durchaus möglich ist, sich auch mit einem kleinen Einzelhaus der von unserem Kieler Architekten begründeten Bauweise anzupassen.

Für die Höfe Karrasland, Keetmannshoop und Kalkfontein entstehen in den Jahren von 1956 bis 1960 Landarbeiter- bzw. Altenteilerhäuser. Sie sind praktisch die Wohnhäuser von Höfen im Stavschen Stil, nur ohne Scheunen. Auf den ersten Blick mag so ein Haus wie ein Kopf ohne Rumpf wirken; denn das charakteristische Stilmerkmal bei Stav ist das Großrahmig-Wuchtige. Aber hier geht es nicht um Selbstgeltung, sondern es gilt, ein Ding in eine vorhandene Sache hineinzupassen, und diese Häuser fügen sich besser ein als alle anderen vorher besprochenen Einzelhäuser. Sogar ohne den Stavschen Stil kann man sich anpassen: Neben dem Hof von Struve im Süden des Kooges entsteht 1961/62 ein weiteres Einzelhaus in herkömmlicher Bauweise. Hinsichtlich des Farbanstriches ist mit grünen Dachziegeln auf die ursprünglichen Häuser Rücksicht genommen. Das genügt, um das Haus nicht störend wirken zu lassen.

Umgekehrt ist es beim Altenteilerhaus von Bürgermeister Johannes Peters. Es hat zwar kein grünes Dach, ist dafür aber weiß gestrichen. Auch das paßt.
In den zuletzt besprochenen fünf Häusern begrüßen wir als neue Koogsgenossen: Ehepaar Richard Petersen und die Ehefrau von Hans Gert Hansen, der seinerseits ein Koogsjunge ist.
Bei dieser Gelegenheit sei vermerkt, daß es bereits zwei echte »Koogsehepaare« gibt:
1. Volkert Volquardsen und Frau Oda, geborene Runge. Der Enkel von »Peter Büttjebüll« und die Tochter von Johannes Runge halten uns weiter die Treue: Sie wohnen auf der von »Luke Bur« begründeten Stelle;
2. Ketel Breckling und Frau Luise, geborene Sattler. Der Enkel von Emil Breckling und die Tochter von Moritz Sattler bewirtschaften vom »Sattlerhof« aus beide ihnen überkommene Stellen. –

In unseren Betrieben geht die Entwicklung weiter. Im Jahre 1956 läuft im Koog der erste selbstfahrende Mähdrescher. Auch in der übrigen Landtechnik tut sich einiges. Am Schlepper gibt es neuerdings die Hydraulik, die weitgehend die Ackerschiene und den Zughaken ersetzt. Sie ermöglicht es, alle Ackergeräte direkt an den Schlepper anzuschließen. Mit einem Hebeldruck werden sie ein- und ausgesetzt. Die Einmannmaschine ist da. Damit sind alle bisherigen Investitionen überholt und wertlos! Wiederum setzt eine neue Entwicklung ein. Es ist sozusagen die zweite Phase im Umbruch zur Vollmechanisierung. Sie vollzieht sich genau so rapide wie die erste.
Durchweg sehen wir in diesem Zwischenstadium auf unseren Betrieben zwei Schleppertypen: einen schweren, jetzt schon mit 30 bis 45 PS, zum Pflügen, Eggen, Grubbern usw., dazu einen leichten für Drillmaschine, Hackpflug, Düngerstreuer u. ä. Damit ist das Pferd endgültig aus der Landwirtschaft verschwunden. Wenn früher der Bauer seinen Jungen auf die Reit- und Fahrschule schickte, so gibt er diesen heute in eine Landmaschinenschlosserei oder in eine landtechnische Schmiede. Wer jetzt kein Gefühl für Maschinen hat, muß teures Lehrgeld bezahlen.
Bei weiterer Hebung des Lebensstandards steigen auch die Ansprüche des Verbrauchers hinsichtlich der Ernährung. Man will nicht mehr so viel Zusammengekochtes essen, auch nicht in den Kasernen der Bundeswehr. Der Kohlanbau geht fast ganz zurück. Er ist ohnehin zu lohnintensiv. Man muß sich Gedanken über die Fruchtfolge machen. Ohne Hackfrucht geht es auch hier bei uns nicht und Raps allein ist kein hinreichender Ersatz.

Bei diesen Überlegungen ist auch zu berücksichtigen, daß die Betriebe schon den ersten Strukturwandel hinter sich haben.

In dem reinen Kornkoog haben sich die meisten Landwirte für die Getreidefarm nach kanadischem Muster entschieden und gehen zur viehlosen Wirtschaft über. Stallmist wird durch gehäckseltes Stroh mit einer Beigabe von Kalkstickstoff, später auch Harnstoff ersetzt. Der alte Grundsatz: »Von allem etwas«, wird kaum noch beherzigt. Es wird schwerpunktmäßig gewirtschaft. Auch wer noch Vieh hält, orientiert sich in einer einzigen Richtung, und das in großem Stil.

Dies alles ist ganz gut und schön. Nur ist damit das Problem der Fruchtfolge noch nicht gelöst. Fallen Kohl- oder sonstiger Gemüseanbau fort und reicht Raps als Ersatz nicht aus, dann bleibt nur noch der Anbau von Futter- und Zuckerrüben. –

Es ist Ende der fünfziger Jahre. Noch sind Schulkinder für die mühsame Handarbeit zu haben, die der Rübenanbau bisher erfordert. Es ist aber abzusehen, daß sich in Kürze niemand mehr findet, der bereit ist, auf den Knien über die Felder zu rutschen, um die jungen Pflanzen zu vereinzeln. Hier helfen Wissenschaft und Technik. Die Monogermsaat ist bald soweit entwickelt, daß der einzelne Same zuverlässig nur einen einzigen Keim treibt, damit entfällt das Vereinzeln von Hand. Die Einzelkorn-Sämaschine legt mit absoluter Sicherheit jeden Samen einzeln im gewünschten Abstand in die Erde. Damit entfällt das Lichten der Reihen mit dem Handhacker; wir nennen es auch »Verhauen«. Für die Ernte beschert uns die Technik den vollautomatischen Vorratsroder, ebenfalls eine Einmannmaschine. Auf diese Weise sind jetzt Raps und Rüben unsere Hackfrüchte, denen Weizen, Hafer und Gerste folgen. Dann wäre also alles klar? – Gewiß, ackerwirtschaftlich und arbeitstechnisch ja. Aber die Finanzierung?

Halten wir uns doch einmal vor Augen, was den Betrieben seit der Währungsreform alles hat angelastet werden müssen, nachdem Kriegs- und Nachkriegsjahre, betriebswirtschaftlich gesehen, sogar noch einen gewissen Verfall verursacht haben:

Zunächst kommt der Lastenausgleich, der nichts anderes ist als ein Zurückkaufen der Hälfte des kraft Gesetzes abzugebenden Besitzes. Dies geschieht auf der Basis einer scheinbar tragbaren Rente.

Es folgt die Deckung des Nachholbedarfes, verursacht durch den teilweisen Betriebsverfall.

Unmittelbar anschließend werden die Investitionen zur Mechanisierung, erste Phase, erforderlich.

Das Katastrophenjahr 1954 tut das Seinige.
Schließlich stehen wir vor der Tatsache, daß die ersten Investitionen überholt sind, da die Landtechnik neue Wege geht.
Zur alten Wirtschaftsweise zurückzukehren, ist nicht möglich. Mit den derzeitigen Maschinen weiterzuarbeiten, ist unrentabel. Es kommt hinzu, daß die Landtechnik immer größere und vollkommenere Maschinen entwickelt, deren Flächenkapazität unsere mittleren und kleinen Betriebe überhaupt nicht ausschöpfen können. Vor allem aber, und das ist das Entscheidende, können sie diese finanziell nicht verkraften.
Damit kommt es zur zweiten Phase im Strukturwandel: Der Rahmen unserer Betriebe wird gesprengt. Unsere jungen Landwirte, es wirtschaftet zum Teil schon die dritte Generation, suchen neue Wege. Sie finden sie auch, der eine so, der andere so. Wer noch einen anderen Beruf erlernt hat und eine Möglichkeit findet, diesen auszuüben, tut es. Sein Land verpachtet er an einen der nächsten Nachbarn. Dieser wird dardurch »stärker«. In einem anderen Falle bilden drei kleine Höfe eine Betriebsgemeinschaft; man pachtet sogar noch das Land eines vierten mittleren Betriebes hinzu. Auch die großen 50 bis 65 ha-Betriebe leben nicht mehr aus eigener Kraft; sie pachten ebenfalls dazu, sogar aus den Nachbarkögen, wo sich natürlich die gleiche Entwicklung zeigt. Es werden verhältnismäßig hohe Pachten gezahlt. Jeder möchte Land dazu haben, um seine immer größer werdenden Maschinen rentabel auszulasten. Die meisten Außenstehenden sagen: »Wenn Ihr so hohe Pachten zahlt, dann kann es Euch auch noch nicht so schlecht gehen.« Weit gefehlt, Kommentar überflüssig!
Es wäre eine Aufgabe für die Differentialrechnung, festzustellen, wo die optimale Betriebsgröße liegt.
Zwei Nachlaßpächter haben sich zusammengetan. Sie bewirtschaften gemeinsam 220 ha Land und unterhalten einen Maschinenpark mit einem Anschaffungswert von 400 000 DM. »Das Gespann« nennen wir diese beiden Männer in den besten »Jungsjahren«. Es klappt vorzüglich, nicht zuletzt, weil sie tüchtige Frauen zur Seite haben. Aber einen Haken hat die Sache: In der arbeitsreichen Zeit dürfen sie nicht krank werden. Denn sie sind jeder selbst ihr bester Mann, wie die anderen natürlich auch.
Wir stehen in einer Entwicklung, von der noch keiner weiß, wohin sie führt.
Es kommen die ersten Mähdrescher mit Korntank. Das Dreschgut läuft lose auf die hierfür vorbereiteten Anhänger. Aber wohin damit? Das Korn muß zügig abgenommen und aufbereitet, d. h. getrocknet und gereinigt werden. Wir müssen unter diesen neuerlichen Gegebenheiten darauf be-

»Das Gespann« beim Dreschen

Das Dreschgut läuft auf den bereitstehenden Anhänger

Silo der Genossenschaft

Silo der Firma H. Thordsen KG

Chemische Unkrautbekämpfung

dacht bleiben, in den wenigen günstigen Stunden, die uns das launische Wetter an unserer Küste beschert, möglichst viel zu dreschen. –
Der Landhandel steht vor einem Problem.
Im Jahre 1958 bildet sich die »Ein- und Verkaufsgenossenschaft Reußenköge« und errichtet auf der Schulparzelle unseres Kooges einen Getreidesilo mit einem Aufnahmevermögen von 750 Tonnen.
Mit der Größe ist man vorsichtig gewesen, zu vorsichtig, wie sich bald herausstellt. Auf allen Betrieben wird jetzt mit dem Mähdrescher gearbeitet, mit eigenem oder im Lohndrusch. Ein großer Teil fährt schon mit Korntank. Diese Betriebe streben besonders zum Silo, dessen Annahme oft bis in die Nacht hinein arbeiten muß. Die Privatfirma H. Thordsen KG. spürt die Konkurrenz und zieht 1962 nach. Gegenüber der von Otto Ehlers begründeten Siedlung entsteht ein zweiter Silo ebenfalls mit einem Aufnahmevermögen von 750 Tonnen.
Inzwischen bietet der Maschinenhandel immer größere und stärkere Schlepper an. Es ist verlockend, aber man fürchtet um die Drainage wegen des hohen Bodendruckes.
Da kommt 1964 wie »deus ex machina« eine revolutionierende, bahnbre-

chende Sache: die Plastikdrainage.

Mußten bisher kleine Ziegelrohre, drei Stück auf einen Meter, mühsam von Hand verlegt werden, so geht auch *das* jetzt maschinell. Ein Raupenschlepper mit 125 PS baggert im Fahren sich selbst einen Grüppel und verlegt dabei gleichzeitig gefällgerecht von einer großen Rolle aus ein durchgehendes Plastikrohr.

Der Betriebsführer Hinrich Struve im Süden des Kooges hat rechtzeitig sein Land verpachtet und sich mit Erfolg dem Pflanzenschutz zugewandt. Jetzt nutzt er seine große Chance, schafft sich so eine Maschine an und übernimmt damit das Drainagefach, in jeder Hinsicht mit bestem Erfolg. Heute ist fast unser ganzer Koog mit dieser neuen Drainage versehen. Sie hat wesentlichen Anteil an der Ertragsteigerung.

Ebenso groß ist der Vorteil, wenn jetzt bedenkenlos schwere Schlepper eingesetzt werden können. Für die durchgehenden Plastikrohre ist der Bodendruck keine Gefahr. Durch von Jahr zu Jahr verschieden tiefes Pflügen wird die Bildung einer festen, evtl. undurchlässigen Pflugsohle vermieden.

Jetzt sind wir in der Feldbestellung genauso weit wie bei der Ernte: Es kann in kurzer Zeit viel geschafft werden. Das Gespenst von den »Minutenböden« gibt es nicht mehr.

Wenn sich ein guter Tag anläßt, dann ist es eine Freude, zu sehen, wie eine Betriebsgemeinschaft mit zusammengefaßtem Maschinenpark einem Feld zuleibe rückt.

Zwei Schlepper mit einer Motorkraft von 95 PS ziehen je einen vierscherigen Wendepflug. Ihnen folgen zwei weitere mit 75 PS mit je einer Egge, deren Zinken durch die Zapfwelle quer zur Fahrtrichtung hin- und herbewegt werden, zwei, ja drei Arbeitsgänge in einem Zug! Den Abschluß bildet dann die pneumatische Drillmaschine mit einer Arbeitsbreite von fünf Metern, gezogen von einem 65-PS-Schlepper. Das Eineggen der Saat, früher ein neuerlicher Arbeitsgang, bewerkstelligt diese Maschine im gleichen Zuge. Zur prophylaktischen Unkrautbekämpfung ist eine Spritzanlage angebaut.

Am Abend eines solchen Tages sind zehn, unter günstigen Verhältnissen sogar zwölf Hektar bewältigt.

Jeder Versuch, einen Vergleich mit dem früheren pferdebespannten Betrieb anzustellen, wäre sinnlos. Allein zur Darstellung der Zugkraft müßten wir 70 bis 80 Pferde und dementsprechend viele Gespannführer aufmarschieren lassen. Man denke an die Futterfläche, damals mit 1,5 ha pro Pferd veranschlagt. Für das, was heute an einem Tage geschafft wird, brauchte man damals zwei Wochen; und immer kam schlechtes Wetter dazwischen. Man mußte wieder von vorn anfangen. Das ist vorbei!

Diese weitere Intensivierung der Bodenbearbeitung bewirkt, ebenso wie die neue Drainage eine zusätzliche Ertragssteigerung. In gleicher Richtung hilft die chemische Unkraut- und Schädlingsbekämpfung. Hinzu kommt die Züchtung neuer Getreidesorten. Der Beratungsdienst leistet wertvolle Unterstützung.

Unter der Leitung von Direktor Dr. Harald Nommensen betreibt die Landwirtschaftsschule Bredstedt in unserem Koog ein acht Hektar großes Versuchsfeld.

Alle diese Faktoren zusammen haben bei unseren Feldfrüchten im Durchschnitt eine Ertragssteigerung von 30 bis 35 % gebracht. Wäre dies nicht gelungen, dann wären auch unsere umstrukturierten Betriebe trotz aller Modernisierung und Mechanisierung nicht mehr lebensfähig.

Die Frage, warum das so ist, wollen wir hier nicht beantworten. Denn wir schreiben die Geschichte unseres Kooges und nicht die der westdeutschen Volkswirtschaft.

Unsere Landwirte hier im Koog haben zweifellos die Zeichen der Zeit er-

kannt und sich dementsprechend eingestellt. Der Kurs, den sie haben steuern müssen, ist nicht leicht gewesen; und mancher Brecher ist über das Deck gegangen. Aber sie haben erst einmal eine schützende Bucht erreicht und dabei noch ein paar Schiffbrüchige mit an Bord genommen. Wie die Reise weitergeht, wissen wir nicht. Dieses Problem ist nicht allein das unsrige.
Eine andere Frage aber betrifft uns direkt: Was machen wir jetzt mit den stolzen großen Scheunen, die das Bild unseres schönen Kooges so charakteristisch bestimmen? Ihre Grundfläche wird zwar weitgehend durch Viehhaltung in großem Stil genutzt. Der umbaute Raum aber steht leer und verursacht Unkosten. Hier liegt ein echtes Problem.

Nicht nur in der Landwirtschaft, sondern auch im Schulwesen vollzieht sich ein Wandel. Im Zuge der Einrichtung von Zentralschulen wird unsere Schule am 21. Januar 1967 geschlossen. Seit dem 23. fahren unsere Schulkinder mit Bussen nach Bredstedt und zurück.
Damit endet die zum Teil recht bewegte Geschichte unserer Schule. Folgende Personen haben in nachstehender Reihenfolge als Lehrer, Lehrer-

Das Schulgebäude, heute Kindergarten

studenten, Praktikanten oder Schulhelfer teils hauptamtlich, teils in Vertretung an unserer Schule gewirkt:

Hans Schümann,
Ernst Junge,
Richard Steinhagen,
Fr. Hanna Rabe, sen.,
Ludwig Ketelsen,
Carsten Friedrichsen,
Frl. Annelene Eggers,
Frau Faßbender,
Ulrich Wenderholm,
Marten Paulsen,
Hanns J. Kuchenbecker,
Georg Noffze,
Frau Frida Stritzki,
Frl. Annemarie Bogenschneider,
Hans H. Geest,
Günter Fiehler,
Frl. Helga Wollschläger,
Rudolf Grube,
Werner Gereke.

Alle Genannten haben ihre Tätigkeit zur vollen Zufriedenheit von Schülern und Eltern ausgeübt. Wir können hier nicht über die Arbeit eines jeden einzelnen berichten. Wenn wir dennoch einen hervorheben, so mögen die anderen sich deswegen nicht zurückgesetzt fühlen.
Es ist Ulrich Wenderholm. Er hat in den Wirren der Nachkriegszeit, im Jahre 1946 beginnend, die Schule unter schwierigsten Bedingungen wie-

der aufgebaut. Die verlorengegangene Schulchronik hat er sich Hof bei Hof buchstäblich erneut zusammengefragt, rekonstruiert und niedergeschrieben. Die schriftliche Arbeit zu seiner zweiten Prüfung hat das Thema: »Der Sönke Nissen-Koog / Eine Heimatkunde.«
Seinen Fortgang im Jahre 1953 haben wir sehr bedauert. Uns Älteren bleibt er in bester Erinnerung.
Mit der Schließung der Schule erhebt sich auch hier die Frage: Was wird aus dem Gebäude? Aber dieses kleine Problem wird elegant gelöst.
Die Kirchengemeinden Bordelum und Bredstedt, zur letzteren gehören wir, und die politischen Gemeinden Bordelum und Reußenköge tun sich zusammen und richten in der ehemaligen Schule einen Kindergarten ein. Sie sind Träger dieser Einrichtung. Die Lehrerwohnung wird von Familie Th. Feddersen bewohnt. Frau Wiebke Feddersen ist gleichzeitig im Kindergarten tätig. Mit ihr wirken dort Frau Erika Denker, Cecilienkoog, und Frau Stropp. Die Familie Richard Stropp wohnt auf der von Emil Breckling begründeten Stelle.
Bedenken wir jetzt noch, daß die schräg gegenüberliegende, von Christian Martensen begründete Stelle von Wilhelm Lübeck und Familie bewohnt, aber nicht bewirtschaftet wird, so erkennen wir auch hier die Auswirkungen der Umstrukturierung unserer Betriebe. Während diese Geschichte geschrieben wird, stehen sogar die Wohnhäuser von zwei 50-Hektar-Höfen leer!
Das ist bei uns der gegenwärtige Stand der Dinge.
Wir haben hier nicht zu beurteilen, ob dieses »Laissez faire«, (Laßt die Dinge laufen, wie sie wollen) richtig ist, oder ob es besser wäre, eine neue Bestandsaufnahme zu machen. –
Unsere Geschichte nähert sich ihrem Ende.
Sie hat begonnen mit der zufälligen Begegnung zwischen Sönke Nissen und Christian Paulsen und hat zur Bedeichung, Erschließung und Besiedlung unseres Kooges geführt.
Ein Koog, das haben wir gesehen, muß gegen die See verteidigt werden. Er steht und fällt mit Deich und Siel. Darum haben wir uns den Bericht über das Schicksal unseres Deiches, um den Christian Paulsen so mutig gekämpft hat, bis zum Schluß aufgespart. Nach Christian Paulsens Tod wird Moritz Sattler sein Nachfolger in beiden Ämtern: Deichvogt und Vorsteher der Deichbaugenossenschaft.
Wegen der bestehenden Unklarheit darüber, wie es nach dem bewußten »Burgfrieden« vom 12. Dezember 1942 in Sachen Deich- und Sielverbandswesen weitergehen soll, wird eine vorsorgliche Maßnahme getrof-

fen: Man läßt die Deichbaugenossenschaft wieder aufleben, die eingeleitete Liquidation wird aufgehoben. Nach wie vor wird das vertraglich verankerte Recht der Genossenschaft auf die Nutzungen an Deich und 18 Ruten geltend gemacht. Ein Hinweis darauf, daß Marx Wulff und Christian Paulsen sich dieses Recht mit einer amtlich beurkundeten Zusatzerklärung zum Rentengutsrezeß haben bestätigen lassen, unterbleibt allerdings.
Dennoch hat es den Anschein, als wolle man auf dem von Christian Paulsen eingeschlagenen Weg weitermarschieren.
Anfang der fünfziger Jahre nimmt das Arlauprojekt wieder greifbare Formen an. Landrat Borzikowsky und Oberbaurat Puls treiben die Sache tatkräftig voran. Genauso wie für den Straßen- und Wasserleitungsbau stehen jetzt auch für dieses Meliorationsvorhaben Gelder bereit. Aber der Kapitaldienst? –
Landrat Borzikowsky hat es beim Straßenbau gut mit uns gemeint, noch besser bei der Wasserleitung. Jetzt aber will er unser Bestes, unser Geld. Auf der Suche nach zahlenden Mitgliedern stolpert der Landrat förmlich über unseren Koog. Damals sieht es noch so aus, daß unser Deichverband die Deich- und Siellast dank der von der Genossenschaft formlos und jederzeit widerruflich überlassenen Nutzungsrechte ohne weitere Aufwendungen tragen kann.
Wie schön, denkt unser Kreisoberhaupt, tausend Hektar Land, praktisch lastenfrei. Hinein damit in den Arlauverband und beitragspflichtig gemacht! Das bringt 28 000 Mark im Jahr. Damit kann man schon einen beachtlichen Kapitaldienst bestreiten.
Das berüchtigte NS-Gesetz, die Wasser- und Bodenverbandsverordnung von 1937, ist nämlich damals noch in Kraft! Das bedeutet, daß die Aufsichtsbehörde, ohne uns zu fragen, den Deichverband Sönke Nissen-Koog und die Wasserlösungskommune Sönke Nissen-Koog-Schleuse auflösen und den Koog dem geplanten »Deich- und Hauptsielverband Arlau-Reußenköge« zuweisen kann!
Gestützt auf das Aktenmaterial und Gedankengut von Christian Paulsen, nimmt der Verfasser mit zwei umfangreichen Schriftsätzen in außerordentlich scharfer Form Stellung gegen derartige Pläne.
In einer darauf folgenden Versammlung verlangt er die Bereinigung des NS-Gesetzes von seinen autoritären Tendenzen. Vorher will er über Verbandsumgliederungen überhaupt nicht verhandeln und stellt dementsprechenden Antrag.
Die Älteren der Koogsversammlung sind aber dafür, daß verhandelt wird.

Daraufhin zieht der Verfasser seinen Antrag zurück. Er erklärt, daß er im Falle der rigorosen Anwendung des NS-Gesetzes auch im Alleingang in ein Verwaltungsstreitverfahren gehen wird. Damit zieht er sich aus den Koogsangelegenheiten zurück.
Landrat Borzikowsky und Oberbaurat Puls versprechen: »Wir kommen nicht mit der Peitsche.« Und sie halten Wort; das sei ihnen hier bescheinigt! Jahr für Jahr erscheinen sie zur Koogsversammlung und bringen die Sache mit großer Geduld voran.
Mitte der fünfziger Jahre zeichnet sich eine Kompromißlösung ab.
Der Sterdebüller Neue Koog möchte aus dem I. Schleswigschen Deichband (Südwesthörn) entlassen werden.
Sofort ergreifen der Landrat und der Leiter des Marschenbauamtes die günstige Gelegenheit, um auch hier Hochwasserschutz- und Binnenentwässerung auf gütlichem Wege in eine Hand zu bringen (das NS-Gesetz ist zwischenzeitlich entschärft).
Mit Satzung vom 18. Juli 1957 wird der Deich- und Hauptsielverband Sönke Nissen-Koog-Schleuse gegründet. Ihm gehören folgende Sielverbände an:

1. Sönke Nissen-Koog   4. Bordelumer Koog
2. Louisen-Reußen-Koog   5. Sterdebüller Neuer Koog.
3. Reußenkoog

Der I. Schleswigsche Deichband und die Wasserlösungskommune Sönke Nissen-Koog-Schleuse werden aufgelöst.
Der Deichvogt vom Sönke Nissen-Koog wird gleichzeitig Oberdeichgraf des neuen Hauptverbandes. Dieser etwas undemokratische Zustand wird später, nach dem Tode Moritz Sattlers, abgeändert. Der Sönke Nissen-Koog behält als Außenkoog lediglich das Recht, zwei Männer aus seiner Mitte zur Wahl zum Oberdeichgrafen vorzuschlagen. Dieser soll nicht mehr in Personalunion mit dem Deichvogt stehen. Moritz Sattler wird Anfang September 1965 auf der Weide von einem Bullen angegriffen und stirbt am 9. September 1965 an den Folgen dieses Unfalles. Gerhard Volquardsens Sohn Volquard wird daraufhin Deichvogt. Das Amt des Oberdeichgrafen übernimmt zunächst kommissarisch Karl August Feddersen. Mit dem 1. Januar 1967 kommt es dann zur festen Regelung der personellen Verhältnisse.
Volquard Volquardsen wird Oberdeichgraf des Deich- und Hauptsielverbandes, und Ingwer Paulsen übernimmt das Amt des Deichvogten im Sönke Nissen-Koog. Sein Stellvertreter wird Hinrich Struve.
Volquard Volquardsen entwickelt eine ungeheure Aktivität auf dem Ge-

biet der Entwässerung. »Was nützt uns die schönste Drainage, wenn die Vorflut nicht stimmt?« fragt er und treibt die Dinge in vorbildlicher Zusammenarbeit mit Baumeister Detlef Nissen vom Marschenbauamt voran.
Leider wird Volquard, dieser außerordentlich fähige Mann, von der gleichen tückischen Krankheit und fast im selben Alter wie Sönke Nissen dahingerafft. Am 30. August 1973 wird Volquard Volquardsen von seinem furchtbaren Leiden erlöst. Wir trauern sehr um ihn.
Dieser Verlust bedingt folgende Neu- und Umbesetzung der Ehrenämter ab 1. Januar bzw. 1. April 1974:
Ingwer Paulsen wird Oberdeichgraf des Hauptverbandes. An seine Stelle als Deichvogt des Kooges tritt Ketel Breckling, der bereits ein Vorstandsmandat hält. Dieses wird von Uwe Beckmann übernommen.
Seit dem 16. Januar 1958 gehört Sönke Georg Nissen, der einzige Nachkomme unseres erfolgreichen Landsmannes, dem wir den Koog verdanken, dem Vorstand des Sielverbandes an.
Von frühester Kindheit an hat er ein lebendiges Verhältnis zu unserem Koog. Der Gutsgärtner von Glinde modelliert dem Dreijährigen im Park des Herrenhauses eine maßstabgerechte Nachbildung des Kooges. »Den hat mein Vati gebaut«, sagt der Kleine mit Stolz und Recht. Alljährlich verbringt er seine Sommerferien auf Hof Elisabethbay bei seinem Onkel Hans Rabe, auch nach der zweiten Heirat seiner Mutter im Jahre 1936.
Er folgt seiner Mutter nach Schweden und macht dort 1941 sein Abitur. Dann genügt er als schwedischer Staatsbürger seiner Wehrpflicht bei der Kavallerie und erwirbt das Patent eines Leutnants.
Daran schließt sich ein Chemiestudium von fünf Semestern mit abschließender erster Staatsprüfung an.
Es folgt die Ausbildung zum Diplomkaufmann mit großem Staatsexamen.
In dieser Eigenschaft ist er von 1951–54 in Canada bei der »Canadian Aluminum ltd« als leitender Angestellter tätig.
Nach dem Tode seines Stiefvaters, Birger Dahlerus, wirkt er mit in der Firmenleitung der schwedischen Maschinenfabrik Bolinder (1957–69).
Seitdem widmet er sich der Verwaltung des Nachlasses seines Vaters.
Regelmäßig kommt er zur Jahreshauptversammlung unseres Kooges und besucht uns auch außerdem häufig. Über alle Koogsangelegenheiten ist er ständig auf dem laufenden und hält guten Kontakt mit uns.
Sönke Georg Nissen ist mit einer Schwedin verheiratet und hat drei Kinder, zwei Mädchen und einen Jungen: er heißt Andreas Sönke. Auch seine

Einzugsgebiet Bongsiel

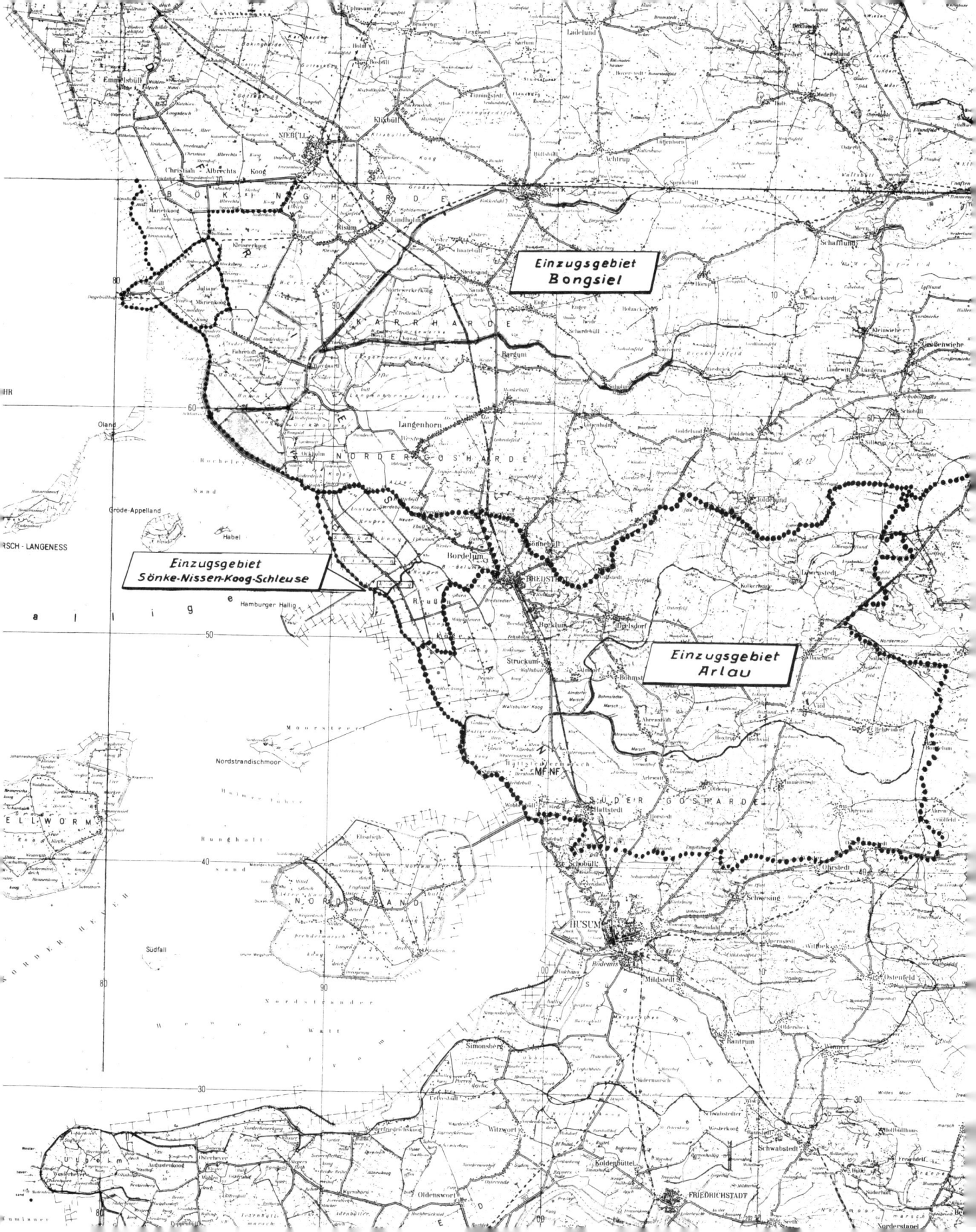

Einzugsgebiet Sönke-Nissen-Koog-Schleuse

Einzugsgebiet Arlau

So kam es zur Sturmflutkatastrophe

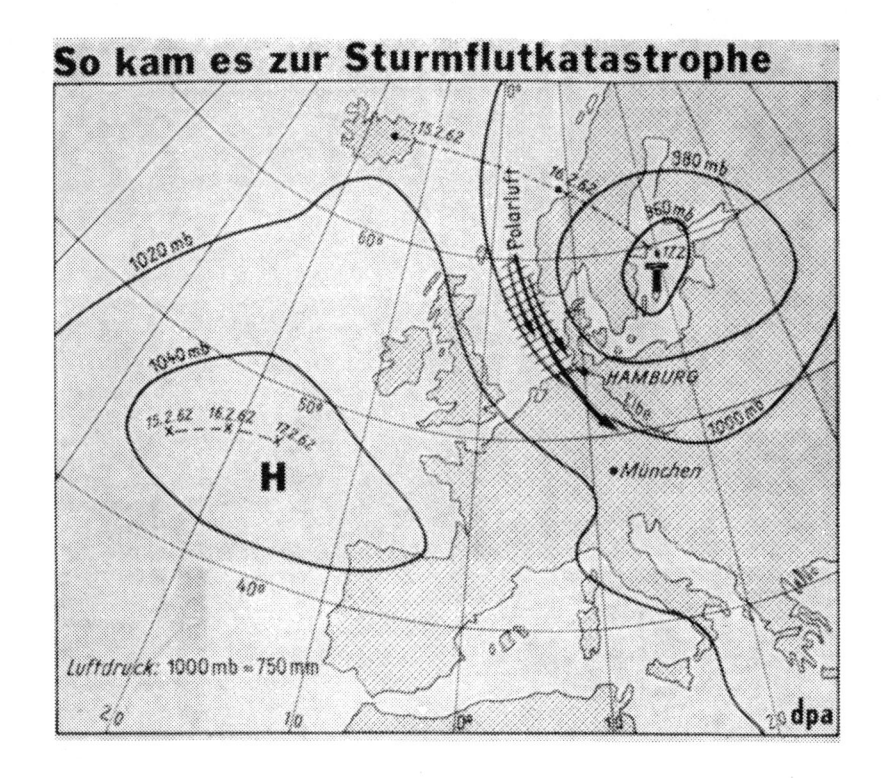

Dieses Bild der Deutschen Presse-Agentur zeigt die Wetterlage in der Sturmflutnacht nach den Unterlagen des Deutschen Wetterdienstes in Offenbach. Lage und Luftdruck des Azorenhoch-Kerns hatten sich nur wenig verändert. Das Sturmtief von Island wanderte dagegen bis Schweden, wobei der Luftdruck von 985 Millibar auf 955 mb absank. Dabei verstärkte sich das Luftdruckgefälle nicht nur zwischen dem Azorenhoch und dem Sturmtief, sondern auch zwischen Südengland und Südskandinavien. Bei gleichzeitigem Zustrom von Polarluftmassen aus Nordwesten entstand so das ausgedehnte Sturmfeld in der östlichen Nordsee. Am Montag – also zwei Tage später – wäre überdies Vollmond eingetreten.

Kinder besuchen regelmäßig den Koog und lernen dabei die deutsche Sprache. –

Mit der Bildung unseres Deich- und Hauptsielverbandes ist erreicht, was Christian Paulsen ursprünglich wollte: die Gliederung nach Einzugsgebieten (s. nebenstehende Karte). Lediglich seine Gegnerschaft zum NS-Regime hat seinen etwas eigenwilligen Standpunkt bestimmt: Die Nutzungen an Deich und 18 Ruten sind ein privates Recht der alten Deichbaugenossen, sie gehören nur diesen und deren Erben!
Später hat man es dahingehend interpretiert, daß die Pachteinnahmen aus Deich und Vorland *allen* Koogseinwohnern zur Bestreitung der Deich- und Siellast zugute kommen sollen. Reichen diese nicht, so werden die anderen Köge Hektar/Hektar-gleich herangezogen.
Die Genossenschaft wird 1956 endgültig aufgelöst.
Nach der neuesten Regelung vom 21. April 1972 hat der Koog den Deich und einen 20 Meter breiten Vorlandstreifen als Deichzubehör an das Land Schleswig-Holstein zur Unterhaltung übergeben. Küstenschutz ist Grenzschutz, sagt man heute. Verliert der Deich seine Eigenschaft als Landesschutzdeich, so fällt das Eigentum an unseren Koog zurück. Also statt Kaufpreis Rückgabe.

Im Jahre 1962 hat unser Deich eine schwere Prüfung zu bestehen. In der Nacht vom 16. auf den 17. Februar tobt eine fürchterliche Sturmflut gegen unsere Küste. Wie sie sich entwickelt hat, ist aus der nebenstehenden Wetterkarte zu ersehen. In ihrem Ausmaß ist sie der Sturmflut von 1634 ohne weiteres vergleichbar.

Aber dank der vorausschauenden Deichverstärkungsmaßnahmen von Oberbaudirektor Puls und Baumeister Fink können unsere Deiche leidlich überstehen, auch wenn die Flutwelle bei Windstärke 13 (!) auf 3,50 m über gewöhnliches Hochwasser und weiter steigt, d. h. also fast + 5,00 m NN.

Wir haben außerdem Glück im Unglück: Eine Stunde vor kalendermäßigem Hochwasser springt der Wind von Nordwesten nach Norden um und drängt die ganzen Wassermassen gegen die Nordküste von Eiderstedt und in die Elbmündung. – Auf diese Weise kommen wir noch einmal mit dem berühmten blauen Auge davon.

Nach dieser Katastrophe ist man sich auch an höchster Stelle klar darüber, daß für den Küstenschutz noch mehr getan werden muß als ohnehin schon geschehen. Man kann ihn nicht denen alleine anlasten, die zufällig hinter den Deichen wohnen. Der bereits bekannte Satz: »Küstenschutz ist Grenzschutz« nimmt endgültig greifbare Formen an.

Unser Deich wird, wie bei anderen auch, aus Landes- und Bundesmitteln wiederhergestellt. Die Ausführung übernimmt die bewährte Bredstedter Hoch- und Tiefbaufirma Momme Andresen, nunmehr geleitet vom früheren Juniorchef gleichen Vornamens. Natürlich hat er von seinem Vater nicht nur die Firma, sondern auch den Spitznamen geerbt. Auch »Momme Hoch- und Tief« jun. arbeitet zu unserer vollen Zufriedenheit.

Bei uns ist Bauingenieur Johannes Dethlefsen nahezu wie ein Jagdhund auf der Fährte. Zeigt sich auch nur die kleinste schadhafte Stelle, wird sofort etwas unternommen.

Oberbaudirektor Puls und Baumeister Fink mahnen zu schärfster Aufmerksamkeit und werden nicht überhört. Die verantwortlichen Männer an den Außendeichen wachen mit Argusaugen über ihre Abschnitte.

Wie richtig das gewesen ist, erleben wir in der Zeit vom 13. November bis zum 16. Dezember 1973. Hier zeigt sich der blanke Hans wieder einmal von seiner gefährlichsten Seite: Sechs Sturmfluten beschert er uns in dieser kurzen Spanne! Ein Naturereignis, wie es hier seit hundert Jahren nicht mehr registriert worden ist.

Normalerweise, so hat die Erfahrung gelehrt, folgt auf eine Sturmflut so schnell keine zweite. Wie es die hundert Jahre beweisen, ist so etwas ein Ausnahmefall.

Beim blanken Hans weiß man nie, woran man ist, er bleibt eben unberechenbar.

Wenn auch keine dieser Sturmfluten, besonders hinsichtlich des Wasserstandes, die Gefährlichkeit der Sturmflut von 1962 erreicht, eine Beruhigung sind sie auch nicht gerade gewesen. Die vom Sturm aufgewühlte See ist immer gefährlich, ganz gleich, in welcher Höhe sie am oberen Böschungsteil nagt.

Wenn unser und auch die anderen Deiche gehalten haben, so ist dies unumstritten zur Hauptsache das Verdienst der verantwortlichen Männer. Aber ein Quäntchen Glück war wieder mit im Spiel:

In allen sechs Fällen springt der Wind im gefährlichsten Augenblick nach Norden um. Darauf kann man sich jedoch nicht in jedem Falle verlassen. Wir müssen eben immer auf der Hut sein. –

Wenn wir jetzt unsere fünfzigjährige Geschichte abschließen, dann wenden wir uns mit einem letzten Wort an unsere junge Generation:

Nehmt euch unsere Alten zum Vorbild und steht wie diese in guten und in bösen Zeiten treu und fest zusammen! Erzählt euren Kindern von Marx Wullfs kühnem Plan. Sagt ihnen, wer Sönke Nissen wirklich war. Verschweigt ihnen auch nicht, daß Christian Paulsen seine Gesundheit, ja, sein Leben daran gewagt hat, das große Werk zu vollenden nach seinem eigenen Wahlspruch:

»Was du begonnen, vollende in Treue fest!«

Anhang

Erläuterung zu Abb. Stöpe/Überwegung

Es gibt zwei Arten der straßenbautechnischen Überwindung eines Deiches: Die Stöpe und die Überfahrt oder auch Überwegung. Letztere entsteht dadurch, daß die Straße, am Deichfuß beginnend, im spitzen Winkel zur Deichlinie bei einem Seedeich bis zur vollen Höhe der Krone geführt wird. Die Abfahrt ist dann analog. Hierbei muß an die steile Innenböschung zusätzlich Erde herangebracht werden, um zu einer waagerechten Straßendecke zu kommen. An der insgesamt vorwiegend seichten Außenböschung ist nur in den oberen Teil Erde einzubringen, während am übrigen Deichkörper fast nur noch Planierungsarbeiten erforderlich sind.

Die Stöpe hingegen ist ein regelrechter Durchstich und zwar im rechten Winkel zur Deichlinie. Hierbei wird der Deichkörper von der Krone herab bis etwa zu seiner halben Höhe abgetragen. Die dabei entstehenden schrägen Sand- oder Kleiwände werden mit starkem Mauerwerk versehen. Dieses wiederum erhält beiderseits je zwei Falze in einem Abstand von ca. 1,50 m. In diese Falze können an Ort und Stelle bereitgehaltene Bohlen eingelassen werden. Der Zwischenreum zwischen den so entstandenen Bohlenwänden läßt sich mit Sandsäcken füllen. Läuft jetzt ein Koog voll Wasser, so kann der andere sich trocken halten.

Die Bohlen werden gegen Verwitterung in kleinen, abschließbaren Blechhütten aufbewahrt. Die Sandsäcke lagern auf dem nächstgelegenen Gehöft.
Etymologisch kann das Wort »Stöpe« dahingehend gedeutet werden, daß es hergeleitet wird von dem Wort »stoppen«, also: dem Wasser Einhalt gebieten.
Ist ein Deich mit »Überfahrten« kein Seedeich mehr, so werden diese in der Regel durch Erdabtragungen von der Krone tiefer gelegt, aber weniger als bei einer Stöpe. Denn es leuchtet ein, daß der so entstehende schräge Durchschnitt wesentlich schwieriger und kostspieliger zu sichern ist als der senkrechte Durchstich bei einer Stöpe. Die »Überfahrt« wird also immer höher zu halten sein.

Nachstehende Übersicht mit beigefügter Karte zeigt die Entstehung der Rentengüter und Pachtsiedlungen (Nachlaß) sowie deren Entwicklung hinsichtlich der Bewirtschaftung.Pächter oder Verwalter sind nur beim Nachlaß und in einem Einzelfall, wo es sich auch um einen Gesamtbetrieb handelt, namentlich angegeben.

Da die übrigen Verpachtungen nur teil- oder parzellenweise erfolgt sind, würde eine Aufzählung der Namen zu weit führen, zumal bei dieser Art Verpachtung oft gewechselt worden ist.

Landverkäufe aufgrund wirtschaftlicher Schwierigkeiten sind bei den betroffenen Rentengütern nicht vermerkt. Die verkaufte Fläche macht gerade fünf Prozent des landwirtschaftlich genutzten Koogslandes aus. Wir haben also ganz gut überlebt.

Neue, auswärtige Landbesitzer im Koog sind danach geworden: Claus Brodersen, Frau Steenholt, Johann Hinrich Geerkens, Martin Albrecht und der Kreis Nordfriesland (Versuchsfeld).

Von den Koogseinwohnern selbst haben hierbei Land dazu, bzw. neu erworben: Ingwer Paulsen, Uwe Beckmann und Karl Nissen.

Übersichtsplan

in der Rentengutssache

SÖNKE NISSEN-KOOG

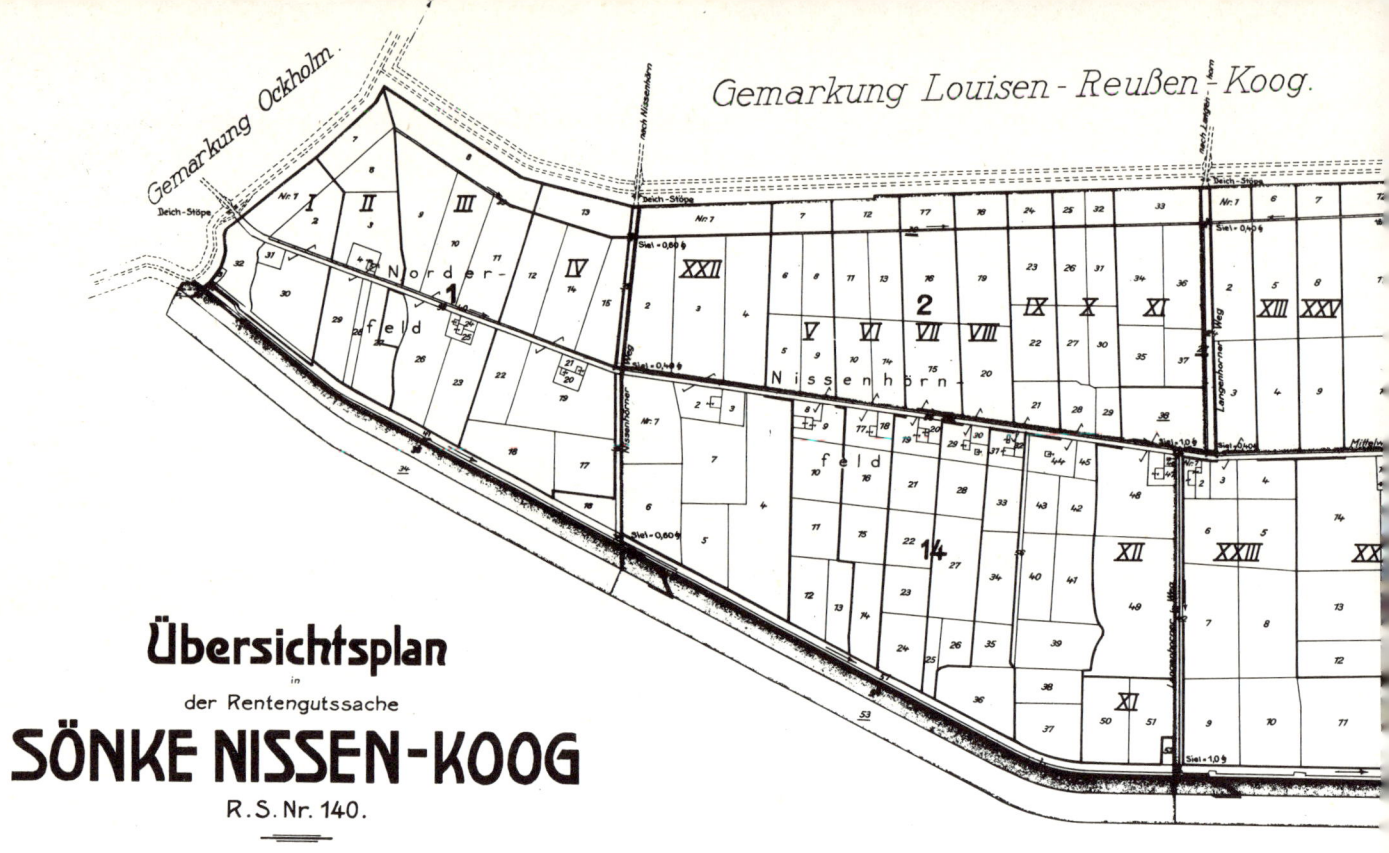

R. S. Nr. 140.

Maßstab 1:10000.

Angefertigt im Vermessungsbüro des Landeskulturamtes zu
Schleswig im Juni 1928 durch den Vermessungsdiätar ADOLF.

Nr.	Begründer	Anteile	Bewirtschafter	Erste Nachfolge	Zweite Nachfolge	Bemerkungen
I.	Chr. Martensen	1	selbst	Schwiegersohn Johann Ketelsen		
II.	Emil Breckling	1	selbst	Sohn Ingwer	Enkel Ketel	
III.	Nis Boy Ingwersen	3	selbst	Sohn Emil		verpachtet
IV.	Sönke Paulsen	3	selbst	Sohn Bernhard		
V.	Willi Volquardsen	2	selbst	Schw. Hanna u. Grete		
VI.	Gerhard Volquardsen	2	selbst	Sohn Volquard	Schwiegertochter Christine, geb. Jensen	
VII.	Johs. Volquardsen	2	selbst	Sohn Peter	verpachtet	
VIII.	Peter Volquardsen	2	selbst	Sohn Volkert		verpachtet
IX.	Boy K. Brodersen	2	selbst	Sohn Andreas	Enkel Volkert	
X.	Jacob Nissen	3	selbst	Söhne Carl u. Andreas	Enkel Sönke u. Karsten	geteilt
XI.	Martin Nissen	2	selbst	Enkel Martin		verpachtet
XII.	Ingwer Paulsen	2	selbst	Sohn Ingwer		
XIII.	Dr. Carl Hennings	1	verpachtet	Sohn Christian		frei verkauft
XIV.	Ludwig Lorenzen	2	verpachtet			freihändig verkauft an P. H. Pritschau
XV.	Carl Ehlers	4	selbst	Schwiegersohn Anders Adzersen		verpachtet
XVI.	Otto Ehlers	4	selbst	Sohn Heinrich	Schwiegertochter Katrine, geb. Albers	verpachtet an Georg Wilh. Rolfs

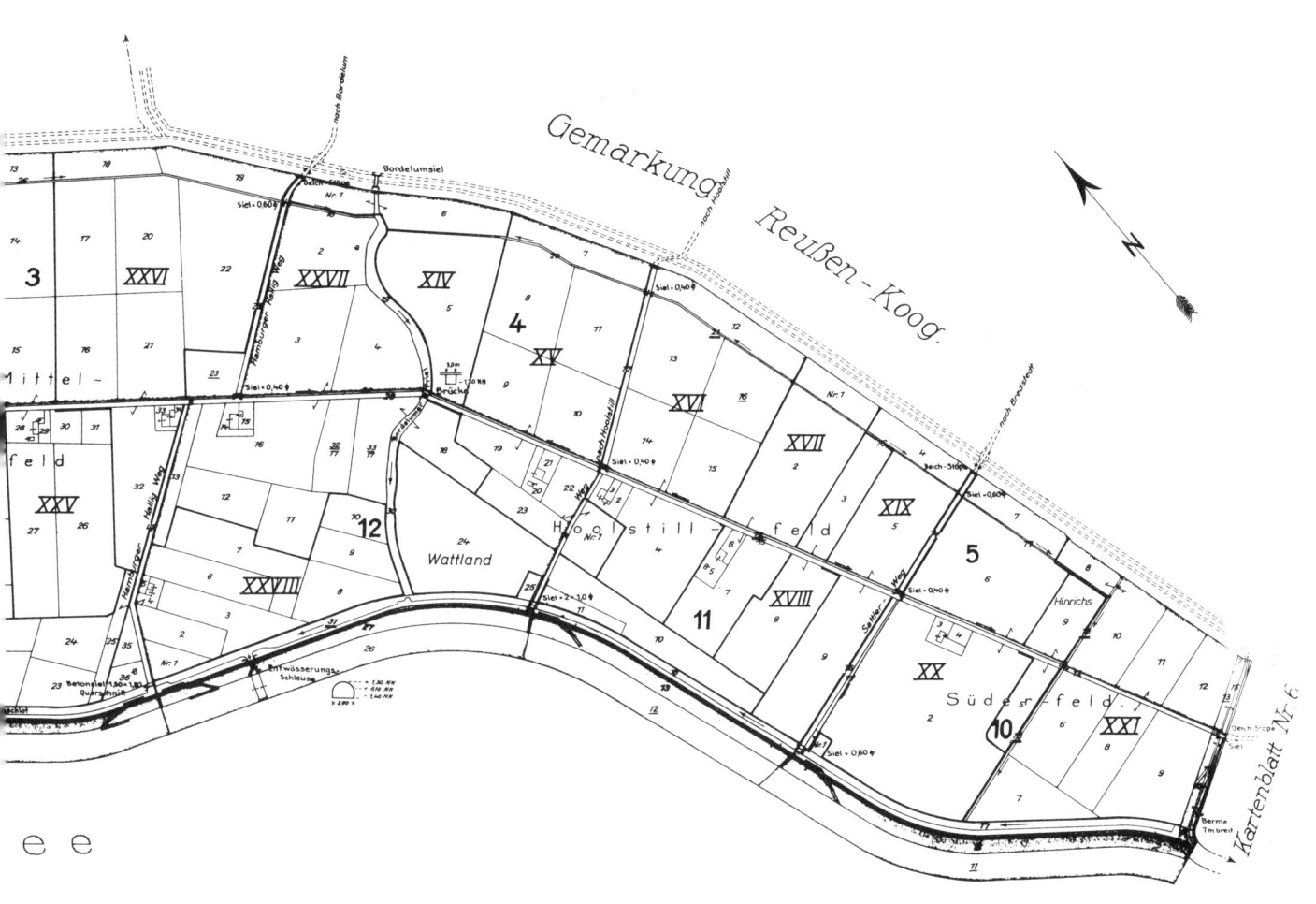

Nr.	Begründer	Anteile	Bewirtschafter	Erste Nachfolge	Zweite Nachfolge	Bemerkungen
XII.	Richard Peters	2	selbst	Sohn Johannes	Ekel Wilken	
XVIII.	Otto Struve	1	selbst	Sohn Hinrich		verpachtet
XIX.	Moritz Sattler	2	selbst	Schwiegersohn Ketel Breckling		
XX.	Marx Wulff	4	Bruder Hermann	Neffe Marx-Hermann		
XXI.	Chr. Paulsen	3	verpachtet	selbst	Sohn Nis	verpachtet
	Pachtsiedlungen des Nachlasses					
XXII.	Sönke Nissen-Nachlaß		Hans Rabe sen. (Pächter)	Hans Rabe jun. (Besitzer)		freihändig verkauft an Rabe sen.
XXIII.	Sönke Nissen-Nachlaß		Ernst Lüders (Verwalter)	Sohn Wilhelm (Verwalter)		
XXIV.	Sönke Nissen-Nachlaß		Willy Brandt (Pächter)	Wilhelm Lüders (Verwalter)		
XXV.	Sönke Nissen-Nachlaß		Walter Beckmann (Pächter)	Sohn Uwe (Pächter)		
XXVI.	Sönke Nissen-Nachlaß		Adolf Hoops (Pächter)	Hans Rabe sen. (Pächter)	Hans Rabe jun. (Pächter)	freihändig verkauft an P. H. Pritschau
XXVII.	Sönke Nissen-Nachlaß		Hans Eggers (Pächter)	Sohn Jasper (Pächter)		
XXVIII.	Sönke Nissen-Nachlaß		Martin Frahm (Verwalter)	Gerd Masurek (Verwalter)	Hans Rabe jun. (Besitzer)	freihändig verkauft an Rabe jun.

Literatur-Verzeichnis

William Gerber · Sönke Nissen, sein Leben und seine kulturellen Schöpfungen.
Josef Viera · Ein Kontinent rückt näher.
H. O. Meissner · Traumland Südwest.
Jürgen Spanuth, Pastor · Das enträtselte Atlantis.
L. Haustedt, Pastor · Chronik von Bordelum und den Fürstlich Reußischen Kögen.
Dr. Kähler, Rechtsanwalt · Schleswig-Holsteinisches Landesrecht (u. a. Spadelandesrecht und Deichreglement von 1803).
Arthur Born, Erster Bürgermeister i. R. · Das Preußische Wassergesetz (Kommentar).
August Wilhelm Geerkens · Graf Desmercieres.
Professor Friedrich Müller, Königlicher Baurat · Die Halligen (aus: »Das Wasserwesen an der Schleswig-Holsteinischen Nordseeküste«).
Wilhelm Hinrichs, Domänen-Rent- und Bauoberinspektor · Nordsee, Deiche, Küstenschutz und Landgewinnung.
Heinrich Stav, Architekt, Karl Wölfle, Studienrat · Neues Bauen auf dem Lande.
Theodor Söhrnsen-Petersen, Oberregierungs- und Kulturrat · Der Deichvogt vom Sönke-Nissen-Koog (Dem Andenken von Christian Paulsen.)
Christian Paulsen, Deichvogt · Blätter, die vom Sönke-Nissen-Koog handeln.
Dr. Paul Kaiser, Ministerialrat, Karl Linckelmann, Rechtsanwalt, Erwin Schleberger, Leitender Regierungs-Direktor · Die Wasserverbandsverordnung 1937 (Kommentar von 1967).
Das Aktenwerk der Deichbaugenossenschaft Sönke-Nissen-Koog.
Die Registerakten des Amtsgerichts Bredstedt, betr. Deichbaugenossenschaft Sönke-Nissen-Koog.
Der Rentengutsrezeß vom 23. 12. 1930.
Die Archiv-Akten des Kulturamtes in Flensburg.
Das Aktenwerk des Deichverbandes Sönke-Nissen-Koog.
Verschiedene Presseberichte.

Bildnachweis

Nis Paulsen: Seiten 12, 21, 38, 241 oben; Karten Seiten 40, 41, 85, 86, 233, 307, 316–317. Foto Wolf (Winter): Seiten 34 (2), 208, 209, 213, 216, 219, 226, 235, 264, 291 (2), 292, 297 oben, 302, 312, 313. Peter Wulff: Seiten 89, 90, 91, 100, 101, 103, 105 (2), 111, 127. Gebr. Carstens: Seiten 214, 215. Uwe Beckmann: Seite 220. Hinrich Struve: Seite 12. Hans Eggers: Seite 240 oben. Hans Ehlers: Seite 240 unten. Foto Schlayer: Seiten 241 unten, 296 (2), 297 unten. Foto Lundelius: Seiten 298, 299, 301. dpa: Seite 308. Die Farbbilder (Luftaufnahmen) von Foto Wolf, Bredstedt (Winter) sind freigegeben unter den Nummern: SH 301/13, 10, 12, 14 und SH 301/11.